大湖村志

《大湖村志》编纂委员会　编

方志出版社
Publishing House of Local Records

图书在版编目（CIP）数据

大湖村志 /《大湖村志》编纂委员会编. -- 北京：方志出版社，2024. 9. -- ISBN 978-7-5144-6225-8

Ⅰ. K295. 55

中国国家版本馆 CIP 数据核字第 2024ME4531 号

责任编辑：李丝雨
责任校对：张玉霞
责任印制：梅中英
出 版 者：方志出版社
地　　址：北京市朝阳区潘家园东里 9 号（国家方志馆 4 层）
邮　　编：100021
网　　址：http://www. zgfzcb. cn
发　　行：方志出版社图书营销中心（010-67110500）
印　　刷：福州印团网印刷有限公司
开　　本：889 毫米×1194 毫米　1/16
印　　张：25. 25
字　　数：472 千字
版　　次：2024 年 9 月第 1 版
印　　次：2024 年 9 月第 1 次印刷
定　　价：180. 00 元

《大湖村志》编纂委员会

总 顾 问 胡志汉 袁哲飞 胡庆华 谢时强

顾　　问 刘学海 王建慈 王增邦 郑世华 胡乐飞 汪永琪 王建国 王胜才 陈余岳 叶义凤 胡余村

编委会主任 胡家其

编委会成员 胡家其 汪永琪 陈余岳 徐邦甫 胡戎元 张良川 胡旭锋 蔡旭祥 胡家和 汪兴琪 郑志春 孙 好 胡海红 胡国庆 胡林利 胡家康 陈培川 侯国湘

《大湖村志》编纂人员

主　　编 胡家康

副 主 编 陈培川 侯国湘

编　　辑 王胜才 黄宣利 胡传利 胡崇楠 胡君方 罗晓明 胡乐飞 胡永伟 叶林飞

资料提供 林常飞 胡家和 胡崇校 魏成龙 胡允达 洪 鹰 胡余勇 孙培丰 李和印 叶义凤 应建华 李恒迁 徐培良 胡安文 胡秀娜 胡家良 顾安理 葛东进 葛正炉 蒋伟欲 蒋建伟

摄像绘图 胡家康 侯国湘 胡君方 柴谷宝 徐培良 董繁荣 徐剑中

序 一

自北宋仁宗年间至今，当时称“塴头”的大湖村已经有近千年的历史了。千年古村，历史悠久，源远流长，人杰地灵，物产丰富，文化深厚，经济繁荣。长街是宁海的鱼米之乡，大湖是宁海的“大户人家”。族谱是几百年来胡氏家族血脉的延续，志书是全面盘点大湖村自然、地理、历史、政治、经济、风俗、文化、教育、卫生、人物等方面状况的详尽记述。同时实施修谱和编志两大重点农村文化建设工程，这确实不简单。实施这两项工程可谓意义重大，谱与志是十分珍贵的历史遗产，有着特殊的历史价值、文化价值和学术价值，具有其他书籍不可替代的存史、资政、育人功能。

国内方志界的著名学者魏桥先生曾经说过：“浙江是文化之邦，自古以来人文荟萃。同时，浙江又是方志之乡，历史上方志不仅数量众多，而且名志迭出。”时至今日，浙江全面完成了两轮修志的任务，除了省市及各县、市、区编修好志书外，又有许多乡镇志、村志、部门志、行业志问世。村志编纂中最具传奇色彩的当属《白沙村志》。白沙村是浙江省江山市凤林镇的一个村，1991 年 6 月，《白沙村志》出版。2004 年，时任浙江省委书记、省人大常委会主任习近平在白沙村视察，看到了《白沙村志》，他对《白沙村志》编纂工作给予肯定。2008 年，白沙村开始编写第二部村志，并于 2012 年 7 月出版。一个村庄在 20 年里两度编写村志，在浙江省绝无仅有，在全国也较为罕见。

大湖村积极响应习近平总书记的号召，在镇党委、政府的关怀下，在村党支部、村委会领导下，在党支书、村民委员会主任胡家其的高度重视下，县党史办、县志办副主任胡志汉及编研科科长刘学海亲临指导，多次召集会议，组织编写村志的骨干班子，保证村志编修的办公地点，保障编写以及出版村志的经费，人、财、物得到全面落实。编委会团结一致，努力工作，在主编胡家康的带领下，广泛收集资料、细致实地调查、精心分工编纂、征求村民意见、认真反复校核，寒暑不辍，历时4年，《大湖村志》终于付梓出版，值得庆贺！修志工作艰苦、辛苦、清苦，让许多人望而却步。编修村志确实需要有一批淡泊名利、甘于奉献的有一定素质的人才。只有一批人无私付出，群策群力，方能众手成“志”。

盛世修志，志载盛世；以史为鉴，可知兴替；修志问道，以启未来。我们要把历史当成一面镜子，从中吸取前人的经验教训，为当前的发展提供帮助。村志是传承中华文明、发掘历史智慧最重要的基层载体，可以为治村理政提供有益经验。《人民日报》载文指出，“盛世修志助力中国梦”，编修村志是助力中国梦之乡村振兴的重要文化工程，努力实现村村修志，脚踏实地为中华民族“国史、方志、家谱”三根历史支柱添砖加瓦，是我们史志工作者应有的责任与担当。

志书编好，不能束之高阁，接着的事情就是要组织“读志、学志、用志”，让志书动起来、活起来，让大家学起来、研究起来、实践起来。积极主动狠抓志书发行，着力培养志书广泛的读者群体，是搞好读志用志工作的前提和基础。全面拓展志书的服务对象和应用领域，充分发挥志书的功能作用，让村志真正地为乡村振兴、经济社会发展服务。

是为序。

袁哲飞

2022年10月15日

（作者系宁海县文学艺术界联合会原主席、宁海县文广局正局级退休干部、《宁海县志（1987—2008）》主编，宁海县史志研究会副会长）

序　二

受《大湖村志》编委会主任胡家其与主编胡家康老师之邀，为村志写序，考虑离乡已久，恐难以胜任。这次再提此事，盛情难却，只好恭敬不如从命了。

审视完40余万字的村志稿后，心情久久不能平静。编写这样一本志书，其困难和艰辛是外人难以想象的。每一重要时代、年段都需要得到取证确认；已断档的材料要查证补齐、系统整理；中华人民共和国成立70多年大湖村的发展成就，要充分提炼展示出来，等等。编写工作量巨大。编纂者大多古稀之年，常为查证某一项内容，夜以继日地工作，疲劳之时，只靠一杯清茶提神。其认真的工作态度、严谨的文风、高度的责任心，感人至深。村党支部始终关心编写工作，及时解决问题。在多方努力下，村志得以完稿，把大湖村历史传承延续的脉络，特别是中华人民共和国成立以来的巨变，完整地展现出来，可喜可贺！“以铜为镜，可以正衣冠；以古为镜，可以知兴替；以人为镜，可以明得失！”作为承前启后的一代人，应该将历史留存，告诉后人。

大湖村东邻石浦名镇，西与三门湾相望，背靠香花、狮子二山，出南塘而入东海，好一个虎踞龙盘之地。仰仗得天独厚的自然环境，千百年来，祖辈们在这块土地上繁衍生息。伴随着中华人民共和国七十余载腾飞巨变，现在的大湖村，人口近5000人，数得上县中大村。交通顺畅，四通八达，到宁波市区仅需一个多小时的车程。医疗条件的改善，使常见病在家门口能够得到及时诊治。村里的养老院办得更具特色，干部重视，专人负责，制度健全。对失去劳动能力、身边又无亲人照顾的老人，实行集中收住供养，合理调配三餐饮食。同时配备适合老人特点的活动器械，开设棋牌室，保证了老人生活无忧，安享晚年。这一切的发展又有谁能料到呢？尤其值得称颂的是，村里的贤达之人主动为养老院捐资筹款，其中胡双超一次就为筹建老人活动场所捐款200万元，被村里村外传为佳话，这充分体现了大湖村各界人士对老人的尊重和关爱。大湖村人均寿命显著提高，生活幸福满满。

村志中记载的旧时代“典妻”陋习，给农村劳动妇女带来了痛苦和屈辱，今人不应忘却。在中国共产党的领导下，妇女真正得到自由解放，给家庭和社会带来欢乐。从老一代的钱丽娟前辈，到中生代、新生代的各业精英，充分说明了妇女能顶半边天。大湖村广大妇女政治、经济地位的变化，值得我们书写铭记。

中华人民共和国成立后的土地改革和合作化运动，大湖村民同全国广大贫苦农民一样分到了土地，成为了大湖的主人，积极投入社会主义新农村的建设。兴修水利，开沟挖渠，农业基础建设取得了大的发展。横亘于大湖村前的那条“新港”，就在那一时期应运而生。它从车岙港水库引入，灌溉着大湖周边万亩良田。人力水车逐步淡出了人们的视野，抽水机的轰鸣声奏起大丰收的乐章，从而也证明了“农业的根本出路在于机械化”的英明论断。

20世纪60年代上山下乡，到大湖村插队的宁海、杭州知识青年，他们有思想、有文化、有知识，掌握劳动技能快，成了建设新农村的生力军，为大湖村的建设发展做出了大贡献。

改革开放后，随着社会的变革发展，大湖村的儿女们凭着“春江水暖鸭先知”的敏锐，争当弄潮儿，率先办起了各式各样的乡镇企业，从农机厂到上市企业，从服装到地产，从内销到外贸，涉足面之深、分布面之广，充分体现了大湖村人敢想敢干、敢为人先的开拓拼搏精神，开创了大湖崭新的局面。也许是古代先贤们的血脉传承，加之受前辈们艰苦创业的精神激励，涌现出胡敏杰、汪永琪、汪兴琪、胡戎元、张良川、胡双超、胡敏东、胡亚虹、陈伟达等一大批乡贤，他们是新时代的优秀代表。

教育是国家发展的根本，现在，村里有众多大学生，硕士、博士研究生如雨后春笋般涌现，为故乡人带来荣光和骄傲。工作在上海华山医院的吴雪海教授，是大湖人的骄傲。教育领域得到繁荣发展，这与历代故乡人尊师重教的好风尚密切相关。人们一定不会忘记胡杏林老先生将其毕生的精力，贡献给了故乡的教育事业。在三年困难时期，先生常常饿着肚子为孩子们讲课，其知识之渊博，师德之高尚，令人难以忘怀，值得我们后人永远怀念！

故乡的进步与发展，令我们这些游子为之高兴。诚然，大湖村也存在着诸如贫富差距拉大、环境污染等问题。但长江后浪推前浪，我们坚信，在“绿水青山就是金山银山”的发展理念指引下，大湖村的未来一定会更加美好。“月是故乡明，人是故乡亲。落其实者思其树，饮其流者怀其源。”“志壮心雄蒸蒸日上前途好，根深叶茂朵朵花开遍地红。”大湖村——我永远的故乡……

赞《大湖村志》

风霜雨雪话湖村，日月云霞连家门。
民系安邦责任在，峥嵘村史留古今。

沧海桑田告由因，褒扬时代赞贤明。
敢与历史同更替，西游遨翔慰后人。

旷远四园芳草青，崇高四仞晚霞映。
累仁积德根基厚，对宇望衡气象新。

里有仁风春日永，外余恩泽福星明。
笔者人人付艰辛，村志代代扬美名。

胡庆华

2022年12月30日于北京

（作者系北京部队退役军人）

序　三

我与大湖村很有缘。

我母亲的好姐姐，就嫁到了大湖村，她的家就在半边街上，正对着三桥。少年的我，几乎年年去大湖村给姨娘、姨爹拜岁，而且一住就是一星期。闲时，经常到三座桥上徘徊，在半边街上游荡。姨娘家是送报纸、信件的，门口有一个柜台，放着不少报纸、信件和杂志，我得以蹭着看报纸，杂志我也想看，但姨娘不让，怕弄脏，说这都是私人订的，我的表哥、表姐都是读过书的，我也从未看到他们看杂志，或许这是送报人的一个规矩吧。我看其中几份杂志是科技类的，那时的我就感慨，大湖真有人才啊！我的姨娘勤劳能干，而且善谈，从她的口中，我听了不少胡进士和五份头的故事，这为我以后的探究埋下了种子。

我从工作一线退下来后，着手研究乡土文化，挖掘历史资料，想到大湖村历史文化底蕴深厚，遂查找资料、实地走访，在此基础上，撰写了《五份头的浮沉史》一文，该文在网络上发表后，得到了很多反响与好评。当时乡土宁海网正着手组编《宁海古村落》第二辑，编纂人员看到我对大湖村有所研究，将撰写大湖村村落历史文化的任务交给了我。为此，我又多次赴大湖村走访，在村委会文书胡家和与五份头后代胡显礽等人的帮助下，收集了大量资料，撰就了1.5万字的《东出宁城第一村——大湖》篇章，纳入《宁海古村落（二）》，该书于2018年5月正式结集出版。为此，我还撰写了题头诗：

沙井泉灵二味神，大湖富庶县州闻。
地丰人杰乡风善，东出宁城第一村。

大湖村坐落于浙东沿海平原，为宁海历史上的大村、名村，自南宋淳熙年间（1174—1189）先祖居端公在一垄沙墩上开基创业以来，已历800余年历史。先祖们筚路蓝缕、栉风沐雨、艰苦创业，筑堤坝、防大潮，化沧海为桑田，使大片滩涂变为千顷良田，遂使大湖村繁荣兴旺，成为宁海东乡第一大村。随着经济发展，大湖村更是人文荟萃、人才辈出，涌现出清正为民的进士胡献来、医术精湛的太医胡梯、乐善好施的慈善家胡福基、热心家乡事业的乡贤胡长据和胡积廉，以及电力专家胡修谱等一大批人物；涌现出胡大阜、胡日宣、胡积櫘、胡日晋、胡日宾、胡善旌、胡传钧、胡一飞等一大批文采斐然的诗人；还涌现出谢氏、叶氏、王氏、龚氏等一大批兴学助教、造桥铺路、扶贫济困的夫人、孺人，尽管未留下名字，但高义可表、气节长存。

胡家康老师是我的高中老师，他教的是物理，其严谨的教学态度、博学的知识为我们所钦佩。当年全县举办高中数理化知识竞赛，各校挑选5名学生参赛，我们长街中学物理学科取得团体第一名和个人第二名的成绩，他居功至伟，其教学水平可见一斑。想不到退休以后，胡老师竟跨界而来，当我从同学胡爱平处听说他担任《宁海县交通志》的主编，大为惊讶之余，更是佩服不已，想不到胡老师允文允武，不愧为大湖村胡氏家族的杰出人物。俄而，又知晓胡老师接了《胡氏宗谱》《大湖村志》等编纂任务，且不避寒暑、不畏烦琐，以古稀之年，挥笔疾书，奋勇不下当年，其笃学勤奋之精神，实为学生辈之楷模矣。

桌案上放着40余万字的《大湖村志》初稿。近年来，随着经济民生的发展，社会文化事业的进步，盛世修志之风吹到了乡村，大湖村走在了乡村修志的前列。从2018年8月开始，历经4年多的努力，编纂者付出了许多的辛苦与汗水，终见初稿。

受胡家康主编的委托，一定要我为《大湖村志》写个序，我既心情惶恐，又感十分荣幸，更觉师命难违，不容推辞，乃勉力而为，叙说一二。

村志有存史、资治等功能，但如果没有翔实、细致的材料，也是空话。一部村志，毕竟不是省志、县志，没那么多大道理，资料是否翔实、内容是否细致、表述是否准确，这是一部村志要把握的关键，也是价值所在。我看过几部村志，或是纲目式，或是照搬县志、镇志，涉及自己村庄，则十分空洞，言之无物，而《大湖村志》在这几个方面做得很好。《大湖村志》洋洋洒洒，共有十九章，文字达40余万字，不仅包罗万象，内容丰富，更细致透彻，深挖细掘，为人们系统地了解大湖村的历史发展、经济文化、社会生活等各个方面提供了充足的材料，堪称大湖村的百科全书。如行政机构，历史上曾两设大湖乡，并设置有湖山乡、湖青乡，十分复杂。但在村志中，不仅设置时间有明确记载，还将时任负责人都加以记述，十分完备。

一部村志，就是一份珍贵的历史文化遗产，有着特殊的历史价值、文化价值和学术价值，具有其他书籍不可替代的作用和功能。每个村庄都是一部历史，都有着自己的独特文化和品格，每一个村庄的变迁，都镌刻着时代社会历史发展的印迹。因此，一部村志必须遵循历史脉络、实事求是，必须经得住历史与时间的检验。现在不少村志、乡镇志，对一些政治历史事件，或顾忌重重而忽略，或不敢触及而含糊，或掩饰是非而曲笔，导致内容简单、事实不清，读者自然是是非不明、不知所云。而《大湖村志》在这方面也做得比较好。

家乡是我们的根，是我们记忆的家园。一部村志，可以通过生动翔实的材料，为村民提供热爱家乡的生动教材，也是给离开家乡的人们认识家乡、了解家乡的一份特殊礼物，更是后辈缅怀先辈业绩、寻根问祖的重要依据，每一位大湖村村民及每一位在大湖村生活过工作过的人们，通过阅读村志，自然而然地产生荣誉感、自豪感，自然而然为家乡事业的建设、文化的弘扬作出奉献。这一点，《大湖村志》做得很好。比如村志在“运输”一节中详细描述了拖梯、轿子、手拉车、海马、竹筏等交通用具，在“照明”目中详细描述了蜡烛、清油灯、煤油灯、美孚灯等照明用具，这些都能唤起人们对家乡美好的回忆和温馨的思念。村志收集了不少名录，有生产队队长（村民代表）、下乡知识青年、大学生、军人等，村志将这些人与大湖村联结起来，恰当地调动起每个人的恋乡恋土情结，自然而然地凝聚了人心。

大湖村是一个历史故事丰富的村，也是一个文化底蕴深厚的村，历史上，不乏文化上的壮举。如清嘉庆初年，乡绅胡知化、胡式化、胡文侦等人募资助地，创办文昌阁；文昌阁遭火焚后，又有谢氏、龚氏两位孺人捐资重建；民国时期学校不敷使用，又有胡旭明、胡维甫父子出资扩建。遂使大湖文昌阁成为东乡最著名的学校，培养了不少人才。宁海中学创办伊始，经费拮据，办学艰难，以胡长据为主的大湖宗族，捐资4500元大洋，建校舍、购图书、添仪器，为宁海的教育事业作出了重大贡献。这样的事例还有不少，今天，又有大湖村的一批有识之士，齐心合力，共同编纂《大湖村志》，我相信，《大湖村志》的出版，必将成为大湖村又一文化壮举而名留史册、永泽后世。

最后以一首七律为结：

乔居秀地善谋营，万顷滩涂自在耕。
东浦春来鱼纵跃，南塘夏日稻扬馨。
文昌阁里书声朗，息静窗头灯火明。
千载辉煌今续昔，甬台齐誉大村兴。

王建慈

二〇二三年二月撰于匡园居

（王建慈，网名东南风，曾就职于农林局，诗人、宁海地方史学者，曾主撰《中国县情大全》宁海篇，参与编辑1993版《宁海县志》，专著有诗集《东南风》、宁海地方文史集《缑城漫记》）

凡　　例

一、《大湖村志》以马克思列宁主义、毛泽东思想、邓小平理论、“三个代表”重要思想、科学发展观、习近平新时代中国特色社会主义思想为指导，坚持辩证唯物主义和历史唯物主义的立场、观点和方法，遵循实事求是的原则，如实记述大湖村自然、经济、政治、文化、社会各方面的历史和现状，力求思想性、科学性和资料性的统一。

二、本志记述的地域以现境为主，溯之源流则按历史沿革如实记载。

三、本志记述时限，按明古详今原则，上限尽可能追溯事物之发端，下限至2020年底。个别事例作适当延伸。

四、本志采用记述体、语体文，“以类相从、按类编修”，按时间顺序，纵写史实，横排门类，分类立章，下分节、目记述。以志为主，辅以记、传、图、表、录等。

五、本志根据挖掘取材之难易，可详则详，难详则略，受资料限制，个别章节宁缺，不以苟全。

六、本志纪年，中华人民共和国成立之前使用朝代年号纪年，括注公元年份；中华人民共和国成立后，一律使用公元纪年。

七、本志中度量衡及货币古代按旧制行文，现代数字用法、标点符号用法分别采用国家标准《出版物上数字用法》（GB/T 15835—2011）、《标点符号用法》（GB/T 15834—2011），计量单位采用国家技术监督局1993年12月发布的《量和单位》系列国家标准。

八、本志中人物分传略、简介及名录3个层面。遵照生不立传的原则，选历史上有较大贡献、有影响的大湖籍已谢世人士编入传略中；而将健在的对社会有较大贡献、有影响的大湖籍人士编入简介与名录。以人物生年为序，按古代人物、现当代人物（分党政军、村干部与有影响力的村民、科教文卫和企业界人物）编入。收录当代党政（副镇乡级以上）军（中尉级以上）干部；文教卫生科技人员（职称：小学特级、中学高级教师，副教授以上、副主任医师以上，高级工程师）；职务：镇乡中小学校长、中学校长级以上）；工商企业家（董事长、公司经理或对大湖村做出大贡献的人）；大湖村干部指的是原3个村的村委会主任、党支部书记、妇女主任等，以及对大湖做出大贡献、有一定影响力的人。本章结尾列表按级别附上历年获得表彰的先进集体与先进个人名录。

九、本志资料来源于档案、方志、史书、宗谱、碑记、报刊、专著、调查采访、当事人知情人口述、电告等。

大湖村全景（2022 年摄）

大湖村办公楼
（1986 年建成、2020 年摄）

大湖村办公楼
（2022 年新建、2022 年摄）

2006 年大湖村被中共宁海县委员会、宁海县人民政府授予“小康村”称号

2003 年被授予“2001—2002 年度先进基层党组织”光荣称号

2019 年 3 月被授予“四星级基层党组织”光荣称号

2021 年 4 月被授予“四星级基层党组织”光荣称号

2022 年 7 月 1 日，全村党员到岔路梅花村参观学习

村企业奇精机械股份有限公司近年获得的部分荣誉
（2020年摄）

大湖西片文化礼堂（2011 年 4 月建成、2020 年摄）

大湖中片文化礼堂（2015 年春建成、2020 年摄）

大湖村文化礼堂（2018 年建成、2020 年摄）

大湖农贸综合市场（2020 年摄）

大湖家私城（2020 年摄）

大湖蔬菜市场（2020 年摄）

大湖村公园（2005 年建成、2020 年摄）

大湖村中心东西一条街（2020 年摄）

大湖村东大街（2020 年摄）

湖西片凉亭（2020 年摄）

大湖老年协会 (1997 年设立、2020 年摄)

胡双超（左四）为老人协会新建会所捐资 200 万元与老协会成员合影（2018 年 2 月 18 日　胡文江摄）

大湖老人将无后顾之忧

在《浙江市场导报》的帮助下，大湖村建造骨灰堂获得政府批准，大湖村委、老协会代表向《浙江市场导报》赠送锦旗，表示感谢（2002 年 9 月　韩劲峰摄）

浙江电视台报道长街镇第二小学在改革中更上一层楼

长街镇第二小学校长王东凯接受央视记者采访

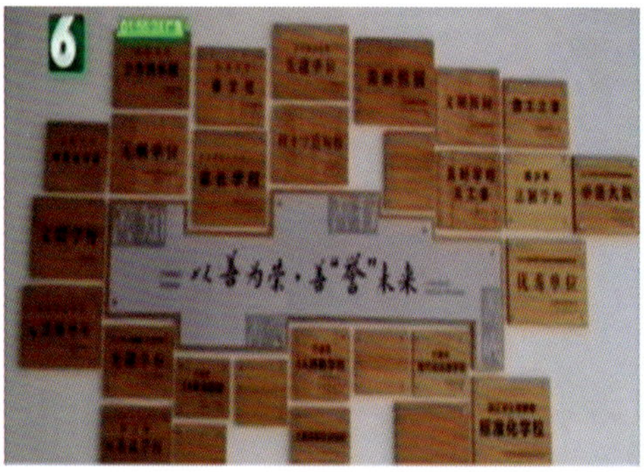

长街镇第二小学学生实现德智体美劳全面发展

在2017年宁海县小学生运动会上，长街镇第二小学学生获团体个人多项奖状

长街镇第二小学副校长胡静丹接受浙江电视台采访

长街镇第二小学胡可依同学在县演讲比赛中获奖

长街镇第二小学学生在县十运会上多个项目获奖

大湖舞龙队与舞狮队全体人员合影（2019 年 2 月　胡文江摄）

大湖舞龙队戏龙表演（2020 年 2 月　胡海红摄）

大湖舞龙队与舞狮队龙飞狮舞表演（2020 年 2 月　胡海红摄）

大湖老年协会车灯表演（2020 年 2 月　胡海红摄）

大湖老年协会马灯表演（2020 年 2 月　胡海红摄）

大湖老年协会重阳节文娱演出（2020 年 10 月　侯国湘摄）

书画选（一）

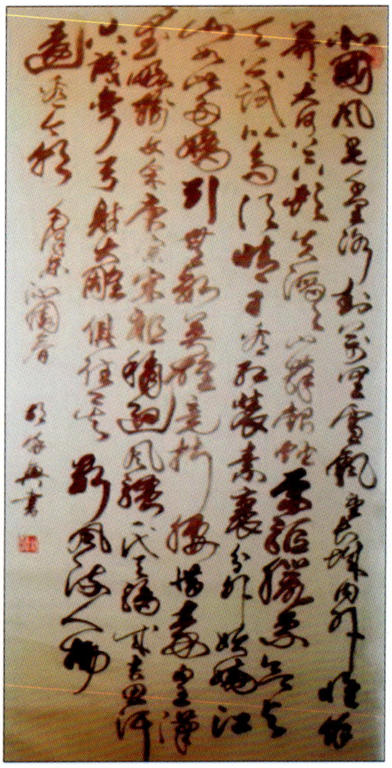

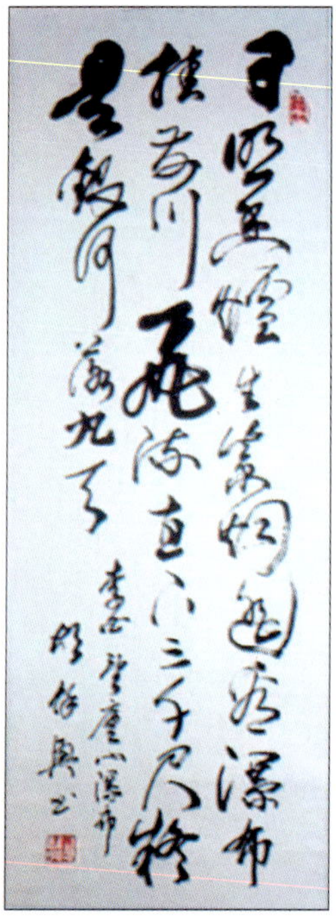

胡余兴　书

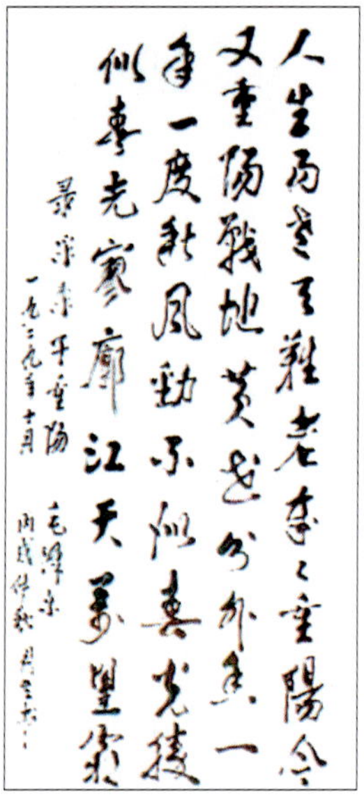

王胜才　书

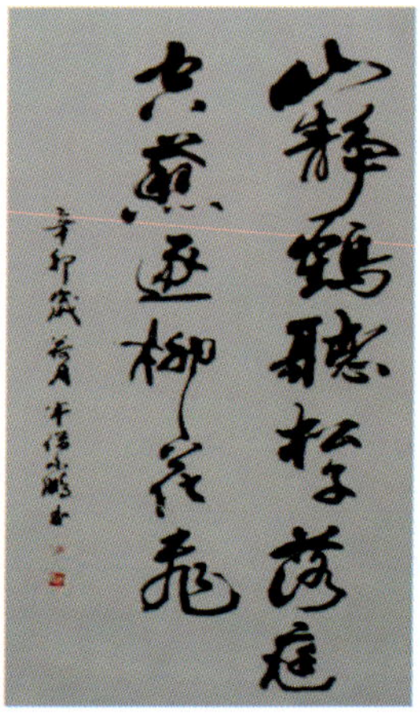

蒋小鹏　书

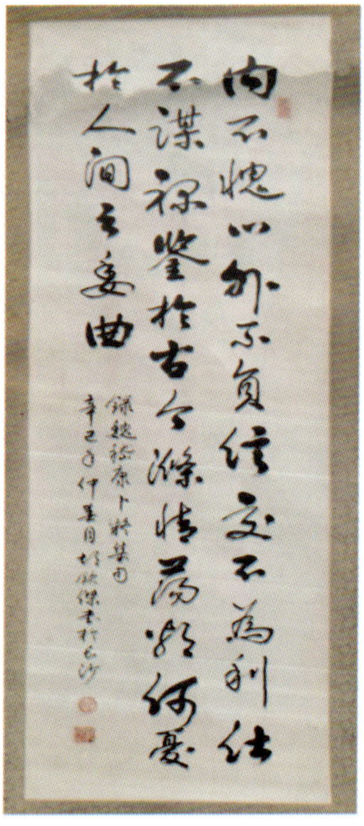

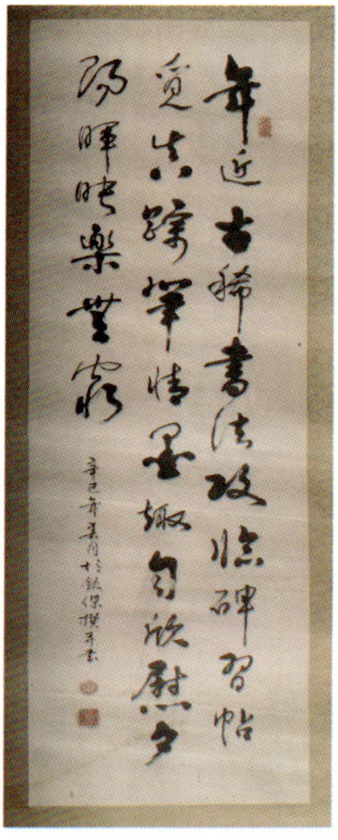

胡钦杰　书

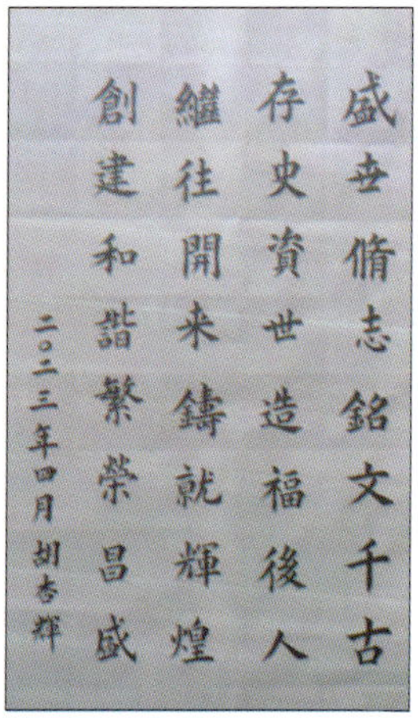

胡杏辉　书

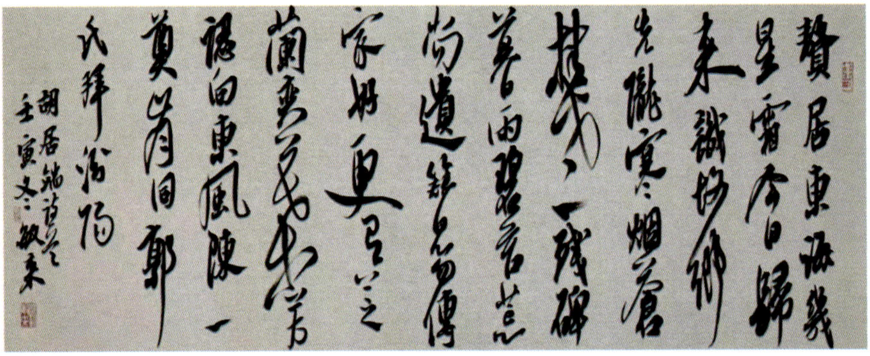

胡敏来　书

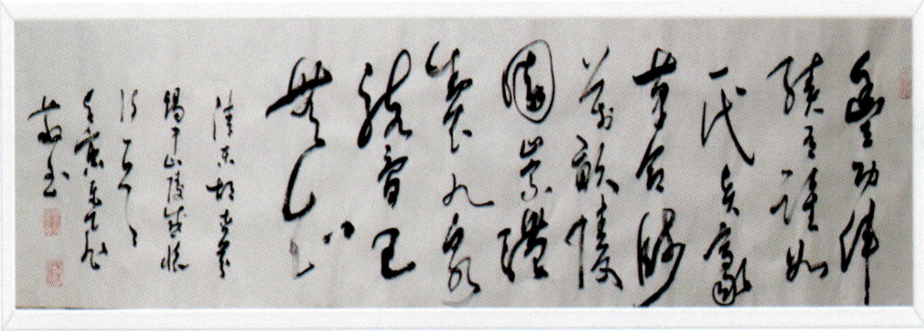

胡乐飞　书

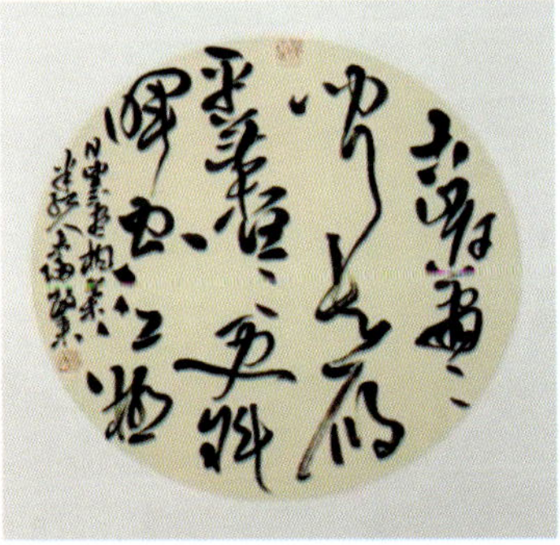

胡敏来　书

胡敏来　书

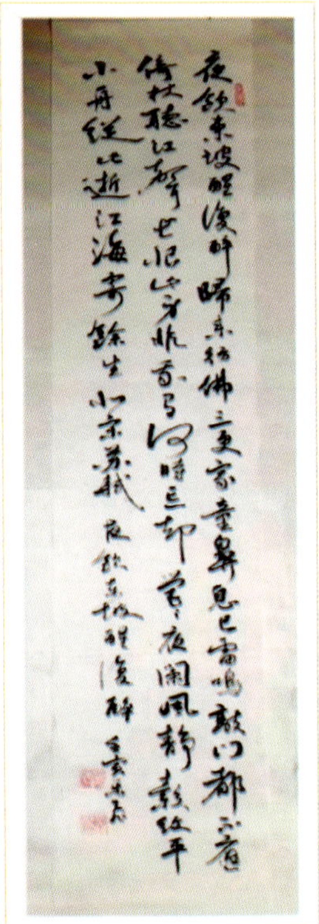

胡乐飞　书

胡庆国　书

施继渊（画于 2015 年 11 月）

黄宣利（仿画于 1986 年 10 月）

胡朔放（画于 1988 年）

施继渊（画于 2019 年）

施继渊（画于 2017 年 12 月）

黄宣利（仿画于 1986 年 10 月）

施继渊（画于 2019 年 3 月、2018 年 5 月、1973 年 10 月）

2023 年 4 月 5 日，大湖胡氏举行隆重的巡谱祭祖圆谱典礼（一）

庆典大会主席台

应邀出席庆典的宗亲代表

首事胡余乾（左二）接受诸宗亲锦旗捐赠

族谱编修人员

族长胡善诚
族旺胡一周

族长胡善诚向族旺胡一周
递交《大湖胡氏宗谱》

庆典主持人
胡永伟宗亲

（2023 年 4 月 5 日　杜大跃摄）

2023 年 4 月 5 日，大湖胡氏举行隆重的巡谱祭祖圆谱典礼（二）

巡　谱（1）

巡　谱（2）

巡　谱（3）

巡　谱（4）

祖宗灵位

祭　祖（1）

祭　祖（2）

祭　祖（3）

（2023 年 4 月 5 日　杜大跃摄）

2022 年 12 月，《大湖村志》编纂委员会部分人员合影

前排（左起）：胡林利　胡戎元　汪永琪　胡家其　张良川　徐邦甫　胡家康
后排（左起）：汪兴琪　胡旭锋　胡国庆　蔡旭祥　胡海红　孙　好　胡家和
陈余岳　郑志春

（侯国湘摄）

2022 年 12 月，部分编纂人员合影

左起：陈培川　黄宣利　胡传利　王胜才　胡家康　侯国湘

（应建华摄）

目　录

概　述

浙江省宁波市宁海县长街镇大湖村位于宁海县东部，长街镇南面三门湾畔滨海平原上，北纬29°11′，东经121°44′。西距县城30公里，北距镇政府驻地长街2公里。古时此处有几块潮涨不淹的滩涂墩坎。据《黄墩胡氏宗谱》记载：浙东胡氏“万一公派下三世孙琛公迁居新昌胡卜，五世祖道亨公悉宁海东部长亭盛产海盐，遂遣长子时清公驻扎长亭场塰头经营盐业”。可见北宋仁宗年间（1023—1063）先民已在长亭场塰头制盐。又据《大湖胡氏宗谱》记载：南宋淳熙年间（1174—1189），胡氏始迁祖居端公从长亭盐场移居塰头，筑堤防潮，围起四工塘，将各块滩涂连成一片，肇基创业，以制盐发家。显然“塰头”成村落至今已有1000余年的历史。村庄及周边塘地皆由三门湾畔滩涂淤涨后历代村民逐渐围堵而成，地名多带“塘”字，村域内有四工塘、白银塘、东夹塘，村东有西浦塘、老爷塘、东关塘、小塘，村南有中和塘、小和塘、七份塘、玉带塘，村西有西洋塘、太平塘、庵后塘，村北有洋肚塘等塘名。随着社会发展，人口增多，村庄地域拓展，至2020年，东起新路廊与浦东村为邻，南至辽路墩（原湖中轮窑）与南塘村（原新东村）接壤，西至西洋港与大渔冯村、山头村毗邻，北至洋肚田港与大祝村、塘里村相邻。形成东西长2.5公里，南北宽2.2公里，村域面积5.5平方公里，轮廓成不规则长方形的大村庄。

大湖村宋代时称塰头，属台州府宁海县朱开乡辟邪里二十都。元大德三年（1299）长亭沿海灶户（包括大湖）隶属长亭场。明洪武元年（1368）长亭场改设盐课司，隶属两浙都转运盐使司温台分司，大湖属长亭盐课司。明崇祯年间（1628—1644），大湖属台州府宁海县辟邪里二十都二图。清顺治十八年（1661）清廷发布“迁界令”，境内居民内迁，村庄被毁，盐场全废。清康熙二十二年（1683）撤销海禁，大部分居民回原籍恢复盐业生产。清雍正六年（1728），除盐业外，转向垦荒种植，农业生产有所发展，朝廷为便利征收田赋而设置庄，庄设庄胥征收田粮，大湖属下段庄。为防海盗侵扰，在大湖汛地（营盘）派兵驻守，设守备（营盘官）管理民政与防务。清宣统二年（1910）全县划分为城区和3个镇、11个乡，大湖属长亭镇。民国时期，大湖曾属长亭镇、湖青乡、湖山乡，设3个保。中华人民共和国成立后，1950年成立大湖乡人民政府，驻地大湖。大湖分湖东、湖中、湖西三个行政村。1956年大湖乡并入长亭乡，大湖属长亭乡。1958年宁海、象山两县合并，成立政社合一的长街人民公社，大湖属象山县长街人民公社。1961年10月，恢复宁海县建制，大湖属宁波专区宁海县。1966年冬，湖东、湖中、湖西3个大队合并为大湖大队。1982年宁波地市合并，宁海县隶属宁波市至今。1983年建立大湖行政村，隶属宁波市宁海县。2022年全村有141个姓氏聚居，常住农业户口1511户，4221人，设38个村民小组，2个移民组。全村原有耕地面积4981亩，其中，水田2464亩，旱地2517亩。另有山林1005亩，滩涂615亩。

大湖村地处中纬度亚热带过渡地带，属季风湿润气候区。气候的基本特征是季风明显，温暖湿润，雨量充沛，冬夏长、春秋短，春暖夏热，秋爽冬冷，四季分明。年降水量1404毫米左右，年降水日平均146天，全年日照1571小时。初夏有梅雨天气，7—8月多台风，无霜期218天左右，适宜农业三熟制种植。

宋代至明代，大湖村先民以制盐为业，称灶户，盐民称灶丁。至清雍正年间（1723—1735）开始垦荒种植、盐业与农业并举。清代中后期，滩涂淤涨，土沃卤淡，宜于围垦种植，沿海团灶逐渐弃盐改农，农业兴起。由于生产力水平低下，水利条件差，大部分农田为冬麦夏稻两熟制，旱地冬播春粮、夏种番薯或蚕豆套种棉花实施两熟制，部分靠天田只种中汛稻一制，产量低。再加封建制度不合理，土地集中在少数人手里，大多数农户辛苦一年交租纳税后所剩无几，过着半年糠菜半年粮的贫困生活。

中华人民共和国成立后，1951年实行土地改革，没收地主土地，按人口分给农民，实现耕者有其田。农民在自己的土地上耕作，积极性极大提高，生产力得到解放。1952年，党和政府领导全区人民围堵了车岙港和长亭港，改善了水利条件，提高了农田抗旱能力。1953年掀起农业互助合作化运动。1956年兴办高级农业生产合作社，组织起来，走集体化道路。造水库、锹河港、兴修水利。推广农作物优良品种，改两熟制为三熟制，农业产量大幅度提高，村民生活极大改善。

改革开放后，1982 年推行“家庭联产承包责任制”，生产队把土地落实承包给各农户耕种，调动了农民生产积极性。2002 年大湖村农地全面平整，3 月初动工，至 2003 年春季竣工，全村耕地田成方、渠成行、路成框，灌溉设施齐全的水旱两用耕地 4920 亩，适宜大面积现代化种植。实行土地流转，其中 4400 亩承包给种田大户种植杂交稻种子（制种），另有 300 亩由水产养殖户承包淡水养殖，220 亩由承包户承包种植瓜果蔬菜。

大湖村先民以制盐业起家，清代开采伍山兰头山石宕，大批石板、石条、石柱、石礎等石材，海运至宁波、温州、上海等地销售，收入颇丰。民国时期，大湖五份头创办起五丰米厂加工稻谷，另有村民办起 2 家榨油作坊、土布纺织作坊等。1951 年没收大湖五丰米厂转为地方国营宁海县建民稻谷加工厂。1956 年 2 家私营榨油作坊转为湖东村集体经营。20 世纪 70 年代社队办企业兴起，大湖村办起糖酒厂、榨菜厂、黄酒厂、轧米厂、农机修配厂、湖中片轮窑等社队办企业。改革开放后，民营企业不断壮大，大湖农机修配厂 1993 年改制为宁海县首家股份制企业，更名为宁海县机械仪器厂，在此基础上组建成宁波市奇精机械有限公司，公司占地面积 225 亩，建筑面积 5 万平方米，2022 年有职工 959 人、各类生产检测设备 800 台，总资产 2.8 亿元，成为宁海县“实力型”企业、纳税大户、文明单位。另有宁波振达文具有限公司、宁波凯祥家居有限公司、宁波灿宇机械有限公司相继创立，村内青壮年劳动力进厂做工，解决了村民的就业问题。另外，大湖村民在外地创办了太平洋恒业集团、宁波赞扬文具有限公司、上海汽车零部件制造有限公司等。他们致富不忘桑梓，为家乡新农村建设做贡献。

大湖村商贸于清代始盛，村内半边街为商贸中心。清末至民国时期，店铺林立，有南货店、布店、中药店、糕饼店、豆腐店、洋袜店、理发店、裁缝店、千张店、土制烟店、烟酒店、制鞋店等近 20 家。原无市日，每天来街上卖海鲜、果蔬者络绎不绝，成为海产品和农副产品集散地。清光绪末年，始定每月逢“五、十”为大湖市日，大湖半边街始有菜市场，并开设柴行、猪行、肉店，逢集市日各类海鲜、农副产品云集，交易频繁，平时冷街赶潮汐卖海鲜者亦来往不绝，市场繁荣。1949 年，大湖半边街店铺被苏景部队放火烧毁，商业萧条。中华人民共和国成立后，1951 年成立大湖供销社；1958 年国营与合作商店合并，村内设供销社一家；1961 年大湖设商店代销店一家，逢“五、十”仍为大湖市日，薪柴、蔬菜、水产品、猪羊肉、禽蛋等生活必需品上市交易。后来计划经济年代，很多商品凭票证供应，商业发展缓慢。

改革开放后，商业体制改革，农村国营合作商店转制，私营商业迅速发展。1992 年全村有个体经商户 15 家（经营副食、饮食、百货、五金等）。2007—2020 年个体工商户发展到 80 多家，其中副食、百货、水果、蔬菜等大型超市 10 余家，商贸经营网点遍布全村。2000 年大湖半边街菜市场全面升级，改建露天菜市场为钢棚室内菜市场。2016 年又将菜市场扩建成农贸综合市场，一楼有水产、农副产品、米行、蔬菜、肉类、禽蛋、豆腐、熟食、糖烟酒、早餐、冷冻食品等，二楼家具城有家具、床上用品、家用电器等，另有小商品市场等配套设施，逢“五、十”为集市日，形成了新的商贸中心，商贸日趋兴旺。

大湖村地处三门湾畔、东南西三面环海的长街半岛。只有北面与本县胡陈乡各村及象山县马岙、苏岙、里塘、戴岙王、白朗等村有陆路相通，其余出入均需乘船摆渡，交通以水运为主，陆路运输只能靠肩挑背负。自古就有“行旅之虞，出入之迂”之说。1960 年连接盛宁线的胡陈至长街公路通车，大湖村民需步行 2.5 公里至长街买票上车，过山洋岭，绕道胡陈、力洋、茶院、苔芳至县城，约需半天时间，1968 年底长街至青珠农场公路建成通车，1977 年胡陈港大坝建成，1982 年 6 月开始筹建青珠农场至平岩头公路、1985 年通车，大湖人去县城不再绕道胡陈、力洋、茶院，只需 1 个小时便可达县城。2003 年宁波沿海南线公路（宁海至松岙码头）建成通车，长街至县城 30 公里，只需 30 分钟。2003 年改建、扩建通村公路，全镇 42 个行政村全部通四级硬化公路。2010 年旧村改造，东兴街大湖段直通东夹塘，打通横街与上秧田、半边街，村内道路全面硬化。村道与县乡道相接，村边设停靠站，每隔 10 分钟有公交车穿村而过，直达县城。另有经过本村开往宁波、慈溪、上海等地客车，村民出行方便。宁波沿海高速公路建成通车，打通了长街通往南部沿海城市的通道，缩短了长街至宁波的路程。现代化交通网络的建成，交通运输更加便捷。

大湖村民众历代重视教育，办学历史悠久，明代香花山息静庵设有书堂，清代在八角垣西首开设私塾（书房屋）。嘉庆年间（1796—1820）大湖贡生胡知化、胡式化兄弟俩发起募捐，胡文侦助以地基，在村东建起文昌阁，开办义塾，为学童提供就学、复读之所。光绪二十八年（1902）废科举制度，兴办学堂，胡长志代表后五份富户捐献塘田 300 石兴办义学。民国 36 年（1947）经时任校长胡维甫等筹划，募集资金重修大湖文昌阁，改建为大礼堂，扩建12间平房作教室，兴办国民小学。中华人民共和国成立后，1951年命名为大湖乡中心小学，1968年，大湖学校附设初中班，1983年大湖中、小学分设，至2003年初中并入长街镇初中。

2016年县教育局拨款，大湖村落实建校土地，新建浙江省一类标准的大湖小学，更名为长街镇第二小学。学校占地面积28328平方米，建筑面积14912平方米，2022年有教学班18班，学生625人，教职工50人，其中专任教师39人。学校开展以"善"为主题的特色教育，形成了比较完善的"善"文化系列，取得了良好的效果。位于进士之乡的大湖小学从清嘉庆年间（1796—1820）的义塾到今天的现代化小学，历经200余年，大湖小学是宁海县首批入选的百年老校。

大湖人杰地灵，钟灵毓秀，耕读传家，人才辈出。明代胡献来在息静庵勤奋苦读，荣登明崇祯元年（1628）戊辰科进士，在朝为官，清正廉明，被誉为"两袖清风，一副冰骨"。明清两代有武举1人、贡生18人、庠生（秀才）76人、国学生49人、监生9人、佾生6人。清末2人赴日本留学，其中胡旭明获法学士学位，民国初年回国后曾任北京大学教授兼大律师。中华人民共和国成立至"文化大革命"前，有大学毕业生8人，其中有享受国务院政府特殊津贴的教授级水电专家、中国电力工业可靠性学科带头人与主要奠基人胡修谱，教授、硕士生导师胡凌芝，舞台设计艺术家胡阳春，国家广播电视总局副局长兼总工程师鲍林岳，冶金部马鞍山钢铁设计研究总院教授级高级工程师吴华松。他们为祖国的工业、科技、教育、文化建设奉献青春智慧，为家乡增光添彩。1978年恢复高考制度后至2020年，大湖村考入大专院校200余人。有的进入清华大学、上海交通大学、复旦大学、浙江大学、浙江医科大学（1998年后并入浙江大学改称浙江大学医学院）等名校深造；有的赴欧美留学，学有专攻，荣获硕士、博士学位，成为国家高科技人才。他们毕业后在各自岗位上勤奋工作，利用所学专业知识，发挥自己聪明才智，成为祖国四化建设主力军。有从军43年、曾参加过核试验的胡庆华，参与拖带苏联"基辅号"航空母舰回国、受嘉奖的工学硕士胡君方，医学博士、颅脑外科专家吴雪海，电子专家赵文遐，水电高级工程师祝明娟，法学硕士、教授章其真，生命科学博士叶莹莹，等等。他们均在各条战线上取得可喜的成果，成为家乡人民的骄傲。

大湖人勤劳、勇敢、淳朴、善良，自建村至今经过三四十代人的努力奋斗，凭借三门湾得天独厚的自然资源，战天斗地，艰苦创业。先民先以刮卤制盐起家，继以围海造田发家，再以开采石宕致富，至清代大湖已成“良田千顷、稻谷万斛”的富裕村，“东乡大湖谷”名声越州县、生意布浙东。发家后又投入资金开采兰头山石宕，开设港埠码头，大批石板、石材通过水运往外地销售，收入颇丰，成为宁海县东出宁城的首富村。由于处在封建社会，土地和财富掌握在少数富户手里，贫富两极分化，不少村民仍居住着茅舍，过着贫困生活。

中华人民共和国成立后，大湖村经过土地改革，农业合作化，兴修水利，改造烂塘田，在发展壮大集体经济的同时，解决了广大村民的温饱问题，随之收入逐年增长，多数村民新建起砖瓦房，竹篱茅舍逐渐消失，改变了原来的落后面貌。

改革开放后，农业向集约化、专业化转型升级，农村土地可流转承包给种田大户大面积机械化种植。青壮年村民进工厂当工人，每月有工资收入，生活逐渐富裕起来。村内现代化砖混结构楼房和农家别墅鳞次栉比、随处可见，为新农村建设打下了扎实基础。2000 年，村委会决定进行旧村改造，将半边街河填平（铺设下水管道），拓宽街道、浇筑水泥路面，搭建钢棚菜市场。接着将村内道路全面硬化，建起公园、凉亭、公厕，村容村貌焕然一新，旧村改造成绩显著。2006 年，大湖村被宁海县委、县政府授予小康村称号。2010 年，长街东兴大街大湖段及村内横街旧村改造开工，拆迁旧砖瓦房 120 余间，安置村民 65 户，耗资 1200 万元，历时 8 年，建成长 605 米、宽 24 米的村东主街道，从本村东夹塘直达长街。同时连通横街，使东大街与村内宽 60 米的中心主街道连接。现在村内街道两旁高楼林立，商业发达。2016—2022 年，浙江省一类标准的长街镇第二小学（大湖小学）和农贸综合市场、村文化礼堂、村办公楼等现代化公共设施相继建成，新的村经济、文化、商贸中心逐步形成，大湖的新农村建设已初具规模。

明代刘伯温曾预言：“孝（好）屿好放（看）牛，大湖可建州。”随着下洋涂围堵成功，孝屿放牛已成现实，飞机场正在筹建中，“大湖建州”已为期不远。不久的将来，一个繁荣昌盛、现代化的大湖村将屹立于东海之滨三门湾畔。

大　事　记

北　　宋

仁宗年间（1023—1063） 先民已在长亭场塛头制盐（据《黄墩胡氏宗谱》记载）。

南　　宋

淳熙十年（1183） 胡氏始迁祖胡居端（1167—1243）随长亭场盐司谢方燧至长亭，后迁住塛头（大湖）。同时期围堵了四工塘，为大湖村肇基之始。

元　　代

大德十一年（1307） 饥荒，岁大祲。明年复无麦，民相枕藉死。

至正四年（1344） 秋　海啸，海水涌上陆地二三十里。

至正二十五年至二十八年（1365—1368） 围垦大湖白银塘。

明　　代

宣德十年（1435） 三门湾涂区围筑成大湖西洋塘。明代中期与塘里村合围洋肚塘。

明代后期 制盐工艺改革，从盐灶烧制食盐改为盐滩晒盐。建盐滩需要滩涂，因而将村东侧深潭旁围筑成东关塘，建成盐滩。

天启七年（1627） 胡献来中丁卯科举人。

崇祯元年（1628） 胡献来中戊辰科刘若宰榜进士，官居行人司行人，后任松江太守、兵部郎中、岳州沔阳（今湖北仙桃市）兵备、南昌盐运副使等职。

崇祯三年（1630） 三月二十三日以子贵，胡献来父母、妻均受皇帝诰封，其父胡秉蔺为征仕郎行人司行人，其母鲍氏、其妻冯氏为孺人。

崇祯十一年（1638） 胡献策授明武科新河街把总。崇祯十四年（1641）升南洋中军游击。

清代

顺治五年（1648） 清兵过江，监国鲁王移驻台州，后为形势所迫航海至大湖，滩涂泥泞不得上岸，族众有人负之上者，居于村中小祠堂数月，后有壮丁从其航海去者 19 人。

年底，海寇夤夜驾巨艇 80 余艘，清晨在大湖登岸，潜入村中，烧毁大湖胡氏宗祠及民房 200 余间，胡氏宗谱被毁。

顺治八年（1651） 八月　大旱，斗米值银八钱。

顺治十一年（1654） 大湖村计赋土地 240 亩，纵 16 步、横 15 步为 1 亩。次年由原来的 3 尺为 1 步改为 5 尺为 1 步。

顺治十八年（1661） 郑成功进驻台湾，清廷为绝其联系，发布“迁界令”，迁沿海 30 里居民于大陆。村庄房屋船只皆焚毁而空其地，立界石修寨墩，设兵防守，出界者死，长亭盐场全废，迁出灶丁 2131 丁，盐民流离失所，死者甚多。

康熙元年（1662） 自春入旱，灾情异常，村域概为焦土。

康熙二十二年（1683） 台湾郑克塽降清而开海禁，许民出海捕鱼，原内迁居民返回原籍居住，恢复盐业生产。

雍正八年（1730） 全县设汛地 19 个，大湖为汛地，置兵 58 名。

乾隆年间（1736—1795） 村人于村后小祝港中掘得埋于泥中古桅，梢大数拱、色黝黑、坚如铁，掘至丈余深而不能尽，仅截其梢以藏之。据传宋时造登台桥，有运石船沉于此。

乾隆十三年（1748） 福建省莆田县杨希昌、杨希明兄弟迁居茅（毛）屿，引进番薯，为宁海栽培番薯之始。

乾隆三十二年（1767） 大湖村围成合宁塘，造地5000余亩。

约嘉庆元年至十三年（1796—1808） 由胡知化（号西林）暨弟式化（号梅轩）发起募集资金，胡文侦（号济清）助以地基，于村东建成文昌阁。为学童提供就学复读之所。

嘉庆二十二年（1817） 大洪潮，村居楼梯没至三级。

约道光五年（1825） 围垦合成塘，造地千余亩。

道光十四年（1834） 大洪潮，潮水涌进合宁塘，棉花地上可行船。

道光二十六年（1846） 六月十三日寅时，境内发生地震，介橱中碗盆响动。是年，大饥荒，民以野菜、野草充饥。

道光三十年（1850） 下“血雨”，洞下、三岔一带路上皆有“血迹”。

咸丰元年（1851） 九月 广东海盗布兴有部驾夹板船登陆，先掳掠力洋殷户，并集船只于五屿门，欲复劫掠大湖，贼侦知大湖有备而退。

咸丰二年（1852） 十一月初六日 发生地震。

咸丰三年（1853） 三月 又发生两次地震，但震级不大，未造成灾害。

咸丰七年（1857） 春遭大火，文昌阁被焚毁，里人募集资金重修文昌阁，其中谢、龚两孺人各出资200余银元。

咸丰八年（1858） 九月初七日申时（下午3—5时），海上出现海市蜃楼，有船行空自北往南，船上旗楫清晰可辨。

是年，临海人王贤河、林大广在亭旁丹邱寺起义反清。九月初八日义军百余人攻入宁海县城，杀知县邹公，大湖村民众不胜惶骇，但未有掠扰。十四日义军退出宁海县城。

咸丰十一年（1861） 十二月初七日 发生地震，介橱内碗盆响动。

同治六年（1867） 四月下“雨饭”，在河港中的蕴草上成堆可掬，视之如饭。

八月大洪潮，长亭沿海塘岸多段被冲毁，潮水涌进大湖村桃花井。

十一月二十三日发生地震，房屋内悬挂物晃动，有的坠地。

同治十二年（1873） 大湖富户胡新将帮助丹屿背车门里财主陈其恩（胡之岳父）围堵公和塘，遭大潮汛袭击，海塘岸多处被冲垮，围塘未成。次年，胡新将重修公和塘塘岸。

光绪元年（1875） 公和塘修筑成功，所围1500亩土地，归大湖富户胡新将所有。次年（1876），陈、胡两家财主为公和塘土地所有权问题打官司，未果。

光绪七年（1881） 七月十八日，正值大潮汛，疾风暴雨大作，毁塘倒屋。

是年，胡长据母叶氏善举，出资建路廊三楹，复于廊之前后置田若干亩，以其农田收入为烹茶者薪水之费，立碑一块。

光绪十三年（1887） 十月初一日夜，海盗于杨梅塊（洋湖村）登陆去山洋（胡陈山洋村）劫掠，又入大湖劫掠。大湖守备周德喜迎面出击，寇逃遁。

光绪十八年（1892） 宁海县下设汛地9处，其中长街地区有岳井、大湖汛地各1处。

光绪二十七年（1901） 二月，日食（天黑自辰时起，至午时后复明）。

光绪二十八年（1902） 六月中旬，瘟疫（瘪螺痧）大发，村民染此疾死者甚多，至九月霜降转危为安。

是年，废科举制度，清朝廷颁布《钦定学堂章程》，全县城乡各地开始兴办学堂。大湖胡氏后五份富户积极响应，胡长志（字圣泉）代表五份富户捐献塘田三百石兴办义学，校舍设在文昌阁，俗称大湖学堂。

光绪三十二年（1906） 正月 创设公立初等长亭小学堂。是年，创设公立宁东（大湖）两等小学堂，校址大湖文昌阁。

民　　国

民国元年（1912） 大湖开办一所国民小学，名为宁东小学。

民国2年（1913） 宁东（大湖）开设育婴堂（收养因家境贫寒供养不起的婴儿）。

民国3年（1914） 夏 大旱，井水皆干涸，村民在“沙龙头”多处挖掘深潭，幸得泉水供食用。

民国4年（1915） 南京临时政府教育部颁布《普通教育暂行办法》，学堂改称学校并制定新学制：高小3年、初小4年。

民国5年（1916） 农历八月孙中山、胡汉民等视察象山港、三门湾，称三门湾为“实业之要港”。

民国7年（1918） 农历正月初三日辰时地震，室内悬物坠地，半边街河河水荡漾沸腾。

民国9年（1920） 农历七月十五日至十七日，连日狂风暴雨，恰逢大潮汛，塘堤被冲毁淹没田地6.7万亩，溺死64人。

民国14年（1925） 大湖、塘里、洋湖三村胡氏族众集资建造横跨长亭港的钢筋混凝土拱桥“永和桥”。民国15年（1926）初动工兴建，历时6个月建成。

民国15年（1926） 清明期间，丹麦二世皇太子乘飞机过东海，因油料不足，降落在青珠永宁塘（后称飞机塘），大湖富绅胡旭明胡维甫父子把丹麦人接至家中热情招待，同时向上级报告，又从石浦买来汽油，并向村民借来200扇车门板铺设成跑道，供飞机起飞返上海。

8月3日（农历六月二十五日），大湖、塘里、洋湖三村胡氏族众集资建成横跨长亭港的钢筋混凝土拱桥——永和桥，举行落成通行（俗称开桥）典礼。

民国16年（1927） 中共宁海长街支部成立，负责人徐孝慰。

是年，中国国民党宁海县三区（长街）党部建立，下设长亭、山头、大湖、山前、水东5个分部。

民国17年（1928） 农历二月，大湖五份头胡长据（号懿卿）校刊（自家雕版、印刷、装订）成《逊志斋集》三十卷、《拾遗》十卷（称邑本）告竣。此工程始于1926年农历正月，胡长据举全家之力耗资2500多元银元。

9月13日（农历七月三十日），连夜大雨，至次日晨飓风大作，长亭镇沿海塘堤皆被冲毁，居民庐舍尽毁，溺死者甚多。有胆识者撑舢板船救人，获救者亦不少。至次日，海水淹没下祝碾子场，家门口仍汪洋一片。

是年，推行“村里制”。

民国18年（1929） 是历史上罕见的灾年：春节中午鸣雷，晚间飞雪，厚达尺余。4月起50天不下雨，旱情严重。6月螟虫为害，虫灾接踵而来。

9月3日（农历八月初一）起倾盆大雨持续5昼夜，倒塘、毁田、倒屋，茅屋全被掀翻，人畜伤亡无数，农作物颗粒无收，村民食草根、野菜，有的艰难自尽，逃荒者不计其数。

9月7日水灾后，大湖富绅胡积廉（字旭明）任县水灾筹赈兼东乡粮食平粜分栈主任、粮食接济所委员，他向钱庄银行前后借银十数万元，办理粮食平粜灾民，同时发动灾民以工代赈，重围合宁塘及附近各塘，扩增塘田数千亩，拓展成宁海县东南一大农区。

民国19年（1930） 大湖胡氏族长胡长据（号懿卿）与各房长老商议，确定从胡氏大众家中拿出2500元银元，以始迁祖胡居端名义捐献给宁海中学建造校舍。

是年，丹麦二世皇太子赠送大湖五份头日本产轧米机一台。4 月，胡维甫创办起大湖五丰米厂。

民国 20 年（1931） 胡氏族众决定又以始迁祖胡居端名义为宁海中学购置图书、仪器，捐资银元 2000 元。并获国民政府教育部颁发的捐资兴学三等奖。

民国 21 年（1932） 改村里制为乡镇制，长街属宁海县第二区，下设百户以上村庄为乡，不满百户联村编为乡，百户以上街市地方为镇，镇乡居民 25 户为闾，5 户为邻。

民国 22 年（1933） 县区镇闾邻已组织完成。

民国 23 年（1934） 推行保甲制度，至 1935 年实施。设长亭区，驻地长街村。所辖长亭、柘浦、力洋、东仓、胡陈、古渡等 6 个乡镇。大湖属长亭区。长街范围保编整于六月底完成，原 14 个乡镇改设长亭镇。

是年，湖山乡育婴堂合并为东区儿童教养所。

民国 24 年（1935） 实行保甲制。全县 192 个乡镇合并为 81 个乡镇，共 828 个保、8228 个甲。

民国 25 年（1936） 12 月，王庭贵创办起大湖协利米厂。

民国 26 年（1937） 1 月 14 日宁海县佛教分会成立。

6 月 28 日，大湖设立信柜。

民国 28 年（1939） 1 月 1 日，撤区署，改设保甲巡回督导员，巡回督促指导乡镇保甲长。是月，中共东乡支部成立，负责人徐孝慰。

民国 29 年（1940） 大湖村民胡传彩为蒋氏亲属运载石板至奉化溪口，海上被日本侵略军发现，搜出为蒋氏亲属运载石板的书信，胡传彩当场被日本侵略军杀害于海上，尸首无回。

是年，大片农田遭蝻虫、稻苞虫侵害，水稻减产六成左右。

是年，旱灾，双港、长亭、官岭等地受旱，估计损失 563 万元。

民国 30 年（1941） 7 月 3 日，日本侵略军 28 人自岳井洋登陆岳井王家村，乡镇自卫队反击，毙敌 2 人，伤敌 1 人。次日上午又有 80 余名日本兵登陆，下午向长街进犯，乡镇自卫队至山前岭拦击，敌退避岳井。

8 月 31 日，日伪水东乡公所成立，隶属胡常英南田县第三区，水东乡沦陷。长街、大湖、青珠为水西国统区。

10 月，中共东乡支部改选，选举闻瑞金为书记（至 1949 年 4 月）。

12月7日，茅洋、岳井两处日军计50余人，于9时许分两路进犯长街、大湖。日本侵略军渡车岙港时，乡镇自卫队奋起反击、敌知有备即撤回，又至伍家屿抢劫、烧民房数间。

是年，国民党宁海县三区改称文正区。下辖茶院、力洋、胡陈、古渡、山前、长亭、大湖、庙岭、寺前王。

民国31年（1942） 湖青乡分设湖山乡与青珠乡。

2月11日（1941年腊月二十六日），一班日伪军从据点岳井出发，企图扫荡大湖，至大塘缺桥时，发现桥梁被拆除，正在犹豫如何进村时，遭埋伏在永和塘西南的长街自卫队步枪扫射，日本侵略军慌忙逃窜，大湖民众免遭蹂躏。

2月12日12时，日本侵略军40余人从岳井村出发，在机枪掩护下，至湖山乡抢劫，长街自卫队及警察所干警合力阻击于东塘村新路廊附近，激战一小时许，伤敌3人。

4月24日上午，日本侵略军80余人，从岳井来袭大湖，经自卫队奋起反击，至15时许，敌退。自卫队毙敌2人，并获血巾2条，自卫队班长蒋狗五受伤、丢失步枪一支。

6月12日，盘踞岳井日伪军入侵长街，焚烧长街村王氏宗祠、警察所及民房数十间，商店尽遭劫掠，警察及自卫队死4人、伤2人、军民被俘17人（其中7人被惨杀于茅洋）。日伪军旋而又来大湖村劫掠，村民胡杏芬、胡福仁被日伪军抓住，幸中途逃脱。当日长街自卫队奋起反击，毙敌2人、伤敌3人。

6月14日，长街警备班士兵胡成书（大湖人）抵抗日寇时，被日本人抓去，路过伍家屿，杀害于象山茅洋，年仅28岁（为宁海县抗日阵亡将士之一）。

8月1日，宁海县田赋粮食管理处设立茶院办事处，粮纳大湖临时收纳仓，地点大湖胡氏宗祠。

8月28日，岳井敌伪60余人，于8时窜至长街，继窜大湖，军民损失惨重。15时敌伪退回岳井。

民国32年（1943） 1月28日3时许，岳井茅洋敌伪60余人分三路进犯长街、大湖，长街、大湖自卫队分头迎击。

民国33年（1944） 是年，夏旱连秋旱，旱灾又添虫灾，导致湖山乡农田颗粒无收，村民以稗子、米糠充饥。全县有亭口乡等29个乡镇遭灾，粮食收成不及四成。

12 月 17 日，《宁海民报》称：东乡为“宁海粮仓”。

民国 34 年（1945） 2 月 5 日连续降大雪 18 个小时，积雪尺余，气温降至-10℃。又续下大雪 11 天。

5 月，设立大湖邮政代办所。

7 月 8 日，日伪军骚扰被平定，盘踞在岳井的日伪军全部退往象山。

民国 35 年（1946） 夏天，严重干旱，大湖村夏粮减产。

是年秋天，县政府推行“二五”改租，未果。

12 月 1 日，车岙港工程处成立，县长李洁兼任处长，省水利局李鼎治兼任副处长、主任工程师。宁东水利协会车岙港工程处设在大湖。大湖历史上拥有第一部手摇电话机，可与县政府通话。

是年，县政府组织成立“宁东水利协会”，会员 18 人，协会主任胡旭明，协会驻大湖村。

民国 36 年（1947） 夏旱至冬无大雨，饮用水紧缺，村民挖潭仅在地下贝壳（沙龙）中渗出少量泉水，不少村民只得去长街王家井、香花山油瓶挑水煮饭。

3 月 1 日下午，车岙港斗牛山闸举行开工典礼。

9 月 30 日，斗牛山水闸工程竣工，第一期工程完成。其间，在斗牛山闸旁开凿了一条长 1025 米的引河。后因经费不足，第二期工程暂停。

是年，国民党县党部决定：将长亭、湖山、水东、青珠晋升为第五区党部，各保均设区分部。湖山乡和青珠乡合并为湖青乡，大湖属湖青乡，大湖村分湖东、湖中、湖西 3 个保。

是年，大湖财主胡新将的孙子胡允望与丹屿背财主陈其恩的孙子陈欢岳私下“讲和”，将公和塘 300 亩土地归还陈姓（故取塘名为“公和”塘）。

民国 37 年（1948） 冬，任小青以山头村为基地，组织武装部队，队伍发展神速。

民国 38 年（1949） 2 月下旬，任小青部队不断扩大，自称“浙东人民解放军滨海第一支队”，任小青自任支队长，叶忠辉为副支队长，群众误信为共产党领导的人民武装“三五支队”。任部占据大湖五份头大宅院为营，索取金钱财物粮食。

4 月 24 日，中共浙东游击纵队第 4 支队委派指导员盛城（盛式藩）和陈照华、胡才旺，到大湖策反收编任小青部。

5 月 1 日，中共党员盛城、陈照华在九江乌沙岭被任小青部的国民党特务许华国和任部副官洪伯雄杀害。

5月中旬，国民党青年军（长江部队）及苏景清残部至舟山，路经胡陈，闻任小青部占据大湖五份头获取巨额财富，遂率残部于5月下旬到长街联合地主武装王炽部队，包围攻打任小青匪部，三昼夜未攻克。

5月31日（农历五月初四），苏景清残部烧毁沙头庙与沿半边街的店铺及民房百余间，威胁任小青匪部，任小青匪部被迫撤离大湖。

6月，任小青部被胡常英“宁象台边区剿抚司令部”收编，并任命任小青为第二支队支队长（下属三个大队及一个独立中队共700余人，为宁海县最大的土匪武装）。

6月上旬，任小青部队被调驻七市乡。

6月，中共宁海县委决定成立东区委员会，金自远任书记，田福玉任副书记兼区长。

7月5日下午，解放军21军61师182团从一市绕道拦截驻茶院的敌军一部。途经七市遭任小青部阻击，经一个多小时激战，任部被俘数十人，其余溃散。任小青逃至白岩山被蕲蛇咬伤隐匿长洋村（今官长村）。

7月5日晚，解放军进驻宁海县城，宁海解放。

7月14日，匪首任小青被宁海县大队擒获。

8月13日，宁海县人民政府发布刑事第一号布告，判处匪首任小青死刑，押解宁海城关东观山执行枪决。

8月上旬，区委、区公所随解放军61师182团某营进驻长街，不久撤回白峤。

8月，长江部队下海逃窜，南路（三门那边）海盗又到大湖劫掠。8月间，匪首胡常英逃往舟山（11月潜回宁海）。

中华人民共和国

1949年

12月28日下午，人民解放军181团2营自宁海县城出发连夜直奔大湖，另一支象山周象宁部队从海上包剿伍山。双面夹击至12月29日上午，俘获土匪200余人；同日晚至30日凌晨，宁象驻军188团和宁象两县县大队联合围剿三门县残匪林焕浩部和盘踞在道士岩石宕的陈英俊部，击毙匪徒9名。

此次战斗中解放军排长王泉圣壮烈牺牲。长街区解放。

12月30日中共东区区委、区公所进驻长街、驻扎区中队，挂牌办公。废除保甲制，开展基层政权建设，全县设5个区29个乡镇。长亭镇、湖青乡（驻地大湖村）、儒雅乡、柘浦乡、水东乡隶属东区。

1950年

元旦，宁波军分区警备2团从奉化出发，直扑东仓，合围王伯川匪部，经激战，1月2日捕获匪首王伯川，匪第五大队大队长王恩波及匪徒300余人向东区区公所自首。

1月14日，胡常英在胡陈乡半山村被解放军抓获，同年7月被处决于大湖胡氏宗祠东首。

是年，全县设七区一镇，计63个乡镇。大湖乡政府建立，管辖湖东、湖中、湖西、塘里、大祝、下蔡、浦东、庙树塘等8个行政村。各村成立村公所，建立起农会与民兵组织。

8月，撤销东区，分设长街力洋两区，长街区公所迁址至大湖村前新屋。辖长亭、大湖、山头、青珠、龙浦、水东6个乡镇。

9月20日，设大湖邮政代办所。

10月11日，长街区内设有大湖、岳井2个邮政代办所。

1951年

1月1日，水利部批准兴建车岙港堵港工程。

1月21日，宁海县土地改革指挥部成立。

2月初，为适应土地改革需要，实行小乡制，长街区6个乡镇分设为12个小乡镇。同月，县土地改革工作队进驻大湖，长街区的土改工作以大湖为基点，宣布土改开始，没收地主土地、耕牛、房屋，将财产分给贫雇农。按当时大湖人口，每人分得土地二亩七分半，特别贫困的贫雇农还分到房屋、家具、农具和耕牛等。至9月底，土改工作基本结束。

2月，县人民政府没收大湖地主胡维甫私营的大湖五丰米厂，改名为“公营宁海建民稻谷加工厂”。为全县首家全民企业。

2—4月，长街区开展镇压反革命分子运动，区内召开公判大会14次，到会群众5万余人，惩办了一批恶霸地主、匪首特务、反动党团骨干分子（其中大湖5人）。

3 月，宁海中粮公司在产粮区——长街，设立大湖经营组（大湖粮站发端）。

3 月 25 日，车岙港截咸蓄淡堵港工程开工，大湖村民踊跃参加。

4 月 10—15 日，响应国家号召抗美援朝，全区 491 人报名参军，经体检政审 50 人应征入伍，其中大湖有胡钦杰、胡家喜、胡德金、陈远富、王士春、林必达、叶六官、胡善治、胡庆建、胡婉和（女）10 人。

5 月下旬，大湖乡建立供销社，大湖供销社成为长街区历史上第一个供销社，主任赵有木。

5 月，全区率先在大湖建立起大湖乡人民政府，以“豆选”方式，选举产生乡领导班子。乡农会主任葛林官，乡长黄卓雷，副乡长陈善连、王小宝，乡文书祝德朝。

8 月，长街区委、区公所机关从大湖村迁移至长街村。

8 月 12 日，车岙港大坝堵口合龙，14 日大坝内外水位相差 3.2 米，大坝被大潮水冲垮，中华人民共和国成立后第一次堵港失败。

10 月，大湖湖西村李中明、大湖湖中村杨达法等分别组织起互助组。

1952 年

年初，华东水利部会同省水利局派员到堵港工地踏勘，分析失败原因。3 月，副县长刘广汉任车岙港堵港工程总指挥，堵港工程重新开始。4 月 10 日再次出险，华东水利部再次派专家，作出复修计划，施工中又受挫。7 月 20 日，省水利局副局长吴有新、总工程师陈昌令等经研究决定将车岙港大堤坝坝身上移 124 米、避开沉排，把握“小潮突击、大潮加固、土石并进、一气呵成”的原则。10 月 31 日，车岙港堵港成功。该工程为浙江省第一项大型堵港蓄淡工程。

3 月，长街区卫生所成立、长街区供销社成立、中国人民银行长街营业所成立。

8 月，大湖小学被命名为大湖乡中心小学，时任校长王宏章。

9 月，大湖乡中心小学改为公办，教师列入国家正式工作人员序列。

9—10 月，征收农业税，对土地复查定产，大湖 3 个行政村计农业税面积 4300 亩，完成税额 37.3 吨。

1953 年

3 月，长亭乡第一届人民代表大会召开，大湖村代表严雅先、葛林官出席。

5 月 11 日（农历三月二十八日），遭特大冰雹（雹子大如核桃）袭击，屋顶亮镜瓦片被击碎，田间春花作物被砸烂，春粮减产五成至六成。

6—8 月初，连续干旱 64 天，大湖三村水稻受旱面积 2145 亩，粮食减产 40%。

6 月 30 日为第一次全国人口普查截止日。大湖湖东、湖中、湖西三村总人口 963 人。

9 月，中共大湖乡支部成立，吴立才任党支部书记。

10 月，全县农村开展合作化运动，湖中村严雅先建立起公胜社，湖西村胡荣辉建立起第三社，湖东村胡家木建立起第四社，郑有位建立起第八社。

11 月，国家开始实行粮食统购统销，大湖村农户有卖余粮任务。

1954 年

1 月 7 日，县人民政府宣布执行中央粮食统购统销命令，各区（镇）设立粮食征购站。长街区粮食征购站下设 4 个分站：长街、大湖、长亭港、车岙港，征购县内 12 个乡镇的粮食。

2 月中旬，长亭乡、成塘乡进行第一次普选试点及人口普查，至 3 月底全区 12 个乡完成普选和人口普查，相继召开了乡人民代表大会。大湖乡选举产生了乡领导班子，乡长陈善连、副乡长胡德木、胡家振、谢美娟，文书祝德朝。

3 月，经中共宁海县委批准，大湖乡湖中公胜低级农业生产合作社升为高级农业生产合作社。

是年夏，长街、力洋区连续 64 天干旱，8 万亩农田龟裂，村民吃水困难，全县 40%土地受干旱影响。

8 月，大湖乡信用合作社成立，主任张成化。

9 月，实施棉花统购棉布统销，凭布票供应棉布，按标准每人发布票 1.5 丈、棉絮票半斤；是月，长街区建立粮食管理所。

1955 年

2 月，反对《美蒋共同防御条约》，动员广大适龄青年报名参军。

8 月，全区实行粮食“三定”（定产、定购、定销）政策，三年不变。

10 月，贯彻毛泽东主席“关于农业合作化问题的报告”，全县掀起农业合作化新高潮，鼓励单干户加入农业合作社，原初级社合并转为高级农业生产合作社，取消土地分红，社员按劳取酬。湖东第四社第八社合并为湖东高级农业生产合作社，湖西在第三社基础上扩大为湖西高级农业生产合作社。

11 月 1 日，开始实行国家统一的粮油票证制。

11 月，湖西村发生火灾，烧毁二层楼房 8 间，茅草屋 21 间，12 户村民受灾。

11 月，长亭乡人民代表大会召开，大湖村代表严雅先、钱丽娟出席。

是年，开挖（凿）河港第三干线，东起老爷塘港，西至青珠村东，全长约 8 公里。

1956 年

1 月，动工建造车岙港上水库，大湖村社员踊跃参加。

2 月，长亭、大湖、成塘和平原乡合并为长湖乡。同年 3 月改名为长亭乡。

8 月 1 日（农历六月二十五日）强台风在象山县南庄洋登陆。中心最大风力 12 级以上。

正值早稻收割，稻桶被狂风刮走，生产队仓库被吹翻，茅屋被掀翻，瓦房墙倒屋塌，人畜被压死压伤，大湖村受灾惨重。全县损坏海塘堤 115 处，冲毁农田 6600 余亩，房屋倒塌 31667 间，损失船只 710 艘，182 人死亡，伤者无数。

9 月，长街办起一所初级中学，时称宁海县第三中学。秋季招收初一年级 2 个班学生 112 人（来自长街、力洋两区），大湖村有胡传苗、胡家标、顾昌盛等 3 人。

是年底，大湖各行政村基层党组织建立，分湖东、湖中、湖西 3 个党支部。湖东党支部书记胡家木、湖中党支部书记严雅先、湖西党支部书记胡荣辉。

1957 年

春，车岙港上水库建成，总库容量为 1200 万立方米，提高了长街全区 6.3 万亩农田的抗旱能力。

4 月，大湖村与浦东村民众因在河港中割蕴草，引发争执，双方数百人参与械斗，县财贸部部长杨培恒、区委副书记杨毓舟与乡村干部闻讯迅速赶赴现场，成功制止了械斗。

1958 年

1 月 11—16 日，遭强冷空气，雪后重冰，农作物被冻死，大湖村受害严重。

1 月中下旬，县召开四级干部大会。

5 月，长亭乡第三届人民代表大会召开，大湖村代表赵国秀、钱丽娟出席。

8 月中旬，县召开四级干部大会，掀起“大跃进”高潮，生产指标加码，提出“十年规划，一年实现”，“奋战一百天，亩产三千三”的口号。大会结束，长街与会干部连夜赶回发动社员“移苗拔稻并丘”，至 8 月 28 日止，全区拔稻并丘 3400 亩。因移植的水稻密不通风、半成熟的稻谷上浆受阻变成秕谷，结果大幅减产，亩产反而降低。

9 月，开展“大炼钢铁”运动，发动群众“献铜献铁”、村民把衣橱上的铜镜、铜火踏、铁锅、镴壶瓶、镴烛台等都献给国家，派村民运送到三门亭旁等地冶炼。

10 月 7 日，省委决定撤销宁海县建制，将宁海、象山两县合并，取名象山县，隶属台州专区。县治设力洋村，次年 4 月县治迁至原宁海县城关镇。

10 月中旬，全区撤乡并社，长街全区各乡合并成立长街人民公社，提倡“组织军事化、行动战斗化、生活集体化”。大湖设营、行政村设连、生产队为排。大湖营长胡荣辉。湖东党支部书记胡家木、连长胡德金，湖中党支部书记胡美玉、连长胡能德，湖西党支书杨加兴、连长冯永将。搞“一平二调”，办群众食堂，大湖三村分设 3 个大食堂，全村男女老少三餐均聚在一起吃饭，不管刮风下雨见红旗升上即开饭，实行“粮食供给制，吃饭不要钱”，刮起“共产风”。

11 月，中共大湖大队支部成立，书记祝德朝、副书记胡家木、钱丽娟、蒋小桃。

是年冬种时，公社组织了2个“深耕兵团”，2个兵团800人安营驻扎洋肚塘，用双轮双铧犁深耕农田，将隔层生土泥翻上，种植农作物，造成荒芜，几年歉收减产。

1959年

1—3月，贯彻中央《关于人民公社若干问题的决议》，提出“三级所有制队为基础”“按劳分配等价交换”的原则，开始纠正“共产风”“浮夸风”。

8月，长街人民公社12个生产大队调整合并为8个。成立大湖大队管理委员会。

9月3—6日，遭受强台风暴雨袭击，降水170—349毫米，农田受淹，粮食歉收。

1960年

春，遭受严重霜冻，由于连续遭受严重自然灾害，加上人民公社化运动时，刮“共产风”搞“一平二调”后，出现村民粮食不够吃，只得以番薯藤粉、米糠粉（饼）、鲜草籽、乌糯、野菜等充饥，部分村民出现浮肿病。

4—9月，县里派工作队下乡“改造落后队”，大湖大队几位干部和群众遭受打击。

10月，粮食歉收，村民仍以番薯藤粉、野甲藤粉、糠粉及野菜充饥。

11月，贯彻执行中央《关于农村人民公社当前政策问题的紧急指示信》纠正“共产风”，允许社员经营自留地，饲养家畜家禽。

1961年

2月14—16日，境内下大雪，积雪厚50厘米，为历史罕见。

4月，贯彻中央《农村人民公社工作条例（草案）》，解散食堂，农民每人分到一斗五升自留地，开始自行种植蔬菜杂粮，度过了三年困难时期。

6月16日至8月24日，连续65天干旱，水稻田禾苗枯死，大湖受灾严重。全县27.3万亩农田受旱，有3.4万亩稻田禾苗枯死。

7月，恢复区制并调整人民公社，由区级大公社改为乡级小公社。长街区仍设6个公社，大湖属长亭人民公社。

10月4日8时，6126号强台风在三门登陆，日最大降雨量397毫米。全县损毁水利工程63处，淹田地13万亩，冲毁9936亩，倒塌房屋21242间，死10人，伤20人。

1962年

1月31日，九江村小东山山厂胡某明夫妇被杀害，后侦破，抢劫杀人犯于6月30日被枪决。

是年，实行售谷退糠，百斤谷退购米衣糠4斤、粗糠20斤。

9月4日22时，遭14号台风右翼边缘袭击，台风持续三天三夜，风力八九级，阵风十一级以上。

1964年

2月，公社、大队建立贫下中农协会，开展“四清”（清账目、清工分、清仓库、清物资）运动。

2月，实行代生产队储备粮食及社员个人活期储备粮制度。

6月30日，为第二次全国人口普查截止日。据统计全县共87357户、356645人，长街区12800户、44701人，大湖村534户（不含居民户）、1486人。

1966年

6月，贯彻《中共中央关于开展无产阶级文化大革命的通知》（简称“五一六通知”），“文化大革命”开始。

8月，长街区委召开庆祝党的八届十一中全会公报发表和学习中央《关于开展无产阶级文化大革命的决定》大会，会后组织干部群众大游行。接着长街中学成立红卫兵组织。

是年底，湖东、湖中、湖西3个大队合并为大湖生产大队，由胡家木任大队党总支书记，严雅先任大队长。

1967年

8—11月，连续98天大旱（其间降雨共159毫米，每次下雨不足30毫米），车岙港港底开裂可通行，农田庄稼枯死，颗粒无收。

9—12月，9座清代建造的石牌坊被拆除；对部分家庭成分为“地主、富农”及反革命的村民抄家；把许多古书画文物及《大湖胡氏宗谱》、宗祠祖宗牌位等作为“四旧”烧毁。

1968 年

5 月，伍山公社首先成立革命委员会，接着各公社、生产大队相继成立革命委员会。大湖大队也成立革命委员会，陈余岳任主任。

8 月，开展“农业学大寨”运动。长亭公社组织干部去大寨参观学习，大湖大队严雅先、叶义凤、胡家华参加。回来后，大湖大队掀起农业学大寨新高潮。

9 月，大湖小学设一个初中班，大湖开始办初中。

是月，长青公路（长街至青珠农场）建成通车，大湖村开始通公路。

1969 年

2 月，撤销长街区，建立长街人民公社，原下属 6 个公社改名为毛泽东思想宣传站。杨培恒任长街人民公社党委书记。

2 月 14—16 日，连续下雨夹雪，大雪厚 30—50 厘米，檐下冰垂 2 尺、农作物被冻死。

8 月，大湖大队与山头大队合围山湖塘，造地 815 亩，大湖村按股份分得 464 亩。

10 月，胡家木、叶义凤随长街公社参观团第二次去山西昔阳大寨大队参观取经。

1970 年

5 月 9—13 日，宁波地区革命委员会在宁海召开庆祝“五九批示”七周年大会，大湖村组织干部村民积极参加。

1971 年

2—12 月，大力发展队办企业，大湖村办起榨菜厂、油厂、毛纺厂、农机修配厂等，组成大湖副业队，汪大聪任副业队党支部书记、领导副业队（注：除种植作物的农业外称副业）。

4 月，大湖村办起合作医疗站。

6—12 月，沙头庙东至隔岸头桥（渡春桥）一段石板路改建成机耕路

（砂石路），并拓宽上秧田至半边街的道路。

7—9 月，本地有 70 多天未下雨，车岙港大水库放水灌溉农田，水被放完，港底干燥开裂可通行。

1972 年

1 月，县以下体制改革，恢复原区、社建制。经中共宁波地委批准，撤销长街大公社党委，复建中共长街区委和 6 个公社党委。经批准大湖大队成立党总支，下设湖东、湖中、湖西、副业 4 个党支部。党总支书记胡家木，湖东党支部书记胡德木，湖中党支部书记胡林余，湖西党支部书记冯永将，副业党支部书记汪大聪。

2 月 5—8 日（农历 1971 年十二月二十二日至二十五日），天降大雪，房顶积雪厚尺余，部分房屋被压塌。

是年，在大湖粮站东首建起大湖大会堂（影剧院）。

1973 年

10 月，胡陈港堵港工程指挥部成立。浙江省最大的堵港蓄淡工程——胡陈港工程开工，按每亩土地分担 42.5 义务工的规定，大湖大队各生产队常年派 6 个劳动力参加堵港劳动直至竣工。

10 月，大湖邮政代办所设置电话交换机。

是年，为改变村民饮用水，大队投资 20 余万元，在羊府殿桥旁打机井、建水塔。后因水质含氟超标，不能食用而停工。

1974 年

8 月 19 日 24 时，遭受 7413 号强台风和“天文潮”袭击，潮位之高为历史罕见（宁海胡陈港实测水位 4.63 米），山湖塘塘岸被冲毁。

1975 年

8 月，胡陈港大闸完成闸基开挖。11 月，堵口沙垫层抛沙 123 立方米，抛沙工程完工。

1976 年

1 月，大湖大队领导班子改选，胡真根当选为大队党总支书记，胡家华当选为大队长。

是年，1月8日周恩来总理逝世、7月6日朱德委员长逝世、9月9日毛泽东主席逝世，全国哀悼，大湖大队分别召开追悼会，悼念三位伟人。

是年，大湖学校增办一个“五七”高中班。

1977年

1月11日，胡陈港大坝合龙，堵港蓄淡总量为8172万立方米。是浙江省内最大的蓄淡工程。

2月，大队长胡家华随长亭公社“农业学大寨”参观团去山西昔阳县大寨大队学习取经。

1978年

2月，长亭人民公社16个大队（村）合股围堵保卫塘。投入劳工30万工，投资106万元（国家补助49万元、县补助2万元）。同年12月，合围成功。围区总面积3400亩（涂面3280亩、水面120亩），大湖大队有11个生产队入股，分得土地284亩。

1979年

8月23日傍晚至25日，受第10号强台风袭击（风力12级以上，降雨量243毫米，全县海塘决口25处，损坏水利工程227处）。

1980年

3月，县文化局在大湖大队召开全县农村群众文艺工作现场会。

11月，推行“包产到组，联产计酬”的承包责任制，大湖大队19个生产队分为38个小队（组）。

1982年

2月，推行“家庭联产承包责任制”，生产小队又把土地落实承包给各农户耕种，三年不变。

1983年

5月，撤销政社合一体制，人民公社改为乡人民政府和经济联合社，生产大队改为行政村，建立村民委员会和经济合作社。胡真根任村党总支书记，胡家华任村委会主任。

9 月，拆除大湖小学大礼堂与西横厢教室，新建二层楼教室 9 间。

1984 年

2—5 月，原机耕路沙头庙至八石田头路段与上秧田至半边街路段浇筑成水泥路。

3 月，严重冰雪，春花作物冻死，春粮减产。

4 月，开展海涂发证工作。

8 月，贯彻落实 1984 年中央 1 号文件《关于 1984 年农村工作的通知》，延长承包期至 15 年，多年生经济作物承包期可延长至 30 年。

1985 年

10 月，大湖村实现小学（初等教育）普及。

是年，改革粮食统派购制度，放开农产品价格，发展农村商品经济，粮食收购也从统派购改为合同定购制。

1986 年

8 月 27 日，开始制发居民身份证。1988 年 12 月正式实施居民身份证制度。

是年，选址上秧田，建成一幢三层四间的大湖村办公楼。

1987 年

3 月起，村民自发集资重建古迹沙头庙。

6 月 20 日，遭暴雨，村内部分水稻受淹。

1988 年

2—8 月，拆除大湖中学 10 间平房，新建二层教学楼一幢。

1992 年

2 月，长街镇人民政府在大湖设立办事处。

1993 年

6 月，宁海县机械仪器厂率先改制为股份制企业（宁海县机械仪器厂是宁海县第一家股份制企业，董事长汪永琪）。

9 月，大湖村老年人协会于重阳节成立，会员 70 人，推选蔡海官为老协会会长。

是年，大湖胡氏（洋湖、塘里、大湖）联合修纂的宗谱《胡氏族志》修纂成功。这是中华人民共和国成立后大湖胡氏老三大房（洋湖、塘里、大湖）的第一次修谱。

1994 年

10 月 16 日，长街、大湖粮站 15 名职工内外勾结，贩运国库食油牟取平议差价，获赃款 9250.82 元。长街区委和粮食局党委对主要当事人分别作出处分决定，责成全部退赃。

1995 年

3 月，村民自发集资在玉莲堂（上洋庵旧址）西面重建古迹玉莲寺。

是年，大湖村安装上电话 113 台。

1996 年

2—5 月，为解决村民食用水问题，从车岙港上水库接自来水到大湖供村民食用。9 月 29 日亥时，发生地震，睡床摇摆晃动。

1997 年

8 月 18 日，遭“八·一八”（9711 号）强台灾。正值农历七月十六日大潮汛，又遇上强台风登陆，合宁、合成、南边塘一带海塘堤岸全线被冲垮，外塘地庄稼被淹，有艘大船漂进保卫塘内。由于大湖地势略高，大海潮仅涌至村前隔岸头桥，强台风导致村内多幢房屋倒塌。宁海县沿海其他地段不少村庄被淹，有耕牛牲畜被冲走，房屋倒塌，亦有人员伤亡，农田被海水淹没浸泡，庄稼颗粒无收。

是年重阳节，大湖老年协会会员增至 470 人，推选胡真根为会长。

是年冬天，台湾佛教慈济会到大陆赈灾，大湖村灾民分到赈灾粮食、棉衣棉被等物。各级政府动员各单位捐款捐物赈济灾民，灾民生活安定。

是年，大湖老年协会被评为“县先进老年协会”、县老体协“先进单位”。

1998 年

2 月，县委、县政府部署修筑沿海塘堤，全县标准海塘堤岸用水泥大石块砌成。海塘堤岸底宽 36 米、堤高 7.2 米，坝顶水泥路面宽 5 米，隔洋塘至胡陈港大坝（27.03 公里），全长 118 公里，造价 1 亿元，历时 3 年至 2001 年 8 月 18 日竣工，被誉为“海上长城”。

是年，宁波奇精机械有限公司被县人民政府命名为“实力型企业”。

1999 年

11 月 15 日，第二轮土地承包落实到户，为维护承包户的合法权益，签订了承包到 2030 年 10 月 30 日止 30 年不变的合同。

2000 年

2 月，进行旧村改造，将半边街河填平（下铺排水管道），加宽街道浇筑水泥路面。投资 80 多万元，在原小菜场基础上扩建成新菜市场，搭建铁皮棚屋，建造摊位出租，向北浇筑水泥路连通长青公路。

是年，大湖市场于农历十二月二十日开市；12 月 21 日，东大街石桥头至大湖祠堂横头水泥街道竣工。

是年，大湖老年人协会被评为“省先进老年活动中心”。

2001 年

8 月，经省、市“两高”验收，全县实现初中普及。

9 月 15 日，全县实行殡葬改革，改土葬为火葬。

2002 年

1 月，经全体党员和村民选举产生了新的村领导班子，王建国当选为村党总支书记。胡家其任村委会主任，郑志春任经济合作社社长。

2 月，大湖村规划土地全面平整。3 月初动工，不用民工，全部实施机械化操作。新建机耕路、水渠、抽水机埠，至 2003 年春季竣工。

5月，大湖老人发起在玉莲寺旁建造骨灰堂一所。

2003年

4月23日，长街镇召开中层以上干部会议，部署非典型性肺炎防治工作，大湖村积极落实各项防治工作。

9月，学校布局调整，大湖初中并入长街镇初级中学。大湖小学迁至原大湖初中校舍，原小学校舍改造成长街镇敬老院。

2004年

2月27日，宁波市财政局发布《关于全面免征农业税的通知》，减轻农民负担，开创了有史以来免征“皇粮国税”的先例。

年初，知情村民因大湖村集体与原宁海县机械仪器厂的股权问题引起多次争议，甚至自发联名上访无果，于2004年12月21日在大湖沙头庙召开3000多人参加的村民大会，讨论机械厂与大湖村集体的股权问题，直至年底仍未果。

是年，村委会决定在旧村改造基础上，将村中心通东洋道路、村内主干道浇筑成水泥路面，总投入资金100万元，年底村道改造工程完工。

是年，大湖老年协会选举胡德木为第四届会长，会员发展至500多人。当年被评为“县关心下一代先进单位”。

是年，县电视台曾2次到村拍摄、播放老年协会各种活动的镜头，《宁波老年报》《宁海报》《浙江老龄》等陆续刊登大湖村老年协会的先进事迹。

2005年

2月，胡氏族众集资重建胡氏宗祠，至11月底，主体工程竣工。

6月，新一届村领导班子成立，由汪永琪任村党总支书记，胡家其任村民委员会主任，汪兴琪任经济合作社社长。

8月，在湖西三房桥头建造凉亭一座，12月中旬竣工，供人们休闲、消暑纳凉。

8月，拆除了原大会堂危房，12月中旬动工建造村文化广场，为村民提供休闲活动场所。

9月，重阳节老年人协会改选，冯永将当选为第五届老年协会会长，会员增至600多人。

是年，新“两委”会决定继续投入40多万元资金进行旧村改造，将村中心通下祝、学校、东夹塘及沙头庙至祠堂横头的村道浇筑成水泥路面，于11月底完工。至此，全村主要道路均浇筑成水泥路面。

是年，村对60岁以上老人发放养老金每人每月60元，补助村民医疗保险金每人50元。

2006年

4月，村耗资10万元，对湖西半边街至下祝段道路进行拓宽改造，浇筑成水泥路面。

9月1日起，全县实施义务教育阶段的中小学生学杂费全部免除。

10月18日，中共长街镇第十三次代表大会召开，村党代会代表汪永琪等出席。

是年，大湖村被中共宁海县委、县人民政府授予小康村称号。

2007年

1月，长街镇第十七届人民代表大会召开，村代表胡家其等出席。

是年，村拨款10万元，将湖西片各条村道浇筑成水泥路面。

2008年

3月，改选村党总支部和村委会，由汪永琪任党总支书记，胡家其任村民委员会主任，汪兴琪任经济合作社社长。

5月，全村重新铺设自来水管道。

2009年

7月22日，日全食上演。8时21分初亏、9时34分全食始、9时36分食甚、9时39分全食终、10时59分复圆。

2010年

3月，东大街大湖段及横街实施旧村改造，历时8年，耗资1200万元。拆迁安置65户、房屋100多间，修建东大街长605米、宽60米，中心道路24米，横街长183米、宽70米。

11月1日为第六次全国人口普查截止日，大湖村1293户，人口3862人

（不包括居民户）。

2011 年

4 月，村三套班子改选，汪永琪任党总支书记、胡家其任村民委员会主任、汪兴琪任社长。

是年，长街镇第十四次党代会召开，村代表汪永琪等出席。

4 月，大湖西片投资建造文化礼堂一所，坐落在长坟头西南面，占地 4.5 亩，建筑面积 1500 平方米，总耗资 120 万元（包括配套房和办酒席设施）。

5 月，村投资 280 余万元，在香花山大坑门建造公墓，有大墓穴 80 穴、小墓穴 400 穴。

是年，大湖李氏家族在李家横头新建成一座李家祠堂。

2012 年

3 月，村投资 25 万元，改造横街河，清理淤泥，四周砌坎并安装上石护栏。

8 月，村投资 40 万元左右，将湖西后门河填平（下铺设下水道）浇筑成水泥路面。

是年，长街镇第十八届人民代表大会召开，村民代表胡家其等出席。

2014 年

5 月，村三套班子改选，汪永琪任党总支书记，胡家其任村民委员会主任，汪兴琪任社长。

2015 年

春，大湖中片投资建造文化礼堂一所，坐落隔岸头桥西南面，占地面积 3 亩，建筑面积 1000 平方米，总耗资 150 万元左右。

10 月，大湖小学（长街镇第二中心小学）新址动工兴建，宁海县教育局批准拨款，大湖村落实地基，按浙江省一类学校标准建造。

是年，落实政府下达对新昌县寸钦水库移民的安置任务。大湖西片 29 组安置移民 10 户 28 人。

2016 年

春，启动大湖村农贸综合市场建造工程，总投资 1000 万元。农贸综合市场坐落于羊肚塘，总占地面积 55 亩，建筑面积 9000 平方米。

3 月，宁海县污水处理单位开始对村内铺设污水处理管道，历时 2 年。

是年，组织新建大湖小学，县教育局批准拨款、大湖村负责落实建校地基。一期工程规划 24 班，按浙江省一类学校标准建造。选址桃花井桥东、大塘缺桥南，9 月开工兴建。

10 月，长街镇第十五次党代会召开，村代表汪永琪等出席。

2017 年

春，村投资建造村文化礼堂一所，礼堂长 50 米、宽 30 米，占地面积约 1800 平方米，总投资 280 万元（包括配套房和办酒席设施）。

4 月，村三套班子改选，汪永琪当选为党总支书记、胡家其为村民委员会主任、汪兴琪为社长。

6 月，村民养老金每人增加到 80 元，医疗保险金每人增加到 200 元。

9 月，一所具有现代化设施的大湖小学（现更名为长街镇第二小学）建成并投入使用（学校占地 50 亩，建筑面积 14192 平方米，耗资 1 亿余元）。

2018 年

2 月，大湖村民胡双超向大湖老人协会捐资 200 万元。

9 月，湖中四房井进行修缮，耗资 26 万元。

10 月，大湖村农贸综合市场开业。

11 月，拆除半边街老市场，修建村民活动场所。

2019 年

2—10 月，村老年协会募捐集资 10 万元，翻修改建大湖新路廊。

10 月，沙头庙前碾子屋翻修重建，安装石碾子，配石牛一头，耗资 10 万元。

2020 年

9 月，村耗资 17 万元，驳坎装修湖西西洋井（又称三房井），留作纪念，供观赏。

10月，经胡氏族人三年的努力，《洋湖胡氏宗谱》《大湖胡氏宗谱》编纂成功。

10月27日，村党总支部改选，胡家其当选为大湖村党总支书记。

11月1日零时，第七次全国人口普查截止。全村共计1511户（不含居民户）、4221人。

12月20日，村委会改选，胡家其当选为第12届村民委员会主任兼合作社社长。

第一章　建置区划

第一节　村庄由来

大湖村始建于宋代，古称“塮头”。原为长亭洋滩涂淤涨逐渐形成的潮涨不淹的滩涂墩塮。

经考证，大湖胡氏与桥头胡（黄墩）胡氏同属浙东胡氏始祖万一公派下。据《黄墩胡氏宗谱》记载：浙东胡氏五世祖道亨公闻宁海长亭场塮头一带盛产海盐，遂令其长子时清公到长亭场与塮头经营盐业，运回新昌胡卜等地销售。可见北宋仁宗年间已有先民在塮头制盐。大湖村属长街镇内千年古村落之一。又据《大湖胡氏宗谱》记载，南宋淳熙十年（1183）浙东胡氏十二世居端公自奉化牌溪入赘长亭场谢公方燧为婿。后谢氏不幸病故。博览诗书经史、素喜地理龙脉之道的居端公，与胞兄居欢公（黄墩胡氏祖）踏勘“塮头”，认定为“可盐、可渔、可耕、可牧”的风水宝地。绍熙元年（1190）前后居端公遂从长亭场移居“塮头”，筑堤防潮、垒墩晒盐、围起四工塘，肇基创业；续娶冯氏，繁衍生息，育五子而传三房。令长子显公去洋湖闸创业，次子才公去塘里开发，居端公坐镇塮头辅佐四子珍公拓展。先有冯、竺（祝）、李、蔡入住，后有叶、郑、顾、赖等姓氏迁入，“塮头”成为宁海东部大村落。

据说当初的“塮头”酷似一顶大斗笠悬浮在汪洋中，曾将“塮头”更名为“大浮”，由于村民以胡姓居多，将读音相近的“大浮”改为“大胡”，又因村东有深潭形似湖泊，更为顾及其他姓氏情感，最终将村名“大胡”更改为“大湖”。

第二节 村庄简介

大湖村位于宁海县东部长街村南部的三门湾畔滨海平原上，北纬29°11′，东经121°44′。西距宁海县城30公里，北距长街镇政府驻地长街村2公里。北宋时始有村落，至今有千年历史。中华人民共和国成立初，村庄境域东至桃花井桥、南至渡春桥（俗称隔岸头桥）、西至毛洋塘岸头与下祝、北至羊肚田港，形成东西长2公里，南北宽1.8公里，面积达3.6平方公里，为长街镇内面积最大的自然村。随着社会发展，人口增多，历代先民围海造田，地域不断扩大，村庄地域不断拓展。至2020年，东起新路廊与浦东村为邻，南至辽路墩（湖中轮窑）与南塘村（原新东村）接壤，西至西洋港与大渔冯村、山头村毗邻，北至洋肚田港与大祝、塘里两村相邻。形成东西长2.5公里，南北宽2.2公里，村庄面积5.5平方公里，村庄轮廓呈不规则长方形的大村庄。东兴路自长街直通东夹塘，向南可通达南塘及下湾塘、月兰等村。县道404线经明港、青珠、山头自西向东穿村而过，折北经塘里与石桥头沿海南线公路相衔接。自石桥头向西可直达宁海县城；向北经长街可通胡陈乡各村；向东可通达松岙码头及象山县各地。交通便捷。

大湖自宋代建村至今，经过30余代人的艰苦奋斗，凭借三门湾得天独厚的自然资源，艰苦创业。先以刮卤制盐起家，继以围海造田发家，再以开采石宕致富，至清代大湖已成“良田千顷、稻谷万斛”富裕村。东乡大湖谷、兰头山石材名声越州县，生意布沪杭。

民国时期大湖设四保、五保、六保3个保，中华人民共和国成立至1955年大湖设湖东、湖中、湖西3个行政村，合作化时成立湖东、公胜、湖西3个高级农业生产合作社，人民公社化时大湖设湖东、湖中、湖西3个大队。1966年3个大队合并为大湖大队，1983年，政社分设，建立大湖行政村。全村有住户1262户、3712人。有耕地4981亩（其中水田2464亩、旱地2517亩），另有山林1005亩、滩涂615亩。2003年，农田规划平整后，建成田成方、渠成行、路成框、排灌设施齐全的标准化农田4920亩。2006年，新农村建设取得显著成绩，被宁海县委、县政府授予“小康村”称号。

2020年，大湖村居住着141个姓氏，常住户口1511户（不含居民户）

4221 人，设 38 个村民小组（含 2 个移民小组）。

第三节 沿　　革

北宋熙宁五年（1072），行灶户结甲之法。定三至十灶为一甲，设“甲头”为监督场灶之首领。长亭（含墈头）具体甲数无考，隶属于台州宁海县。

北宋大观三年（1109），盐场由港头迁长亭（今长街），设署治理。是年增签沿海居民为灶丁，免事徭役，专事煎盐。长亭（含墈头）沿海灶户隶属长亭场管辖，盐额隶庆元府。

据南宋嘉定《赤城志》载，大湖（墈头）属台州府宁海县朱开乡辟邪里二十都辖区。

元承宋制，都下设图，具体图数无考，墈头隶属台州路宁海县。先民以制盐为业，称灶户，盐民称灶丁，灶户编里、甲，隶属长亭场管辖。

元大德三年（1299），长亭沿海灶户（包括大湖）隶属长亭场。

明洪武元年（1368），长亭场设盐课司。设大使、副使、百夫长各一员，灶户合编里、甲，内场分八团，外场附五小团。有盐灶丁 1379 丁，后增至 2474 丁。

明洪武三年（1370），为防海盗（倭寇）侵扰，朝廷在长亭设巡检司城，派兵驻守，保境安民。

明洪武二十二年（1389），长亭场定灶户每丁岁办小引盐六引（引重 200 斤），免除杂泛徭役。大湖曾设廒，廒是贮存灶丁缴纳盐引的仓库。

明崇祯《宁海县志》载，长亭范围仍属台州府宁海县朱开乡辟邪里，当时全县分 6 乡 19 里 52 都，共 103 图。二十都二图辖三洋、相岙、大胡三村，二十一都二图辖长亭、西岙、松岙三村。

清袭明制，归属依旧。清顺治十八年（1661）郑成功进驻台湾。清廷为绝其与陆地联系发布“迁界令”，迁沿海 30 里地居民于内地，大湖及沿海村庄房屋船只皆焚毁，而空其地。立界石、修寨墩，设兵防守，出界者死。长亭场全废，迁出灶丁 2131 丁，盐民流离失所，死者甚多。

清康熙二十二年（1683），撤销海禁，大湖居民迁回原籍恢复盐业生产。

清雍正六年（1728），居民除经营盐业外，转向垦荒种地，农业生产有所发展。朝廷为了征收田赋而设置庄，全县52都改为93庄，大湖属下段庄，庄设庄胥负责征收田粮。

清雍正八年（1730），为防海盗侵扰，全县设汛地19个。大湖汛地（俗称营盘）置兵58人，营盘设守备（营盘官）管理民政与防务。

清嘉庆年间（1796—1820），由于滩涂淤涨，盐灶之地去海日远，土沃卤淡，不适宜制盐，宜于围垦种植，大湖团灶弃盐改农，村民转向以农业为主。

清宣统二年（1910），全县划分为城区和3个镇、11个乡，庄不变。大湖隶属长亭镇。

民国初期，撤销府级建制，宁海县隶属浙江省，民国3年（1914）宁海县属会稽道。民国16年（1927）废道，直隶浙江省。

民国17年（1928）实行村里制。

民国21年（1932）改村里为乡镇，宁海全县设6个区192个乡镇，长街属第二区，辖29个乡镇，其中长街范围设长街、车岙、新城、山洋、龙浦、沥头、大湖、丹翁、山头、青珠、岳井、山前、绕源、道岩14个乡镇。下设间（25户为一间）、邻（5户为一邻）。

民国24年（1935），废间邻，行保甲，设长亭区，驻地长街，辖长亭、柘浦、力洋、东仓、古渡、胡陈6个乡镇，长街范围原14个乡镇合并为长亭镇，大湖属长亭镇。

民国28年（1939）1月，撤长亭区署，改设巡回督导区。长亭镇改设长亭镇和水东乡两乡镇，大湖属长亭镇。

民国31年（1942），长亭镇分设长亭镇、湖山乡、青珠乡、水东乡。大湖属湖山乡。

民国32年（1943），撤督导区，改属文正区，辖长街、力洋等9个乡镇，区署力洋。

民国36年（1947），长街范围设长亭镇、湖青乡（湖山、青珠合并）、水东乡三乡镇。湖青乡乡公所驻地山头，辖17保225合。大湖属湖青乡，设3保，甲数无考。

民国38年（1949），大湖、山头从湖青乡分出，设湖山乡，乡公所驻大湖关爷殿，大湖分湖东、湖中、湖西3个保（分别为湖山乡四保、五保、六保）。

1949年，中华人民共和国成立后，宁海属台州专区。中共宁海县委决定成立宁海县东区人民政府，长街隶属东区。废除保甲制度，建立乡村级人民政权。

1950 年，东区人民政府分设长街、力洋两区。长街区辖长亭镇、湖青乡、龙浦乡、水东乡 4 个镇乡，大湖村属湖青乡。是年 5 月，全区首先在大湖成立大湖乡人民政府，建立起人民政权。是年 8 月，宁海东区人民政府分设长街、力洋两区。长街区辖长亭、大湖、青珠、山头、龙浦、水东 6 个乡镇。

1951 年 1 月 21 日，宁海县土地改革指挥部成立。2 月，土地改革工作队进驻大湖，长街区以大湖为基点，宣布土改开始，至 9 月底，土改基本结束。是年 5 月，全区首先在大湖建立大湖乡人民政府，以“豆选”方式选举产生乡长、副乡长、乡文书等乡领导班子成员。(注：“豆选”是用黄豆作为选票)

1952 年，长街区辖长亭、城塘、大湖、平原、青珠、山头、龙浦、新城、岳井、山前、伍山 12 个乡，宁海县改属宁波专区。

1956 年大湖乡并入长亭乡，3 个村分别成立了湖东、公胜（湖中）、湖西 3 个高级农业生产合作社。

1957 年 9 月，宁海县划属台州专区。

1958 年 8 月，全区撤乡并社。10 月 1 日，长街人民公社成立，实行军事化管理，大湖设营，营下设湖东、湖中、湖西 3 个连，生产队设排。后又将 3 个连改为湖东、湖中、湖西 3 个生产大队；10 月 7 日，省委决定撤销宁海县建置并入象山县，隶属台州专区，县署设力洋。实行“政社合一”，工农商学兵五位一体。

1959 年 1 月，改属宁波地区。

1961 年 7 月，复区并调整公社。全区辖长亭、山头、伍山、龙浦、岳井 5 个小公社。大湖属长亭人民公社，下设湖东、湖中、湖西 3 个大队。是年 10 月恢复宁海县建置，隶属宁波地区。

1966 年，湖东、湖中、湖西 3 个大队合并为大湖大队。大湖大队下设 19 个生产队。

1982 年，宁波地区和宁波市合并称宁波市，宁海县改属宁波市。

1983 年，改变政社合一体制，撤销人民公社建立乡镇人民政府，原 6 个小公社成立 6 个乡镇人民政府。建立大湖行政村，成立村民委员会，隶属长街镇。

1992 年 5 月，撤区扩镇并乡。山头、青珠两乡划归明港镇，长亭、龙浦、岳井、伍山合并为长街镇。下设长街、大湖、龙浦、岳井、伍山 5 个办事处。长街镇大湖办事处，驻地大湖。大湖办事处下辖下蔡、浦东、大湖、大祝、车呑港、新东、合宁、塘里 8 个行政村。

2004 年，撤销明港镇，山头、青珠划归长街镇。原长街区撤区成立长街镇至今，大湖村仍隶属宁波市宁海县长街镇。

第四节　村内小地名

大湖村有着千年历史，先民将聚居点分别称“三房”“四房”“冯家”；李氏老宅院旁边称“李家横头”；建房在原种田育秧的地块，就将小地名称作：“上秧田、秧田、外秧田”；人居密集点的水井，分别称：三房井（西洋井）、四房井、东洋井与下祝井。曾开过南货店、烟酒店、中药店、糕饼店、剃头店、洋袜店和成衣铺的地方，则按店名称之；有的仍按老地名，如：东洋、上墈头、东夹塘、墩头园、郑家墩、大树脚、外屋墙头、里屋墙头、八角丘、新屋、前新屋、半边街、后门塘岸、香灰墩等称之。

随着时间的流逝，小地名将成为历史，现将史上颇具名气的小地名整理如下：

三透沙　大湖地下有多条由贝壳类动物遗骸被海潮冲向浅滩蕴蓄而成的“沙龙”，传说地下沙龙与东（中泥石佛山）、南（南田石佛山）、西（青珠山）、北（狮子山）相通。其中一条东通石佛山直通石浦延昌前，贝壳层厚薄程度不等，其中大湖境内有三处贝壳层厚 3—4 尺，宽达数亩，透露出地面的沙坝有三处，俗称“三透沙”，被村民奉为吉祥之地。东面第一透沙有“四峰拱照”秀地之称，为胡氏始迁祖居端公原墓地；第二处透沙为胡氏宗祠西，为沙井灵泉基地；第三处透沙为大湖沙头庙庙址西侧。

营盘　位于沙头庙东首，关爷殿东北，建于清代，朝廷派兵驻守，设守备管理民政防务。营盘西北村口建有半月形营门，营门北面上书“北门锁钥”，营门南面上书“吾道南矣”，营门为北通塘里、石桥头、长街的大门。

五份头庄园　五份头（俗称后五份）庄园，位于沙头庙西南，半边街河北。始建明代、大多建于清嘉庆年间，距今有 200 多年的历史。五份头庄园原有豪华宅院五幢及厢房，共有房屋300余间，内有菜园、水井、小河等。庄园四周筑有围墙，围墙的东南西北四方筑有碉（堡）楼，围墙外有一道护城河，整个庄园占地70余亩。现大部分建筑被改建成大湖粮站仓库。

五份头一宅院 位于五份头庄园东南，系二层木结构三合院，占地面积600余平方米，正房7间，中间为堂前，左右厢房各3间，石柱和石芥窗多用蛇蟠石，道地檐阶为兰头石条（长4.5米、宽0.47米、高0.25米）铺设。是保存得较完好的原五份头庄园5幢豪华宅院中的一幢，现作为大湖村老年协会会所。

上秧田 位于沙头庙南，原是培育秧苗的田块，后建房与周边的四房下小三房之五份头庄园、八角丘、凉房连成一片，成为四房下小三房之后五份胡氏后裔聚居区。民国时期发展为南北走向的商业街。这一地块统称为上秧田。

秧田 位于四房下小三房之前五份串堂南，四房井北。顾名思义，由于地势较低原是种植水稻、培育秧苗的田块，后建成四合院平房，成为四房下小大房之八房派后裔居住地。在秧田的东首与之相邻的三合院称为“外秧田”。

串堂 位于官房墙弄南、倒挂狮子西首，前后有2个道地、2幢楼房（共30余间），原为大湖胡氏四房前五份后裔聚居之所。

前五份（串堂）道地（2020年摄）

前五份（串堂）东厢房（2020年摄）

外屋墙头 位于沙头庙南200米处，有2幢建于明代的古楼房，为明崇祯年间南洋中军游击胡献策后裔居住之所，称为外屋墙头。居住着胡氏四房下小三房之外屋派后裔。现两幢楼房部分倒塌，尚存部分成危房，村民择地建新房移居别处。

半边街 大湖村中心有一条长约400米、街河相伴的半边街，横贯村庄东西，街面朝北，建有店铺和民居，街道用一米见方的大石板铺砌，东街道宽约4—5米，西街道稍窄。因地处平原地区，村内无溪流河港，为防火、排灌、洗涤之需，在街中间开挖了一条人工河，称半边街河（开挖年代无考）。河上架有 3 座石条拱桥及 2 座石条平桥，村内南北相通，河北岸东为五份头庄园，中间为菜市场，菜市场以西住户面河而居，每家门前铺有下水石阶，汲水、洗涤非常方便，具有江南水乡特色。半边街商贸始于清嘉庆年间，至光绪末年每逢五、十为集，商贸兴旺，平时也很繁荣。

1949 年农历五月初四日，国民党长江部队和苏景清残部与盘踞于五份头庄园的任小青匪部作战，苏部一班长被任部打死，苏部穷凶极恶地烧毁大湖沙头庙、半边街店铺及民房百余间。2000 年旧村改造，将半边街河填平（下铺下水管道）并加宽街道，浇筑水泥路面，在原露天小菜场基础上扩大范围、搭建成钢棚菜市场，于当年农历十二月二十日开市。菜市场向北浇筑水泥街道与县道力胡线相连。按照村规划，村民在街道两边重建店铺，每逢五、十为大湖集市日，赶市者络绎不绝，平日下午卖海鲜及蔬果的摊位众多，商贸频繁。2018 年新建农贸综合市场，拆除钢棚菜市场，商贸中心转移至新市场，商贸业更加繁荣兴旺。

遗憾的是古村半边街河的江南水乡特色没有很好地保留下来，年老的村民们深感惋惜。

半边街（2022 年拍摄）

三房桥头　位于半边街西首半边街河上的第三座石拱桥，因桥的周边住户以胡氏三房后裔为主，故称“三房桥头”。

李家横头　位于半边街西首、大湖李姓村民聚居地，俗称李家横头，建有李氏宗祠。

东洋与新屋　大湖胡氏官房及四房部分胡姓后裔分居于村东 400 米的田洋畈上，此处故称“东洋”。清道光十五年（1835）顾国仓自桥头胡下洋顾始迁大湖定居东洋。后于清光绪三十四年（1908）顾氏后裔顾必常、顾必寿兄弟俩新建一所：坐北朝南，正房 7 间，左右厢房各 3 间木结构的三合院平屋，俗称“新屋”。2010 年旧村改造时，建造长街经塘里至大湖的东大街，拆除新屋西厢房，保留着西正房和中堂、东厢房和车门。东洋设 4 个村民小组，现住有 132 户 397 人，其中顾姓 20 余户 70 余人。

东洋新屋车门（2020 年摄）

新屋道地（2020 年摄）

镇龙庵　东洋东南原有一座庵，传说是为镇住大湖沙龙而建，故名镇龙庵（建造年份无考），周围有大可合抱古树十余株，称之为“龙眼”，1964 年古树被伐。1966 年“文化大革命”开始，后庵成为村民住房，现庵址已改建成民房。

天后宫　位于镇龙庵东北角，1958 年“大跃进”中被拆除，材料用于建造抽水机屋。

墩头园　位于胡氏宗祠南，原为胡氏三房下东房派后裔聚居之所，后有叶、黄、陈、柴等姓相继迁入。2010 年旧村改造，融合成东兴街及横街的一部分，同时保留墩头园小区。

东夹塘　位于村东南，原大湖中学旧址南、蔡氏后裔聚居处。2010 年旧村改造，拆建后成为东兴街之一段。

长带楼　位于官房墙弄南，有三、四合院楼房多幢，原为四房下小三房之长带楼和八房派后裔聚居之处。

八石田　位于三份头东首，原田块面积为八石，就将此处称八石田，后八石田与周边农田都建为民居，村民们将这一地域统称“八石田”。

下祝　位于村西南 500 米的田畈上。据传原为竺姓居住地，位于大祝村（原名上祝）的下首（南面），故称“下竺”。因原竺姓迁至天打岩居住，又“竺”与“祝”同音，就将“下竺”改称“下祝”。后大湖胡姓长房后裔迁入下祝一座四合院古楼房居住，下祝居民以胡姓为主，亦有杨、冯、庄、吴等姓聚居。为一个自然村，2022年有54户141人，设1个村民小组。

下祝前房（老屋）（2020年摄）

大湖下祝（2020年摄）

第五节　新建小区

以往建房局限在村内宅基地上，随着人口增多，子女分家娶亲需建房，一段时间下来，村内宅基地减少。改革开放以来，村民收入提高、生活改善，为改善住房条件，经土管部门批准在村所属耕地上建房，住宅向村庄周边拓展，建起了几个小区。

桃花井小区　2016年，县教育局拨款新建大湖小学（改名为长街镇第二小学），征用大湖东片10队、11队所属耕地28328平方米。经土管部门批准将大湖东大街东、洋肚田港北的一片地作为宅基地，供大湖东片两队村民建房，形成桃花井居民小区。该小区沿洋肚田港至桃花井浇筑了一条水泥村道，西与大湖东大街相接，南与沿海道路相连，交通便捷。

桃花井小区（1）（2020年摄）

桃花井小区（2）（2020年摄）

渡春桥小区　渡春桥（俗称隔岸头桥）桥南至件头港为湖中片所属耕地。改革开放后，经土管部门批准为宅基地，湖中片（25、26两队16户村民）建房于此，形成一个小区。2015 年春，湖中片投资 150 万元，在此建造了占地 3 亩、建筑面积 1000 平方米的文化礼堂，成为湖中片村民举办婚丧大事办酒席的场所及文化活动中心。

长墩小区　长墩位于大湖村南，渡春桥下东南角的一片墩地，为湖中片所属。中华人民共和国成立前有胡姓、叶姓几户村民居住于此。土地改革及公社化时，有几户移入湖中村中居住，多出一片宅基地。经土管部门批准湖中片 14 户村民（19 队 12 户、24 队 2 户），陆续批地建房于此，形成一个新小区。2010 年 3 月，东大街大湖段及横街拆建改造，历时 8 年，修建成长 605 米、宽 60 米（中心道路宽 24 米）的东大街，直通长墩小区。长墩小区与村道相连接，交通十分便捷。

长墩小区（2020 年摄）

渡春桥小区（2020 年摄）

丽水青田县移民小区　2005 年，大湖村接收青田县移民 9 户 30 人。由国家拨款在湖西片李家横头的宅基地上建造 3 排共 20 间楼房，总占地面积 4 亩。现移民小区居住着 9 户 39 人。

新昌县移民小区　2015 年，大湖村接收新昌县移民 10 户 28 人。由国家拨款在湖西庵后塘东宅基地上建造 2 排 22 间楼房的移民小区，总占地面积 4 亩。

丽水青田县移民小区（2020 年摄）

新昌县移民小区（2020 年摄）

第二章　自然环境

第一节　地质地貌

一、地质

长街镇出露地层主要为中生界白垩系和新生界第四系。大湖村出露地层为新生界第四系，地层发育良好，出现于滨海平原，厚度不等。为平湖组、冲洪、坡洪、冲潮相沉积而成。

大湖村位于宁海县东部三门湾畔长街村南的滨海平原上。古时四面环海，东临车岙港、南濒三门湾、西靠胡陈港、北依香花山。咸淡水的交融，促使近海贝壳类生物繁衍，千百年来，经溪流海浪冲刷、贝壳层层叠积、浊浪泥浆的沉淀，隆起了高出海平面3—4尺、一块块长着海草、总面积达200—300公顷的滩涂墩地。

这些潮涨不淹的滩涂墩塴先后被历代先民围筑成古老的村庄，大湖古称“塴头”为其中之一。这些村庄构建成长街镇沿海平原。土层下部为灰黄、褐黄色含砾石亚黏土和含黏性土砂砾石，上部含少量黏性砂石层，厚度35—60米。由于成土时间长短不同，可分为灰泥田、淡塘泥田、淡涂黏土和咸黏土等土属（境内地质构造主要形迹为南北向断裂构造，主要为扭压性断裂，断裂带自一市旗门港口至长街镇北西岙，长16公里）。

二、地貌

大湖村境域属老海相水网平原，海拔约15米，系沿海海涂淤积及人工围垦促淤形成，由历代先民围筑成塘，开垦种植，成土时间不长，地势平缓。

山离村庄较远，除距村北2公里的香花山外，其余山林大部分坐落在其他村庄境域。村南下洋涂滩涂也被围堵成耕地开垦种植，围涂后留下的港汊成为四周农田的排灌河港。村庄四周为本村耕地，由三门湾畔潮汐冲击贝壳沉积滩涂淤涨后，历代先民逐渐围堵而成，地名多带“塘”字。由村东桃花井起经东洋、庵前港、老爷塘港、八石墩港、车岙港至庙树塘村，北与下蔡、塘里村土地交界，有白银塘、西浦塘、老爷塘、小塘及鸭厂墩、郑家墩、小山墩等墩地，村北以洋肚田河为界，有洋肚塘，以上为原湖东村耕地。村南长墩起，东至东关塘，南至孙家、姚家、合利，西至大渔冯村。有东夹塘、中和塘、小和塘、七份塘、第四份塘、玉带塘及长墩、辽路墩、稻墩等墩地，为原湖中村耕地。村西下祝以西，南界大渔冯，西界山头，北与天打岩、大祝村交界，西洋塘、太平塘、庵后塘为原湖西村耕地。

三、山林

大湖村位于三门湾畔滨海平原上，拥有的山林离村庄较远，大部分坐落在其他村庄境域中，只有村北的香花山离村最近。大湖村经确权认证共有山林1005亩，其中，大湖村集体36亩，湖东片325亩，湖中片477亩，湖西片167亩。具体分布列表如下：

大湖村山林分布表

表2-1　　单位：亩

权属	面积	地点	权属	面积	地点
大湖村	2	香花山长街镇小学后	湖中片12队	22	坑尾巴竹山
大湖村	25	香花山油瓶天灯盏	湖中片12队	10	大园山
大湖村	9	香花山山下陈	湖中片12—13队	15	和尚坑口孔
湖东片	25	狮子山面颊股	湖中片13队	40	平水庙
湖东片	35	飞凤殿转子山	湖中片13队	10	懒蚕
湖东片	130	西坑湾	湖中片13队	10	饭蒸山
湖东片	25	厂后山	湖中片13队	30	南坑
湖东片	50	东溪坑金竹湾	湖中片14队	15	西塘顶
湖东片	50	大湾山	湖中片14队	18	汉岙塘
东片10—15队	10	庆湾	湖中片14队	10	汉岙塘
湖中片	50	湘岙滴水洞	湖中片14队	22	庆湾

续表2-1

权　属	面积	地　　点	权　属	面积	地　　点
湖中片 9 队	50	梅山村东头溪	湖西片 15 队	18	懒蚕山
湖中片 9 队	10	大园山	湖西片 16 队	18	八脚岭
湖中片 9 队	10	香花山水莲花	湖西片 17 队	2	饭蒸山
湖中片 10 队	12	大园山虎头炮	湖西片 17 队	8	大坑里
湖中片 10 队	10	梅山村水牛轭头	湖西片 17 队	2	蒋家湾小岩外
湖中片 11 队	10	懒蚕	湖西片 17 队	5	蒋家湾小岩里
湖中片 11 队	10	龙山三王	湖西片 17 队	10	大拜
湖中片 11 队	25	梅岙村	湖西片 18 队	15	八脚岭
湖中片 11 队	24	龙山三王逢山岩头	湖西片 18 队	10	梅岙岭脚山
湖中片 11 队	1	龙山三王金市山	湖西片 19 队	4	白岩山
湖中片 11 队	1	下加山庙后	湖西片 19 队	10	汉岙塘前横桥
湖中片 11 队	4	蛇头山	湖西片	10	大园山
湖中片 12 队	23	梅山村大虫湾	湖西片	50	山洋后门山
湖中片 12 队	13	南坑	湖西片	5	大岭湾山
湖中片 12 队	22	南坑庵山	—	—	—

四、滩涂

三门湾内海水吞吐量大，涨潮慢，退潮快，海水含泥量重，一日两潮沉淀，平均每年涂面淤高 7—8 厘米。长亭涂成陆地后，渡下洋形成新涂，人们习惯称这一大片滩涂为“下洋涂”。历代先民不断围塘建村、耕种塘地。为扩大耕地面积，1969 年大湖村与山头村合股在双甲斗门外围起山湖塘（815 亩），大湖村分得土地 464 亩。1978 年又与长街区内各大队合股围成保卫塘（3400 亩），大湖村 11 个生产队入股，分得土地 284 亩。后山湖塘、保卫塘由养殖户承包，变成水产养殖基地。

五、河港

大湖村为三门湾滩涂壅涨后围堵而成的沿海平原，无大河、大溪流经。境内只有围涂后留下的港汊，成为村庄及四周农田用的排灌河港。

第二干线大湖段　第二干线东起车岙港，西至翁家村港头，全长5.6公里。1984年延伸至青珠大塘港，再北上接通礁港，全长11.3公里，深3米、宽18米。其中大湖段3.2公里，东起车岙港村，经八石墩港，老爷塘港，庵前港，隔岸头桥港，西至大渔冯村。是长街镇的主要排灌干线，也是大湖村东、南片耕地的水利命脉。

洋肚田港　位于村北与大祝、塘里两村交界处。原为海中港汊，据传宋时造登台桥的运石船可从小祝港通行，围海造田后成为河港，西起大祝，东至本村桃花井桥，全长2公里，宽8米、深3米，与村东桃花井港、大塘缺港相连，成为洋肚塘、白银塘的排灌主干渠。

件头港　位于村南1公里，与新东、合利交界。东通小和塘与新东村河港相连，原西面与本村黄狗盘河港相连，土地平整后，西段河港被填平建成抽水渠，东段尚留400米左右河段与小和塘港相通，成为南片件头港与小和塘耕地的排灌河道。

西洋新港　湖西片耕地西洋塘、庵后塘、太平塘水利条件差，第二干线东西贯通后，为解决西片耕地和大祝村耕地的排灌，开挖了一条南起大渔冯村后、北至大祝村上墩陡门，宽9米、深2.5米、全长2公里的新西洋港。西洋塘、太平塘、大祝塘的耕地排灌得到了保障。

村内曾有半边街河、后门河、横街河与下祝河等（用于洗涤、防火）。2000年旧村改造时，填平半边街河和后门河（河底铺设下水管道）、浇筑成水泥街道和村道；横街河清淤与安装上围栏后成为村庄风景河；下祝河填平了一部分，经清淤尚留长60米、宽4米段河道。

第二节　气　　候

大湖村地处中纬度亚热带过渡地带，属季风湿润气候区。气候的基本特征如下：季风气候明显，温暖湿润，雨量充沛。冬夏长、春秋短，春暖夏热，秋爽冬冷，四季分明。据车岙港报讯站记载，1959—1980年的20年间，年降水量平均1404毫米，降水日平均146天。据大湖气象哨记载：全年平均日照1571.4小时，平均温度16.5℃，无霜期218天上下，初夏有梅雨天气，7—8月多台风。

一、四季

近年来，由于环境的变化，采用农历二十四节气中的立春、立夏、立秋、立冬作为四季的开始已不相适应。中国现在采用平均气温来划分四季，五天为一候，每候连续5天气温的平均值小于等于10℃，为冬季的始日。大于等于22℃的首日为夏季的开始。介于10℃到22℃为春秋季。

春季 初日为3月28日，终日为6月11日共76天。据大湖气象哨数据，分初春、仲春、季春三个阶段。初春从3月28日至4月27日，31天，平均气温9.6—14.9℃，仲春从4月28日至5月24日，27天，平均气温14.9—19.8℃，季春，从5月25日至6月11日，18天。平均气温19.8—23.7℃。本季冬季季风衰退，夏季季风向北，交替激荡，太阳辐射增强，气温波动上升，天气变化多端。初春常出现低温多雨倒春寒天气。有“春天孩儿脸、一日变三变”“一日脱赤膊、三日头冻缩”“冬冷勿算冷、春冷冻煞犊”等气候谚语。全季平均气温17℃，降水41天，降水量397毫米，日照254.4小时。

夏季 初日为6月12日，终日为9月21日，共102天。分初夏、仲夏、季夏3个阶段。初夏从6月12日至7月12日，31天，平均气温23.7—27.7℃，有梅雨天气，仲夏从7月13日至8月25日，44天，平均气温27.4—27.5℃。极端最高温度39℃，高温少雨，出现伏旱。季夏，从8月26日至9月21日，27天，平均气温24.1—27.5℃，本季气候受西太平洋副热带高压控制，冷空气北退，夏季风占绝对优势，多东南风，常出现高温、干旱、雷阵雨天气，亦是台风影响频繁季节，有“六月尽，七月半，八月十六不用算”等气候谚语。全季平均气温25℃，降水日43天，降水量556毫米，日照550.6小时。

秋季 初日为9月22日，终日为11月23日，共63天。分初秋、仲秋、季秋三个阶段。初秋9月22日至10月14日，23天，平均气温18.7—24.1℃。该季夏季季风减弱，冬季风加强，冷暖交锋会出现一段时间连绵秋雨天气。仲秋，10月15日至11月3日，20天，气温13.4—18.7℃，季秋，11月4—23日，20天，平均气温7.9—13.4℃。仲秋后，冷空气势力加强，会出现一段秋高气爽，少雨晴朗的回暖天气，俗称“十月小阳春”。全季平均气温18℃，降水日19日，降水量191毫米，日照305.7小时。

冬季 初日为11月24日，终日为次年3月27日，共124天。分初冬、隆冬两个阶段。初冬从11月24日至12月27日，34天，平均气温7.9—13.4℃，隆冬，12月28日至次年3月27日，90天，平均气温5.2—9.6℃。该季受北方冷极地大陆气团冬季风所控制，冷空气此时南下，北风盛行，气温下降，天气以晴朗、寒冷、干燥为主。亦有雨雪、霜冻天气。冬至后有三九严寒天气，有“一九二九，泻水不走，三九廿七，檐头挂笔”等谚语。会出现短时间暴冷天气，极端最低温-7℃。全季平均气温8℃，降水48天，降水量257毫米，日照460.7小时。

二、日照

日照时数是指实测到太阳直接照射的时间。日照百分率是实照时数占可照时数的百分比。取决于地理纬度和天气状况，随季节变化而不同。据大湖气象哨1983年测报数据记载，全年日照1571.4小时，日照百分率为36%，8月日照时数235.2小时为最多，6月日照时数52.6小时为最少。日照百分率11月61%为最高，其中8月为58%，最低的6月为13%。

大湖气象哨1983年日照时数、日照率、太阳总辐射量统计表

表2-2

月　份	1月	2月	3月	4月	5月	6月	7月	8月	9月	10月	11月	12月	全年
日照时数（小时）	103.1	92.7	94.7	91.4	100.2	52.6	166.8	235.2	132.8	110	209.1	182.4	1571
日照百分率（%）	32	30	26	24	24	13	39	58	36	31	61	57	36
太阳总辐射（千卡/平方厘米）	5.1	5.4	6.8	7.3	8.1	6.3	10.7	13	8.3	6.6	8.2	6.8	92.6

三、气温

大湖村处于三门湾滨海区，热量资源丰富，气候适中，积温较多，为东南沿海平原暖区，据大湖气象哨统计数据记载：大湖全年平均气温为16.5℃，≥10℃活动积温为5145.8℃，持续天数为241天。1月最冷，平均气温5.2℃。7—8月最热，平均气温27.4—27.5℃。

1961—1980 年月平均气温一览表（据大湖气象哨统计）

表 2-3　　单位:℃

月　　份	1月	2月	3月	4月	5月	6月	7月	8月	9月	10月	11月	12月	全年
月平均气温	5.2	6.1	9.6	14.9	19.8	23.7	27.4	27.5	24.1	18.7	13.4	7.9	16.5

宁海气象站统计：多年平均气温 16.1℃，极端最高气温 41℃（2003 年 7 月），极端最低气温-9.6℃（1979 年 2 月）。多年平均水汽压 17.3kPa，相对湿度 83%，多年平均降水量 1658.9 毫米，蒸发量 1369.8 毫米（蒸发皿直径为 20 厘米），多年平均风速 2.9 米/秒，实测最大风速 19.3 米/秒。

1979 年宁海气象站气候特征值统计表

表 2-4

月　　份	1月	2月	3月	4月	5月	6月	7月	8月	9月	10月	11月	12月	全年
月平均气温（℃）	4.6	5.5	9.2	14.9	19.6	23.6	27.5	27.2	23.5	18.2	12.7	6.8	16.1
最高气温（℃）	23.6	27.7	33	32	33.1	38.2	41	39.7	36.6	33.2	29.2	27.5	41
最低气温（℃）	-9	-9.6	-4.9	-1	6.6	11.9	15.9	17	11.1	7	-5.4	-9.4	-9.6
平均水汽压（kPa）	6.8	7.5	9.8	14.4	19.5	25.6	31.3	30.5	25	17.5	12.1	7.8	17.3
相对湿度（%）	77	80	82	84	85	87	86	85	86	83	80	77	83
最大日降水量（毫米）	35.1	39.7	52.2	63.4	115	123.8	355.7	217.6	285.8	253.7	65	53.1	355.7
平均蒸发量（毫米）	61.7	59.3	84.9	111.1	129.2	129.8	195.1	186.1	135	115.2	89.1	73.3	1369.8
平均风速（米/秒）	3.2	3.3	3.3	3.2	2.9	2.6	3.1	2.8	2.4	2.4	2.7	3	2.9
最大风速（米/秒）	12.7	12.3	13	13.7	15.7	17	18	19.3	17.3	14.3	13.7	13	19.3
相对风向	NNW	2G	NNE	NNE	NNE	SE	NW	NNW	SE	NNW	NNW	N	NNW

四、降水

据车岙港报汛站 1959—1980 年记载：年降水量平均为 1401.0 毫米。年降水日平均为 146.1 天。4—9 月降水较为集中，6 个月降水 999 毫米，占全年的 71.3%。有 3 个雨季，分别是 3—4 月春雨期，降水量 224 毫米，占全年的16%，降水日为31日，占全年的21.2%。5—6月梅雨期，降水量为405.7毫米，占全年的29%，降水日为33.5天，占全年的23%。9月前后为秋雨期，降水量174毫米，占全年的12%，降水日12.4天，占全年的8%。2个干季分别是：7—8月是伏旱期，高温少雨，主要靠台风雨和雷阵雨缓解旱情。10月至次年2月相对为冬季干旱少雨期，5个月降水量为305.7毫米，占全年的21.8%，5个月降水日为44.4天，占全年的30.4%。

据车岙港水库管理处记载：2002—2006年，年平均降水日为122.6天，平均降水量为1241.9毫米，最多为2002年，全年降水日为150天，降水量为1505.1毫米。最少降水日为2004年，全年仅98天。最少降水量为2003年，全年仅829.3毫米。

2002—2006年车岙港水库各月降水日统计表

表2-5　　单位：天

月份 年份	1月	2月	3月	4月	5月	6月	7月	8月	9月	10月	11月	12月	全年
2002年	8	4	16	19	21	11	13	17	13	8	8	12	150
2003年	6	11	13	13	12	13	5	12	8	4	5	4	106
2004年	8	7	11	8	8	8	8	6	15	3	5	11	98
2005年	9	19	11	10	14	10	7	11	2	7	11	7	118
2006年	12	16	10	12	17	17	12	12	11	0	13	9	141
5年平均	8.6	11.4	12.2	12.4	14.4	11.8	9	11.6	9.8	4.4	8.4	8.6	122.6

2002—2006年车岙港水库各月降水量统计表

表2-6　　单位：毫米

月份 年份	1月	2月	3月	4月	5月	6月	7月	8月	9月	10月	11月	12月	全年
2002	53.5	18.6	119.9	190.1	84.4	223.2	189.6	218.4	128.5	103	64.1	101.8	1495.1
2003	52.4	71.1	79.2	110	87.9	117.4	20.4	149.3	43.6	21.1	57.8	19.1	829.3
2004	55.5	37.2	56.9	47	191.8	38.2	94.7	117.2	297	22.4	68.5	153.8	1180.2
2005	65.7	126	77.5	106.8	198.9	105.2	111	309.7	113.4	71.5	88.4	44.8	1418.9
2006	78.7	89.5	67.5	72.4	209.6	197.9	74.1	88.8	303.8	—	46.4	47.5	1276.2
五年平均	61.2	68.5	80.2	105.3	154.5	136.4	98	176.7	177.3	54.5	65	73.4	1239.9

胡陈港水库2020年统计：年降水日为134天，降水量为1132.3毫米，

降水日 10 月仅 5 天为最少。降水量 12 月最少，仅 27 毫米。

2020 年各月胡陈港降水日统计表

表 2-7　　单位：天

月份 年份	1月	2月	3月	4月	5月	6月	7月	8月	9月	10月	11月	12月	全年
2020	12	11	15	9	15	22	13	6	12	5	6	8	134

2020 年各月胡陈港降水量统计表

表 2-8　　单位：毫米

月份 年份	1月	2月	3月	4月	5月	6月	7月	8月	9月	10月	11月	12月	全年
2020	85.7	80.6	121.5	46.6	147.6	266.2	94.4	67.3	181.2	27.1	14.1	27	1132.3

第三节　土壤　植被

一、土壤

按《浙江省第二次土壤普查工作暂行分类方案》标准，大湖村土壤可分为淡涂黏土、咸黏土、淡塘泥田、灰泥田四大土属。

淡涂黏土　分浆粉泥土和乌浆粉泥土。浆粉泥土母质为近代浅海沉积物，土壤已脱盐淡化处于脱钙过程中，全土层均有石灰性反应，上弱下强，含量在 1%—6.2%。土体深厚达 1 米以上。质地重壤至中黏土，湿时黏韧，干时坚硬。分布在本村中和塘、小和塘、小山墩等处。

咸黏土　母质为新近浅海沉积物，土层深厚上下匀一，颜色为灰棕色。土壤质地黏重，“雨天糊糟糟，晴天像把刀”。轻黏土到重黏土，碱性反应强烈，pH 值 8.0—9.0。土体含盐量高，具有咸、黏、瘦等特点。分布在新围山湖塘、保卫塘等处。

淡塘泥田　由浆粉泥土发育而来。土体深厚达 1 米以上，以灰棕色为主，具有石灰性反应，上弱下强。土壤黏粒含量高，质地黏韧，为轻黏土到重黏土。土体呈碱性反应，pH 值由上到下为 6.2—8.6。分布在东夹塘、老爷塘、西浦塘、西洋塘、太平塘、七份塘等处。

灰泥田　地势较淡塘泥田高，排水条件好，地下水位低，平均在80厘米。成土年龄较长，耕作种植时间较久，剖面发育好，层次明显，具有团粒、棱柱状结构。土体以灰黄、棕灰为主。土体深厚在1米以上。质地均细轻黏到中黏土，土体已脱盐脱钙，近中性反应，pH值6.8—7.8。土壤熟化程度高、结构良好、肥力高、耕作松软。分布在洋肚塘、白银塘等处。称为“田王”。

二、植被

大湖村处于沿海平原，除耕作地带外，主要植被为多年生草本植物群，灌木丛、稀疏乔木和人工栽培的果木及用材林。

山地植被　多为经封山育林或人工栽培成林的松树、杉树、毛竹、枫树、栎树、木荷树等，林下植被有茅草、蕨类植物及灌木丛，其间有天然薪炭林和人工种植的茶树及果木。

栽培植被区　这些地方农耕历史悠久，原有植被被农业活动破坏，覆盖地表的全是人工栽培的农作物及野生杂草，其间有人工栽培的少量果树及用材林。

水上植被主要分布在河港、池塘。有水生的蕴草、水花生（俗称革命草）、水葫芦及水浮莲和浮萍等。

第四节　自然灾害

大湖村的自然灾害主要有台风、暴雨、冰雹、干旱和低温、寒潮、霜冻、大雪等。其中台风、暴雨、干旱、寒潮成灾的次数较多。

台风　大湖村地处三门湾畔，常受太平洋洋面生成的台风袭击，7—9月为台风过境最盛期。若逢大潮汛台风登陆，常带来暴雨狂潮，引起潮水冲毁塘堤，海水倒灌，淹没庄稼、冲垮房屋，甚至淹没村庄，造成人畜伤亡、财产重大损失。

据《长街镇志》记载：1956年7—9月，连续4次台风，是遭受台风灾害最惨重的一年。1959年遭受台风6次，是台风影响最多的年份。其次是1960年和1962年各5次。1994—2006年，遭受台风共31次，受影响较重的有11次，其中重灾1次。

民国17年（1928），农历八月初一，台风、暴雨、狂潮三夹攻，长街范围所有海塘被潮水冲垮、淹没。其中公和塘被淹，水深达1.5米、合宁塘棉花地上可行船，潮水甚至漫到大湖村南八石田和村东桃花井桥。

民国18年（1929）9月3日（农历八月初一）起倾盆大雨持续5昼夜，倒塘、毁田、倒屋，茅屋全被掀翻，人畜伤亡无数，农作物颗粒无收，村民食草根、野菜，逃荒者不计其数。

1956年8月1日22时，56（12号）台风在象山港登陆，带来狂风暴雨，最大风力12级以上，日降雨量195毫米，海水冲垮塘堤，涌进合宁塘、东关塘。据长亭乡台灾报告，此次台灾中死5人（其中大湖1人），伤110人，农田被淹受灾、损失稻谷5万余斤。损毁渔船3艘，倒塌瓦屋2456间，茅屋3299间，遭灾2538户，占长亭乡总户数的75%。

1974年8月18日，74（3号）台风在象山港石浦和三门湾之间登陆，由于台风正面强袭又遭七月初一天文潮，台风登陆时正逢涨潮，风、雨、潮三碰头，形成了历史罕见的天文大潮，胡陈港潮位4.63米，超历史最高潮位，降雨量高达526毫米，潮水冲毁沿海塘堤，冲进沿海村庄，农田受淹，水深1.2米。全镇淹死1人，损失160多万元。大湖村庄离海较远虽未受淹，但周边农田农作物受淹颗粒无收、损失惨重。

1997年8月18日（农历七月十六日）97（11号）台风在温岭县石塘镇登陆。长街区域风力达11级以上，日降水量387毫米，胡陈港潮位高达5.52米、超过警戒线1.5米，风大潮涌，卷起2—3米高的巨浪，巨浪越顶，11处安全塘岸决口113处，口长14350米，占塘堤总长的62%，51000亩耕地全被淹没。大湖粮种场，青珠三角地以下沿海52个村庄全部进水受淹。石浦港两艘长36米、270吨位的大船被潮水冲进保卫塘、搁置在塘岸边。由于大湖地势稍高，海潮水仅涌至大湖村粮种场，但全村周边农田受淹、农作物枯死，损失惨重。

旱灾　大湖村属沿海易旱区域，时有伏旱和伏秋连旱的旱情发生。

民国33年（1944），伏旱连秋旱又遭虫灾，大湖村颗粒无收。民以稗子、糠粉充饥。

1954年夏，大湖村64天无雨，农田龟裂，庄稼枯死无收，群众吃水有困难。

1967年8月1日至11月6日，伏旱连秋旱98天（降水量不到30毫米），车岙港港底开裂，大湖村旱情严重，村民饮水困难。

1971 年 6 月 11 日至 9 月 30 日，连续 111 天降水量仅 21.8 毫米，大湖村农田龟裂，庄稼枯死。

涝灾 大湖村地处三门湾，沿海淤积平原中心，常出现“梅涝”和“台涝”灾害。

民国 18 年（1929）7 月 17 日，大风暴雨，九月底狂风暴雨连续 5 个昼夜，十月初七又遭大风雨袭击 5 个昼夜，海水上涨，内涝外潮，大湖富户出资围堵的沿海海塘，民国 17 年与民国 18 年连续两年遭受台涝灾害，大湖村遭重创，损失惨重，村民以草根、树皮充饥。

1962 年 9 月 4 日 22 时，受 14 号台风影响，两天三夜降雨 210—235 毫米，大湖村农作物受淹严重。

1994 年 6 月中旬梅雨期，因连续受暴雨袭击，车岙港沿岸发生涝灾，大湖村部分农田受淹、农作物受损。

雪灾 寒潮发生时，出现急剧降温和雨雪天气。大湖村遭雪灾危害不多，但也有几次较大的雪灾发生。

民国 34 年（1945）二月初五 15 时降大雪至初六 9 时止，积雪盈尺，交通受阻，为数十年罕见。

1961 年 2 月 14—16 日大雪积雪厚 50 厘米，交通中断，为历史罕见。

雹灾 降雹俗称“落雹子”，大多发生在冷暖空气比较活跃的春末夏初（3 月下旬至 5 月），大都因受低压槽、强锋面天气系统影响所致。大湖最大一次雹灾发生在 1953 年 5 月 11 日，正值春粮生长旺季，受冰雹袭击后，全村春粮减产五成至六成，损失惨重。

第三章　人　　口

第一节　姓氏溯源

早在宋元祐年间就有人在长亭场及塘头（大湖）制盐，直至宋淳熙十年（1183）胡姓始迁祖胡居端从奉化簰溪赘居长亭、移居塘头，围海筑坝，肇基创业。其间有：冯、竺、祝、赖等姓氏陆续迁入大湖。李氏于明永乐十七年（1419），十四世始祖从梅林花园迁至大湖；陈氏始祖陈君鸾（1736—1795）于清乾隆年间，从三门县窦岙迁入大湖；侯氏始祖侯星宗于清道光八年（1828），从台州临海大田夏馆侯溪边房侯村迁居，先到南坑后卜居大湖；蔡氏于清道光十年（1830），为避难从新昌迁入大湖；顾氏始祖顾国仓于清道光十五年（1835），从桥头胡下洋顾迁入大湖。光绪三十四年（1908）顾氏后裔顾必常、必寿兄弟俩合建三合院平房一幢，称“新屋”；葛氏始祖于咸丰十一年（1861）太平军进攻宁海时，从岔路湖头避难至大湖卜居；王氏始祖于清同治九年（1870），从胡陈西洋张先到山前做工，后卜居大湖。另有嵊州市仙居镇王沙村王金友（糕饼店师傅），民国 21 年（1932）入赘大湖，以胡氏之女胡章花为妻，定居大湖。还有岔路、黄岩、长街、新城、伍家屿、长坑等地王姓相继迁入大湖定居；叶氏始祖于清光绪六年（1880）从东仓大国叶迁入大湖卜居（开豆腐作坊）；符氏始迁大湖祖符德扬于清朝末年，从黄岩到大湖开设屠行，从此卜居；张氏始迁祖张兵，从胡陈到大湖入赘，以娄氏为妻，定居大湖；黄氏曾祖可营于民国 2 年（1913），从胡陈吴家岙到大湖做工，后卜居大湖墩头园；郑氏始祖于民国 22 年（1933），从三门县珠岙镇樟树村到大湖做长工，后卜居大湖；郑氏茂兴于民国 24 年（1935），从象山县入赘大湖，以董氏为妻，卜居大湖。三门高枧郑氏迁居大湖；鲍氏始祖于民国 37 年（1948），从胡陈韩家岙入赘大湖，以胡氏之女为妻，定居大湖；饶氏始祖从江西上饶迁入大湖。吴氏始祖从三门吴岙迁入大湖。众姓氏先后相继迁入大湖定居，繁衍生息，先后至今有千年历史。

据户口资料统计，至 2020 年底，村内常住农业户口有 141 个姓氏（不含居民户），共 4221 人。诸姓氏中胡姓人数最多，王姓与陈姓次之，100 人以上的有叶姓、冯姓、张姓与徐姓。各姓氏人数公布如下：

胡氏 1639 人；王氏 319 人；陈氏 273 人；叶氏 143 人；冯氏 119 人；张氏 106 人；徐氏 104 人；李氏 97 人；葛氏 80 人；杨氏、鲍氏各 79 人；顾氏 67 人；蒋氏 62 人；吴氏 59 人；黄氏 58 人；郑氏 54 人；谢氏、林氏各 40 人；蔡氏 29 人；祝氏 28 人；潘氏 25 人；柴氏 24 人；赵氏 23 人；阮氏 22 人；金氏 21 人；孙氏 19 人；邵氏 19 人；严氏、施氏各 18 人；汤氏、周氏、尤氏、赖氏各 17 人；邱氏、汪氏、朱氏各 16 人；刘氏、侯氏、饶氏各 15 人；袁氏、童氏各 14 人；苏氏、俞氏、庄氏各 13 人；姚氏 12 人；梁氏、龚氏、章氏、唐氏各 11 人；任氏、董氏、何氏各 10 人；庞氏、方氏各 9 人；夏氏 8 人；高氏、应氏各 7 人；许氏、伍氏、芦氏各 6 人；娄氏、穆氏、麻氏、国氏、梅氏、车氏、罗氏、郭氏、符氏、石氏各 5 人；翁氏、项氏、吕氏、洪氏、孔氏、丁氏、沈氏、史氏、贺氏各 4 人；盛氏、范氏、韩氏、虞氏各 3 人；华氏、廖氏、姜氏、谭氏、单氏、卢氏、秦氏、程氏、田氏等姓氏各 2 人；余氏、篮氏、戴氏、骆氏、齐氏、崔氏、管氏、糜氏、水氏、黎氏、季氏、闫氏、舒氏、柯氏、宓氏、涂氏、陆氏、喻氏、励氏、支氏、陶氏、竺氏、常氏、戢氏、肖氏、史氏、曹氏、紫氏、苗氏、蒙氏、熊氏、郁氏、裘氏、凡氏、邢氏、魏氏、白氏、毛氏、褚氏、于氏、牛氏、包氏、浦氏、马氏、江氏、傅氏、付氏、奚氏、项氏等姓氏各 1 人。

第二节　人口结构

一、民族

中华人民共和国成立初，村民均属汉族，无少数民族村民。改革开放后，人口流动频繁，有 20 个外省份（市）人口迁入大湖，有来自全国各地的 90 多名妇女与大湖村民联姻，其中有少数民族 6 人（土家族 2 人、苗族 2

人、壮族1人、黎族1人)。

二、性别与年龄结构

在封建社会里，男尊女卑，实行一夫多妻制，男人去世女人不能再嫁，要守寡到死，女方去世男人可再娶。在宗谱上，娶妻仅以姓氏如“赵氏、钱氏”记载，不记载其名。村内有着“重男轻女、多子多福”的传统思想。旧时村内，若一对夫妇没生出男孩，要接连多胎直到添生男孩为止，若多胎生的是女婴，甚至会出现弃婴与溺婴行为，故男女比例失调。中华人民共和国成立后，随着《中华人民共和国婚姻法》的实施，废除了包办强迫、男尊女卑的封建主义婚姻家庭制度，实行一夫一妻制，坚持男女平等，保护女性和子女的合法权益。据统计：1987年全村总人口3453人，其中男性1865人，占54%；女性1588人，占46%。1997年全村总人口3742人，其中男性1987人，占53%，女性1755人，占47%；1999—2008年的10年中，出生男孩194人、女孩132人，男性比女性多62人（男女比59.5：40.5)。2009—2020年，出生男孩220人、女孩215人，男性比女性多5人（男女比50.6：49.4)。全村总人数与生育人数中男女比例基本平衡。2020年，全村总人口4221人，其中男性2125人，占50.3%；女性2096人，占49.7%。

中华人民共和国成立以来，人口年龄结构均已发生较大变化，老年人口增加，特别是改革开放以来，村人口日趋老龄化。截至2020年12月底，全村60岁以上老人911人，占总人口的21.9%。其中，60—69岁老人564人，70—79岁老人225人，80—89岁高龄老人104人，90—99岁老人18人，无100岁以上老人。

三、人口统计

1951—2020年大湖村人口统计表

表3-1

年份	总户数（户）	总人口（人）	男（人）	女（人）	出生（人）	死亡（人）
1951	354	880	554	326	33	12
1952	362	932	604	328	31	11
1953	375	963	627	336	51	17

续表3-1

年份	总户数（户）	总人口（人）	男（人）	女（人）	出生（人）	死亡（人）
1954	387	1015	675	340	31	20
1955	394	1034	689	345	32	15
1956	406	1090	745	345	49	22
1957	421	1152	796	356	48	25
1958	443	1186	823	363	33	14
1959	462	1217	849	368	27	13
1960	476	1258	880	378	38	12
1961	487	1293	898	395	22	11
1962	503	1342	939	403	53	23
1963	516	1425	997	428	56	22
1964	534	1486	1036	450	54	15
1965	552	1562	1079	483	58	14
1966	578	1641	1120	521	62	12
1967	588	1735	1168	567	72	17
1968	619	1796	1206	590	66	16
1969	631	1877	1247	630	64	19
1970	642	1961	1290	671	79	20
1971	658	2038	1323	715	62	15
1972	687	2093	1357	736	44	12
1973	715	2155	1386	769	47	14
1974	732	2230	1419	811	57	21
1975	761	2286	1445	841	39	13
1976	783	2354	1474	880	50	17
1977	806	2423	1494	929	52	15

续表3-1

年份	总户数（户）	总人口（人）	男（人）	女（人）	出生（人）	死亡（人）
1978	835	2511	1528	983	52	16
1979	861	2584	1549	1035	50	12
1980	896	2698	1586	1112	60	20
1981	938	2787	1624	1163	71	19
1982	972	2888	1664	1224	63	12
1983	998	3003	1708	1295	79	23
1984	1035	3103	1745	1358	75	20
1985	1051	3215	1783	1432	57	14
1986	1062	3325	1822	1503	70	15
1987	1071	3453	1865	1588	90	11
1988	1084	3531	1895	1636	85	18
1989	1105	3621	1941	1680	79	13
1990	1110	3658	1950	1708	56	19
1991	1120	3723	1969	1754	48	23
1992	1123	3754	1990	1764	51	17
1993	1132	3767	1983	1784	38	19
1994	1145	3766	1993	1773	32	19
1995	1156	3727	1992	1735	27	26
1996	1161	3735	1989	1746	28	14
1997	1163	3742	1987	1755	30	17
1998	1166	3748	1982	1766	34	14
1999	1166	3713	1981	1732	24	25
2000	1167	3699	1981	1718	23	33
2001	1169	3706	1979	1727	23	18

续表3-1

年份	总户数（户）	总人口（人）	男（人）	女（人）	出生（人）	死亡（人）
2002	1187	3712	1978	1734	24	27
2003	1203	3708	1975	1733	31	23
2004	1215	3731	1989	1742	50	29
2005	1223	3738	1986	1752	28	26
2006	1245	3744	1989	1755	42	26
2007	1256	3765	1986	1779	33	27
2008	1274	3794	1993	1801	45	23
2009	1282	3836	2002	1834	46	21
2010	1293	3862	2003	1859	37	30
2011	1305	3923	2014	1909	53	26
2012	1320	3958	2022	1936	39	25
2013	1341	3982	2029	1953	37	25
2014	1357	4019	2046	1973	41	25
2015	1378	4061	2052	2009	40	23
2016	1412	4105	2072	2033	50	24
2017	1463	4138	2083	2055	50	26
2018	1482	4158	2087	2071	49	27
2019	1501	4196	2110	2086	48	33
2020	1511	4221	2125	2096	45	37

截至 2020 年 90 周岁以上健在老人一览表

表 3-2

序号	组别	姓名	性别	出生年月	健康状况	职业
1	1	胡永水	男	1927 年 9 月 10 日	良好	务农
2	4	胡二妹	女	1924 年 12 月 20 日	良好	务农

续表3-2

序号	组别	姓名	性别	出生年月	健康状况	职业
3	5	尤珍姑	女	1926 年 9 月 21 日	良好	务农
4	7	李雪波	女	1927 年 2 月 15 日	良好	务农
5	10	邱金凤	女	1926 年 4 月 26 日	良好	务农
6	11	胡显木	男	1929 年 10 月 5 日	良好	务农
7	18	俞孝福	男	1931 年 1 月 25 日	良好	务农
8	22	尤小波	女	1926 年 3 月 25 日	良好	务农
9	9	胡余标	男	1925 年 10 月 29 日	良好	务农
10	22	陈仙妹	女	1931 年 3 月 27 日	良好	务农
11	24	董福莲	女	1928 年 2 月 13 日	良好	务农
12	24	胡家水	男	1930 年 12 月 30 日	良好	务农
13	26	胡显杭	男	1926 年 11 月 19 日	良好	务农
14	28	胡余村	男	1931 年 1 月 24 日	良好	务农
15	31	邵雪妹	女	1930 年 3 月 23 日	良好	务农
16	35	胡传生	男	1926 年 12 月 24 日	良好	务农
17	37	胡美未	女	1928 年 6 月 24 日	良好	务农
18	移民	陈仙丹	女	1929 年 12 月 30 日	良好	务农

第三节 计划生育

旧时生育无节制，死亡率亦高，人口呈高出生率，高死亡率，低自然增长状态。中华人民共和国成立后，社会稳定，经济发展，医疗条件改善。中华人民共和国成立初期鼓励生育，出现了生育高峰期，人口剧增。

1970 年，贯彻中共中央、国务院《关于认真提倡计划生育的指示》，各级成立计划生育领导小组。1977 年，根据“晚稀少”的生育原则，重新部署计划生育工作。

1979 年，境内提倡一对夫妇只生一个孩子。

1980—1981 年，宣传贯彻中共中央《关于控制我国人口增长问题致全体共产党员共青团员的公开信》。

1982 年，省民政部门颁发《浙江省计划生育实例》（试行草案），实行晚婚晚育、少生优生政策。计划生育作为一项基本国策，每年冬季开展一次群众性的计划生育“宣传服务月”活动。计划生育工作走向正轨。

1984 年，境内使用 X 光机为育龄妇女进行检查。

1997 年，长街镇开展“婚育新风进万家”活动。2016 年提倡生二孩，2020 年鼓励育龄夫妇生三孩。

第四节　人口迁徙

一、到大湖落户的知识青年

1963 年毛泽东主席发出号召：“知识青年到农村去，到边疆去，到祖国最需要的地方去”“农村是广阔的天地，在那里是可以大有作为的”“知识青年到农村去接受贫下中农的再教育，很有必要”。于是，全国大中小城市广大知识青年积极响应党中央号召，踊跃报名到农村去接受贫下中农的再教育。《人民日报》等各大报刊，报道董加耕、邢燕子、周明山等知识青年上山下乡的先进事迹，增强了知识青年们的信心与决心。为了响应党中央的号召，1964 年宁海县劳动局下属的安置办公室，动员宁海城关镇居民户的知识青年，首批去力洋前横插队落户。1965 年夏，宁海中学初中刚毕业的王怀慈等几位同学天天去“知青办”要求到农村去。此事，引起了县贫下中农协会主席芦丙华关注，芦丙华在去宁海医院看望正在住院的大湖湖中村党支部书记汪大聪时，讲述了知识青年的强烈要求。汪大聪当即表示欢迎他们到湖中村插队落户。为了迎接知青们的到来，村里“腾出‘前新屋’半个道地、供下乡知青集体住宿，雇用一名炊事员叶爱新，打起灶头，办起食堂，供知青集体用餐”，做好知青插队落户的准备工作。

1965 年 10 月 31 日，王怀慈、潘成英、董克理、杨锦萍、华乃仁、魏成龙、任青和、罗晓明、赵洁娟、柴谷宝、沈静玫、王万辛、柴玲娟、金学冕、袁哲军、董冬英、柴盛妹、黄仁顺等 18 位同学，由汪大聪书记带领到大湖湖中村落户。他们每两个人分到一个生产队，分别由生产队长领去。紧接着他们就开始参加生产队的秋收冬种劳动了。

1965 年底，大湖村又从岳井、伍山公社调来 53 名杭州知青，其中湖东村分到 28 名、湖中村分到 5 名、湖西村分到 20 名。至此，大湖村共有知识青年 71 人。

知青中当初多数肩不会挑担、手不会拿锄头锄地，但他们到农村热情高涨，踏实肯干，天天参加生产队劳动，出勤率相当高。虽没有干过农活，但坷犁、打耙、种田、割稻、施肥、治虫等农活一看就懂，一学就会。大部分人从肩不能挑担到健步如飞，有的女知青甚至能挑 200 多斤东西，赛过生产队的全劳力（10 分底分）。尤其是王怀慈“巾帼不让须眉”，凡男劳力能干的，她也都会干，甚至略胜男人一筹。她不仅学会所有农活，甚至能下海坷蛏、乘船去三门健跳砍柴，其不怕劳累、艰苦奋斗的精神，被大湖村民赞叹不已。

知青们的确也克服了许多难以想象的困难，思想感情上真正与贫下中农打成了一片，融入了农村社会。生产队的年长社员视知识青年为子女，凡农家节日都请他们来家吃饭。当时正值“文化大革命”学校停办，年龄相仿的大湖青年视他们为兄弟姐妹，与他们一起参与生产队劳动，参加各种文体活动。一段时间下来，知青们与大湖村民建立起深厚的情谊。知青们在插队落户中，的确发挥了他们的特长，有的当上了生产队的记工员、会计、植保员。如：王怀慈被推荐为民办教师，组建起文娱宣传队编导演出革命样板戏；杭州知青张娄昆为村里办起理发室为村民理发；罗晓明、黄梦光、王育民、潘成英、柴谷宝、郑顺书等被推荐担任民办教师。他们为大湖村的精神文明和社会主义建设事业作出了巨大的贡献。他们的行动得到乡亲们的一致好评，在大湖人的心目中留下美好的印象。

至 1978 年，根据党中央有关文件，下放在大湖的 74 名知识青年，陆续被招工回城，他们 14 年的支农生活画上个圆满句号。

（一）1965 年 10 月到湖中村插队落户的宁海知青：王怀慈、潘成英、董克理、杨锦萍、华乃仁、魏成龙、任青和、罗晓明、赵洁娟、柴谷宝、沈静玫、王万辛、柴玲娟、金学冕、袁哲军、董冬英、柴盛妹、黄仁顺等 18 位和 1968 年到湖中村落户的宁海知青黄婉和。

到湖中村插队的18名宁海知青
（1966年摄于跃龙山下）

9位知青与村支书汪大聪及村民合影
（摄于1965年）

（二）到湖中村插队落户的杭州知青：黄梦光、虞小民、叶丽卿、金华芳、娄菊仙、郑顺书、董申生等7人（1964年9月自杭州下放到岳井，后转入湖中村插队落户）。

（三）到湖东村杭州知青：王炳祥、方式、叶志强、卢吉元、杨海云、黄健、金国斌、周金发、刘松林、陈建子、张娄昆、陈源源、冯幼国、郭姗姗、潘仁倩、董申生、韩荣儿、江之明、潘建平、王荣富、周永春、王加兴、雍柏林、洪爱萍、詹莲芝、顾彩玉、杨继民、王育明。（以上28人，自1964年9月下放到岳井，后转入湖东村）。

（四）到湖东村插队落户的知青：方圆圆于1965年自长街到湖东村落户；陈佩娟于1967年从西安回湖东村落户。

（五）到湖西村插队落户的杭州知青：宋林儿、汤建秋、范国华、钟永兴、沈船飞、郑世冰、江春生、杨继明、韩学礼、尉秀和、沈有花、徐祖全、韩杞荣、王家兴、金生财、周永春、张百丽、杨志明等18人。（以上18人，1964年9月下放到岳井，后转入湖西村）。

二、移民安置

2005年，大湖西片接收丽水青田县建造滩坑水库移民，安置9户共39人（其中男18人、女21人）。当时安置33人，分给每人口粮田1.1亩，共33亩、宅基地4亩。

2015年，大湖29组接收新昌县建设寸钦水库移民10户共28人（其中男15人、女13人）。分给口粮田每人1亩，共28亩，宅基地4亩。

由县人民政府发放安置费，接收单位负责做好安置工作：分给宅基地、建好住房、修好道路等，保证让移民“移得出、稳得住”，力求“尽快致富”。

2005 年丽水青田县移民情况一览表

表 3-3

序号	姓　名	性别	出生时间	序号	姓　名	性别	出生时间
1	杨永春	男	1964 年	21	杨焕勇	男	1982 年
2	徐连娟	女	1969 年	22	杨欢红	女	1991 年
3	杨一飞	男	1989 年	23	杨欢梅	女	1992 年
4	杨皓睿	男	2013 年	24	程　伊	女	2017 年
5	邱占军	男	1972 年	25	陈　玥	女	2014 年
6	吴笑芯	女	1977 年	26	叶朝光	男	1966 年
7	梁京京	女	1999 年	27	梅春娥	女	1967 年
8	邱杨浩	男	2011 年	28	叶立毅	男	1989 年
9	张运翠	女	1965 年	29	刘　珍	女	1991 年
10	杨旭红	女	1991 年	30	叶　梅	女	1994 年
11	杨仲青	男	1954 年	31	叶璐颖	女	2018 年
12	梁雪芬	女	1961 年	32	叶朝亮	男	1974 年
13	杨丽军	男	1983 年	33	刘宝华	女	1978 年
14	吴娇娇	女	1987 年	34	叶　俊	男	2002 年
15	杨乐锋	男	2011 年	35	陈仙丹	女	1929 年
16	杨大春	男	1973 年	36	邱陈生	男	1949 年
17	王丽葱	女	1975 年	37	蒋青丹	女	1951 年
18	杨胜杰	男	2009 年	38	邱占翠	女	1980 年
19	杨子雄	男	1957 年	39	邱琴峰	男	2014 年
20	王翠英	女	1960 年	—	—	—	—

2015 年新昌县寸钦移民情况一览表

表 3-4

序号	姓　名	性别	出生时间	序号	姓　名	性别	出生时间
1	徐宣林	男	1961 年	15	张金燕	女	1989 年
2	唐桂妃	女	1962 年	16	徐若晗	女	2015 年
3	徐伟惠	男	1985 年	17	唐志平	男	1984 年
4	徐　帅	男	2009 年	18	应晓杏	女	1987 年
5	盛伟武	男	1967 年	19	唐　淦	男	2014 年
6	唐丽君	女	1971 年	20	唐　悠	女	2012 年
7	盛　维	男	1999 年	21	胡雅全	男	1964 年
8	盛　勤	女	1992 年	22	吕月贝	女	1971 年
9	唐孟法	男	1969 年	23	胡必成	男	1992 年
10	郑孟妃	女	1967 年	24	唐利斌	男	1985 年
11	唐梦梦	女	1992 年	25	唐芯潼	女	2014 年
12	徐宣金	男	1963 年	26	唐柏叶	男	1963 年
13	石亚玲	女	1969 年	27	袁中燕	女	1965 年
14	徐慧锋	男	1988 年	28	梁汉军	男	1969 年

第四章　村庄建设

第一节　民　　居

中华人民共和国成立前，大湖村居住着近350户人家，有105户村民居住的是夹板泥墙茅草屋（注：用山上茅草盖的房子叫茅草屋，实际上大湖多数村民住的是用晚稻草盖的稻草屋，其中20多户村民住的是没有墙“四脚落地”的稻草屋）。有近200户村民居住的是常见的砖瓦平房或简陋三合院；只有后五份、倒挂狮子、前后新屋、亨二房等近50户富户居住的是三、四合院砖瓦楼房。而其中后五份（五份头）富户居住着5座300余间豪宅，内有花园、小河、水井，高厚的围墙四周有碉堡瞭望台与护城河，占地70余亩。

中华人民共和国成立后，1951年土地改革时不少贫雇农分得房屋，仍有95户村民居住着稻草屋。随着社会的发展，村民的住房条件不断改善。住茅屋的村民先用碎石板垒墙取代烂泥墙，变四脚落地稻草房为木柱有串驳的稻草房，少数村民拆茅房建起了平瓦房。20世纪70年代普遍拆除茅屋建起结构简陋的砖瓦屋，茅屋仅作厕所或饲养家禽家畜的猪舍与牛棚，茅屋逐渐消失。20世纪80年代以来，拆掉茅屋和平瓦房、建起二层木结构小楼房。后引入钢筋水泥，石门窗架被混凝土门窗架取代，木桁条被水泥桁条取代，木隔塞地板被多孔水泥板取代，后现浇水泥平台，木屋柱改为墩子或水泥柱，建成一排两间三间或五间面的二层楼房。进入21世纪，结合旧村改造，将水泥预制品改为现浇，从单层向二至四层砖瓦混凝土楼房过渡。讲究建房的质量，室内进行精装修。许多家庭在宅院内种植花卉果木、搭建假山等景观。有村民在宁海城关购买住宅、有的在宁波、上海等地建造别墅，营造优雅舒适的居住环境。

四脚落地稻草屋
（20 世纪 60 年代）

夹板烂泥墙稻草屋
（20 世纪 60 年代）

木柱串驳稻草屋　烂泥道地
（20 世纪 70 年代）

平瓦房石板道地
（摄于 2020 年）

平瓦屋碎石板道地
（摄于 2020 年）

长带楼
（摄于 2020 年）

四合院二层　楼房大石板道地
（摄于 2020 年）

三合院大石板道地
（摄于 2020 年）

20 世纪 80 年代建　水泥道地
（摄于 2020 年）

20 世纪 80—90 年代改建的房屋
（摄于 2020 年）

21 世纪建造的房屋
（摄于 2020 年）

附：

茅屋的搭建过程 按房间的大小在其四周打好高 1.2 米、宽 0.3 米的烂泥墙（俗称夹板墙），用 2 根 7 米左右长的松树捆成夹件股（叉字形，俗称夹件股）缚上横担，将夹件股的 2 个脚栽入地面并固定（建一间房需 2 对夹件股、二间房需 3 对、三间房需 4 对），又从屋顶向四面发角，形如倒扑的稻桶（俗称稻桶扑），该造型的茅屋称“四脚落地”。在夹件股的横担上缚上横勒、顶端缚上栋梁，屋面横向相隔 0.6 米、纵向相隔 0.8 米缚上屋椽，周围缚上几扇门架，然后，从屋檐向屋栋方向铺盖草扇，每张相距 0.15 米，盖好后又在屋栋上铺一层稻草，再用两根竹竿将屋栋压紧缚好（俗称缚屋栋），有发角的则用稻草盖好四角交界处（俗称缚虾须角）。这就建成了最原始的“四脚落地”茅屋。若改建高级一点的茅屋，就将夹件股变换成串驳。木匠将 3—5 根松木柱脚与横料榫眼串立成柱驳（称串驳）竖立在石磉子上，在房前排安装上腰方、板壁及门窗，腾出窗前走廊，屋面的装备与夹件股的相同。显然，串驳的比夹件股的茅屋舒适得多。茅屋住户门前的路面大多都是烂泥地，有的仅在出入的门口铺设碎石板。

改建平房与楼房的历史 20 世纪 60—70 年代，只有少数人家建造平屋。当初，在石块墙上砌空斗砖墙，柱驳桁条采用松木与枫树，细长木料或毛竹脑头为椽，铺竹篾箪便，沿用老式小瓦片铺屋面，用麻筋蛎灰粉刷外墙。后期应用钢筋混凝土，建二三间平房，墙砌砖到顶、搁上水泥桁条，椽便屋面铺设依旧，该房结构简陋，每间造价在 500 元左右。

进入 20 世纪 80 年代，建的都是二层小楼，用红砖砌墙，多孔水泥预制品楼板和水泥桁条，方松木为椽，屋面用老式小瓦片铺设。21世纪以来，人均居住面积成倍增加，建的都是二三层楼房，红砖实叠为墙、钢筋混凝土现浇楼板、杉木为椽、铺砖便、房顶铺盖洋瓦或现浇，铝合金门窗，室内进行精装修。每间二层楼造价需20余万元。许多家庭在宅院内种植花卉果木、搭建假山等景观，有的在城镇购买住宅，有的在外地建造别墅。

第二节 河流 桥梁

河流 中华人民共和国成立前后，村内河流有半边街河、横街河（俗称四房河）、后门河、三份头河及下祝河。其主要作用是防火，亦可排涝与洗涤。村四周河流有：羊肚田港、庵前港、八石墩港、黄狗盘港及西洋港。

进入21世纪，为了美化环境，在半边街河与后门河底部铺设下水道、填平半边街河与后门河、浇筑成水泥街面。接通自来水，安装上消防龙头。清理横街河与下祝河内淤泥，四周砌坎，做上石护栅，保留横街河与下祝河，供观赏。将周边的羊肚田河、庵前港、八石墩港、黄狗盘港及西洋港等清理河道污物、河边均砌坎，保持良好水质，供河道两岸农田用水。

古时的东洋庵前港，可通行船只，现变成一条小河，两岸已砌坎，供观赏。

半边街河（摄于1966年）

横街河（摄于2020年）

桥梁 20世纪60—70年代，村内有东西走向长达一里的半边街，紧靠半边街有一条护城河叫半边街河。河面上有3座“八”字形石条拱桥，古人将3座石拱桥誉为“大湖八景”之一，还有2座条石平桥。大湖村周边还有羊府殿桥、桃花井桥、大塘缺桥、老爷塘桥、新塘洞桥、隔岸头桥（渡春桥）与黄狗盘桥。这些桥梁现都改建成钢筋混凝土桥，供车辆通行。

半边街河上的桥 大湖半边街的北面有一条长达300余米的河（俗称半边街河），河最宽处9米，中间8米，河尾宽6米，水深1.5—2米。是为了防火保百姓一方平安而开挖的。在河面上相隔约80米，铺设着3座三折石条拱桥和2座三五折石条平桥，桥长约8.5米，宽约2.5米，拱高1.2米。供村民通行，夏日晚上村民还可在拱桥上纳凉。大湖八景中有“三桥纳凉”一诗，出于此。2000年旧村改造，将5座石桥拆除，铺设下水道，填平半边街河、浇筑成水泥街面。从此，3座三折石拱桥和2座三五折石条平桥消失。

老人记忆中半边街河上的桥（柴谷宝绘于2022年）

羊肚殿桥（又称弥陀桥） 位于大湖村北面。明代时大湖村和塘里村合围了羊肚塘，两村中间隔着一条水港，叫羊肚殿港，港上架有一座单孔小石拱桥叫羊肚殿桥。石桥长3米、宽3米，桥面用石条铺成呈拱形，栏杆上刻有“弥陀桥”字样。现已改建成长3.5米、宽8.8米、厚35厘米钢筋混凝土公路桥，供车辆通行。

隔岸头桥（又称渡春桥） 位于大湖村南隔岸头港上，故名隔岸头桥。建于清道光年间，由日鉴公提议建造。南北走向，桥面长2.5米、宽2米，由5根长2.5米、宽0.4米、厚0.35米的石条铺成，东西两侧条石上镌刻着“渡春桥”字样，桥面宽2米、高出路基约1米、高出水面2米（可供农用小船通行）。现已改建成长7米、宽6.5米、厚35厘米钢筋混凝土公路桥，供车辆通行。

洋肚殿桥（弥陀桥）（摄于2020年）

隔岸头桥（渡春桥）（摄于2020年）

桃花井桥　位于大湖村东羊肚殿港东段原桃花井旁，故名桃花井桥，东西走向，桥面由4根长2.5米、宽0.4米、厚0.3米的石条铺成，桥面宽1.6米、高出水面2米（可供农用小船通行）。现已改建成长4.5米、宽9.5米钢筋混凝土公路桥，供车辆通行。

大塘缺桥　位于桃花井桥以东，东关塘与水袋塘的交汇处是个大深潭，石块砌成一条长约40米、宽约4米的大堤岸。大堤岸把大深潭分成南北两半，俗称大塘缺。而在这大堤岸的中间建成一座长2.2米、宽1.6米、高出水面2.5米的石条桥（供小船通行），称作大塘缺桥。20世纪80年代，拆除石条桥，填平大塘缺成一条宽阔长堤，将两港隔开。

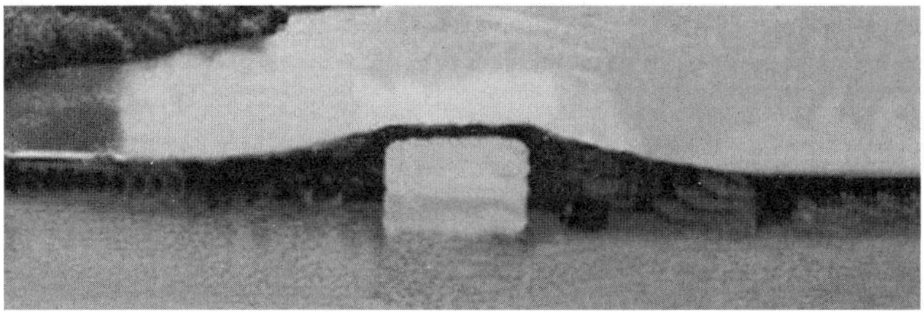

大塘缺桥示意图（摄于2020年）

昔日大塘缺桥现已填成长堤（摄于2020年）

永和桥（石桥头桥） 民国 14 年（1925）初，胡氏（洋湖、塘里、大湖）三大房合议，推举大湖胡氏族长胡懿卿为建桥总理事，仿效日本建造钢筋混凝土拱桥。将工程承包给英国人，从英国运来设备，从日本运来快速水泥，以兰头山条石为墩基，水泥现浇成弧拱桥体与护栏。历时 6 个月，一座长 15 米（净跨 7 米、拱高 1.2 米、桥面宽 4 米、护栏高 1.2 米）的钢筋混凝土大桥建成。耗资一万银元，由胡氏族众出资。为合胡氏洋湖、塘里、大湖三大房宗亲之永久和好，取名“永和桥”。永和桥是宁海境内第一座钢筋混凝土拱桥，时称“水门汀桥”。1968 年，长（长街）青（青珠农场）公路建成通车，将原来的“水门汀桥”改建成钢筋混凝土公路桥梁。

昔日永和桥现已改建成公路桥（摄于 2020 年）

第三节　生活设施

一、照明

民国时期，村民用清油灯、棉（菜）油灯、火油灯（洋油灯、美孚灯）及蜡烛照明。中华人民共和国初期至 20 世纪 60 年代，仍用油灯或蜡烛照明，后集会演戏时采用汽油灯照明。1970 年大湖村开始用柴油机发电，仅部分村民用电灯照明。1976 年新安江水电站投入使用，全体村民用电灯照明。

蜡烛 俗称洋烛。古代常用蜡（蜂蜜蜡、白蜡、石蜡）为燃料，以棉线芦苇芯做灯芯，浇筑成蜡烛、点燃照明。

清油灯 是用植物提炼的清油、桐油、菜油作燃料，点燃照明的灯。方法：在一个铁制或陶瓷盛油器皿中倒入上述油，棉纱线或灯芯草浸入盛油的器皿中，点燃灯芯，发光照明。

煤油灯（洋油灯、美孚灯）　以矿物质提炼的煤油作燃料点燃照明的灯。中华人民共和国成立前煤油是从外国进口的，故称“洋油灯”。即在容器上焊一小铁管，穿进棉纱线，倒入煤油，点燃棉纱线，发光照明。另一种煤油灯，它由灯芯、灯头、灯座及灯罩组成。清咸丰三年（1853）由波兰人发明，因所用的煤油出自美孚石油公司，故称“美孚灯”，比一般的煤油灯明亮得多。20世纪50—70年代在没有电灯照明之前，有村民把美孚灯用于室内装饰，甚至姑娘出嫁放两盏作嫁妆。

汽油灯　结构及原理：上部为灯顶，下部为灯座（贮油罐），中间纱罩（石棉网），灯座上有充气装置，向罐内注入空气，把煤油压成雾状小油滴从细小孔中喷出，化为气雾跟空气均匀混合燃烧，纱罩炽热发光。一盏汽油灯相当于200瓦的电灯，能把周围空间照得灯火通明。但中间需要加油打气，使用起来很不方便。

电灯　日光灯　节能灯　原理：利用电能转变为光能。1970年大湖村利用柴油机拖动发电机发电，部分村民开始使用电灯照明。从1976年连接国家电网后，村民们普遍采用电灯、日光灯、节能灯等照明。

二、饮用水

中华人民共和国成立前至20世纪80年代，村民的食用水以村内井水为主，少量吃一点“天落水”（注：下雨天村民用水桶等容器接下的雨水）。因此，家家户户都到沙头井、桃花井、四房井、西洋井、下祝井等担水吃。几个水井中，其中沙头井的水来自地下“贝壳砂层”，甘甜可口水质最好。由于人民公社化运动时井周围地下的大量贝壳被挖掘出来，用于烧制蚶灰，贝壳层被破坏，水源遭堵截，导致流量极少，一天只能渗透出一二担水。1973年村里请省水文地质队钻井队到大湖钻探，探明洋肚塘水源丰富，村集体耗资20余万元建起水塔，准备铺设管道使全村接上自来水，谁知经卫生防疫部门检验，发现水中氟的成分超标，不能食用、停建。

1989年大湖村从车岙港上水库接来自来水，全村所有无水源的露天井水停用。2019年饮用力洋金塘水库的自来水，将露天井作为文物保护起来、供观赏。

三房井　位于三房桥头南50米处，周边居住胡氏三房后裔，故称“三房井”，因坐落在西洋田畈上，亦称“西洋井”。建于明末清初，面积460平方米、深5米、蓄水量2000立方米，供周边村民饮用。清咸丰七年（1857）村富户出资，将原井扩大，石板砌坎，直立大石板作护栏，并立井碑。1991年村里出资3万元，砖块砌护栏，重新修缮。2020年9月村里又出资17万元进行修建，四周石柱围栏，立石碑，作古迹保存，供观赏。

旧时三房井（西洋井）（2020年摄）

三房井（2020年修建）

四房井（2018年修建）

四房井 位于四房“楼屋”前，面积420平方米，水深4米，蓄水1500立方米。井栏上镌有“新塘井”碑文。2018年9月由中共湖中分支与汪兴琪出资26万元，清除井内污泥，四周立石柱，围上石板护栏，修建成傍晚休闲、夏日纳凉的场所。作为文物保存着，供观赏。

三透沙水井 “一透沙”水井位于胡氏宗祠东，胡氏始迁祖居端公原墓地，俗称“桃花井”，形状与沙头井相似，今已被填平（现年长者只知其大概位置）；“二透沙”水井位于胡氏宗祠西侧，俗称“沙头井”，井深3米，井面5平方米，水自地下贝壳砂层中渗出，甘甜可口，大旱不干涸，六角形井栏槛上，镌“沙井灵泉”四字。后周边贝壳被挖，水源被截、干涸，被填平，原址建成村办厂房；“三透沙”水井位于沙头庙西侧（紧靠沙头庙），井水可供村民食用，后砂层被堵截，水不能食用，20世纪80年代改建成长12米、宽8米、周边有围栏的四方水潭。

下祝井 位于下祝南100米的田畈上，开挖于20世纪50年代，井面300平方米、井深3米，水质清淡。2002年平整土地时被填成田畈。

三、炊事燃料

薪柴 自古以来，大湖村民炊事都以薪柴与“四秆”（稻秆、麦秆、豆秆、棉花秆）为燃料。通常夏季去香花山、大园山、龙山等地砍夏柴（当天砍好晒干担回家），冬季去田洋畈田坎地头砍荆棘丛与“田坎头毛”（杂草）替代薪柴，也有在长街境内（车西岙、九江、龙山、湘岙）砍薪柴的。大湖地处平原与力洋前横类似，有民谣：“前横古渡呣柴煮粽，看见刺蓬眼笑呣缝。”若常年烧柴仍不够，则每年年底村民结伴去胡陈乡平林、屿根一带有山林的地方砍柴，商议柴价（俗称判柴山）标明砍柴的四至范围，村民需住在那里砍柴半个月或一个月，此过程叫“上柴山”。由于大湖人平日走的是平路，上山用柴刀砍好柴，又将柴一把把捆缚起来，肩挑着用冲杠串起的前后两把柴（100—200 斤不等，凭力气大小定）、拗着短柱、从高度与陡度不等的山上担下来。上柴山很辛劳，比喻成“第一上柴山，第二坐牢间”。

煤气 1987 年长街开始使用液化气（称煤气）。彻底解决了大湖人炊事燃料难问题。只要用户将钢瓶送至村口集中点，由长街供销社运至宁海液化气公司灌装，灌好运回即可。1994 年 7 月，长街供销社承办建立液化气站（煤气站），煤气站于 1995 年 4 月建成，大湖村液化气用户逐年增多，1987 年的用户有几百户，2006 年底家家户户都用上了煤气。

电力 利用电饭煲做饭，电热壶烧水，微波炉、电炒镬等烹饪加工各种佳肴食品。

四、灶炊具

镬灶 中华人民共和国成立前后，多数村民用的是烂泥土筑成的灶台，烧饭用的是泥墩灶（俗称地灶）。制灶方法：用 10 余担泥土，加上铡短的稻草，加适量水搅拌均匀，用双脚反复踩踏到泥土柔软黏韧成熟，按灶台大小（分单眼灶、两眼灶、三眼灶）排好灶脚，逐层垒高到烧火的镬库底层，打好镬库圆洞和灶门口，直至打到 70 多厘米高的灶头面，地灶制作成功。待灶体干燥变硬放上镬就可以煮饭烧菜了。20 世纪 60—80 年代，逐步改进用砖头蜊灰水泥制作、用瓷砖铺设灶面的灶台。21 世纪后，少数村民用水泥制灶或不锈钢灶等，现普遍使用煤气灶。

泥茶罐 泥罐坯在缸窑中煅烧制成，是煨煮饭和粥的器具。许多村民为了节约薪柴，晚餐后，利用灰炉膛中多余炭火，将放好米和水的泥茶罐放在灰炉膛中过夜，就煨制成饭和粥。

蒸笼 用毛竹编制圆形蒸食品和菜肴的蒸具。分笼脚、笼格、笼头三部分。一般有 5 格，放在镬中用蒸汽把食品蒸熟，故叫蒸笼。21 世纪以来改用铝、不锈钢铁皮等替代毛竹制作蒸笼。

铜铝茶壶 20 世纪 50—60 年代，较富裕人家烧茶用铜罐，相对贫困人家用的是泥砂罐。20 世纪 70—80 年代用铝、不锈钢茶壶，20 世纪 90 年代用电铜罐，21世纪后用电茶壶、电热开水器等。

煤气灶 分为天然气灶、人工煤气灶、液化石油气灶。自1987年开始仅少数家庭用上煤气灶，到2006年底，全村都用上煤气灶。

电磁炉 电磁炉具有升温快、热效率高、无明火、无烟尘、清洁卫生、操作方便、省工省时等特点。现已走进了村内多数家庭。

电饭煲 分普通型和智能电脑型等。可煮饭还可蒸、炖、煨菜肴。智能型具有设定时间等多功能，使用起来更方便实惠，已被村民们普遍采用。

烘箱 家庭用的是电烤箱。分台式小烤箱和嵌入式烤箱两种。村内多数家庭都用电烤箱和微波炉来烤制食品。

第四节 公共设施 电信电视

一、公共设施

村公所 1953年10月组织互助组开展合作化运动。湖东村建立起第四农业生产合作社、第八农业生产合作社，湖中村建立起公胜农业生产合作社，湖西村建立起第三农业生产合社。各村没有公共场所，召开社员大会时，湖东村放在大湖小学，湖中村放在三份头三合院道地，湖西村放在胡允杰堂前道地。把社员开大会的地方称作“村公所”。

会计室 1955年3个行政村分别成立党支部，分别从初级农业合作社转为高级农业合作社。每个社有一名会计并设立会计室（即村办公室）。湖东村会计胡余标，会计室设在五份头东侧外围楼房中，湖中村会计胡余村，会计室设在三份头楼房（村公所），湖西村的会计胡林渊，会计室设在半边街南三间平房中（1956年后新建）。1966年底三村合并成一个大湖大队，会计是胡余标、胡余村、胡余轩，会计室设在湖东村原会计室。

大会堂 1972年，选址大湖粮站东首，建起一栋村人民大会堂（又称大湖影剧院）。建筑面积540平方米，可供2500人开大会，村办公室设在大会堂南端门楼上。大会堂由村民自行设计建造，木结构、大跨度，建造门楼顶三层钟楼时，曾发生顶层倒塌，造成两人受重伤的重大事故。建成后，使用了32年，后被安全部门鉴定为危房，于2003年拆除，原址建成公园。

村办公楼 1986年，选址上秧田，建成一幢三层四间的办公楼。建筑面积为150平方米，内设会议室、会计室等多个办公室。2022年5月，选址于村文化礼堂西，建造了一幢三层五间建筑面积3300平方米的新型村党群服务中心大楼。

文化礼堂 2011年湖西片建起1500平方米的文化礼堂。2015年湖中片投资150万元在隔岸头桥下建起一所建筑面积1000平方米的文化礼堂。2018年，村投资280万元，选址村农贸综合市场东首，建起一所建筑面积1500平方米的大湖村文化礼堂。

农贸综合市场 2000年结合旧村改造，将大湖老菜市场翻新改建为钢棚菜市场。2018年村投资1000万元，建成一所占地55亩的新型大湖村农贸综合市场。

老年协会活动中心 1993年重阳节成立大湖村老人会（后改称老年人协会）。当年老年活动室只有二间70平方米的楼房。1997年迁移到原大湖粮站三合院老楼屋，建筑面积500平方米，经全面维修，作为老年协会活动中心。

骨灰堂与公墓 2002年由土葬改为火葬，镇里有人圈地办起经营性墓地，但收费昂贵，村民难以接受。村民建议在村里建立骨灰堂，但一直未有进展。村民胡家根、胡履乾等多次到杭州咨询法律部门，请《浙江市场导报》记者到大湖实地采访，并在《宁波日报》上刊出《大力提倡公益性墓地》的文章，得到社会舆论和法律的支持。最终在宁波市政府的支持下，于2002年内由村集体出资、选址玉莲寺东北角建起一所骨灰堂。2011年5月，村集体投资280余万元，在香花山大坑门建造了一处大墓80穴、小墓400穴的大湖村公墓。2020年底村集体又投资近百万元，在香花山大坑门扩建公墓。

二、电信设备

电话 1950年大湖乡政府建立，选址在大湖村，安装电话机一部，单线直通宁海县城。1955年整修线路，改单线为双线。1973年，大湖增设电话交换机，村通电话。1979年长亭邮电所搬迁至大湖，改称大湖电信代办所。1992年12月28日程控电话开通。1995年长街设移动电话直放站。至1995年，村内有有线电话机48部。

手机 1999年，通信事业形成竞争机制，“移动”“联通”“电信”相继取消入网费，到2003年手机价格大幅度下降，便宜的只有500元左右，企事业行政及退休人员，村内青壮年几乎人手一部手机，许多老年人也配有小灵通与老年机。2005 年村民有手机 800 余部。2010 年有手机 3000 余部，几乎每名成年人都持有一部手机。

电视　长街镇于 1982 年底在山头旗头山岗和长街村影剧院屋顶安装铁塔，转播宁波电视台和台州括苍山转播的浙江电视台的节目，大湖村不少村民用天线接收中央电视台、浙江电视台的节目。1990 年底，接上有线电视（全县最早）分享到 7 套电视节目。1992 年转为视频传输，能接收到 12 套节目。1999 年全县大联网并与省市网络接轨。有线电视节目增加到 33 套，大湖村有电视用户 1200 户，电视入户率为 100%。2004 年完善有线电视网络（称闭路电视），电视节目增加到 140 套。大湖村电视用户达 1400 多户，电视入户率达 100%。2015 年后大湖村接上网络电视，入户率 40%左右，还有 50%以上的村民接上电脑网络。

第五节　新农村建设

一、乡风文明建设

在新农村建设中，村党总支村委会把物质文明、精神文明、政治文明与生态文明一起抓。完善党组织工作制度，明确目标管理、民主评议、党员联系户等各项内容，发挥共青团、妇联、老人协会等群体组织的作用，形成合力，接受群众监督，以实际行动落到实处。加强对党的方针政策的学习，宣传市场经济理论、法律法规知识，提高遵守社会公德、家庭美德的自觉性。移风易俗，提倡从简办理婚丧事，同时开展全村“好媳妇”“好公婆”“文明家庭”的评选活动。历年评出文明家庭户 10 户，好媳妇、好公婆 15 人次。

搞好治安综合治理，确保一方平安，针对大湖村外来人口多、人员关系较复杂的情况，专门安排 2 名村委和治保干部专职负责该项工作。奇精公司特地建造 2 幢五层的宿舍楼，安排外来打工人员住宿，确保外来暂住人口安全。

抓好民生工作，及时做好适龄青年体检、完成征兵工作，妥善安置复员军人，照顾好低保户、五保户、困难户、残疾人的生活。村民的福利待遇随着经济发展年年提高。完善新型的农村合作医疗制度，自 2005 年开始，增加对参保村民合作医疗费的补贴，减轻了村民的经济负担，村民的参保率达100%。60周岁以上老人每月可享受80元补贴。建起村文化活动中心、娱乐广场，为老年人提供多样的娱乐场所。使老人老有所养、老有所乐、老有所依、老有所学，营造尊老敬老的社会环境。

二、生态文明建设

大湖村中有条半边街，长期以来曾是村内商贸的中心。紧靠半边街有条半边街河，是当初主要用于防火开挖的村中内河，与周边河港不通，单凭人力车水来排灌与净化河水。中华人民共和国成立以来，随着人口增多，不断洗涤用水，没有及时排灌，导致河水变质、污水淤积，曾一度臭气熏天。2000年秋对半边街河进行改造：河底铺设管道，填平河面拓宽半边街，浇筑成水泥街面。同时浇筑成8米宽水泥路，将半边街与长青公路相连接。还将原小菜场扩铺盖上铁皮，成为铁皮棚屋，建成新菜市场。然后陆续改造村内的横街河、下祝河、湖西后门河、四公塘河和前门河，清理河内污泥，有的河岸驳坎，有的铺设管道，有的填平浇筑成水泥路面。清理村内各条道路旁的排水沟，铺设排水管道。2018年对湖中四房井进行修建，2020年湖西西洋井修建，把它们作为古迹保护起来，供观赏。村内可绿化的地方都绿化，有60%户村民在家中种植花木。如今村内道路通畅，绿树成荫，成为新农村建设、生态文明的一个亮点。

三、环境保洁

进入21世纪，在加快经济发展的同时，村领导重视改善村庄环境，完善基础设施，全面清除露天粪坑（缸）300余只，建成家庭厕所，安装上坐便器，村内新建公共厕所8座，设置垃圾箱120只，每户分发垃圾桶，共计投资200余万元。配备保洁人员3人，搬运垃圾人员2人。每年进行两三次大面积清扫，保持村内各条道路清洁，垃圾分类，营造良好的环境。

四、远景规划

自2021年起打算在新市场北建造住宅小区，扩大招商面，发展农贸市场，促进农村经济发展。一是在大湖村文化礼堂西侧，建造大湖社区服务中心新办公大楼，六间三层框架结构，总面积1100平方米。二是推进大湖村国防道路建设工程，配合国家主管部门做好土地征收、道路基础建设管理等工作。三是提升大湖村基础设施工程，在营盘门口重建牌坊和村庄主干道修建。四是推动二干线（河道）改建工程，土地征收，道路基础建设管理。五是推进大湖村人居环境综合整治项目，加强环境卫生管理，推进垃圾分类，绿化村庄环境，夯实基础设施建设。以上五项是 2021—2025 年重点民生实事工程项目，也是新领导班子实施的五年规划。

第五章　交通运输

第一节　道　　路

中华人民共和国成立前后田间旷野都是烂泥路。烂泥路有个特点："天晴路面硬如铁，小雨路上行人打滑，大雨道路泥泞要粘脚。"随着社会的进步、交通运输业的发展，乡村道路从当初的烂泥路、石板路、砂石路发展为现在的水泥路、柏油路等高品质道路。

与邻村交接的主干道　中华人民共和国成立前后与邻村相连接的都是大小石板路。其中，村向北：自营盘门口—上墩—洋府殿桥至塘里，长 1.2 公里，这段道路最为宽阔（2.2 米左右），道路中间横铺长 1 米、宽 0.8 米的大石板，两侧由宽 0.5 米小石板铺成；村向东：胡氏宗祠—新路廊—老爷塘桥至庙树塘，长 2.5 公里；村向西：自李家横头—山头门前，长 1.3 公里；村向南：自八石田—辽路墩—南塘村（新东、合宁），长 2.2 公里；村西折南：自李家横头至大渔冯，长 1.5 公里。东、南、西这几条宽 1.5 米左右的道路都是由稍窄的石板纵向或横向铺设而成，道路两侧留有可供耕牛行走的烂泥路，时间久了被耕牛踩踏成一个个牛脚塘。若逢大雨过后，行人踩踏断裂不平的石板或耕牛踩踏牛脚塘，导致泥浆水飞溅，殃及旁人，甚至射入裤裆，笑称"石板作脓"。1968 年长青公路通车前后，将以上各条道路都改建成砂石路，20 世纪 80 年代后改建成水泥路，供车辆通行。

村内主干道　自东向西贯穿大湖村的有 3 条：一、桃花井桥—孤魂祠—高墙头—胡氏宗祠—关爷殿—碾子屋—上秧田—五份头庄园—半边街—三房桥头—李家横头—大祝路廊至茅洋塘岸头，路宽 2 米左右，由长 0.8 米、宽 0.6 米或长 1 米、宽 0.8 米的石板铺成，全长 2.5 公里；二、自东洋—新屋井—文昌阁—三石田—外屋墙头—老三层楼（分两路）1. 向西元宝石头—前新屋—长带楼—官房墙弄—前五份至火着坛，长 1.3 公里。2. 折南向西 冯家—村公所—三份头—外秧田—秧田至串堂，长 1.4 公里；三、自东夹塘—油车—大坟坛—大道地—碾子场至下祝，长 1.5 公里。自北向南贯穿大湖村的主干道有 3 条：一、自营盘—关爷殿—碾子屋—上秧田—八角丘—大树脚—油车至隔岸头桥，长 1.6 公里；二、自半边街桥头—米厂—官房—长带楼—倒挂狮子—小店—楼房—四房井至大道地，长 1.2 公里；三、自后门塘岸—三房桥头（折西）—三房井—四工塘河——碾子场（折西）至下祝，长 1.5 公里；以上村内道路都由长 1 米、宽 0.8 米的大石板与稍小一些的石板铺成。1968 年长青公路（长街—塘里—大湖—山头—青珠）开通。长青公路大湖过村段自村东胡氏宗祠向西至大祝路廊，新开辟了一条长 1.2 公里的砂石公路。随着自行车、手拉车及拖拉机等交通运输工具与农业机械的相继投入，村内逐年将沙头庙至隔岸桥头、上秧田至大湖粮站、湖中东至大湖小学西至下祝、大祝路廊至西洋桥、长坟头至三房井等几条主干道石板路改建成砂石路，与邻村交接的大小石板路改建成砂石路，周边田畈的烂泥路改建成多条宽 5 米的砂石机耕路，供车辆通行。1984 年村内浇筑了第一条自沙头庙至湖中八石田与上秧田至大湖粮站长 300 米、宽 6 米的水泥路。2000 年填平半边街河，将半边街浇筑成水泥路面街道。2010 年后，连接长街东大街—石桥头—塘里，延伸东兴中路经原大湖小学（东）至隔岸头桥南（东兴南路段），建成长 2 公里、上段宽 24 米、下段宽 8 米的水泥路。至 2018 年村内所有主干道都浇筑成水泥路。过村的长青公路及周边的乡村公路都改制成水泥路。至 2020 年全村大小道路都浇筑成水泥路面。

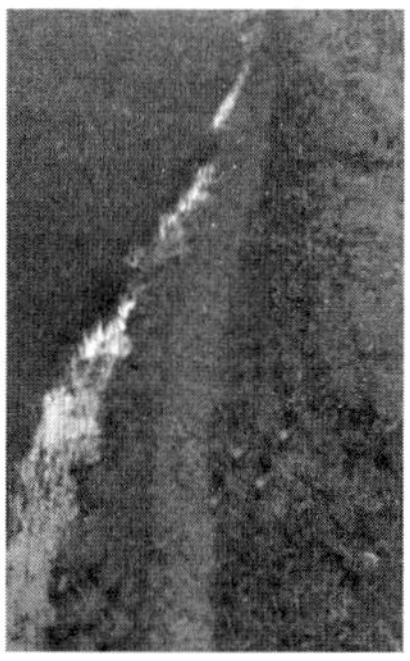
田间泥路
（摄于 2019 年）

石板路
（摄于 1990 年）

砂石机耕路
（摄于 2019 年）

水泥机耕路
（摄于 2020 年）

第二节 运 输

一、陆路客运

20 世纪 60 年代前，人们外出除了嫁娶新娘、年老体弱有病者不能行走，用花轿、拖梯、眠椅抬着或背着出走外，都是步行的。

拖梯 竹制，四面围起，呈长方形槽框，后有栅栏靠背，人坐其上，四角系绳，串上竹杠前后两人肩抬。

轿子 分官轿与民轿两种。官轿用木材制成，专供官吏乘坐，按官衔大小分二人抬、四人抬与八人抬三种。民轿分高轿、小轿、花轿三种。高轿又称毛蓝轿，竹制，上蒙毛蓝细布，前挂帘幕，两侧穿杠，前后两名轿夫肩抬，俗称便轿。小轿、花轿均为木制，正方亭形轿厢，木质墙栏。小轿制作简单，由两人抬，花轿镌龙雕凤制作精致，为迎亲专用，花轿由四人抬。

黄包车 两轮车架上安装着双人座椅，两侧装有拉车把手，由人力拉动的客运工具，俗称“黄包车”。民国时期是城市有钱人的代步工具，解放前夕大湖曾出现过，中华人民共和国成立后被机动车取代。

脚踏三轮车 即人力三轮车，分载人与载货两种。可载两个人，载货的可载重 125 公斤。20 世纪 70—80 年代在境内出现，现作老人代步车。

自行车 俗称脚踏车，20 世纪 40 年代初在民间出现，1956 年长街区机关开始使用，随后供销社、粮管所、邮电所等单位使用。1965 年村民胡余杯买来旧部件组装出大湖村第一辆自行车。20 世纪 70—80 年代永久、凤凰、海狮等自行车成为村民的主要代步工具，20 世纪末基本普及。

摩托车 摩托车始于 20 世纪 70 年代，分三轮摩托车、二轮摩托车、轻便摩托车三种。多为邮电、公安、广播通信系统所用，当时个人自备的不多，后逐年增多。

电动车 20 世纪 90 年代末开始使用两轮电动车，随后逐年增多，并取代自行车，成为村民普遍采用的代步工具。

三卡 小四轮 20 世纪 80 年代初出现三轮机动小客车，俗称“三卡”，从事村镇内 4—6 人客运。20 世纪 90 年代初在四轮的车架上安装上汽（柴）油机、变速箱离合器、驾驶台等，就改装成载 6 人或 1 吨多货物的小四轮。

小汽车 21 世纪后，村内小汽车逐年倍增，年轻人多购置小汽车与新能源汽车，普及率达 60%以上。

二、陆路货运

肩担背驮 中华人民共和国成立前，陆上运输以人力肩挑背驮为主，受雇肩挑者称“脚担”。运输距离远近不同，近者在长街境内，远者到宁海各地、周边各县甚至去宁波。中华人民共和国成立后的 20 世纪 50—60 年代仍以肩担背驮为主。

挑　柴（1970 年摄）

担肥桶（1970 年摄）

手拉车运草（1980 年摄）

手拉车 20 世纪 50 年代末开始有手拉车，20 世纪 60—70 年代改建乡村道（泥路、石板路）为手拉车道，手拉车成为农村主要货运工具。20 世纪末，机动车取代人力，手拉车退居二线。手拉车由下盘和车架组成，下盘由轮轴和左右橡胶轮胎组成，车架由左右车杠和五根横档及纵向的七条床箦构成。手拉车分高轮、矮轮两种，矮轮又分大包胎与小包胎，大包胎手拉车可载 1000 公斤。

机动三轮车 20 世纪末出现机动三轮车。21 世纪初兴起电动三轮车，可运货和载人。

拖拉机 分小型拖拉机、大型拖拉机、手扶拖拉机、船耕机等。1968 年大湖村购来 27 型拖拉机 1 台、35 型拖拉机 2 台。后三个片分别添置手扶拖拉机与船耕机（湖东片 4 台、湖中片 4 台、湖西片 4 台）。拖拉机除耕作农田外，还可将铁轮胎换成橡胶轮胎、犁刀架换成拖斗，兼作货运。现用于货运的手扶拖拉机已被淘汰。

汽车 1978 年村集体购置一辆“江淮牌”货车，承担村内外的货运任务。20 世纪 90 年代村货运车被淘汰。20 世纪末个体货运车增多，至今村内有 100 余辆大小不同、品牌各异的货运汽车。

手扶拖拉机（2020 年摄）

机动三轮车（2020 年摄）

机动小四轮（2020 年摄）

三、水运

海马　俗称艓　用于海滩涂上的交通工具，海马除运载一人外还可载运 100 多斤货物。

竹筏　俗称竹排，用于内河和近海捕鱼的运输工具。一般由 5—9 支大毛竹削去青皮并排串扎而成，毛竹的大小与多少不等，浮力不同，可承载的重量也不同，一般可承载 2 人与适量货物。内河港竹排可用于渡河、捕鱼、割薀草、放鸭等。近年竹排被泡沫塑料筏所取代。

木帆船　靠人力摇橹划桨和风力（桅帆）推进的水上运输工具。木帆船的结构包括底板、鸟柱、身板、抱肚、挡浪板、甲板、护坤、牵杠以及骨架（龙骨、撑梁等）和上层设施桅帆、舵、橹、桨、缭索、锚缆等。分单桅、双支桅与三支桅。20 世纪 60 年代初期，湖东与湖中各有一对（分钓船与步船、网船与娘船）三支桅帆渔船，曾去舟山、嵊泗等地的渔场捕鱼。后改为海上货运用船，从车岙港、长亭港口运往石浦、舟山、温州与上海等地，或几个港口之间。20 世纪 70 年代后被淘汰。

小舢板　结构与木帆船类似，没有桅帆，凭人力撑杆、划桨或摇橹推进。用于河港运输。

木质机动船　以柴油机为动力带动螺旋桨推进的木质船。用于河港里运输。

水泥船　仿舢板船制作钢丝网，用水泥浇筑而成的船只，前后置有两个空气仓，中仓安装柴油机（或电动机）与水泵，构成一艘可移动的抽水机船，抽水灌溉河港两岸农田。

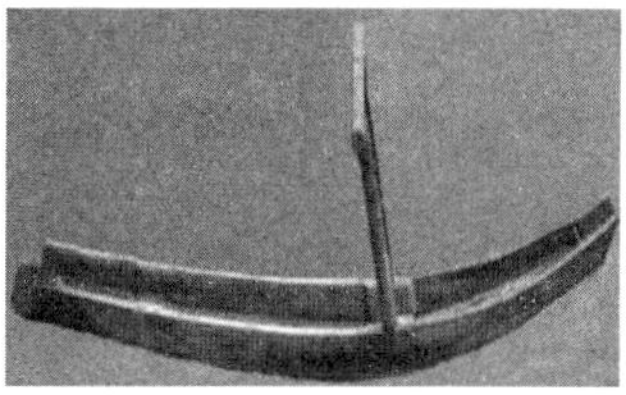

海马（艓）（2020 年摄）

竹排（簰）（2020 年摄）

舢板船（2020 年摄）

钓船（网船）（2020 年摄）

步船（娘船）（2020 年摄）

水泥船（2020 年摄）

第六章　行政组织

第一节　机构沿革

一、古代

宋袭唐行乡里制，设里正、户长（里正副）、乡书手（协助里正副办理文书等）、耆长（维持治安）、弓手和壮丁（由耆老指挥），还有承符、人力、手力、散从听候调遣、从事杂职。北宋熙宁二年（1069）立保甲制，10户（后改5户）一保，50户一大保，500户（后改250户）为一都保，设保长、大保长、都保正。

元代改里为乡，改保为都，乡设里正，都设主首。村50家立一社，设弓手。

明代设乡都两级，里甲制同时存在，里与都并行，110户为一里，设里长、总甲（掌管治安）、耆老（掌教化）。10户为甲，设甲首1人。每里人户、地亩、田赋编为图册，故“里”又称“图”。境地有4图之地（含胡陈乡之三洋，即二十都三洋、湘岙、大胡，二十一都长亭、西岙、松岙）。

清朝延续明朝的制度，县以下为乡都里甲。雍正四年（1726）定制，10户立一牌头，10牌立一甲头，10甲立一保长。雍正六年（1728），为便利收取田赋，设庄胥。境地属东乡8庄，又分上段庄、下段庄。宣统二年（1910）长街设镇，有名无实，庄不变。

二、民国

民国初期，沿袭旧制。民国17年（1928）实行村里制，里设里正1名。

民国21年（1932）始设乡镇政权，长街镇属宁海县第二区，区长由县政府委任，设14个乡镇：长亭镇、车岙乡、新城乡、山洋乡、龙浦乡、沥头乡、大湖乡、丹翁乡、山头乡、青珠乡、岳井乡、山前乡、绕源乡、道岩乡。称乡镇公所，置镇长、乡长各1名，副乡镇长1—2名，置总干事1名，干事2—3名，镇丁若干名，5户为一邻，25户为一闾，每闾置闾长一名。

民国21年（1932）至民国25年（1936）大湖胡旭明任长亭镇镇长。

民国24年（1935）实施保甲制度，设长亭区，驻地长街，辖6个乡镇（柘浦、力洋、胡陈、东仓、古渡、长亭）。长街范围原14个乡镇改设长亭镇，大湖属长亭镇。

民国26年（1937）至民国31年（1942）大湖胡锦城任湖山乡乡长。

民国26年（1937）至民国32年（1943）谢铭甫任长亭镇镇长。

民国28年（1939）一月，撤长亭区署，改设巡回督导区，下辖长亭镇、水东乡。

民国31年（1942），从长亭镇分建湖山乡、青珠乡。翌年，撤督导区，改称文正区。

民国31—35年（1942—1946），胡锦城任湖山乡乡长、胡翰国任副乡长。

民国35年（1946）童达元任湖山乡乡长、冯培山任副乡长。

民国36年（1947），撤区并乡。长街区域分三乡：长亭镇驻地长街，辖10保，143甲；湖山乡，驻地山头村，17保，225甲；水东乡，驻地岳井村，8保，104甲。乡镇设乡镇长1人，副乡镇长1—2人，乡镇队附1人，干事2—3人，文书1人，工役1人，警务班10—12人（专职从事防卫和抓壮丁）。保设保长、副保长、保队附、保丁各1人。办公地点在祠堂、庙宇或保长自己的宅院。

民国37年（1948）童达元任湖山乡乡长、冯培山任副乡长。

民国38年（1949）胡杏芬任湖山乡乡长。

民国时期历任保长：

湖东村：胡善茂、胡百川、蔡松官、胡显鎏、胡允望、胡允恩、胡允国等。

湖中村：胡秉国、胡家志、胡在榆、胡锦山、胡桂木等。

湖西村：胡德甫、胡福生、胡乌金、胡允波等。

三、中华人民共和国

1949 年 7 月 5 日，宁海解放，宣布成立宁海县东区人民政府，东区区长田福玉。东区辖力洋、茶院、胡陈、长亭镇、湖青乡、水东乡，隶属区域含白峤、雪坡及上、下盘屿村。区人民政府驻地从白峤、盘屿、苔芳、力洋迁至长街、大湖。1949 年 12 月湖青乡分设大湖乡。

1950 年大湖乡乡长：吴继辉（1949 年 12 月至 1951 年 1 月），副乡长胡余照、戴青禾（1950 年 1 月至 1950 年 10 月），驻地大湖村；1950 年 8 月，东区人民政府分设长街、力洋两区，长街区域即现在的长街镇区域。称长街区公所，驻长街村，后移大湖村。1951 年 8 月移回长街村。

1951 年土地改革时，大湖乡人民政府工作人员：乡长黄卓雷，副乡长陈善连、王小宝，农会主任葛林官，文书祝德朝。

1952 年大湖乡人民政府工作人员：乡长黄卓雷，副乡长陈善连，农会主任葛林官，文书祝德朝。

1953 年大湖乡人民政府工作人员：乡长陈善连，副乡长胡德木，农会主任胡允维（代），文书祝德朝。

1954 年大湖乡人民政府工作人员：乡长陈善连，副乡长胡德木、胡家振、谢美娟、祝掌珠（不脱产），文书祝德朝。至 1956 年大湖乡并入长亭乡。

1956 年 2 月，撤区并乡，长街区公所只挂牌子、不设人员。

1957 年 8 月至 1958 年 10 月，置区长 1 人，与中共长街区委合署办公。

1958 年 10 月撤区成立长街人民公社，政社合一。

1961 年 7 月复建长街区公所。10 月，调整为长街人民公社。长街人民公社分设长亭、龙浦、山头、青珠、伍山、岳井 6 个人民公社。

1969 年 2 月撤区将原长亭、龙浦、山头、青珠、伍山、岳井 6 个公社合并，建立长街人民公社革命委员会，所属公社改称毛泽东思想宣传站。

1972 年 1 月恢复区建制，仅建立中共长街区委、未建立和任命长街区行政机关负责人。下属宣传站恢复为人民公社革命委员会。

1982 年 1 月复建长街区公所，至 1992 年 5 月撤区、扩镇并乡，原青珠、山头两乡划入新建的明港镇，长亭、龙浦、伍山、岳井等 4 个乡镇合并成长街镇。

1949 年 8 月至 2021 年 4 月大湖村级行政主要负责人一览表

表 6-1

村　别	职　务	姓　名	任职时间
湖东村	村　长	胡和清	1949 年至 1950 年 12 月
	副村长	顾必常	1949 年至 1950 年 12 月
	村　长	葛林官	1951 年 1 月至 1956 年
	副村长	金兴才	1951 年 1 月至 1956 年
湖中村	村　长	胡松恩	1949 年 8 月至 1956 年
	副村长	杨先保	1949 年 8 月至 1956 年
	副村长	胡家新	1949 年 8 月至 1956 年
湖西村	村　长	胡保新	1949 年 8 月至 1956 年
	副村长	祝小满	1949 年 8 月至 1956 年
大湖大队	大队长	祝德朝	1958 年 10 月至 1959 年 8 月
湖东大队	大队长	胡允保	1956—1962 年
	大队长	蔡海官	1962—1966 年
湖中大队	大队长	胡家福（下祝）	1956—1966 年
湖西大队	大队长	杨加兴	1956—1966 年
大湖大队	大队长	严雅先	1966—1968 年
	革委会主任	陈余岳	1968—1972 年
	革委会主任	胡家木	1973—1975 年
	大队长	胡家华	1976 年至 1983 年 7 月
	副大队长	严雅先	1976 年至 1983 年 7 月
大湖村	村委会主任	胡家华	1983 年 8 月至 1986 年
	村委会主任	王建国	1987 年至 1991 年 9 月
	村委会主任	徐邦甫	1991 年 10 月至 1999 年 4 月
	村委会主任	葛东荣（代）	1999 年 5 月至 2002 年 4 月
	村委会主任	胡家其	2002 年 5 月至 2021 年

说明：1958 年 10 月至 1959 年 8 月的大湖大队包括长亭下片几个村（大队）

1955 年前大湖村内有多个低级社。1953 年 3 月大湖乡湖中公胜社经中共宁海县委批准升为高级农业生产合作社。同年 10 月，大湖湖东第四社与第八社合并为湖东高级农业生产合作社，湖西在第三社基础上扩大为湖西高级农业生产合作社。1956 年大湖乡并入长亭乡。1958 年全区成立长街人民公社。

1961年10月调整人民公社编制，将长街人民公社分成长亭、龙浦、山头、青珠、岳井、伍山等6个小公社。大湖属长亭人民公社，分湖东、湖中、湖西3个大队。湖东大队下设8个生产队，湖中大队下设6个生产队，湖西大队下设5个生产队。1966年底湖东、湖中、湖西3大队合并成大湖大队。

1956—1978年大湖大队各生产队队长一览表

表6-2

村别	队别	1956—1961年 生产队长姓名	1962—1978年 生产队长姓名
湖东	1	胡埃官　王老五	王在元　胡家永
湖东	2	胡家桂	顾爱理　顾安生
湖东	3	胡家兆　黄招富	李丙占　黄宣安
湖东	4	胡明清	胡余良
湖东	5	胡家华	张林法　葛伟春
湖东	6	金兴才	饶真干　胡显礽
湖东	7	陈国根	胡甫清
湖东	8	孙万常	胡履枢
湖中	9	胡家荣　胡允新	杨达法
湖中	10	胡家印	胡家达　胡家良
湖中	11	胡善述	胡传康　胡林余
湖中	12	蒋金和　胡家明	胡家明　胡家友　王瑞祥
湖中	13	胡炳林　胡谓生	胡炳林　胡家义　胡家礼
湖中	14	章可衣	胡余昂　胡余良
湖西	15	胡维安	孙必法
湖西	16	胡新春	胡兴宝
湖西	17	鲍于仁	李开甫
湖西	18	胡甫义　胡传武	侯小红
湖西	19	侯祖水　叶金宽	林长明

1983年撤销人民公社“政社合一”体制，实行政社分设，公社改称乡人民政府，生产大队改称行政村，建立村委会和经济合作社。至1992年撤区扩镇并乡，大湖行政村隶属于长街镇。大湖村下设40个村民小组。

2017—2019 年大湖村十一届村民小组组长一览表

表 6-3

组别	姓名	组别	姓名	组别	姓名	组别	姓名	组别	姓名
1	胡小文	9	胡兴余	18	胡戎参	27	张子云	36	胡月平
2	胡余秀	10	胡建军	19	胡江江	28	胡林利	37	叶金满
3	胡余茂	11	袁志土	20	陈贤瑾	29	胡贵川	38	林振东
4	顾文军	12	胡真园	21	李恒亚	30	胡小成	丽水组	杨子荣
5	胡安成	13	张历荣	22	胡庆忠	31	胡和印	新昌组	唐孟清
	胡三泉	14	任安水	23	胡根苗	32	郑从利	—	—
6	葛真华	15	胡国庆	24	陈鑫惠	33	李平良	—	—
7	胡显利	16	胡小成	25	胡斌峰	34	胡增产	—	—
8	黄武成	17	汪永虹	26	胡建华	35	胡家土	—	—

2020—2024 年大湖村十二届村民小组组长和村民代表一览表

表 6-4

组别	组长	代表	组别	组长	代表	组别	组长	代表
1	胡元文	—	14	任安水	郑志春	29	胡贵川	孙　好
2	胡余秀	冯桂花	15	胡国庆	冯静琴	30	胡小成	胡旭霞
3	胡伟平	—	16	胡小成	徐秋芝	31	胡明光	—
4	顾文军	—	17	柴以坪	—	32	胡明利	王赛娟
5	胡安成	胡华女	18	胡戎参	叶义凤 叶小花	33	李平良	—
	胡三泉	—	19	胡江红	—	34	胡增产	胡金英
6	葛真华	胡伟青	20	陈贤瑾	徐彩芬	35	胡家土	徐邦甫
	—	蔡旭祥	21	李恒亚	—	36	胡月平	国影影
7	胡显利	陈伟达 胡家其	22	胡庆忠	赵安芬	37	叶兴强	叶爱静
8	黄武成	赵杏女	23	胡根苗	—	38	林振东	—
9	胡兴余	—	24	陈鑫惠	汪永琪 汪兴琪 胡旭锋 冯赛霄	丽水组 新昌组	杨子荣 张金燕	吴娇娇
10	胡建军	王媛新	25	胡斌峰	张良川 童慧玲	—	—	—
11	袁志土	—	26	胡建华	—	—	—	—
12	胡真园	王岳娟	27	张子云	张小彩	—	—	—
13	张历荣	—	28	胡林利	许海绒	—	—	—

第二节　出席市、县、镇（乡）人民代表大会的代表

1951 年 3 月，大湖胡静斋当选为各界人民代表，出席宁海县第一届各界人民代表大会，任期为 1951 年 3 月至 1953 年 3 月。

1953 年起，按照《中华人民共和国选举法》实行普选。

1954 年 3 月召开长亭乡第一届人民代表大会，选举正副乡长和出席宁海县第一届人民代表大会的代表。大湖王胜才、严雅先、葛林官当选为县人大代表，任期为 1954 年 7 月至 1956 年 4 月。

1956 年 11 月召开长亭乡第二届人民代表大会，选举正副乡长和出席宁海县第二届人民代表大会的代表，胡家振、严雅先、钱丽娟当选，任期为 1956 年 12 月至 1958 年 2 月。

1958 年 5 月召开长亭乡第三届人民代表大会，选出正副乡长和出席宁海县第三届人民代表大会代表，大湖当选代表赵国秀、钱丽娟，任期为 1958 年 6 月至 1962 年 7 月。

1962 年春召开长亭公社第四届人民代表大会，选举正副公社主任和出席宁海县第四届人民代表大会代表，大湖当选代表赵国秀，任期为 1962 年 7 月至 1963 年 12 月。

1963 年 5 月全面完成选举工作，召开长亭公社第五届人民代表大会，选举正副公社主任和出席宁海县第五届人民代表大会代表，大湖代表冯永将，任期为 1963 年 12 月至 1966 年 4 月。

1966 年 3 月召开长亭公社第六届人民代表大会，选举正副公社主任和出席宁海县第六届人民代表大会代表（大湖没有人当选县人大代表），任期为 1966 年 4 月至 1968 年 11 月。

1968 年 11 月 2 日，“文化大革命”开始，人民代表大会选举制度中断，县革命委员会成立，代表未经选举产生。

1979 年 2 月，宁海县第八届人民代表按县分配名额，由公社革命委员会召开扩大会议协商代表候选人名单，公社革委会于 3 月 13 日召开扩大会议，选举正式代表，大湖当选代表钱丽娟、陈余岳，任期为 1979 年 3 月至 1980 年 12 月。

1980年，第九届选举自9月开始至12月结束，选区以大队为单位设立登记站，直接选举公社、县两级人民代表。12月26日以区为单位召开选民大会，选出县人大代表，大湖代表胡家华当选，任期为1980年12月至1984年6月。

1984年6月，各乡选举出席第十届乡、县两级人大代表，大湖代表胡家华当选，任期为1984年6月至1987年5月。

1987年5月27日，各乡镇召开选举大会，选出县第十一届人大代表，大湖代表王建国当选，任期为1987年5月至1990年5月。

1990年5月，召开第十一届乡镇人民代表大会，选举产生县十二届人大代表，大湖代表王建国当选，任期为1990年5月至1993年3月。

1993年1月15日，召开长街镇第十三届人民代表大会，选举产生县十三届人大代表，大湖代表徐邦甫当选，任期为1993年3月至1998年2月。

1998年1月20日，召开第十四届人民代表大会，选举产生县十四届人大代表，大湖代表徐邦甫当选，任期为1998年3月至2003年2月。

2003年1月18日，召开长街镇第十四届人民代表大会，选举产生十五届人大代表，大湖胡家其当选为代表，任期为2003年3月至2007年2月。

2007年1月16日，召开长街镇第十五届人民代表大会，选举产生县十六届人民代表大会代表，大湖胡家其当选代表，任期为五年（2007年3月至2012年2月）。

2012年1月15日，长街镇第十六届人民代表大会召开，选举产生县第十七届人民代表大会代表，大湖胡家其当选为代表，任期为五年（2012年3月至2017年2月）。

2017年1月15日，长街镇第十七届人民代表大会召开，选举产生县第十八届人民代表大会代表，大湖胡家其当选为代表，任期为五年（2017年3月至2022年2月）。

出席宁波市人民代表大会代表情况一览表

表6-5

序号	姓　名	会　议　名　称	召集单位	时　间
1	汪永琪	宁波市第十三届人民代表大会	宁波市人民代表大会	2017年2月

1951—2021 年出席县级代表大会代表情况一览表

表 6-6

序号	姓 名	会 议 名 称	召 集 单 位	时 间
1	胡静斋	宁海县第一届各界人民代表大会	第一届各界人民代表	1951 年 3 月至 1953 年 3 月
2	严雅先	宁海县第一届、第二届人民代表大会	宁海县人民代表大会	1954 年 7 月至 1958 年 2 月
3	葛林官	宁海县第一届人民代表大会	宁海县人民代表大会	1954 年 7 月至 1956 年 4 月
4	王胜才	宁海县第一届人民代表大会	宁海县人民代表大会	1954 年 7 月至 1956 年 4 月
5	胡家振	宁海县第二届人民代表大会	宁海县人民代表大会	1956 年 1 月至 1958 年 2 月
6	钱丽娟	宁海县第二届、第三届人民代表大会	宁海县人民代表大会	1956 年 1 月至 1962 年 7 月
7	赵国秀	宁海县第三届、第四届人民代表大会	宁海县人民代表大会	1958 年至 1963 年 12 月
8	钱丽娟	宁海县第一届妇女联合会	宁海县妇女联合会	1956 年
9	冯永将	宁海县第五届人民代表大会	宁海县人民代表大会	1963 年 1 月至 1966 年 4 月
10	钱丽娟	宁海县第八届人民代表大会	宁海县人民代表大会	1979 年至 1980 年 12 月
11	陈余岳	宁海县第八届人民代表大会	宁海县人民代表大会	1979 年至 1980 年 12 月
12	胡家华	宁海县第九届、第十届人民代表大会	宁海县人民代表大会	1980 年 1 月至 1987 年 5 月
13	胡和木	宁海县第九届人民代表大会	宁海县人民代表大会	1980 年 1 月至 1984 年 6 月
14	王建国	宁海县第十一届、第十二届人民代表大会	宁海县人民代表大会	1987 年 5 月至 1993 年 3 月
15	胡敏杰	宁海县第十二届人民代表大会	宁海县人民代表大会	1990 年 1 月至 1993 年 3 月
16	汪永琪	宁海县第十二届人民代表大会	宁海县人民代表大会	1990 年 1 月至 1993 年 3 月
17	徐邦甫	宁海县第十三届、第十四届人民代表大会	宁海县人民代表大会	1993 年 4 月至 2002 年 2 月

续表6-6

序号	姓　名	会　议　名　称	召　集　单　位	时　间
18	顾海飞	宁海县第十五届、第十六届人民代表大会	宁海县人民代表大会	2002 年 3 月
19	叶小华	宁海县第十三届人民代表大会	宁海县人民代表大会	1993 年 3 月
20	孙培丰	宁海县第十三届、第十五届、第十六届人民代表大会	宁海县人民代表大会	1993 年 3 月
21	胡家其	县第十五届至第十八届人民代表大会	宁海县人民代表大会	2003 年 3 月至 2022 年 2 月
22	汪伟东	宁海县政协第九届会议	宁海县政协	—
23	胡传苗	宁海县工会第六次、第七次代表大会	宁海县总工会	1979—1984 年

第七章　政党　群团

第一节　政党组织

一、中国国民党

民国16年（1927），正值国共合作时期，在共产党人协助下组建起国民党宁海县党部。“四·一二”反革命政变后，全面清党，国民党党员重新登记。后全县分设10个国民党区党部、41个国民党区分部。长街为三区党部，书记龚厥英。下设长亭、山头、大湖、山前、水东、胡陈、东仓7个区分部。

民国30年（1941），国民党宁海县党部下设5个区党部36个区分部，长街属文正区党部，分设大湖、山前2个区分部。

民国33年（1944）冬，国民党省党部指示宁海县党部，拟于次年“定额发展国民党员5000—8000人，只许超额，不许缩小”。县党部把名额分配到乡镇。县党部成员分头下乡召开各种会议，进行“以党治国”“融党于政”等宣传，在保甲长、壮丁、小学教师等各种训练班中强行填表，发展国民党员，长街境内国民党员人数激增至1000余名。

民国36年（1947），国民党宁海县党部下设40个区党部，长街境内成立长亭、湖山、水东、青珠4个区党部，各保（有的数保）成立区分部。

1949年宁海解放，中国共产党执政，国民党地方组织解散。

二、中国共产党

1956年农村基层党组织建立，大湖3个行政村分别发展了一批党员。湖东村：胡家木、胡德木、蔡海官、胡允保。湖中村：胡美玉（又名胡新民）、胡小林、严雅先、汪大聪。湖西村：杨加兴、冯永将、胡康水、吴立才、胡荣辉。同时各村建立党支部，中共湖东村党支部书记胡家木，中共湖中村党支部书记严雅先，中共湖西村党支部书记胡荣辉。

1958 年 10 月，祝德朝任大湖大队党支部书记（1958 年 10 月至 1959 年 8 月），1959 年 8 月至 1959 年 11 月黄卓雷担任大湖大队党支部书记。在党的社会主义建设总路线、“大跃进”、人民公社化运动中，涌现出一批社会主义建设积极分子，纷纷加入中国共产党，其中湖东村 6 名、湖中村 5 名、湖西村 4 名。

1966 年底，湖东、湖中、湖西 3 个大队合并为大湖大队，建立中共大湖大队支部，有党员 46 名，胡家木当选为党支部书记。1972 年经中共长街区委批准建立大湖大队党总支（党员 65 名），下设 4 个分支，总支书记胡家木，一分支（湖东）书记胡德木，二分支（湖中）书记胡林余，三分支（湖西）书记冯永将，四分支（村副业队）书记汪大聪。

1976 年党总支换届选举，胡真根当选为中共大湖大队总支书记。

1983 年政社分设，大湖大队成立大湖行政村，胡家华当选为村委会主任，胡真根当选为中共大湖村党总支书记。

1991 年换届选举，王建国当选为中共大湖村党总支书记。

2005 年换届选举，汪永琪当选为中共大湖村党总支书记。

2021 年换届选举，胡家其当选为中共大湖村党总支书记。

1956—2021 年历任中共大湖村（大队）支部（总支部、分支部）书记一览表

表 7-1

党支部名称	书　记	任职时间
中共湖东村党支部	胡家木	1956—1966 年
中共湖中村党支部	严雅先	1956—1957 年
中共湖中村党支部	胡美玉	1958—1961 年
中共湖中村党支部	汪大聪	1962—1966 年
中共湖西村党支部	胡荣辉	1956—1958 年
中共湖西村党支部	杨加兴	1959—1961 年
中共湖西村党支部	冯永将	1962—1966 年

续表7-1

党支部名称	书　记	任职时间
中共大湖大队总支部	祝德朝	1958 年 10 月至 1959 年 8 月
中共大湖大队总支部	黄卓雷	1959 年 8 月至 1959 年 11 月
中共大湖大队总支部	胡家木（副）	1958 年 10 月至 1959 年 11 月
中共大湖大队（村）支部	胡家木	1966 年 11 月至 1972 年
中共大湖大队（村）总支部	胡家木	1973—1975 年
中共大湖大队总支部	胡真根	1976—1982 年
一分支（湖东）	胡德木	1973—1986 年
二分支（湖中）	胡林余	1973—1982 年
二分支（湖中）	杨达法	1983—1986 年
三分支（湖西）	冯永将	1973—1974 年
三分支（湖西）	孙培德	1975—1986 年
四分支（副业）	汪大聪	1973—2003 年
中共大湖村总支部	胡真根	1983 年至 1991 年 9 月
中共大湖村总支部	王建国	1991 年 10 月至 2005 年 4 月
中共大湖村总支部	汪永琪	2005 年 4 月至 2020 年 12 月
中共大湖村总支部	胡家其	2021 年 1 月起
一分支（湖东）	胡履枢	1987—1997 年
一分支（湖东）	胡安民	1998 年至 2000 年 5 月
一分支（湖东）	胡家和	2000 年 6 月至 2010 年 6 月
一分支（湖东）	郑志春	2010 年 6 月起
二分支（湖中）	冯全育	1987 年至 2006 年 5 月
二分支（湖中）	葛东荣	2006 年 6 月至 2018 年 2 月
二分支（湖中）	张良川	2018 年 3 月至 2020 年 12 月
二分支（湖中）	胡旭锋	2021 年 1 月起
三分支（湖西）	冯永将	1987—2000 年
三分支（湖西）	孙培德	2001 年至 2020 年 12 月
三分支（湖西）	孙　好	2021 年 1 月起

注：1958 年 10 月至 1959 年 8 月的大湖大队包括长亭下片几个村（大队）。

1966—2020 年大湖村加入中国共产党人员一览表

表 7-2　　单位：人

序号	入党年份	姓　　名	人数
1	1966 年	胡国秋	1
2	1968 年	胡传兵	1
3	1970 年	汤岳标、阮孟喜、王友法	3
4	1971 年	胡伟中	1
5	1972 年	葛真华、侯国湘、孙培德、王孟田、徐小凤（女）、胡兴宝	6
6	1973 年	胡家和、冯棠芬（女）、胡余良、胡余华、葛爱国、尤才平、胡余村、张良平	8
7	1974 年	叶义凤（女）	1
8	1975 年	胡爱国、李益恒	2
9	1976 年	胡山泉、胡土根、胡富根	3
10	1978 年	胡余绍、王剑金	2
11	1979 年	胡家良、王建国	2
12	1980 年	顾小陆、葛伟春、胡永利、杨子雄	4
13	1981 年	李开浦	1
14	1982 年	胡余方、杨丰收	2
15	1984 年	鲍金川	1
16	1985 年	童松秀	1
17	1986 年	冯岳村、徐邦杰、杨云收	3
18	1987 年	郑志春	1
19	1988 年	胡伟节	1
20	1989 年	徐邦甫	1
21	1990 年	胡余兵、葛东荣	2
22	1992 年	胡杏平、汪永琪、杨大春	3
23	1993 年	陈佩阳、陈荣华、葛培秋（女）	3

续表7-2

序号	入党年份	姓　　名	人数
24	1994 年	胡凌峰、胡余定	2
25	1995 年	胡统庆、胡余君、胡五松、胡家春、叶新苗	5
26	1996 年	蔡旭祥	1
27	1997 年	王国兵	1
28	1998 年	胡旭锋、王振辉、张良川、胡旭华	4
29	1999 年	胡刚武、胡秀东、李恒川	3
30	2000 年	王叶女（女）、胡贵田、王必文	3
31	2001 年	杨焕勇	1
32	2003 年	胡家其、王启高	2
33	2004 年	冯一江、胡家朝	2
34	2006 年	胡巧珂（女）、汪群英（女）、胡敏爱、胡远东	4
35	2007 年	胡向敏、叶莹莹（女）、胡余乾、胡彪、谢淼丰	5
36	2008 年	胡迎鸿（女）、蒋锦宁（女）、徐巧媛（女）	3
37	2009 年	胡远晓	1
38	2010 年	胡科可、胡明敏、李　迪	3
39	2011 年	胡姣姣（女）、徐剑敏、胡莎莎（女）	3
40	2012 年	葛培培（女）、胡晓敏（女）、侯锦松、邵奕帆	4
41	2013 年	胡戎元、章旭杰、柴以坪、唐孟法	4
42	2014 年	胡国庆、胡伟平、胡家选	3
43	2015 年	胡敏东	1
44	2016 年	胡海红、胡伟银、胡青雅、胡惠君	4
45	2017 年	胡文祥	1
46	2018 年	孙好	1
47	2019 年	鲍瑞英	1

注：以上仅是户籍在大湖村的党员。

出席中共宁波市代表大会代表一览表

表 7-3

序号	姓　名	会　议　名　称	召集单位	时　间
1	胡敏杰	中共宁波市第十一届代表大会	中共宁波市委	2007 年 3 月
2	顾海飞	中共宁波市第十二届代表大会	中共宁波市委	2012 年 3 月

出席中共宁海县代表大会代表一览表

表 7-4

序号	姓　名	会　议　名　称	召集单位	时　间
1	叶小华	中共宁海县第七届代表大会	中共宁海县委	—
2	顾海飞	中共宁海县第十三届代表大会	中共宁海县委	—

出席中共长街镇代表大会的代表人数

中共长街镇第九次代表大会于 1993 年 1 月 6 日召开，出席大会的大湖代表共 7 名。

中共长街镇第十次代表大会于 1996 年 1 月 5 日召开，出席大会的大湖代表共 5 名。

中共长街镇第十一次代表大会于 1998 年 12 月 21 日召开，出席大会的大湖代表共 5 名。

中共长街镇第十二次代表大会于 2001 年 12 月 28 日召开，出席大会的大湖代表共 4 名。

中共长街镇第十三次代表大会于 2006 年 10 月 18 日召开，出席大会的大湖代表共 4 名。

中共长街镇第十四次代表大会于 2011 年 11 月 6 日召开，出席大会的大湖代表共 4 名。

中共长街镇第十五次代表大会于 2016 年 10 月 15 日召开，出席大会的大湖代表共 4 名。

中共长街镇第十六次代表大会于 2021 年 1 月 10 日召开，出席大会的大湖代表有胡家其、胡海红、张良川、胡旭锋 4 名。

第二节　共产主义青年团　少年先锋队

一、中国共产主义青年团

1950年中国新民主主义青年团宁海县工作委员会成立。1951年，土地改革运动中，涌现出一大批青年积极分子，要求加入青年团组织。5月2日中共长街区委召开土地改革工作总结会，当晚在大湖小学举行入团宣誓仪式，参加入团宣誓的团员有60余人，其中大湖5人。1955年，3个行政村分别成立团支部，第一任湖东村团支部书记胡家华，湖中村团支部书记胡家福，湖西村团支部书记胡真根。1958年10月至1960年，共青团宣传共产主义思想，带领青年参加社会主义劳动竞赛。1963年，号召团员青年努力学习毛泽东主席著作，开展学雷锋做好事活动。1965年，开展创建“四好团支部”、争做“五好团员”活动。1966年5月，“文化大革命”开始，青年团组织处于瘫痪状态。1971年通过整团，重建团组织。大湖村成立团总支，陈余岳当选为团总支书记。

历届中国共产主义青年团团支部书记一览表

表7-5

支部名称	支部书记	任职时间	支部名称	支部书记	任职时间
湖东村党支部	胡家华	1955—1965年	大湖村团总支部	陈余岳	1971—1972年
湖中村党支部	胡家福	1955—1958年	大湖村团总支部	胡家华	1973—1979年
湖中村党支部	叶义凤	1958—1964年	大湖村团总支部	冯传育	1980—1992年
湖中村党支部	胡家良	1964—1972年	大湖村团总支部	葛东荣	1993—1999年
湖中村党支部	葛学东	1972—1978年	大湖村团总支部	蔡旭祥	2000—2012年
湖西村党支部	胡真根	1955—1965年	大湖村团总支部	胡向敏	2013—2021年

二、儿童团、少年先锋队

土地改革时，大湖3个村分别组织儿童团，担负着在村口、交通要道站岗放哨、检查路条、监管“坏人”的任务，成为村农会的得力助手。土地改革结束，儿童团组织活动停止。

1952年秋，大湖小学成立少年儿童队。1953年6月，中国少年儿童队改称“中国少年先锋队”，每位少年先锋队队员佩戴上红领巾。

20世纪50年代，少年先锋队在共青团团委的领导下、学校教师辅导员的指导下，对儿童进行“爱祖国、爱人民、爱劳动、爱科学、爱护公共财物”的“五爱”教育。教育少先队员要帮助父母识字，扫除文盲。教育少年队员要响应党的号召，动员父母祖辈踊跃卖余粮，支援国家社会主义建设，积极参加互助合作化运动、走集体化道路。20世纪50年代中期，发动少先队员开展拾稻穗、积肥料、除“四害”（老鼠、麻雀、苍蝇、蚊子）等活动。曾把2位少年先锋队队员放学回家路上帮助老农民积肥“拾牛粪”的节目搬上舞台。

20世纪60年代，开展“学雷锋见行动”等活动。“文化大革命”期间，“红小兵”替代少年先锋队队员（组织）。1978年恢复少年先锋队名称。

2006年，学校建立少先队五项工作制度：一是少代会制度；二是站岗值勤制度；三是国旗升降制度；四是国旗下讲话制度；五是节日专题教育制度。

2017年大湖小学有少先队员279人，2020年有少先队员520人。少先队组织在校领导和辅导员的指导下，举行“慈善一日捐”和“生命绿卡”募捐活动。在中华人民共和国成立70周年的日子里，教育少先队员爱国、敬业，清明节祭扫烈士墓、举行“缅怀革命先烈、传承革命精神”等活动。结合生活实际，举行“防火逃生技能演练”活动，开展“游泳安全知识”教育。在第70个国际儿童节庆典上，举行第四届文化艺术节“国风小少年”汇报演出等一系列教育活动。

第三节　群众团体

一、农会

1949年12月至1950年，乡村农会组织陆续建立起来。1951年进行土地改革，农会组织迅速发展，长街区首次农民代表大会于3月25—27日在大湖小学召开。大会号召全区各村组织起农会，动员农民积极参加土地改革、镇压反革命和抗美援朝运动。同时，成立长街区农民协会，首任长街区农民协会主任田福玉，副主任刘志民。入会的条件：雇农、贫农、佃中农成分，历史清楚，社会关系好，听毛主席的话，跟共产党走。大湖3个行政村分别选出村农会主任，湖东村农会主任李小香、尤宏富，湖中村农会主任赵有木、胡家根，湖西村农会主任胡常金、胡家炉、胡余照、陈昌成。农会在剿匪反霸、土地改革、镇压反革命、抗美援朝、组织互助组合作社、发展农业生产等各项运动中发挥巨大作用。1956年，在完成农业社会主义改造的历史使命后，农会组织退出了历史舞台。

二、妇女组织

1949年前大湖村无妇女组织。村妇女组织始于土地改革时成立的妇女会，1951年王月翠当选为大湖村妇女代表，1953年至1954年当选为村妇女主任。1955年后选出各村的妇女主任。当时妇女会的职能：发动妇女参加土改、镇压反革命、抗美援朝运动。土改结束，村政权建立，妇女组织相继建立。乡召开妇女代表大会，成立乡妇女代表会，选举乡妇代会主任（不脱产）和出席宁海县第一次妇女代表大会的代表。大湖湖东村代表陈夏香、钱丽娟。1956年，大湖3个行政村的妇女主任分别是湖东村钱丽娟，湖中村王金姑，湖西村胡青娟。1962年，公社化后，公社建立妇女代表大会制度。1966年，“文化大革命”开始，妇女组织受冲击，活动停止。1973年，县恢复妇联组织，公社、大队重新组建妇代会。1976年至今，县、镇、村妇女组织活动正常有序。

大湖村（大队）历届妇女主任一览表

表 7-6

村别	职务	姓名	任职时间	村别	职务	姓名	任职时间
大湖村	代　表	王月翠	1951—1952 年	湖西村	主　任	胡青娟	1955—1966 年
大湖村	主　任	王月翠	1953—1954 年	大湖村	主　任	钱丽娟	1966—1979 年
湖东村	主　任	陈夏香	1955—1956 年	大湖村	主　任	冯棠芬	1980—1994 年
湖东村	主　任	钱丽娟	1956—1966 年	大湖村	主　任	葛培秋	1995—2013 年
湖中村	主　任	王金姑	1955—1962 年	大湖村	主　任	胡海红	2014—2020 年
湖中村	主　任	叶义凤	1963—1966 年	—	—	—	—

四邻小组　1951 年土地改革时，将五份头庄园中的多幢三、四合院楼房改装成贮存稻谷大小麦的仓库，成为宁海县最大的国家粮库——大湖粮库。贮存着从各村农户、生产队向国家上交的农业税和出售的公粮，这么多的稻谷需翻晒与运到大湖米厂去加工成大米，常年需要一支义务工队伍。因男劳动力忙于农田耕作，而老一辈的大湖妇女大都是小足妇女（注：封建社会里年幼女孩从小要用布条带子缠足，个个都变成小足女人，走起路来摇摇摆摆。辛亥革命后才废除这一罪恶制度，开始放缠足）。于是湖东、湖中、湖西三村各推选出年幼时没有缠过足、身强力壮的妇女，先后有尤珍姑、赖才凤、蒋桃花、胡慧莲、黄云霄、冯伟秋、朱小香、胡密凤、胡家娟、汤小兰、项美香、西岙人（显富妻）、龙山人（建明母）、港头人（余和母）、冯岳威、胡美和、杨掌仙、王夏林、孟田母等组成“四邻小组”，三村分多个小组。按工作量与天气情况，选派哪几组完成哪项任务。她们翻晒粮站里的稻谷、脚穿麻筋草鞋抬着一大箩重 200—300 斤的稻谷（大米），奔走在大湖粮站与大湖米厂近 400 米的石板路上。从 1957 年开始，将每人每天获得的 5—8 角人民币的工钱交给集体（生产队）记工分，待年终生产队按工分计酬分给个人。这项工作延续了 20 多年。

三、贫下中农协会

1964年，在社会主义宣传教育运动中，长街区各公社、大队筹建起贫下中农协会。湖东大队贫下中农协会主任郑有位，湖中大队贫下中农协会主任赵有木，湖西大队贫下中农协会主任胡康水。1965年，各公社、大队选举产生出席县贫下中农代表大会的代表。宣称各公社大队有关重要事项必须经贫下中农协会共同商议。“文化大革命”期间，贫下中农协会改为贫下中农代表大会（简称贫代会），组织以贫下中农为主体的毛泽东思想宣传队，进驻学校、医院、商店。1976年“文化大革命”结束，贫下中农协会组织取消。

四、老年协会

1988年7月23日，浙江省七届人大常委会第四次会议通过的《浙江省保护老年人合法权益若干规定》第16条中确定农历九月初九重阳节为浙江省老人节。1993年大湖村成立老年人协会，会员70余人。至1997年重阳节会员发展到127人，后发展到340人，2005年重阳节会员达559人，入会人数占全村老龄人的90.8%。2011年有会员669人，2014年底老年协会领导班子改选，会员增至830人，2020年底会员达910人。

历届大湖老年协会会长、副会长名单及任职时间一览表

表7-7

届　次	会　长	副会长	任职时间	备　注
首　届	蔡海官	—	1993年9月至1997年9月	2001年4月后由3位副会长主持工作。陈余岳为第七届名誉会长
第二届	胡真根	胡德木　胡家明　胡维安	1997年9月至2000年9月	
第三届	胡真根	胡杏林　胡家明　胡允江	2000年9月至2001年4月	
第四届	胡德木	胡维校　叶义凤	2002年9月至2005年9月	
第五届	冯永将	叶义凤　胡维校　胡允江	2005年9月至2007年9月	
	叶义凤	胡维校　胡允江	2007年9月至2008年9月	
第六届	胡小林	胡维校　胡允江　胡家振	2008年9月至2011年9月	
第七届	叶义凤	胡家振　胡兴余	2011年9月至2014年9月	
第八届	陈余岳	叶义凤　胡兴余　陈培川	2014年9月至2017年9月	
第九届	胡兴余	叶义凤　陈培川	2017年9月至2020年12月	

老年人协会成立之初，活动场所在原村委会办公楼下的三间小屋，后又搬到原村开饭店处二间楼房，总之，不尽如人意。为此，大湖村委会向县粮食局打报告。要求将土地改革时划给国家作粮库用的第四仓房（四合院老房子）给村老人协会用，得到上级有关部门的同意。于是在协会会长胡真根、冯永将、叶义凤、胡小林的带领下，先后经 4 次大修葺，历时 10 年、耗资 17 万多元，既为老年人提供了一个多功能的活动场所，又保护了古建筑“四合院”。第四仓房成为大湖老年人的活动中心。

平日老人们可到活动中心阅读报刊、看电视录像、打牌、下棋、聊天、做老年保健操等。老协会关心全村老年人的生活起居，让全体老人“老有所养，老有所乐”。为了丰富老年人文化生活，村老协会组织业余俱乐部，投资 18 万元购置戏剧服装、音响设备、电子屏幕、乐器等。为了活跃村民文化生活，自编自导，每逢重阳节、元旦、春节进行义务演出，有时应邀去邻村演出。每逢重阳节召开会员大会，三年一次改选会长，村委会为重阳节举办庆祝宴会（吃一餐），现改为每人发放 100 元。

大湖老年协会成立以来，为村里老人办了许多实事，赢得社会一致好评。1998 年 10 月获“县老年体育先进单位”称号；2000 年获“县规范化老年协会”称号；2001 年 3 月获“省先进老年活动中心”称号；2004 年 12 月获“县关心下一代先进单位”称号。

第八章　军　　事

第一节　基干民兵组织

1950 年冬，民兵组织与农会组织同步建立起来，人员增多、组织扩大。1951 年，提出“组织民兵队保卫土地改革顺利进行”，大湖 3 个行政村分别组织民兵队。选定“出身成分好、社会关系好、年龄在 30 岁以内的男性青年”为基干民兵，单独成立民兵队。湖东村民兵队队长饶真干，有基干民兵 15 名。湖中村民兵队队长张士富，有基干民兵 12 名。湖西村民兵队队长胡荣辉，有基干民兵 10 名。县武装部门发给大湖基干民兵队小口径步枪 3 支，为了保卫土改成果，组织民兵在三岔路口、交通要道日夜站岗放哨、检查过路人路条。因武器不足，民兵还佩带冷兵器大刀、长矛、梭镖、田狗叉等。1951 年，民兵队为土改运动的顺利进行起到了重要作用。

土地改革后，民兵工作有所放松。1957 年，个别村庄闹事，民兵队的枪支全部被上缴。

1962 年，民兵工作又重视起来，长街区各乡设立武装部，任命武装部部长，整顿民兵组织，加强民兵政治思想工作，进行军事训练，随时准备粉碎入侵之敌。

1965 年，加强民兵建设，做好民兵工作“三落实”：一是组织落实，有兵有官做到官兵相识；二是思想落实，招之能来，来之能战，战之能胜；三是军事落实，战略上要藐视敌人，战术上要重视敌人。当时，18—30 周岁者为基干民兵、31—45 周岁为普通民兵，从基干民兵中挑选优秀者发给枪支为武装民兵。后改为 18—28 周岁为基干民兵、29—35 周岁为普通民兵。

1966 年“文化大革命”开始，年底 3 个大队合并为大湖大队后，更加重视大队的民兵建设，做到民兵组织军事化。大队设民兵连，大湖大队民兵连连长由陈定义担任。各片（村）设排，每片设有民兵室。湖东片民兵室在老会计室，湖中片民兵室在凉房，湖西片民兵室在张阿宝民宅，武装民兵住在民兵室，严阵以待。1980 年后，民兵工作有所减弱。

第二节　中国人民志愿军

胡庆杰、胡家喜、胡德金、胡远富、王士春、林必达、叶六官、胡善治、胡婉和（女）、胡庆建 10 位村民，于 1950 年踊跃报名参加中国人民志愿军，奔赴抗美援朝战场。

第九章　农　　业

第一节　耕作制度

大湖村地处长街平原，土地肥沃，河港纵横，历代村民从事农田耕作，种植庄稼。按季节：大部分农田实施冬麦（或油菜）、夏稻两熟制；部分水源短缺的“靠天田”或排灌不良的“烂塘田”及土质贫瘠的田地，采取冬季将土地翻耕休闲或冬种草籽紫云英（红花草籽）、苜蓿（黄花草籽）翻耕作肥料（称草籽为绿肥），夏季种植中汛稻单熟制；旱地则多为冬播春花（麦、蚕豆和豌豆、油菜）、夏种番薯或套种棉花两熟制。

中华人民共和国成立后，为了提高粮田复种指数，增加粮食产量，1952—1956年，改变耕作制度，推广双季间作稻（俗称嵌生晚：即种好早稻，过一段时间，在前后两株早稻中间再嵌种一株晚稻），比单季早稻亩产增加三成。1959年水稻种植基本实现双季连作化。开始推广春花（草籽、大小麦、油菜籽）、早稻、晚稻三熟制。20世纪60年代初，基本采用水稻双季连作制，双季间作制基本取消，只有部分不适宜种双季的田块仍采用。1967年并村后，低洼水稻田冬种以绿肥（苜蓿、紫云英）为主，春粮作物次之，不宜种绿肥的烂塘田在冬季将其冬耕（冬季翻耕）变成冬闲田。20世纪70年代初，推行“春粮—早稻—晚稻”三熟制；20世纪80年代初期，推广春粮、杂交稻两熟制。1986年后，种植结构调整，推行春粮—稻—菜，或麦—瓜—稻等多种形式三熟制。1990年后，分田到户，经商办企业人员增多，农业劳动力渐趋不足，开始采用种植春粮与杂交水稻两熟制。此后，春粮种植逐年减少。2002年平整土地后，大部分土地租赁给种粮大户，培植杂交稻种子、种植蔬菜瓜果及淡水养殖等。

一、粮食作物

水稻　大湖村种植的农作物以水稻为主，一年一熟的水稻栽培制度沿袭甚久。中华人民共和国成立后，大湖原有 3 个村，湖东村耕种面积 1600 亩、湖中村 1500 亩、湖西村 1200 亩，大部分田块种植水稻。1953 年种植单季早稻 1200 亩、单季中汛稻 1300 亩、单季晚稻 1800 亩，亩产均在 150 公斤左右。1954—1958 年，双季稻面积扩大，大湖村基本上种植的都是双季稻，亩产在 200 公斤左右。1959—1966 年亩产提高到 300 公斤左右，1967—1982 年亩产达到 400 公斤以上，最高亩产达 500 公斤以上。1983—2000 年，实行家庭联产承包责任制，大湖村不再种植双季稻，改种单季杂交稻或培育杂交稻种子。2001 年平整土地后至今，大部分耕地承包给种田大户。其中：种植杂交稻种子 4400 亩，淡水养殖 300 亩，种植瓜果类 200 亩。

春粮　春粮包括小麦、大麦、蚕豆和豌豆。春粮种植自古至今从未中断。种植面积占耕地面积的 15%左右，有的春粮田地套种棉花，春粮亩产 300 斤左右，占全年粮食总产的 15%。

秋粮　秋粮包括黄豆、番薯、玉米、赤豆和绿豆等。黄豆：又称大豆，是本地大宗产品之一。大豆用途广泛，民间多自行加工成豆腐、香干、千腐、豆乳、豆浆、豆瓣酱、豆油或做糕点的配料。大湖村土壤宜于种植黄豆，由于村民生活的需要，每年大湖村种植黄豆 300—400 亩，亩产 100—150 公斤。品种有黄豆（俗称白毛豆）和青皮豆（俗称绿皮豆）。种植时间在芒种与夏至前后，有的在立秋前后播种（俗称秋黄豆）。番薯是大湖村民的重要杂粮，也是生猪的精饲料，又是制糖、酿酒的原料。大湖村每年种植番薯 500 亩左右。土地承包后只有少数农户种植番薯，用来自酿白酒、煎糖、磨粉制面及将番薯刨丝晒成番薯干。

二、良种推广

水稻　中华人民共和国成立初期，水稻品种有“霜降晚（粳）、红壳糯、黄岩早、六十日、火稻”等。单季中汛稻有：“龙凤尖、淮白”，单季晚稻以本地“晚青三夜齐”为主。推广更新优良品种：1953 年早稻品种有“503”（当家品种），后有“莲塘早、陆财号、南特 16 号”。20 世纪 60 年代前期，以“南特号、有芒早粳”为主。20 世纪 70 年代前期，以“矮脚南特号、陆财号、二九南”为主，中后期以“广陆矮、二九青”为当家品种。20 世纪

70年代后期及20世纪80年代初，以“广陆矮、二九丰”为当家品种。晚稻品种：20世纪60年代推广“晚青、粳粳10509、红嘴甲、红须粳、柯情三号、猪毛簇、农垦58、农虎6号、糯稻京引15”。20世纪70年代后期以来，以杂交稻为当家品种，搭配“农虎6号、双糯4号”等优质米品种。

1975年10月，长街区农技站、大湖大队科技组派员随县农业局赴湖南农科院考察杂交水稻，大湖成立了种子队，建立完整的三系配套繁育制种田。

20世纪80年代，杂交水稻成为单晚和连晚的当家品种，种植面积占晚稻总面积的70%以上。20世纪90年代至今大湖村成了宁海县培育杂交良种的培育基地。其中，种植杂交水稻种子田4400亩，养殖300亩，瓜果类200亩。

麦 三麦（小麦、大麦、米麦）是主要春粮。本地品种产量不高，20世纪60年代，推广“矮粒多、南大2419、郑州3号”等优良品种。20世纪70年代，以早小麦为主，推广“矮秆红、吉利、万年2号、丰产3号、浙麦2号”等品种。20世纪80年代以“扬麦4号和活麦2号”为主，引种“宁麦3号”推广“早红341、阿选2号”等良种。大麦，旧时以“二棱大麦、浙农12”为主；20世纪70年代以来换以“早熟3号”为主，推广“沪麦4号和10号、舟麦1号、浙农大2号和3号”。米麦原有“立夏早”后推广“天津1号”，20世纪70年代以来极少种植。

番薯 原以本地番薯（红皮白心）为主，另有黄心番薯（红皮黄心）和白皮番薯（白皮白心）等本地品种。20世纪50年代后期，推广胜利百号、港头白。20世纪60—70年代初，曾推广“红红1号、红头1号、浙薯1号”等良种。20世纪70年代中期以来，番薯种植面积锐减，至今少数农户种植的都是“黄心番薯和紫色番薯”。

第二节　农作物种植

一、水稻栽培

催芽 俗称孵谷子。第一步选种：旧时用清水淘法去瘪谷。中华人民共和国成立后推广盐水或黄泥水选种，即将水的浓度调到能让生鸡蛋半沉半浮时，放入谷子，捞去悬浮瘪谷，取下沉颗粒饱满的谷粒作种子。第二步浸种：20 世纪 60 年代推广明矾、西力生、赛力散等药物浸种。20 世纪 80 年代起用多菌灵浸种，以防病毒。第三步催芽：旧时用竹箩，早稻草保温催芽。中华人民共和国成立后，早稻的催芽技术不断改进，普遍采用温水浸种后、大堆堆放室内催芽的方法。即用温水淘种后，趁热放入箩内或堆积地面上，覆盖上保温材料，约 24 小时谷子才开始露芽，翻堆、降温、加湿，促根短芽壮。

早稻育秧　20 世纪 50 年代，采用秧田育秧，即：用扫帚、秧躺推平秧田板，撒上根短芽壮的谷子，灌上适量的水，定时施上苗肥，待长成 15 厘米左右高的秧苗时，就可以拔起来扦插（种田）。此种育秧身方法常烂秧，20 世纪 60 年代后期，普遍采用半旱通气秧田育秧法，即采集山上的“岩衣”覆盖谷子上保温。20 世纪 70 年代开始，推行尼龙薄膜覆盖育秧法，用毛竹杆（爿）搭成尼龙拱形棚架，笼盖秧板，调制棚内气温（高时及时通风降温），待秧苗长出 3—4 叶时，揭膜练苗，结合灌水施肥，此法得到普遍推广。也有改尼龙棚为尼龙膜平铺的，效果也不错（注：尼龙膜下要有间隙，不能紧贴，以防烂种）。

晚稻育秧　夏季气温较高，旧时农户采用浸种不催芽水秧田育秧法。20 世纪 50 年代后逐步改为催芽露白后播种。20 世纪 60 年代始，推行旱播水育法，沿用至今。连作晚稻的杂交稻，多采用前后二段育秧法，即：前段密播育成小苗（秧龄 10 天左右），后段在秧苗二叶一芯时单株摆寄，密度为 10 厘米×3 厘米，寄秧期 30—35 天，待分蘖至三四个芯时，进行大田移栽。

秧田施肥　重施基肥，轻施追肥。秧苗二三叶时，轻施“断奶肥”，拔秧前重施“起身肥”，并喷上农药移栽，基追肥中加施磷肥与钾肥。

插秧　（俗称种田）旧时立夏插早稻，小满嵌生晚（晚稻），夏季种单季晚稻。20 世纪 50 年代中后期，提出连作稻、早稻插秧不过立夏关，晚稻插秧不过立秋关。旧时插秧习惯大株朗植，横直行距 7—9 寸，间作稻 7—12 寸。1953 年起推行早播早栽、壮秧密植。种植连作稻时，推广间距 6×4 或 5×4 小株密植，每亩插 3 万丛（25 万—30 万苗）。公社化初期，提倡愈密愈好，推广 5×2 或 6×2，甚至“移苗并丘”，违背作物生长规律，徒劳而减产。后吸取教训恢复 5×5 密植。20 世纪 70 年代前后，曾推行早稻小苗带土抛栽，晚稻点播、散播，2 年后被淘汰。

施肥　旧时农民以栏肥（猪牛粪）、人粪尿、草木灰等农家肥壅庄稼。

20世纪50—60年代，早稻靠绿肥（苜蓿、紫云英、蕴草），晚稻靠栏肥、堆肥、鲜早稻草（稻秆截断翻耕还田）、配施化学肥料。人民公社化运动时曾种植水花生草（又称革命草）作堆肥，人粪尿、河泥、猪牛栏、青草灰堆肥作基肥。20世纪70年代前后，大力推广稻田放养绿萍、水葫芦、摸田草，把绿萍等陷入泥中（腐烂）作追肥。20世纪70年代后期，推广施足基肥、早施促分蘖肥、适施保花肥的技术。20世纪80年代施肥时提倡氮、磷、钾合理搭配。20世纪90年代后，重施化肥，有机农家肥用量逐年下降。21世纪以来有机肥罕见，施的都是化合肥。

除杂草 稻田杂草如茅稗、三棱蒲、夜夜钻、篦箕戮、水铜钿、糊刮、见水还等杂草繁多，对水稻生长危害极大。历代农民有耘田（田耙、田圈）、摸田草（用双手指耘摸田泥拔去杂草）的传统方法。20世纪60年代后，稻田小株密植，耘田终止，仅用手摸田拔草。提倡每季稻收割前摸田草3遍（次）。20世纪80年代，推广农田用除草剂除草，手工摸田草次数锐减。21世纪后，全部采用除草剂除草的办法，手工摸田草者罕见。

田水管理 旧时稻田长期灌水，不搁田，满水插秧，烂田割稻。20世纪60年代以后，推广浅水插秧，深水护苗，薄水发棵，足水养胎，活水到稻成熟可收割的水管技术。20世纪70年代开始，推行插秧留“操作行”，适时开沟排水搁田（幼穗开始分蘖时将田水排放掉，将田畈晾干），以后保持寸水养胎，湿润灌浆的灌水原则。

二、大小麦栽培

大小麦 麦为村内旱地的主要粮食作物。旧时多行狭畦宽沟，宽距点播。播前人粪尿（俗称“脚水”）作基肥（俗称“滴籽”），出苗后早施追肥，年内重施腊肥。20世纪60年代，推广狭幅，阔幅或雌雄行（一行宽一行窄）条播。20世纪70年代，麦地条播，麦与棉花间作；麦田提倡阔畦，深沟撒播。20世纪80年代前，提倡燥麦田精耕细整，作畦下种。以后逐步推广稻板麦，使用除草剂，免耕板田种。稻板麦畦宽1.5—2米，沟宽0.2米，直沟，腰沟，主排水沟配套。施肥改为“前促、中挖、后补”的办法，少施或不施腊肥，看苗势施拔节孕穗肥。麦田除草关键有两期：年内用锄敲碎土块，以培土壅麦根，保暖过冬，俗称“敲麦”。立春后松土除草，以促麦苗分蘖粗壮，俗称“削麦”。

三、番薯栽培

番薯 20世纪60年代前，番薯为村内农户主要杂粮。

育苗 中华人民共和国成立前后，均采用温床栏肥垫底催芽，清明前冷床（露地）育苗，待苗长以后再剪苗扦插（种）。也有将温床芽直接插种。直接扦插的温床芽苗俗称“掰芽”，剪成三叶一段扦播的冷床苗俗称“剪藤”。

整地 整番薯地俗称“打番薯莳垄”。小满前后，薯地深翻，施放猪栏、牛栏等作基肥，垒土成垄，待插薯苗。

扦插 扦薯苗俗称“押番薯（莳）”。芒种前后选择阴雨天插种。旧时以直插为主，20世纪50年代提倡斜插，20世纪60年代改为浅平押。一般每亩插3000株左右。

管理 薯苗成活后，用淡人粪尿滴施株旁。长成一节节长藤，每个节眼有叶与“两只爪”，第一次松土叫作开番薯虎口（薯苗与土接触的节点），当心不要把叫虎门的“两只爪”（俗称番薯株头）锄断掉。及时除草、翻藤与施轻肥，大暑前掘穴施重肥。翻藤俗称“挈番莳藤”，本地品种翻藤很重要，后薯种变了，翻藤次数与产量关系不大、翻藤被废止。

四、经济作物栽培

棉花 棉花曾是大湖村主要经济作物。在三年困难时期，只抓粮食生产，3个行政村“改棉种粮”500亩。所种棉花连遭台风和连绵秋雨袭击，受灾减产。1963年起实行商品棉交售包干奖售政策，棉花产量接连3年连续上升，亩产高的达85斤（籽棉），实现《农业发展纲要》规定的指标。1975年，全县调整作物种植结构，大湖村“粮改棉”400亩，占总面积的10%。1985年起，产业结构调整，部分棉地改种柑橘及其他作物，种植棉花的面积与产量逐年减少。包产到户后，棉花种植被淘汰。

油菜 油菜又称“芸苔”，其菜蕻可供食用，菜籽可榨油，菜籽油为村民主要食用油。中华人民共和国成立前种植油菜不多，耕作粗陋，产量低。中华人民共和国成立后，随着食油需求量增多，油菜的栽培面积逐年增加。20世纪60年代初，困难时期，因粮食不足，调整作物种植结构，扩大春粮作物，油菜种植面积一度减少，20世纪70年代开始回升，大湖村年均种植油菜200亩。20世纪80年代种植面积增到350亩，引进“浙双72”“高油

605”等品种，亩产达到近150公斤。

油菜种植时间，一般在立冬前后，采取直播。20世纪60—70年代改点播为霜降前后育苗移栽。20世纪80年代推行条直播种植。

糖蔗 大湖民间历来有种植红皮甘蔗的习惯，占地不多，均在住宅边园地中种植，作为冬春季的水果，特别是春节前后，走亲访友，“拜岁”时主人家将甘蔗作为招待客人的果品。

糖蔗又称青皮甘蔗，糖分高，是制糖的原料。20世纪60年代后期，响应“不吃进口糖”的号召。1969年长亭公社从温州引入糖蔗良种“纳英310”，种植糖蔗获得成功。由于土壤适宜，便于管理，病虫害少，群众乐于种植。1971年，大湖村种植糖蔗200亩，亩产达3000公斤。是年，办起大湖糖厂，采用机械压榨机，压榨糖蔗梗成糖卤，将糖卤煎制成土红糖。每百斤糖蔗梗可煎制红糖4公斤，亩产土红糖240公斤，当年大湖糖厂产土红糖48吨。压榨糖蔗皮加配料发酵后还可加工成白酒，人称“糖蔗烧”。

大湖种植糖蔗，制糖出成果，引起有关部门的重视和支持。1973年引入高糖分良种“川蔗10号”，还有“缩植”性良好的“赣蔗1号”“闽蔗730”“桂糖1号、2号”等10多个品种。放在大湖村第二、三生产队试种，还种植稳产高产和含糖分高的“纳英310”“川蔗10号”。1979年后，由于糖蔗土红糖价格低，经济效益差，种植面积逐年减少，1986年停止种植，村内制糖厂关闭。

蔬菜 蔬菜品种繁多，传统的品种有：白菜、青菜、剥芥菜、雪里蕻、卷心菜、萝卜（菜头）、大头菜、菠菜、蒿菜、洋葱、大蒜、生姜、韭菜、葱、茄子、黄瓜、冬瓜、南瓜、葫芦、丝瓜、茭白、带豆、白扁豆、芋艿等。中华人民共和国成立后，引入马铃薯（俗称洋芋）、甘蓝菜（又称包菜）、大白菜、榨菜、番茄、灯椒等。20世纪90年代后又引入西蓝花、毛豆、刀豆等品种。

不同品种的蔬菜，按季节适时播种，及时管理，施足肥料，做好病虫害防治，均能获得丰收。中华人民共和国成立前，蔬菜生产多属自种自食，余量投入市场。1956年农业合作化前，农民种植蔬菜沿袭传统方式。合作化后，土地入社归集体所有，留给社员少量的自留地种植蔬菜或其他作物，以补充生活所需。1958年人民公社化运动初期，取消自留地，实行“公共食堂”（食堂化），由生产队建立种植蔬菜专业队。1961年春，食堂解散，根据中央指示和有关农村人民公社的政策规定，农民重新分得自留地，还允许见缝插针开垦少量荒地，蔬菜生产恢复正常。1969 年从慈溪引进新品种——榨菜，大湖村种植 200 多亩，亩产达 2000 公斤以上。是年，办起榨菜加工厂。20 世纪 90 年代，改革开放，土地承包到户，以个人自种自食为主。种植方法：推行塑料薄膜覆盖育苗移栽、大棚种植等技术。蔬菜也转为商品，大量投入市场。

果瓜 西瓜、黄金瓜、美女瓜等为大宗瓜果。种植方式：20 世纪 50 年代，种植多是以直播为主，属主体自种自食。20 世纪 60 年代后，集体种植，分配给各户食用。20 世纪 90 年代，个体种植西瓜，大量投入市场。21 世纪土地平整后，大批瓜农承包土地种植西瓜和网瓜，改变西瓜原来一年一茬为二至三茬的生产模式。2019 年大湖村种植西瓜和网瓜有四五百亩，亩产 2000 多公斤。

柑橘 20 世纪 60 年代末，大湖村第九生产队在悬水稻墩开始种植柑橘和水蜜桃，收入可观，到 20 世纪 70 年代大湖村各队墩地普遍种植上柑橘，以黄岩蜜橘为主。20 世纪 80 年代包产到户分给各户种植。21 世纪土地平整后退耕还田，终止种植。

香花山橘场 原为村办橘场，从 1969 年开始种植近 1000 株金橘及近 200 株黄岩橘。21 世纪由村民胡家国承包，前后又移植了本地老橘树近 1000 株。连同原橘场 50 年老橘树共 2500 余株，都嫁接上优良品种“由良、红美人”等。2011 年正式投产，参与 2014 年、2015 年省市柑橘综合评比，均获得好名次。2016 年有人曾拿“香岙山蜜橘”参加省竞赛，获得全省第二名。2019 年参与浙江省柑橘研究所宁海县农林局举办的蜜橘评比活动，宁海由良蜜橘获得一等奖。年产量从几万斤增至十几万斤。

第三节　农肥与植物保护

一、农家肥

中华人民共和国成立后，耕作制度改变，种植面积增大，肥料需要量倍增，原有农家肥料无法满足农作物生产需求。20 世纪 50 年代末，大力宣传“庄稼一朵花，全靠肥当家”，发动广大群众及中小学生大积肥料（拾猪牛粪等）。扩种绿肥（草籽）的种植面积，大湖村从几百亩发展到 2000 多亩，占耕地面积50%。1958年发展种植水葫芦与革命草，将其堆积后将河泥覆盖制作成堆肥。1970年引进“绿萍”种苗，经2年培植，推广稻田种植绿萍1000多亩，至1978年，因化肥供应量增多，停止绿萍种植。20世纪70年代末，开始实施早稻秆翻耕还田作晚稻基肥。

绿肥 绿色植物作肥料称作绿肥。大湖村种植作农肥用的绿色植物——草籽有两种。一为苜蓿，俗称黄花草籽；二为紫云英，俗称红花草籽。春耕时，将草籽翻耕在稻田泥底，作早稻基肥。9月底至10月初将草籽种（每亩5—7斤）撒入晚稻田里，有“种好草籽迎国庆”之说。草籽可作蔬菜，又可作养殖生猪的饲料，更多的草籽待明年翻耕作农田的基肥。

厩肥 牛、猪、羊、兔、鸡、鸭、鹅的栏舍多用稻草铺垫，这些牲畜的粪便就撒落在铺垫的稻草上。收集垫栏稻草连同牲畜家禽粪便，经堆积与发酵就成厩肥。厩肥被农户作基肥（埋在表土下的基础肥料）用。20世纪60—70年代除耕牛由生产队饲养外，家家农户都养猪，既增加家庭经济收入改善生活还可积肥，当年养猪尚有粮食补贴等奖励。

人粪尿 作追肥用，用于自家园地栽培蔬菜瓜果，从幼苗到开花结果成长过程中所施的肥料（追肥）。20世纪60—70年代，生产队曾向个人及集体单位（公厕）购买人粪尿作追肥。20世纪90年代后被化肥取代，很少有人施用人粪尿。

土杂肥 垃圾堆、阴沟泥及杂草堆积发酵而成的肥料。中华人民共和国成立初期肥料不足，土杂肥曾作为重要基肥（田地基础肥料）。20世纪80年代后逐渐少用，现几乎不用。

河泥 从河底捞起的污泥，可直接作基肥，也可与杂草堆积腐烂发酵后拌作基肥。20世纪50—60年代十分重视，有专为挖河泥定做的捞河泥船和专门用在船上掏河泥的“河泥畚”。

灰泥 有草木灰（镬灶堂灰）和焦泥灰两种。木柴灰含钾量高，多在冬前施于草籽田中，作防冻保暖用。焦泥灰在秋冬农闲时烧制，即削草饼晒燥堆积在干柴草上，点燃下面柴草让火缓慢把全堆泥草烧成灰，油菜、蔬菜、大小麦等播种的种子上常覆盖此草木灰肥。20世纪60—70年代也曾广泛用作秧田复肥。现菜农仍在采用此方法。

饼肥 有菜籽饼与棉籽饼（榨油后的渣饼）。将油饼粉碎后撒于稻田里，耘田入土；也可浸入粪坑内，待腐熟后与人粪尿一起施用。棉子饼亦可作耕牛越冬精饲料，先肥牛后肥田。

草肥 将收割后的鲜稻草秸秆、鲜蚕豆豌豆等枝干，用铡刀铡短后均匀撒于田面，翻耕入土还田，用作晚稻基肥。

水生植物肥 有薀草、水花生藤、水葫芦、水浮莲和绿萍等。这些水生植物20世纪50年代以来曾一度堆积发酵或埋入土中作为重要农家肥料，20世纪80年代后皆被化肥替代。

二、化学肥料

20世纪50年代村民对化肥认识不足，又要花钱购买，不太受欢迎。20世纪60—70年代，化肥有速效功能，认识有所提高，但化肥要凭票按计划供应。20世纪90年代后，化肥逐渐取代农家肥，绿肥种植面积逐年减少，人粪尿、栏肥等因施肥不方便或不甚卫生被化肥代替。

氮肥 原以氨水、石灰氮、碳酸氢氨为主，现以尿素为主。中华人民共和国成立初供应量少，20世纪70年代前皆计划供应，改革开放后敞开供应。

磷肥 以过磷酸钙为主，普遍使用于油菜、棉花及柑橘、桃、梅、梨等果树作物的栽培。曾使用过钙镁磷肥。

钾肥 以氯化钾为主。广泛使用于水稻、棉花等作物的栽培。

复合肥 20世纪70年代中期开始使用，施肥的量逐年增多，20世纪90年代开始普遍使用多元和有机或无机复合肥，还使用一些含有微量元素的化肥。

三、农作物的病虫害

水稻 有稻瘟病、纹枯病、白叶枯病、矮缩病、稻蝗、稻螟、蚼虫、稻苞虫、稻纵卷叶虫、稻蓟马、稻蟥象等。

大小麦 有赤霉病、黑穗病、黄锈病、麦蚜、黏虫等。

番薯 有黑斑病、象甲等。

棉花 有炭疽病、立枯病、褐斑病、枯萎病、角斑病、红铃虫、棉铃虫、红蜘蛛、棉蚜、地老虎、野蛞蝓等。

油菜 有菌核病、霜霉病、白锈病、龙头病、蚜虫、潜叶绳、小菜蛾、蜗牛、地老虎等。

蚕豆 有枯萎病、赤斑病、锈病、轮纹病、蚕头象等。

稻蝗虫 民国18年（1929）春夏蝗虫大发，中华人民共和国成立后未见发生。

稻螟虫 以二化螟和三化螟为主害。20 世纪 50 年代发生频率较高，20 世纪 60 年代间断为害，1979 年大面积发生，20 世纪 80 年代后得到控制。

稻飞虱和浮尘子 （俗称蚼虫）是常发性虫害。20 世纪 50—60 年代发生面积较广。1971 年黑尾叶蝉大发，并诱发矮缩病。1976 年、1983 年和 1985 年，稻飞虱子重发。

稻包虫和稻纵卷叶虫 20 世纪 50 年代发生面较大，以后断续发生。

稻热病 1973 年、1982 年和 1983 年发生严重。

稻白叶枯病和纹枯病 1973 年、1974 年连续发生。1979 年受害较重。

麦黑穗病 20 世纪 60 年代前期发生面较大，20 世纪 70 年代后得以控制。

麦赤霉病 1973 年重发，1974 年较重，20 世纪 80 年代局部间断发生。

四、病虫害防治

旧时，对蝗害、螟害、蚼害等，农民无法有效防治，只能采用传统的人工捕捉或滴清油于稻田中，用蚼板拨水面（浮油）打蚼等，收效甚微。中华人民共和国成立初，因药械欠缺，仍以人工防治为主。如齐泥割稻，挖毁稻根，摘除卵块，点灯诱飞蛾，拔枯心苗，烧削杂草，灌水淹杀，滴清油扫除等。

自 1954 年起，使用化学农药，推广二二三、六六六、波尔多液、石灰硫黄合剂等药剂防治。1958 年，县农局在长街公社设立病虫测报点，测报病虫发生情况，进行防治技术指导。1960 年，认定测报点的作用，建立公社、大队、生产队三级植保站（配植保员），大湖村有植保员 22 人。区植保中心在大湖大队设立测报中心。全面推行化学农药，土农药和人工捕杀相结合等防治措施。20 世纪 70 年代，贯彻“预防为主，综合防治”方针，推广有机磷农药，施行合理使用化学农药，黑光灯诱杀。更新农药品种，改进施肥技术，改土轮作，合理灌溉，利用天敌等综合治理措施。组织植保成员到外地参观取经。植保人员对病虫进行预测预报，及时播发治虫警报，以“稳、准、狠”，达到“治早、治少、治了”的目的，把病虫害造成的损失降到最低，确保粮食丰收。

第四节　农机具

一、传统农具

耕种农具犁：木铁架铁犁，由犁冲、犁头、犁壁、犁脚等部件组成，用于田地翻耕。

平耙：木杠铁刀齿，用于水旱地平整。耖耙：木杠铁锥齿，用于水田平整。滚耙：形似平耙，木杠卷刀齿，用于较硬水田碎土、碎草、平整。锄头：常用农具，用于翻土、碎土、整地、锄草等。另有草锄、板锄、尖锄、羊角锄等。用于削草，掘土，挖石头，掏树桩等。铁耙：分圆齿与扁齿两种，多为四齿与二齿。圆齿耙多用于耙猪牛栏内肥料，扁齿耙多用于翻土。刮子：俗称草刮，削地除草专用工具。秧躺：竹制，水稻秧田专用工具。铧锹：也叫铁锹，用于开沟排水等。畈铣：用于锹地沟。泥拖：木板制成，平整水田时运土专用工具。蹬齿：生铁制圆锥头，用于点播大小麦、油菜及其他蔬菜籽打孔用。豆锹：铁狭锹头，用于凿孔添种。主要用于种蚕豆，故俗称“倭豆锹”。田耙：木制，装铁钉齿，用于耘田除草。粪桶：木制，成双，俗称便桶，与便杓配套，运人粪尿用。畚箕：竹制，成双配扁担，运栏肥、泥土等。水车：木制，由车桶与龙骨组成，也称龙骨车。分手牵车、脚踏车及风车、牛车等，将水从低处提向高处。牵车肠短车板小，双手牵动车手转动轮盘带动龙骨车板提水；踏车龙骨长、车板大，两人伏踏车架上，双脚踩踏轮头带动龙骨车板提水；风车、牛车提水原理类同。

收割农具镰刀：铁制，俗有节刀、草刀、柴刀之分。用于砍柴、割麦、割草等。沙剪为铁制，木手柄，弯月形铁片唇口利齿，割稻专用工具。稻桶：木板制作，口大底小，方斗形，用稻床（木架竹栅）遮扬（竹篾编）配套用于稻麦脱粒。竹箩：由篾丝编成，俗称脚箩，底方小、上口圆而大，用于盛贮。篾箩：由篾片编成，俗称米箩，底方大、上口圆稍小，用于盛贮运米麦、油菜子、粉等。竹簟：竹篾编，长 3.6 米、宽 2.5 米，用于晒谷物，棉花等各种农副产品。棉花箩：竹篾编，底方、上口圆，用于采摘盛棉花。竹篮：毛竹丝编成，上有篮甩（提手），用于盛蔬菜、瓜果、杂物。畚斗：竹篾编成，用于拨搬谷物。铡刀：俗称铰刀，铁制，用于铡截稻草等。草籽刀：铁制，似大朴刀，用于斩掠草籽作基肥。

耕　田（2010 年摄）

耖　田（2010 年摄）

耙　田（2010 年摄）

钉耙　锄头　草锄　草刮

牵　车（1959 年摄）

踏　车（1967 年摄）

风　车（1958 年摄）

牛　车（1958 年摄）

旧时用稻桶打稻脱粒（泥泞田）
（2010 年摄）

脚踏打稻机打稻（半机械）
（2010 年摄）

谷麦加工农具

碾子：石制，由碾子槽、碾子盘和木质碾子杠轴等部件组成，利用畜力拖动，用以碾米、碾麦碎。碾子多为村族公有。捣臼：石制圆槽，与石捣䃔或桩组合，用于捣米、捣粉、加工年糕等。石磨：由石制圆磨盘、上下两片与磨拢担、磨箱组合而成，将米、麦等食物磨成粉末。风车：木制，摇动风扇将饱满的稻谷与秕谷分离，或糠米混合物的米糠分离。糠筛、米筛：篾丝编成，由筛眼的大小分糠筛与米筛。用于分离米、稗子与碎米。番薯刨：用于将鲜番薯加工成番薯丝或片，晒干成番薯干与番薯干片。番薯刨分平口与丝孔两种。

石碾子（2020年摄）

石　磨（2020年摄）

风　车（2020年摄）

二、新型农机具

中华人民共和国成立后，相继改进旧的农机具，因地制宜推广新型高效先进的农机具。

翻耕机具：1956年，推广双轮双铧犁、双轮单铧犁。县分配给大湖湖东村1台，因村里多为烂塘田，由于犁身重90公斤畜力拖动困难，没有被推广使用。1968年，购置东风—12型手扶拖拉机6台，船耕机5台。1970年，购置27型拖拉机1台。后又购置35型拖拉机1台。2001年平整土地后，承包给种田大户，经济合作社现有拖拉机2台。

播种机具：1970年推广“大小苗两用插秧机”，由于性能欠佳、功效不高未推广。2008年后，承包大户拥有插秧机2台。

收割机具：1966年全村有脚踏打稻机40台。1968年配上小型柴油机改为机动打稻机，功效为脚踏的2倍多，共20台。蚕豆和麦脱粒机5台。2008年后有2台收割机。

农副产品加工机具：中华人民共和国成立初期，仅国营大湖米厂拥有一台轧米机（日本产16马力）。1965年底大湖村有3台轧米机。1971年村成立副业队有轧米机、磨粉机和饲料加工机各1台（45马力），全天候加工稻谷、米粉和饲料等。还有年糕加工机器1台。

排灌机具：1956年合作化，推广牛力水车，简称“牛车”。3个村共有19个生产队各购置牛车3部，由于车桶大，功效比双人踏车提高5倍。1958年，推广风力，让风帆转动带动水车，称“水风车”，适宜平原无遮掩、夏秋季东南风多的地区。当时大湖有水风车6部，后因制作大型木架、风帆用布量大，制作成本高而停止。1960年政府拨给大湖村3台8匹马力柴油机配用8×8英寸水泵抽水机，3台16匹马力柴油机配用12×12英寸水泵抽水机。1978年大湖村拥有电动抽水机15台（8千瓦、10千瓦），灌溉面积4000余亩，实现排灌机械化。

植保器具：中华人民共和国成立初期，沿袭手工操作和土法防治。例如用虫棒和虫箕防治，蛔虫用清油滴洒水稻田中、用蛔板拨打使油水飞溅，粘住蛔虫的翅膀，蛔虫掉入水中被淹死。后推行单筒平压式人力喷雾器与手摇式喷粉器，将农药二二三、六六粉等喷洒除虫。20世纪60年代后期，使用背包式喷雾器。20世纪70年代开始应用机动喷雾器。2005年，大湖村拥有机动喷雾器10余台，实行机动喷雾器防治，实现植保半机械化。21世纪利用小型无人机来治虫和施肥。

手扶拖拉机（2020年摄）

中型拖拉机（2020年摄）

大型拖拉机（2020年摄）

喷雾器除虫（2020年摄）

喷雾机除虫（2020年摄）

收割水稻（2020年摄）

电动抽水机（2020年摄）

柴油机抽水机（2020年摄）

收割小麦（2020年摄）

第五节　围海造田

一、宋元明时代围垦的海塘

宋代大湖村围起四工塘，后又与塘里村合围起洋肚塘；元代大湖村围起白银塘、老爷塘；明代围起西洋塘、中和塘等共2000多亩。简介如下：

大湖四工塘：建于宋代，坐落于大湖村头，总面积100亩，因为地势相对较高，围筑费工很少，故名四工塘。

洋肚塘：南宋年间（1127—1279）塘里与大湖间两村合围（岸旧址20世纪70年代尚存）。北岸为塘里村后门塘岸（村在塘岸里得名塘里），东岸为通往东关塘村的路基，西岸为通往大祝村的路基，南岸为大湖村北（后门塘岸），面积600余亩。因位于长亭洋的中间（肚），故名洋肚塘。东岸有连排盐灶遗迹。北岸有两处古渡头遗址，西边有个古渡头，俗称“接济渡头”，通往对岸石桥头村的后山庙，东边渡头俗称后店埠头、通往对岸石桥头村小屿。

大湖白银塘：建于元代（1206—1368），坐落于大湖村东，总面积450亩。有白银塘河遗迹，故名白银塘。

大湖西洋塘：建于明代（1368—1644），坐落于大湖村西，总面积1000亩。因位于大湖村西田洋畈上，故名西洋塘。

二、清代、民国时期围垦的海塘

清初，老海塘已不宜制盐，逐渐毁灶变农田，种植农作物，为增大种植面积，围筑塘岸向四周拓展。清代至民国的300余年间，大湖富户五份头（前、后五份）围垦大湖东南面的：东关塘、合宁塘、公和塘、合成塘、稻塘、茅草塘；水东片的：下湾塘、月边塘、兰头塘、南面塘、道士岩塘；西北面的：海岙塘、梅岙塘、洞下塘、埂下塘；还同象山人合股围筑了定山的大泥塘、石浦的坦塘等。总面积26800亩以上，占全镇围塘面积的1/4。部分海塘简介如下；

大湖合宁塘　又称南塘，坐落在合宁同安庙以南，三村双闸陡门以北，东至车岙港，南至今稻塘、合成塘，西至公和塘，塘形狭长，海堤岸自车岙港至公和塘长 4 公里。新东、合宁、三村、合成 4 个村的村址都在其中，面积 5000 多亩，分东塘与西塘，是当时长街区第一大塘。清乾隆三十二年（1767）围成。水闸在三村，俗称“双闸陡门”。

大湖合成塘 坐落于大湖村南面，清道光年间（1821—1850）围成，又名黄岩塘，面积 1130 亩。

大湖东关塘 坐落于大湖村东面，清代期间围成，面积 3500 亩。

大湖兰头塘 坐落于月边塘东面，清代期间围成，面积 250 亩。

大湖洞下塘 坐落于龙浦洞下，清代初围成，面积 1000 亩。

三、中华人民共和国成立后围垦的海塘

中华人民共和国成立初贯彻“宜围则围，宜养则养”的政策，充分发挥海涂资源，变沧海为桑田，大力开展围垦海涂。围塘形式有两种：一是在港口筑堤截咸蓄淡成水库，库区两岸垦地种植庄稼。如车岙港水库、胡陈港水库。二是在划定的海涂周围筑堤圈涂造地，如山湖塘、保卫塘等。大湖村围垦海塘简介如下：

山湖塘 在双闸斗门外的下洋涂上，由大湖、山头 2 个村合股围成，故名山湖塘。1969 年围成，堤坝长 1200 米，闸门 1 座（跨度 2 米），用土 12500 立方米，总面积 815 亩，投资 125000 元，完全自筹。围成后：大湖村分得土地 463. 5 亩，山头村分得土地 351. 5 亩。

保卫塘 在文革塘南端，1978 年 12 月围成，总面积 3400 亩（内耕地 3280 亩，水面 120 亩），投工 30 万工，投资 106 万元（含国家补助 50 万元），堤长 3450 米，完成工程量 30 万立方米，堤高 5. 3 米。垦种分配如下：长街村 270 亩、田坑村 32 亩、浦东村 108 亩、大湖村 284 亩、大城塘村 189 亩、新东村 108 亩、庙如塘村 81 亩、下蔡村 81 亩、山头村 240 亩、大祝村 27 亩、长街镇政府 70 亩、合成村 225 亩、合宁村 108 亩、丹屿背村 120 亩、大渔冯村 78 亩、三村村 235 亩、翁家村 120 亩、区公所 41 亩、双岔村 120 亩、庙头下村 120 亩、塘里村 189 亩。

四、农田改造

烂塘田 烂塘田又称水芜田，低于标准田畈 0. 5—1. 0 米，由于地势低，常年积水，只能种植单季水稻。大湖村这类农田有 2000 多亩，约占水田面积的 50%。烂塘田土壤黏结，水稻产量低。民谣说“二尺秧苗尺八稻，有收无

收望天讨”。农业合作化时期，土地属集体所有，为改造烂塘田创造了条件。但社与社之间有许多插花田（注：插花田就是你社的一二丘田在他社的成片田的位置中间）。1956年冬，全面调整插花田，对所有烂塘田进行规划，“要把烂塘田改成旱稻田”。人民公社化期间（1968—1977年），3个大队合并成一个大队后，统一改造烂塘田、修建机耕路和排水沟。从原来一塘一畈几十亩，平整耕地近500亩，发展成连片耕种。

标准农地建设 实行家庭联产承包责任制后，为了推进农业规模化、经营企业化、产业特色化、标准化农地建设，2001—2005年大湖村共投资600多万元（每亩投资1508元），对4000多亩耕地进行平整。达到“田成方、渠成行、路成框、排灌设施齐全”的标准农地。

第六节 兴修水利

一、车岙港水库（上水库）

车岙港上水库位于车岙港上游，车岙村、西岙村南面，九江村与对岙洞村之间，是宁海县最早建成的、以灌溉为主的中型水库。集雨面积13平方公里，引水面积1.0平方公里，总库容1200万立方米（蓄排库容865万立方米，基础库容155万立方米）。

1955年，宁海县人民政府决定兴建水库，经宁波专署水利局规划设计，赵庆禄任工程指挥部指挥，于1955年底动工兴建，至1957年春竣工。大坝长1547米，坝高4.5米，加防浪墙1.0米，坝顶高程5.8米，坝顶宽4米，坝底宽29米，内坡块石护坡，坡比1∶3，外坡草皮护坡，坡比1∶2.5，坝型：均质土坝。输水设备：放水闸一座2孔净宽5米，闸底高程0米，最大流量73.4米^3/秒。隧洞1处，长50米，宽1.5米，高2.25米，进口2孔放水闸门，底高程1.8米，流量2.37米^3/秒。

车岙港上水库库容大，而上游集雨面积小，天然蓄水不足。为了增加蓄水量，1963年国家拨款30万元，建成长山嘴翻水站一座，配柴油机3台（240马力）与水泵，将九江塘内水翻入水库；1969年又开凿了一条从狮子山至长山嘴长2500米的沿山渠道，引水入库。

车岙港上水库（2020 年摄）

九江沿山渠道（2020 年摄）

上述工程共投入劳工 41.35 万工、技工 1.35 万工，其中大湖投入劳工 3.5 万工。

二、车岙港大堤与车岙港下水库

中华人民共和国成立前，大湖富户占据长街平原几万亩耕地（盐碱地），然而广种薄收。为了提高粮食产量，必须改良土壤“御咸蓄淡”，其最佳的方案是“围堵车岙港”。1932 年，时任长亭镇镇长的大湖胡氏五份头户主胡旭明，向宁海县政府请示，并承诺五份头愿出资堵港截流，得到赞同。胡旭明还向浙江省水利局发函求助，也得到省水利局的支持。1934 年，浙江省水利局派员首次到车岙港踏勘。1946 年底，县政府组织成立“宁东水利协会”，胡旭明当选为宁东水利协会主任。于是胡旭明就与时任宁海县县长的李洁商议共同治理车岙港事宜，并再次邀请省水利局技术人员到车岙港勘测。1947 年底，省水利局设计了“堵港、截流、泄洪”实施方案。

1947 年 10 月，县长李洁（左一）一行勘查斗牛山闸

县政府于12月1日成立了车岙港工程处，县长李洁任处长，省水利局主任工程师李鼎治兼任副处长。胡旭明还指派其长子胡维甫联系宁东各村，做好堵港截流的准备工作。斗牛山闸工程于1946年12月开工，雇用大湖及邻村劳工数百名，经9个多月的艰苦劳作，至1947年9月30日，在伍山下湾塘村西南建成3孔9米长泄水闸门一座，开挖了1028米引河排洪渠。已完成截流筑坝土石方5500立方米。由于港深、水急、流量大，叠压在柴排上的土石方塘堤被急流冲垮，堵港截流失败。堵港虽然失败，但为后续成功奠定基础。

中华人民共和国成立后，经水利部核准，为车岙港堵港蓄淡工程拨款。浙江省水利局第一工程队承担施工任务，李善言工程师为队长。宁海县政府由副县长刘广汉任总指挥。工程于1951年3月22日动工，采用“沉排护底法”施工，至1951年8月12日大坝合龙，却被14日夜的大潮汛冲垮，坝身被折成5段并游动30余米，损失巨大。1952年初，华东水利部协同省水利局派员到工地检查，分析失败原因，认为是“柴排重量不够”（柴排浮力大、重量轻、上浮）。研究重建方案。1952年3月复工，4月10日再次出险。华东水利部又派专家到工地，决定将坝身上移124米，避开原沉排，集中2万余名民工，采用大篾笼、木笼（装满石块）堵港的办法。岸上安装有轨“小火车”与吊车，将大批篾笼、木笼、石料转驳到船上。按潮汛，百余艘运载大石块及装满石块大篾笼与木笼的船只，待潮汛一齐将大石块与装满石块的大篾笼从船上推下、堵港。经2万多名民工夜以继日地艰苦奋战（在8月的一次投石堵港中，运石船倾覆，时年40岁的大湖村民蔡松官不幸身亡），终于在1952年10月31日堵港筑坝成功。土石混合结构大坝，长341米、高20米（沉陷后为19米）、顶宽5米。同时，堵截了长亭港（蓄水量达30万立方米）。

该工程国家投资88.5万元，其中中央核贷大米183万公斤（折人民币36.6万元），投放劳动力39.18万工，完成石方16.07万立方米、土方21.8万立方米，用去薪柴2481.4吨。堵港后，总库容达636万立方米，用水库容496万立方米，可灌溉农田3万余亩。

车岙港牛头山闸门
（1952 年 10 月建成，2020 年摄）

松岙闸门（2020 年摄）

三、胡陈港堵港（水库）

胡陈港位于原长街、力洋两区之间，三门湾北侧。内陆港长 14 公里，平均宽 800 米，上游淡水源出茶山，主流长 29 公里，由胡陈西溪、东仓中堡溪、西仓海头溪合流至明江洋，注入三门湾内蛇盘洋。

胡陈港堵港工程是当代浙江省最大的堵港蓄淡工程，属中型水库。集雨面积 196 平方公里，总库容 8172 万立方米，正常库容 6700 万立方米。

胡陈港堵港蓄淡工程，由宁波水利局孔万生担任总设计师，采用沙垫层技术处理大坝软黏土地基。坝址选在前横乡团屿山。县革委会副主任徐涨厚任总指挥。1973 年 10 月集中长街、力洋两区 2000 余名民工动土兴建。有施工拖驳船 17 艘、漏底船 50 余艘、手拉车 2000 余辆。1977 年 1 月 9 日，12000 余名民工参加突击堵口，得到中国人民解放军驻长街海军部队主动支援，夜以继日连续奋战 54 小时，终于在 1 月 11 日夜大坝胜利合龙，取得一次性堵口成功。大坝东起青珠农场塘角、西至团屿山与第一副坝相衔接，全长 1138 米。坝高 17.5 米，坝顶高程 7 米（沉降后 5.88 米），防浪墙 1.0 米，顶宽 8 米，底宽 130 米，副坝 2 条长 1176 米。

胡陈港工程的兴建，完成石方 193.5 万立方米、土方 15.3 万立方米，混凝土 802 万立方米。总投资 1984.5 万元，其中国家基建投资 1026 万元，民工投入 639 万工（其中大湖村投工 20 万工）折合劳资 958.5 万元。1979 年 10 月工程竣工通过验收，结论是：“质量基本符合设计要求，同意转入运行管理”。

运行中，发现大坝漏水、沉降、内坡受风浪影响、土方被冲刷等问题。

省、市、县1982—1987年下拨经费63.5万元，进行维修加固，共完成土方16.3万立方米，石方4.5万立方米。

工程效益：可排灌长街镇、力洋镇、胡陈乡和青珠农场5万余亩农田，抗旱能力达100天以上；围垦海涂12500亩，已垦种8000余亩。水面12300亩，已淡水养殖8640亩。

第七节　排灌工程

一、河港网

旧时，大湖村域农田灌溉以河水塘水为主，河港辅之。中华人民共和国成立后，几经改造旧河道，开凿新河渠，构建成长亭平原新的河港排灌网络。由北向南依次称第一、二、三干线。

第一干线　即长亭港，东起与车岙港相接的深水港，西至与胡陈港相连的龙浦洞下渡。车岙港堵口后，长亭港于1952年11月在洞下渡截堵蓄淡，全长10.25公里。在深水港与洞下渡坝头各建控制闸门一座。这条长亭港俗称第一干线。

第二干线　开挖于1956年，东起东关塘村，西至山头港头，全长5.6公里，宽20米，深2—3米，在东关塘建有控制闸门1座。1984年，对东起东关闸，经大湖隔岸头港，大渔冯村后至翁家港头的河道，进行全线清淤拓宽，并挖通丁家村至青珠大塘港，折北延伸至下垲礁港，拓展成全长11.3公里、深3米、宽18米的第二干线新港。若车岙港水库水量不足，还可利用礁港翻水站将胡陈港的水翻入补充。

第三干线　开凿于1955年，东起老爷塘港，西至青珠村东，长约8公里，宽20米，深2—3米，在老爷塘港建控制闸1座。1983年3月，经省水利厅批准，按照十年一遇暴雨不受涝的标准，兴建第三干线工程。工程分两期进行，第一期新挖二条排涝深港：一条自三村九号桥至文革塘，长1.2公里，港面宽6—7米，底宽1.5—2米，深2米；另一条自平原村13号桥至青珠团结村，长2.56公里，港面宽10—15米，底宽4—5米，深2—3米；第二期主河道清淤、拓宽、延伸工程。东起车岙港口老爷塘闸，经新东、合宁、三村、丹屿背、茅洋、新民、青珠，接通青珠后门港，至后门港堵港大坝。全长 11.39 公里，面宽 20—30 米，底宽 8—10 米，深 2.5—3 米，新建改建桥梁 20 座，新建闸门 1 座。1984 年动工，1987 年竣工。

第一干线（2020 年摄）

第二干线（2020 年摄）

第三干线（2020 年摄）

二、排涝港

松岙港 因斗牛山水闸淤涨报废，为解决车岙港的排涝问题，于 1965 年 12 月，开凿了一条北起伍山村南至红卫塘码头，全长 1233 米、宽 25 米、深 3.5 米的松岙港，并在红卫塘码头旁建控制闸 1 座，将洪涝水排入岳井洋。1968 年又在外塘村建了一座内闸。

圆山港 因车岙港排涝需要，又于 1979 年 3 月，开凿了一条北起下湾塘村西，南至兰头村，全长 5500 米、宽 30 米、深 4 米的圆山港，并在兰头村旁建控制闸 1 座。

三、沿山渠道

九江沿山渠道 车岙港上水库总库容 1200 万立方米，集雨面积仅 13 平方公里，为解决车岙港上水库水源不足和九江塘排涝困难，1969 年组织全区 2000 名民工（其中大湖村 40 名），分段突击，一个冬季开凿了乌沙岭隧道（120 米），完成从狮子山到长山咀 2500 米的沿山渠道（底宽 2 米、高 3 米、口宽 5 米），既增加车岙港水库水源，又降低九江塘的涝灾风险。

四、排涝工程

1991 年 4 月，国家计委、农业部正式批准宁海县为全国商品粮基地建设县，大湖村被列入县商品粮生产基地之一。在商品粮基地建设中，对“三面光”排灌渠道重新进行改造。工程于 1991 年 12 月启动，修建支渠 2 条，主渠 5 条，长度 1.05 公里，灌溉面积 347.7 亩，排涝 385.6 亩，总投资 2.59 万元。现在只要开机闸 5—10 分钟，水就可灌溉到田。

第八节　畜牧家禽养殖业

农业与畜牧家禽养殖业紧密地联系在一起。牛是畜牧饲养中农家的首选，大家知道民以食为天，自农耕时代开始，种植粮食作物翻耕土地必须由牛来完成，牛的辛勤付出与无私奉献大家有目共睹，村民们视耕牛为农家宝，乡规民约中明确标明予以保护，旧时把“贩卖私盐与剥倒牛”同罪论处，将农历“四月八”定为“牛生日”，可见其地位。其次选养的是猪、羊、兔。再者选养的是家禽中的鸡、鸭、鹅及蜜蜂。

耕牛　俗称牛，历来是农民用来耕田耙田、拉动碾子盘碾米的畜力。大湖村水田多，饲养的以水牛为多、少量黄牛。牛是食草动物，吃下的是青草(冬季以蔬菜、干草、番薯藤、油饼等)，排出的粪便经处理成厩肥，可作农家肥用。1952 年大湖村农户有耕牛 80 余头，1956 年作为生产资料折价归合作社，限制私人养牛，饲养量有所下降。1967 年三村合并为大队后，村耕牛年存栏数 100 头左右。随着农业机械化程度提高，使用畜力渐渐减少。20 世纪末，大湖全村拥有耕牛不到 5 头。2003 年大湖村广泛使用拖拉机平整土地，耕牛被拖拉机取代，村内没有人仍在饲养耕牛。

生猪　养猪是农家传统副业，因生猪出售可增加家庭收入，猪肉是本地民众餐桌上不可或缺的菜肴。猪吃的主饲料为米糠、番薯（皮、干）、麦皮等，这些饲料都是稻谷经加工取走大米、大小麦经加工取走麦粉后留下的“废料”。对农家来说这是豢养家畜家禽最实惠的饲料，农家勤劳俭朴，连餐桌上的残羹剩饭，制作豆腐剩下的豆腐渣等，甚至饭镬留下的锅巴残块都可用来喂养猪。猪栏肥又是农家好肥料。养猪一举多得，所以历代农家户户至少饲养一头猪。中华人民共和国成立后，政府向养猪户发放预购定金，并设立生猪办事处，安排办事员具体负责，还增配畜牧兽医，成立畜牧兽医站，有鼓励集体办畜牧场等一系列发展养猪业的措施。1968 年 3 个村都办起畜牧场，养殖公猪与母猪，为农户母猪配良种、繁殖仔猪提供有利条件，还配备胡庆建和王老五等 2 名兽医。1969 年冬贯彻生猪出售与粮肥挂钩的政策，制订奖售办法，实施“肥多粮多，加强领导，队队办场”的方案。1970 年大湖村办起畜牧场 25 所，饲养生猪 200 多头。1975 年大力发展养猪业，队队扩建猪舍，抽派专门养猪人员，存栏扩大到

500多头。1980年实行分田到户政策，畜牧场也随之停办。21世纪后大湖村仅2户人家在饲养，存栏数仅几只，自养自销。

羊 20世纪50—60年代，农户零星饲养，数量不多。有的农户因儿子结婚需要羊肉这道菜而饲养羊。个别农户养一群羊待年终出售。近年，羊肉来自外地，本地没有牧羊人。

水　牛（2020年摄）

黄　牛（2020年摄）

白　猪（2020年摄）

黑　猪（2020年摄）

羊　群（2020年摄）

白　兔（2020年摄）

鸡（2020年摄）

鸭（2020年摄）

鹅（2020年摄）

蜜　蜂（2020年摄）

毛兔 养兔是中华人民共和国成立后新发展的家庭副业。1956年推广饲养长毛兔，1960—1968年长街供销社引进良种“安哥拉”兔，众称“全耳毛”，其优点是兔毛长，产量高，每只成兔年产毛200—250克，比旧种“半耳毛”增产三分之二，价格亦增一倍。因此，为增加家庭收入，有许多养兔户饲养“全耳毛”兔。1982年后兔毛滞销，毛价暴跌，饲养量猛降，甚至放弃养殖。从20世纪90年代起，有个别户饲养肉用兔，因本地没有食兔肉的习惯，兔肉滞销，肉兔就不养了。

家禽（鸡、鸭、鹅） 历来农户必养，以养鸡为主，养鸭次之，养鹅者少数。禽蛋是营养品，每当农忙季节村民均以禽蛋滋补，禽蛋又是招待客人的佳品，多作农副商品交易。20 世纪 50—60 年代，大湖村家家户户春季孵化鸡、鸭、鹅，经四季培育，母鸡鸭下蛋，雄鸡鸭饲养大成菜鸡菜鸭，有杀鸡鸭宰鹅过大年的习俗。1963 年湖西村集体养了两班鸭，有 500 羽左右。湖中村胡余通养了一班鸭，200 羽左右。

20 世纪 90 年代大湖村养鸡、鸭兴起，出现了 10 多家专业户，养殖数量发展到 5000 多羽。2016 年以来，因养鸭鹅污染水质和环境，村里规定“禁止在住宅附近放养鸡鸭鹅”。在不影响周边环境的条件下，仍有少数农户在自家宅院中圈养家禽，但数量不多。

蜜蜂 中华人民共和国成立后，大面积种植春花（草籽、油菜）等，为养蜂业提供了蜜源。随着人们生活水平的提高，对蜂蜜产品需求量增大。20 世纪 60 年代中期，改变传统的本地蜂种圆蜂桶饲养，引进意大利蜜蜂种，采用方形活框蜂箱饲养新技术，养蜂业迅速发展。20 世纪 70 年代初期，大湖村出现 3 家养蜂专业户，有王云仙、胡庆山、胡文杰、胡金根、陈邦庆等人，饲养蜜蜂 150 箱。养蜂者改变原有“中蜂”老品种，引进意大利蜂种（俗称“意蜂”），采用就地放养和辗转赶花期放养相结合的办法，每箱“意蜂”年产蜂蜜 50—100 公斤。并推广制作蜂王浆、花粉和蜂蜡生产技术。就地放养每箱每年收入 1000 元左右，外出追花辗转放养者年收入更高。1989 年以来，因外出找不到合适花期，四处奔波亏损，养蜂户减少。进入 21 世纪，大湖村仅有胡庆山一家养蜂户，并在家附近放养。

第十章　盐业　渔业

第一节　盐　　业

据《桥头胡胡氏宗谱》载，浙东胡氏万一公派下第六世孙时清公自新昌到长亭场勘头（大湖）经营盐业。可见南宋时期（1127—1279），已有盐民在大湖制盐。大湖胡氏始祖居端公从长亭场移居勘头，以制盐起家。后冯李竺蔡诸姓氏迁入，人口增多，筑堤围塘周边墩地（盐场）面积逐年扩大。元明年间（1206—1644），以制盐为主，盐农并行。清代与民国时期以农业为主。20 世纪 70 年代与邻村合股围塘建盐场，直至 20 世纪 90 年代末才停止制盐，大湖村有着千年的制盐历史。

一、盐场

长街盐场　1969 年筹建，县与长街大公社合办。1973 年调整体制，伍山、青珠 2 个公社退出，由长亭、龙浦、山头、岳井 4 个公社 34 个大队（村）联办，属集体所有制，隶属长街区工办管理，称“五七”盐场。1983 年体制改革，调整为区工办与长街、岳井、龙浦、山头参股队联办，属股份制企业，更名为长街盐场。

1971 年 1 月 15 日，省革委会生产指挥组批准新建“五七”盐场，面积 5000 亩。经过预测，计划围筑总面积 5220 亩，分大小两塘，小塘 1000 亩用作海水库，建 120 千瓦潮汐发电站于白礁，大塘 4220 亩建滩晒盐。1972 年底完成第一期工程围成 800 亩小塘，总投工 3316662 工。其中大湖村投入民工 16 万工。1973 年初，胡陈港蓄淡工程开工，因劳力不足，奉令大塘暂停缓建。体制调整，县决定盐场下放给公社，同意青珠、伍山 2 个公社及部分队退股，共已投工16万余工，折款退还。3月4日盐场改组，由长街、岳井、山头、龙浦4个公社34个大队、154个生产队认股联营，归长街区工办领导。认股后决定将小塘改建为盐滩。是年各合股社队增派民工1000余名，其中大湖大队有57名短期突击工，加固海塘并建滩。1973年9月，第一号滩建成投产。至1974年4月十副单元滩全部竣工。当时有盐工50人，其中大湖大队有5人。1974年8月18日与1979年8月23日，受二次天文潮及台风冲击，损失重大。1980年上级财政部门批准拨退税款14.64万元。其中7.23万元用于加固1900米海塘岸，达到国家二级标准并增加防涝设施，使盐田的安全系数大为增加，添置保卤机械设备，确保盐场稳定生产。1983年4月4日，区工办与联办的4个公社签订"体制改革协议书"。协议规定：区工办占股30%，长亭公社认股队占40%、岳井公社认股队占12.9%、龙浦公社认股队占10.4%、山头公社认股队占6.7%。协议还规定：1972年底退股的生产队投工331665工，每工按0.5元结算，共计165832.5元，由区工办负责一次性退清，退款作为区工办入股投资。改制后，理顺了区、社、队、场员的关系。产量、质量、效益显著提高。

1997年8月18日，遭特大暴潮袭击，塘岸全线摧毁。因无资金修复，只得将200亩场地以75万元卖给郑崇定、汪永琪，另有400多亩承包给他人用作海水养殖。1998年盐场裁废。

伍山盐场 伍山盐场为伍山乡办企业的新型滩晒盐场。1966年始建，原名红卫盐场。1982年更名为伍山盐场。1997年8月18日遭特大台风、暴雨、高潮位袭击，原修的标准塘岸全部冲毁。因修复筹资困难，1998年4月17日盐场租赁给王爱华（城塘村人，租赁期18年租赁款95万元）。后因工艺落后盐质差，2004年转包给徐大和用作海水养殖。2004年盐场裁废。

长街盐场（2020年摄）

滩涂（2020年摄）

伍山盐场（2020年摄）

二、制卤工艺

自宋代开始遵循原始的用火煎盐法，代代相传，延续至清初。煎盐首先要采卤，而采卤有刮泥与摊灰两种方法，通常以刮泥为主。民国时期改煎盐为以碎缸片铺坦涂地晒盐，或实施煎晒并行。中华人民共和国成立后，推广滩晒法，利用潮汐将海水直接灌入滩涂，海水经日晒、风吹、蒸发，不断浓缩，结晶成盐。20 世纪 70 年代以后，伍山、长街两盐场，对在滩涂上的日晒进行技术革新，引进通用机械与专用机械，实行电气化与现代化制盐方法。

刮泥淋卤 刮土制卤之地称“白地”，白地在海滩上，未置塘堤拦潮。用泥土作介质吸海水中之盐分。大潮没场浸润，小潮晒泥见白（盐霜），即可刮土淋卤，以伏泥为最佳。潮涨潮落，潮汐来去，人们难以按有利气候条件刮取咸泥，故所采卤量甚少，而卤质又差。刮泥淋卤制盐设备简单，操作手续繁杂，分述如下：

开辟盐田 选择滨海适宜之处，划定区域，开辟泥场。去除泥场中的草根，堆积成墩地于白地中央成盐田，土墩高度要高出潮位确保不被海水淹没，在土墩四周开引潮沟，四角挖水池若干个，以备水池蓄水淋漏。

建筑漏碗 为咸泥淋卤设备亦称漏浜，在坨基开挖成土坑，呈方形、高 2 尺、方一丈以上。后改成圆形、深约一尺八寸、直径上口六尺以上、底部五尺左右。漏壁光泽粘洁，底部夯实，呈凹形，不使渗漏。中置去节竹管为漏斗，斜管有活塞，开闭自由，用以导卤入池（桶）。

设置卤池 大多采用木质圆桶为卤池。或置四面，或埋地底，上盖草苇，以蔽风雨。其后凿土为池。长一丈二尺，阔五尺，深四尺，上宽下窄，内壁周围，以土筑实，滴水不漏，乃卤池之良者。

刮泥制卤 分七道工序：一为滩泥（即挑铺生泥），二为刮泥，三为抄泥，四为挑泥，五为整漏，六为淋卤，七为藏卤。制成卤水其浓淡稠稀如何，长街采用波美比重计测量卤水浓度，始于民国初年。

摊灰淋卤 用灰晒法制卤，先须筑塘御潮，建陡门（水闸）纳潮排淡。然后在塘内开辟灰场，设置漏碗，卤池；在灰场上铺摊灶灰作吸取海水盐分之介质，淋灰取卤。晒灰淋卤操作技术水平高低、对产卤多寡影响颇大。其工序如下：一为纳潮，二为泼水，三为摊灰，四为掠灰与扫灰边，五为搪灰，六为挑灰，七为整漏，八为灌水化卤。灰晒法四季皆可制卤，以 7—10 月为最旺，正常天气下夏秋季晒灰 3 天，冬春季晒灰 4—6 天，灰吸咸饱和，晒至干燥，便可进漏化卤。

中华人民共和国成立后，灰晒工艺技术不断革新，如赶双场、捉小堆、晒夜场灰、调灰堆、打双水、改建平洋漏等，对缩短制卤周期、充裕卤源、减轻劳动力效果显著。

三、制盐

铁镬煎盐 镬灶设置，各场不同，可分为铁盘煎盐、篾盘煎盐、铁镬煎盐三类。长亭盐场历来采用铁镬煎盐，每灶有铁镬四口或五口，用柴草烧镬灶煎盐。灶之形式有正方形与一字形，谓之洞灶与尖灶。铁镬有两种：一种圆而底平，谓之煎锅，一种半圆球形式，形同普通饭镬，但口径较大，谓之温镬，煎镬置于近灶门处，温镬则置于煎镬之后，注卤入锅后，乃进薪于灶门其温锅之卤，冷热交换，煎熬之时，卤水沸腾，水汽蒸发。泡沫污物浮游液面，必须随时捞去。盐既结晶，乃加猛火，将盐卤熬干，然后用铁钣翻炒，后把盐锹入箩中。一炒即成，接续添卤熬煎，每灶昼夜煎盐6—8炒。

缸坦、木板晒盐 晒盐用缸坦，今称为结晶池。自18世纪末创始，沿用至今已达200年，坦面材料代有更易，结晶工艺亦多改进。晒坦多设于盐墩高地之上，坦基先用黏土夯实，勿使渗漏，上铺缸片，四周围以木板或竹片，以防卤水溢出，并做放卤水闸口1—2个，坦侧筑泥卤池若干只，上覆盖茅草，以备天雨保卤。20世纪80年代曾选用缸砖铺作面层，称为“缸砖结晶池”，但造价较高，不易推广。

流技滩制盐 是流动、立体和平面三结合，利用风日浓缩海水结晶成盐的新方法，为探索浙盐发展途径而进行的实验性生产。流技滩制卤方法先进，具有缩短制卤周期，增加生成卤量的优越性。但流技造价高，物料耗用多，生产成本很大，加之流田养护管理困难，枝条架抗风能力差，不适应当时盐场经济技术条件。因之，1961年遭受台风摧毁后，中止使用，全部改建为滩晒盐田。

滩　晒 筑畦池，引海水，利用风吹日晒让海水蒸发，使之饱和结晶产盐称为滩晒法，亦名盐田日晒法。滩晒盐场的构成，可分为储水池、蒸发池、结晶池、仓坨台以及其他附属部分，如海塘、水闸、引潮河、排水河、运盐河、保卤池、公路码头等。滩晒盐田类型很多，按形式分主要有集中式和分散式。长街盐场处于多雨地区，连晴天数少，故20世纪60年代新建滩晒盐场，均取分散式，利用短晴天敞开晒，遇雨保卤快。伍山、长街两场共建35副单元滩，最大108亩，最小24亩。长街场规格滩75亩、伍山场54亩，属一道扬水自流式盐田。其生产方法，分纳潮—制卤—结晶3个流程。

近20年实践证明：滩晒法适应本地气象特点，为最经济的制盐方法。设备简易，操作方便，成本较其他方法低。

精制细盐 日晒特制细盐与原盐比较，有三大特色：第一，颜色白；第二，精度小而均匀（70%能通过0.5毫米筛孔）；第三，含纯高（氯化钠含量大于95%，水分小于3%，可溶性杂质小于0.8%），与真空罐生产的精盐非常相似，但价格比精盐便宜。日晒特制细盐再经烘干，可达国标二级精盐标准，称为滩晒精盐。投放市场，深受县内外群众欢迎。年产供不应求，历年销往奉化、宁波、慈溪、象山等地食品厂，供食品厂制造出口罐头食品。

四、传统制盐工艺

据《宁海盐政志》载：制盐是宁海县一大传统产业，始于唐代，盛于宋明。又据《宁海县洋岭煎盐协议碑》记载，清雍正年间（1723—1735），洋岭伍姓、伍家屿王姓、松岙李姓均已开始盐业生产。制盐方法也随着社会进步，从“刮土淋卤煎盐”到“晒灰”再到“滩晒”，不断改进。

刮土淋卤煎盐 这种方法俗称晒土，是比较原始的制盐方法。夏秋炎热之季，在小潮汛时海外高处滩涂淹不到海水，于是盐民用牛拉（或人拉）锋利的刮刀，在海涂上刮削出薄薄的涂泥，无刮刀者也可用锋利锄头削泥片，泥片厚度0.5厘米左右，白天经烈日烤晒和风吹，泥片变干，一到晚上干泥片从涂面吸足海水，第二天烈日下又变干，晚上又从海涂上吸足海水。三四天后，泥片里的盐分含量越来越高。大潮汛来临前，将泥片搬到高处，盖上草荐，以免被雨水打湿，这一过程叫刮土。接下来是淋卤。淋卤要筑一个泥漏，一般建在近滩涂岸边或涂上筑成的高墩上。漏的外形似一个上小下大的圆台，高约1米，上口径2米多，内挖一扁柱形泥凼，口径约1.5米、深0.6米，周壁和底须夯坚实，一般凼内可盛10担干泥，大的可盛20担干泥。漏的形状似一口倒扣着的高脚碗，故盐民也叫其漏碗。大潮汛或小潮汛遇雨天不能刮土时就制卤。先在漏底铺上一层薄薄稻草或茅草，然后将干泥片盛满漏，再灌上海水。干泥在海水中浸泡，盐分就释出到海水里，经草垫过滤，极咸的水从埋在漏底下的空心竹管里慢慢流出来，这就是卤水，10担干泥一般可制卤100—150公斤。等到竹管里无水流出，就将漏里的湿泥取出，接着制第二漏卤。有卤就可以在雨天或空闲时进行煎盐。煎盐的设施主要是盐灶和盐锅。盐灶在高墩处依地而建。卤水放在大锅内，燃烧柴薪，使卤水沸腾快速蒸发。当卤水快干时，盐工用盐铲不断翻炒。炒盐是项技术活，一锅炒好，接着烧第二锅，昼夜不停，直至卤水烧完。海盐就这样生产出来了。

晒灰 严格来说叫灰晒，是用炭灰制卤来制盐，这是比晒土进步得多的制盐方法。伍山晒灰始于清同治年间（1862—1874），延续此法晒到20世纪50年代末才结束。晒灰主要场地是灰场，也叫灰漏，灰场建在围塘后不久的新海塘地上。一只灰漏分两夹，每夹一般长50米、宽10米，有的因地段关系可长可短，可宽度却不变。每夹灰场周边有水沟，叫灰漏浃，各灰漏浃边筑有灰漏浃岸，高宽均为20厘米左右。两夹灰场并排着，如两扇大门板，中段建两个漏碗，将两夹灰场连起来，两漏之间挖一个合用的卤池。同一塘的灰场处在同一水平面上。几乎没有高低之差，灰场场地须夯实。晒灰的另一硬件是灰枝，灰枝原料是瓦窑烧后的灰和炭枝。炭枝色黑易吸热量，中有空隙，可吸海水。灰枝平时以圆锥形状堆在灰场上，每夹灰场堆两行，行距5米，堆距3.6米，灰堆离灰漏浃边2米，一般灰场有50个左右堆灰。

有了上述大硬件后，就可晒灰制卤了。晒灰是露天作业，需晴朗天气，红日高照，加上大风更好。盐民每天天未破晓就起来，将海水均匀地泼浇在灰场上，但不能泼浇到灰堆上。等灰场上海水干后，用一种木锹（盐民叫扇蒲）将一堆堆灰枝均匀地撒在灰场上。经太阳晒后，灰枝里的水分不断蒸发，又从灰场吸上海水，边蒸发边吸水，灰枝变干后含盐分越来越高。午后用一特制的长竹柄大扁扫帚将靠近灰漏浃岸的灰枝向内扫，留出一条60厘米宽的空地。以便耥灰，这叫扫灰边。如果灰枝刚出漏晒的第一天灰，有些灰枝黏在一起，午前要用一根六七米长的小竹竿在灰场上来回扫掠，使结团的灰枝散开，这叫掠灰枝。下午二三点钟开始耥灰。耥灰的工具叫耥板，它像倒“T”字，盐民将灰枝耥到原灰堆处，每堆灰大小一样。紧接着将未耥光留下的极少数灰枝扫到灰堆上去，这叫扫灰脚。然后盐民又与凌晨一样，打一遍水。夏秋高温干燥时，灰枝晒了3天之后就可以进漏了。此漏比土晒的要大得多。盐民没几下就将一堆灰钯进两只畚箕，然后用带挂钩的扁担或竹杠将灰枝担进漏，再将海水灌满漏。接着将上一次进漏制卤后，堆在漏两旁的灰枝一担一担运去堆在灰堆基上。灰枝在海水里浸泡了三四个小时后，盐分释出溶解到海水里，变成高浓度的咸水（卤水），从漏底的竹管里流到卤池里。第一次放完卤后，再将漏灌满海水，让灰枝再浸泡三四个小时后再放卤。这样可放卤2—3次，等漏里的卤放完后，将灰枝用一种狭长的木锹撬出堆放在漏的两旁，这叫出漏。下次进漏后，就将这些灰枝运到灰场上去。灰晒能制出大量的卤，单靠铁锅煮煎已来不及了，于是人们就用盐坦来晒盐。

盐坦就是结晶坦。它的基地要求比灰场还要高，须夯得很坚实，水平高度不能相差 1 毫米。将碎缸片一块一块弹进基地，四周围上 15 厘米高杉木板。盐坦很方正，不是正方形就是长方形。盐坦边建有卤池，可储存卤水，上搭小茅厂，用来挡雨。过去没有试卤表，盐民用莲子或鸡蛋来测试卤水度数。鸡蛋若横浮卤中，露出水面有铜板那么大，就可提卤到盐坦晒盐了，当天就能出盐；如露出水面有五分硬币那么大，当天也能出盐，但产量不高；如鸡蛋直立，露出水面有铜板或五分硬币那么大，第二天能出盐。当盐坦上结满雪白的盐粒后，当天傍晚就可扫盐进仓。

滩晒 滩晒指利用日光、风力等自然资源，使海水蒸发结晶成盐的制盐方法。1966 年伍山村与伍山公社其他生产大队联合在岳井洋西边滩涂围塘 2000 多亩，建成宁海县唯一的盐场——红卫盐场，有几十副盐滩，每副滩 45—50 亩，一副滩分两夹，每夹可单独操作产盐。盐滩分上下两部分，上面为蒸发滩，有七八滩，前滩放进海水，蒸发后咸度增高放入第二滩后再进海水，第二滩与第一滩有一定落差，下面各滩依次有落差，上滩可放水入下滩。当海水咸度达到波美度 25°时，可上结晶坦晒盐了。结晶坦有两块，旺季时两块同时晒盐，淡季时一块晒未到 25°的卤水，另一块晒盐。结晶坦旁有卤池，上盖石板。蒸发滩除了第一滩外，余者旁边皆有卤池，雨天可存放卤水。结晶坦原坦面弹缸片，后改为铺设黑色厚尼龙膜，利于卤水蒸发，又便于扫盐。伍山盐场于 2004 年裁废，从此宁海无盐场。

第二节　渔　　业

一、捕捞

外洋捕捞 海洋捕捞分外洋和近海作业两大类。海洋捕捞作业以长衣网对为主，以双船为生产单位。每只船载重量一般为 7—10 吨左右，每对船 12 人。分工为老大，代橹（二副手），出网，起网，伙计等。网具是麻制箆箕网，主捕大黄鱼、鳓鱼、马鲛鱼、鲳鱼。渔汛为一年一期（季），均在谷雨至芒种期间，而一期分“四水”（潮涨潮落半个月为一水）。

渔场 初在蛇蟠洋渔场、猫头洋至渔山渔场，后至爵溪洋渔场、大目洋渔场及岱巨洋（东沙）渔场。1963 年大湖湖东大队、湖中大队各有一对渔船。湖东船老大胡学新、胡家舜，湖中船老大葛仲来、张士淡。捕获鱼类除去成本按劳分配，1966年底大队合并后，两村渔船折价归大湖大队，再没有出海捕鱼，船只承担货运业务，至1976年船只拍卖，运行终止。

近海捕捞 中华人民共和国成立前后，村民利用近海资源，下海捕捞蟹、虾、蛤蜊、望潮、跳鱼（弹涂）、海丝等，改善生活，或出售增加家庭收入。有的拾起钓红钳蟹，张弹涂，搭蟹屋抲青蟹（油姆）等技术，搞捕捞经营。村民胡小高全凭抲蛏、张弹涂、捵蚶、捉蛤蜊等一技之长，捕捞小海鲜换钱，供儿子上大学。

河港捕捞 河港捕捞鱼虾是村民历来的习俗，也是改善生活及部分经济来源。其特点是：季节性强、工具简单、操作方便、成本低、收效快。村民根据农事，生活需求，可单独捕捞。村内有30%男劳力参与捕捞。尤为突出的是胡善财、胡善基兄弟俩，经常用手网、拗罾、丝绫网在第二、第三干线河港中捕鱼，一次可捕得草鱼、鲤鱼、鲢鱼、鲫鱼等，少时10余斤，多时50—100斤。

二、养殖

海水养殖 20世纪50—60年代，在双闸斗门南下洋涂、淡水港一带海涂养殖蛏子、麻蚶、蛤蜊等。那时蛏子是个体养殖的，抲来蛏子除自家食用外，都到长街各地、胡陈赖家、力洋等集市去卖。当时价格只有每斤8分、1角。20世纪70年代村组织副业队，个体户的海涂收归集体。2007年11月下洋涂围垦工程开工，直至竣工，外海滩涂变成内河涂地，外海滩涂养殖终止，转为塘内引进海水养殖。2010年陈建江等个体户在塘内海水养殖蛏子和虾，面积达800多亩。

淡水养殖 大湖村周边河港纵横交错，水域面积宽，适宜淡水养殖。可旧时村民没有淡水养殖的习惯，只有少数村民逢春季、冬季在内塘捕捞任其自然生长的鱼类。改革开放后，1979年湖东片在河港养育珍珠蚌。21世纪后湖东片部分河港租赁给个人养殖户养鱼。少数村民养殖户承包土地，围塘养殖淡水虾和鱼。现大湖有符贵胜、胡余钱等9户养殖户，养殖面积300余亩。

三、船只与渔具

帆船 由船体、帆、桅杆、横杆、稳向板舵等组成，是一种利用风力前进的船，是继舟、筏之后的一种古老的水上交通工具，已有5000多年的历史，按船桅数可分为单桅帆船、双桅帆船和多桅帆船，村内拥有2对捕鱼船，均为单桅帆船.

舢板　舢板船是一种小船，也叫"三板"，原意是用三块板制成的船。它是一种木结构小船，一般民用舢板可乘2—3人。

竹簰（排）　又称竹筏，用大毛竹去皮串扎而成、用竹篙（撑杆）撑驶的水上交通工具。小竹筏用5—7根毛竹制成，大竹筏用11—17根制成，一般竹筏长1丈2尺、宽4尺。竹排可用于村民过河港、捕鱼、看鸭、割蕰草、运肥等。现淡水养殖户用泡沫塑料筏取代竹排。

海马　俗称艓，可在泥泞的海涂上滑行的交通工具。

拗罾　拗罾是捕鱼作业的网具之一。按罾网兜的大小分两类，大拗罾通常安装在小船与竹排上作业，小拗罾安装在河港边捕捞。拗罾是用一根长约5米的拗罾杆支撑着，拗罾杆上端缚着一个十字架（竹筒）、插入四根拗罾爪（竹竿的大端），拗罾网兜呈倒正四棱锥形（口径：大的8×8平方米、小的4.5×4.5平方米），网纲四角与拗罾爪的小端相接，两拗罾爪与拗罾杆之间紧缚一根横担，拉动与拗罾杆上紧缚十字架的牵绳，升降浸在水中的拗罾网兜，就可捕鱼了。

手网　又称手撒网，原用苎麻线、现用尼龙线织成。织网时，从网顶开始一圈圈、一层层，隔几层增几个网眼、层层增多，直至织成网高3米左右、周长约16米的锥形大罩，底部反包15厘米左右网衣成网兜，拴上100多个锡锤，上好网纲，顶部系上3米长网顶绳子，就成手网。作业时：左手抓住绳头，捏住上部网衣，抓起下部网衣并挂左肘（外侧），右手撩起下部，双手同时用力抛撒出去，如同大圆扑罩，罩向前方水面。网里的鱼（或搅动网内）条条外窜入网兜中，收网时全被捕获。

虾策、蟹策　俗称篼箕网（由苎麻线织成），呈八字形被兜状，上口宽约3米、下方宽约2.5米，用两根约3米长小竹竿将网兜扎上。捕捞时，下端网口入水，双手把握八字形框架，下端网口颤抖着向前推进，将鱼虾之类赶入网内，抬起即被捕获。

推网　用毛竹竿制作成像畚箕一样的框子，前宽1米左右，后面为半圆形，中间装3米长小竹竿，将结好网系好，俗叫推网。在河港中向前推，鱼进网即被捕获。

扦网　用长20—30米、高1—2米的淦网，上好上下纲，形成长带形网具，用毛竹竿或木杆插在潮差较大的海涂滩边，拦截涨潮时游入的鱼、虾，待退潮时就可获取网中所有鱼虾。

丝绫网　竹篙击水使加快鱼游动，比网眼大的鱼被网缠住或触网扎住鱼鳍鱼即被抓住。区别于网的长短阔狭与网眼大小，抓什么鱼，制作什么网，网眼的大小就以鱼窜不出去为标准。原丝绫网都用蚕丝或苎麻线，现用尼龙丝编织而成。一般丝绫网长20—30米左右、高1—2米，上端网纲系有数个浮标（原用大蒜芯、现用塑料），下纲用铅锡（浇成砣），像一条长布条竖立或悬浮在海洋与河港中。

长衣网　俗称洋边箍网，长约30—50米、阔度2.5米，上端网纲系有数个浮标（原用榴树制成），下纲用数个砖瓦窑中烧成的网锤（或小石子袋）串成。方法：用船将长衣网撒放入河港（海）里，形成包围圈，两端上下网纲向岸边拉，包围圈不断缩小，收网时便可抓获网内所有的鱼。

挈罩　用毛竹劈成长0.8米小片，数十根编织在一起，底部直径为0.35米，中间直径0.3米，上口直径0.2米，并用棕绳扎口的圆筒形罩子。用法：双手各拿一只，河港水比较浅时，用挈罩上下挈动，将鱼罩入罩内。

鳗叉　叉部是由10枚左右铁钉锻成一把叉子，上部装一根长度0.8米小圆木柄，头装把柄，用鳗叉不断往浅水河港泥中刺戳，若遇上鳗、黄鳝、鳖之类，就被戳住。

克箩　用毛竹编制而成，是装鱼类的器具。

弹涂掀　用木头制成，上端有把柄，下方类似铁锹。其作用是抲蛏子时，掀去蛏涂上层或蛏塘内泥土。

手　网

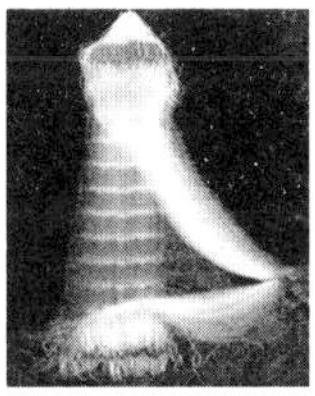
丝绫网

挈罩与鳗叉

拗　罾

（2020年摄）

第十一章 工 业

大湖村办工业历史悠久，据《黄墩胡氏宗谱》记载，早在北宋天圣八年（1030）长亭场与墈头（现大湖）盛产海盐。南宋淳熙年间（1174—1189），长亭胡氏始祖胡居端自长亭场移居大湖，操起制盐家业、从事盐业生产。明清时代，大湖人参与伍山兰头山石宕开采，将石料加工成大批石板、石条、石柱等石材，海运至宁波、上海、温州等地销售。民国19年（1930）四房五份头创办起大湖五丰米厂，加工稻谷。民国后期，又创办起2家榨油厂、2家土布纺织厂。传统的手工业门类众多，有木器、竹器、石器、铁器与成衣的加工等。分木匠、篾作、石匠、泥水、箍桶、裁缝、土纺土织、绣花等个体手工业者。

中华人民共和国成立后，1951年2月将大湖五丰米厂改名为“公营宁海县建民稻谷加工厂”，成为宁海县首家全民所有制企业。1958年，湖东村将2家个体榨油厂转为村办企业。1964年湖东、湖中、湖西3个村分别办起轧米厂与饲料加工厂。

20世纪60年代后期，3个大队合并成一个大湖大队。在党中央发展农村工副业生产的一系列方针的指引下，大湖大队兴办起：榨油厂、榨菜厂、米面加工厂、糖厂、酒厂、年糕加工厂、腌制厂、粮食加工厂、饲料加工厂、水泥预制品厂、采石场、农机修配厂、电表厂等。部分个体的木匠、篾作分别加入长街木器社与长街竹器社。

20世纪90年代后，村集体与个体集资分别办起了毛纺厂、羊毛衫厂、农机修配厂、湖中红砖厂（轮窑）、湖西红砖厂。后毛纺厂、羊毛衫厂、湖西红砖厂解体，湖中轮窑被拆除，大湖农机修配厂转制为奇精公司，村股份也被转制退股。

第一节 传统手工业

自宋代起村内就有多人从事盐业（晒盐），随着社会发展，元明清各代石器、木器、竹器、砖瓦、铁器、棕器、土坊、印染、雕刻、油漆、裁缝、榨油等民间手工制作和农副产品加工相继兴起，手工业者比比皆是。这些行业有的因社会进步被淘汰，有的却因人们生活水平提高而兴起。如建筑业的崛起，仿造古建筑成为热门，使木工、泥工、石工有了用武之地。现就村内各行及手工业者简介如下：

木匠 木匠有大木、小木（细木）之分，大木匠（大木老师）多从事建造房屋；而小木（细木老师）从事的是门窗、桌、椅、凳、橱、柜、床之类的制作。拜师学艺，三年徒弟四年半作，学成才可上门服务。木工具有斧、锯、刨、凿、榔头、角尺、墨斗等。村里有名的老木匠有柴升官、胡家彬、国德苗、胡家朝、胡传利、吴华福等；以做大木为主的有柴家得、王其官、王其章、张哲坚、胡家水、胡家根等。旧时木匠均凭体力与手艺，拉锯、刨板、持斧劈削，劳动强度大，显示劳作之艰辛。“文化大革命”期间，村里侯国湘、胡家康等人也跟着自学木匠，他们从制作简单的小方凳入手，逐渐掌握技巧，到后来甚至能制作柜橱与床、箍扎镬盖水桶等。随着社会发展，电动工具取代原始木工具，老式的纯木家具被新颖的组合家具取代。现在大湖已看不到旧时木匠劳作的身影。

泥匠 泥匠又名泥水匠。旧时，泥水匠多为村民建房砌墙、粉墙、打灶头等。村内老泥水匠有章余友（又称泥水友）、叶金宝、胡才富等。泥水匠叶金宝（又称“金宝龙”），于民国 27 年（1938）给富户胡锦城家建造一幢凉房（洋房）出了名。中华人民共和国成立后，加入县二轻局直属长街区工程队，并当选为工程队队长，带领工程队职工参与长街区内各大土建工程中。20 世纪 70 年代初，村里组织工程队，由胡余昂、胡校根负责，为村集体和村民建房服务。改革开放后，泥水匠顾安生、胡传根、胡传田、胡余建等承包建筑工程。胡宏斌工程队承包上规模的建筑工程。

竹匠 竹匠又称篾作匠，篾作工具：锯子、篾作刀、索钻、刮篾刀（箭门）和簟添等。日常生活中的篾席、竹篮、大箩、糠筛、米筛、竹箩、竹篁、土箕、畚斗、鸡笼、竹椅、套篮等都用毛竹编制而成。村内原有胡得运、叶金钱、胡方高、陈茂东等多位竹匠师傅。20 世纪 50 年代初个体经营，20 世纪 50 年代后期随着手工业的社会主义改造，大多数竹匠加入长街区竹器社。至 20 世纪 70—80 年代有胡方高等带徒胡子成等几人学艺，制作修补篾席、箩篁等。改革开放以来，部分竹器生产实现了机械化，有的竹器品被金属、塑料所替代，现村内没有学做竹匠的。

漆匠 漆匠就是在制作好的床、地板、家具表面用砂纸磨光、石膏填平之后涂上油漆。旧时漆匠还将新床四周围屏上画上山水画，雕刻上一对狮子或寿星等。一般精制的家具先雕刻后涂漆，雕花与漆漆密不可分。村原有漆匠葛定良、胡家彬、黄宣利、施继渊等。他们利用刮刀、雕刀、刷子等漆具，应邀去各家各户涂漆家具。20 世纪 90 年代，村创办起家具厂，用机械喷漆，现在房屋装饰等大都采用机械喷漆，以机械代替手工操作。

榨油 榨油是将油菜籽（或棉籽）加工成菜籽（棉籽）油。旧时，村内有胡传火、胡传水兄弟俩开办的榨油作坊。设备有 2 台油车桶（一段大木掏空成油车桶）、油车榫若干根、油车石榔头若干个及附件，一座石碾子（牛拉），炒菜（棉、茶）籽灶等。1956 年后，手工业进行社会主义改造，私营手工业归湖东村集体开办，1966 年三村合并为大队，归大湖大队集体开办。

原料碾压

蒸、炒加工

包成油饼

将油饼放入油车桶内榨油

水作坊 水作指的是将黄豆加工成豆腐、豆腐干、香干、心腐、千层等豆制品。旧时村内陈保官开设一家豆腐店。村民一般在节假日或红事（结婚）、白事（丧葬）在自己家制作豆腐。1985 年后，村里开办了 3 家豆腐店。后从宁海等批发市场批发来转卖给村民，现村内无豆腐店（水作坊）。

土纺 土纺是劳动人民世代沿用的一种手工织布工艺，土纺的产品俗称粗布头。老粗布的编织工艺极为复杂，从采棉到成品，要经过轧花（去棉籽）、弹花、搓花结、纺线、打线、染线、浆线、络线、经线、刷线、掏缯、闯杼、绑机、织布等十几道工序。中华人民共和国成立以来，村内仅有土纺土织师傅葛全宝、胡家官，他们为村民编织家布、夏布近 30 年。20 世纪 80 年代，随着机器纺织业的发展，大批化纤产品上市，土纺土织的技艺被淘汰，土纺已成历史。

裁缝 旧时，衣服多由手工一针一线缝制。有钱人家姑娘出嫁，才请裁缝师傅入户做 1—2 个月的嫁妆。村里有裁缝师傅胡传富、陈普中、李明贵、胡杏葵等。他们量身制作的衣服款式新颖，颇受村民喜欢。20 世纪 80 年代，缝纫机进入村民家庭，许多村民自学制衣，有的为他人加工，开设服装店铺。20 世纪 90 年代办起服装厂、服饰店与超市，各式各样衣服应有尽有。随着生活水平提高，村民以买成衣为主，手工裁缝日趋冷落。

鞋匠 古时，村里妇女几乎个个会纳鞋底做鞋，农妇们做的布鞋，鞋底厚实，针线密，鞋帮做得得体，透气性好，没有脚气味，穿上很舒服。女的穿元宝鞋，男的穿平口鞋，婴儿穿老虎鞋。做一双鞋从纳鞋底到完工需半个多月时间。村内出名的老鞋匠有三房桥头的张国尧与湖中的张士标。后张士标在上秧田开了一爿鞋店，为村民做鞋和修补鞋。20 世纪 70 年代初，他们参加村里成立的修补鞋副业组（记工分作报酬）。改革开放后，随着生活水平的提高，人们对穿鞋舒适度等要求越来越高，穿上式样新颖、款式美观的布鞋、皮鞋、跑鞋、保暖鞋、旅游鞋、休闲鞋成了一种时尚，妇女们自制布鞋的日子也就一去不复返了。

铜匠 是指制造和修理各种金属器件的师傅，俗称小铜匠。村里有湖西的胡家彬与湖东的王式助。其中王式助最为专业，他为村民补镬补铜罐、焊喷枪、利沙剪，为村民生活带来便利。他引进米胖机，加工爆米花、玉米花，深受村民喜欢。他焊制的铁犁比木犁轻巧、便捷，被各生产队采用，他研发插秧机等，为农业生产作出重大贡献。

附：能工巧匠作品选

凉房 位于村内横街河东南面，于民国 27 年（1938）由年轻建筑师叶金宝为大湖富户胡锦城设计建造。坐北朝南，建筑面积 160 平方米，四方塔形，四墩子青砖实叠，二层木结构楼房，上下层房外三面环绕着宽 2 米的长廊，四面通风，四棱锥房顶，别墅式楼台，具有西方建筑特色，颇为壮观，故称“凉房”。中华人民共和国成立后，长街区委在凉房屋顶搭建“瞭望台”，供边防哨所用。1956 年瞭望台被强台风刮走，边防哨所被撤，后凉房经维修归湖中村集体所用。1965 年成为湖中村民兵值班室。2010 年毁于火灾，现原址改建成民宅。

记忆中的“凉房”

（知青柴谷宝 2020 年画）

第一座横跨车岙港大桥——山前桥

（叶金宝设计建造于 1967 年）

大湖玉莲寺木雕佛像

沙头庙龙王爷木雕神像

（胡家彬制作于 2000 年）

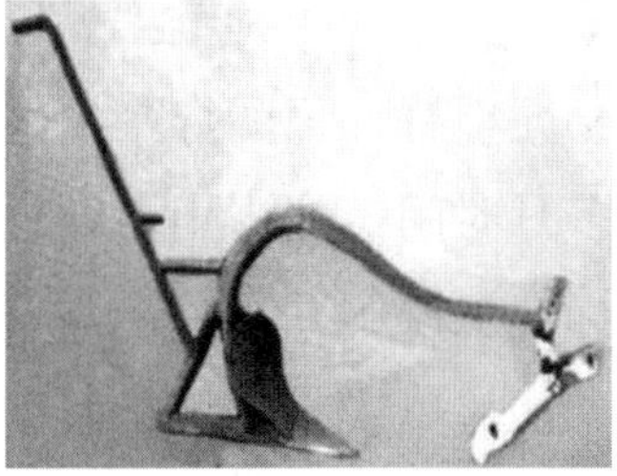

铁　犁

（胡家彬制作于 20 世纪 70 年代）

三挈弯眠床

（吴华福　国荣杰制作于 20 世纪 70 年代）（2020 年摄）

介　橱

（2020 年摄）

三挈弯眠床

（吴华福制作于 20 世纪 70 年代）（2020 年摄）

平三弯眠床
（木工胡家康　雕漆绘黄宣利）
（制作于1972年）

矮橱、开面箱与介橱（木工国德苗）
（制作于20世纪80年代）
（2020年摄）

宅院道地盆栽（胡文杰制作于2020年5月）（2020年摄）

第二节　国营企业

一、国营大湖粮站

1951年2月土地改革工作队进驻大湖，长街区以大湖为基点，宣布土改开始，没收地主土地、耕牛、房屋，将财产分给贫雇农。同年3月，宁海中粮公司在产粮区——长街，设立大湖经营组（大湖粮站的发端）。同年8月开始收购粮食，将大湖五份头庄院中的3个四合院楼房经改装作为国家存贮粮食的仓库（占地5亩左右）。据《宁海县粮食志》载：1953年9月1日，析沥洋库区的大湖分仓，成为宁海县人民政府粮食局长街区粮库。随着合作社发展经营、中央人民政府粮食“统购统销”命令的发布，大湖粮站实施粮食统购与农业税的收缴。1968 年拆建四合院楼房仓库，改装成科学贮粮仓，按序称第一、第二、第三仓房。1967 年贮粮 125 万斤，1968 年贮粮 145 万斤，1969 年贮粮 155 万斤。2006 年 1 月 1 日起国家取消农业税，大湖粮站成了国家向农户统购、存贮粮食的仓库。

大湖粮站南门（1968 年建）（2020 年摄）

粮站内仓库（1968 年改建）（2020 年摄）

南大门 2000 年改建（2020 年摄）

二、国营宁海县大湖米厂

国营宁海县大湖米厂其前身为“五丰米厂”，系大湖村富户胡维甫民国 19 年 4 月（1930 年 4 月）开办的私营企业。1951 年 2 月，改名为“公营宁海县建民稻谷加工厂”，隶属县人民政府建设科领导的省属全民所有制企业，首任厂长金锡文。当初仅一台日本产单缸四冲程卧式十二匹马力柴油机带动轧米机。1953 年由县粮食局接管。1954 年 9 月 7 日，正式定名为国营宁海县第一碾米厂（简称国一厂）。后添置设备，规模不断扩大。改称为“地方国营宁海县大湖米厂”，是县内最早的全民企业。1958 年，石桥头集体所有制油坊并入为油脂车间。1959 年 1 月 1 日将公私合营三友中心厂所属的长街、汕头、年丰和复兴 4 个车间划入，改组为象山县粮食局长街粮食加工厂。1960 年 1 月 1 日，析油脂车间，建立象山县长街油脂加工厂。1962 年 2 月 20 日，撤销油脂厂并入米厂，定名为国营宁海县长街米厂。1963 年，新建沥头碾米车间。1966 年长街碾米车间下放到长亭公社。1968 年 9 月 1 日，县支左办公室批准成立“大湖米厂革命领导小组”。1973 年 10 月 15 日，复称“国营大湖米厂”。1978 年撤销沥头碾米车间并回大湖米厂。至 1998 年，厂区占地面积 2278.8 平方米，建筑面积 2000 平方米，固定资产 51.3 万元，职工 23 人。拥有机械动力 170 千瓦和一整套生产流水线。主营大米、面粉加工，兼营油脂、饲料、白酒和食品制作。年加工大米 9000 吨、面粉 1700 吨、油脂

3500 吨、饲料 2000 吨。1998 年转制为民营企业，改厂名为宁海县方氏粮油有限公司。该公司于 2016 年停产歇业。

大湖米厂北面大门
（1990 年摄）

大湖米厂东大门
（2020 年摄）

原粮食加工自动化车间
（1990 年摄）

三、国营宁海县良种场

1976 年 5 月，宁海县种子公司选址大湖湖中隔岸头桥（渡春桥）西北面，建造了一个“宁海县良种场”，俗称“大湖良种场”，占地面积 4 亩。经二次扩建，至 1980 年宁海县良种场占地总面积达 18 亩，建筑面积 5000 平方米（包括铁栅屋），将宁海县良种场列为“宁波地区棉花良种加工中心”。2010 年 9 月至 2011 年 8 月重新布局改建，县良种场成为“宁波市农业产业基地种子加工中心宁海生产基地”。

国营宁海县良种场坐落于大湖村，占地面积 18 亩，成为“宁波市农业产业基地种子加工中心宁海生产基地”（2020 年摄）

第三节　社队办企业

一、宁海县大湖机械仪器厂（原大湖农机修配厂）

大湖农机修配厂创建于1968年，坐落于大湖沙头庙东首，占地面积2100平方米，是在大湖3个自然村合并后，为发展村集体经济而创办的企业。因当时3个村都拥有抽水机、小型拖拉机、打稻机、轧米机、磨粉机等农机，需及时保养、维修和添置，为此，村领导决定指派对农机修理有经验的社员胡余杯、胡小林、郑友位、胡家彬、王式助等组成大湖农机修配厂，其性质为大湖大队集体所有。由大湖村19个生产队指派社员进农机修配厂做工，生产队里按在厂社员出工天数计工分，年终时出工社员向所在生产队领取报酬（当时6角至8角一工）。

20世纪80年代初，由冯岳村、汪永琪二人承包，后由汪永琪等11人集体承包三年，再由汪永琪、胡余杯、章久林三人承包至1993年7月，结束了承包并改制。承包合同开始时由冯岳村出面订立、后转为汪永琪出面订立，上缴村里的承包款，由当初的人民币3600元，后逐渐增至6000元、8000元，到最后一年的12000元（1983—1985年期间，将一幢厂房腾出办毛纺厂）。1986年前该厂的注册资金为221100元，其中固定资金186600元，流动资金34500元，法定代表人为汪永琪。大湖农机修配厂从事紧固件、洗衣机配件加工制造及农机具修理。

1992年大湖农机厂更名为"宁海县机械仪器厂"，同时把注册资金变更到66万元（固定资金37万元、流动资金29万元），变更了经营方式和范围，扩大了经营场地，企业性质仍属于大湖村集体所有。

1993年7月仪器厂进行改制，将"集体所有制"企业改为"股份合作制"企业。注册资金，根据房屋建筑和机械设备验资结果折合人民币287.54万元，加上流动资金各项验资结果折价盈利45.96万元，两项合计正好为厂改制后的注册资金333.5万元。改制后大湖村占25.49%，汪永琪占26.82%，章久林占24.24%，汪兴琪占14.09%，胡家其占6.9%，代表职工股的部分职工占2.46%，总计注册资金333.5万元。

1999年仪器厂办理了股东变更登记，变更后的股东汪永琪占34%，大湖村占25%，汪兴琪占15.5%，胡家其占12.75%，张良川占12.75%，注册资金仍为333万元，法定代表人汪永琪。仪器厂改制后至2004年底，每年向村上缴不同额度的现金，开始时每年5万元—6万元，后每年增加，至2004年最高上缴村集体30万元。

2005年1月1日，大湖村三委会同意将大湖村集体占有的宁海县机械仪器厂25%的股份（共计832500股）以总价人民币500万元分别转让给汪永琪、汪兴琪、胡家其、张良川、汪伟东等5人。

二、大湖糖酒榨菜厂

1971年，大湖村办起一个规模较大的农副产品加工厂，村委任饶真岳为厂长、委派杨加兴、侯国湘、黄云霄、顾爱利负责日常工作。主营榨菜加工，制作红糖、蔗皮烧白酒（俗称糖榨烧），兼营酿造黄酒、浇筑水泥桁条、腌制荞头（出口日本）、制作酱油、捣年糕等。按季节农时常年循环轮流运作。每逢旺季时向各生产队调配工人，多至几百人。全厂占地面积2780平方米，厂房面积1280平方米。内含水井2口、大容量石板池40只、榨糖机6台、发电车间1个、蒸汽锅炉4只、七石缸榨菜坛8000只、酒埕7000只，等等，辅助工具齐全。

1971年又从温州引入糖蔗良种，分给各生产队扩种糖蔗新品种，当年10月份收割糖蔗、加工成红糖。根据种植面积决定长期从业人员15人，季节性从业人员100名左右。每年可从本村与邻村收购鲜糖蔗300万斤（每斤价0.034元）计10.2万元。可制红糖28万斤（按每斤价0.36元计），可获产值10多万元。制糖时压榨后的大量糖蔗皮，添加配料经发酵可加工成白酒。鲜糖蔗300万斤的蔗皮，可烧制成8万斤白酒，俗称“糖蔗烧”。每斤白酒按0.4元计，产值3.2万元。除去成本、人工费用、税金等，全年糖酒两项获净利润1.42万元（1979年后种植面积逐年减少，1986年起停止种植糖蔗，糖厂关闭）。

据1973年底村副业生产利润表记载，仅榨菜厂和糖酒厂全年上交大湖大队净利润3.45万元。在当时是一个了不起的数目，因那时普通政府工作人员的工资只有每月30元，上等木匠1.56元一工。为此，县农业局奖励大湖村24型拖拉机一台，县糖烟酒公司奖励大湖村18寸电视机一台，当年大湖大队被县人民政府评为先进集体。

三、黄酒厂

1974年，利用榨菜、制糖淡季，办起大湖黄酒厂（简称大湖酒厂）。从业人员长期工15名。每年需要用大米5万斤，按每斤0.4元收购价计，成本2万元。可制黄酒12.5万斤，按出售价0.31元计，可获产值3.8万元。制酒留下的酒糟1万斤，按每斤0.1元出售，可收入1000元。除去成本、人工费、税金，每年可获净利润1万元左右。

1986年大湖酒厂与个体胡余松合股转型办起羊毛衫厂。1988年村退股，由胡志瑜为法定代表人全权负责经营。1996年因技术设备销路等原因羊毛衫厂停办，将部分厂房租赁给黄小尧酿黄酒，1999年停产关闭。2000年厂房被奇精公司建造成2幢职工宿舍楼。

四、大湖榨油厂

民国后期，村民胡传火、胡传水兄弟俩办起一家榨油厂，坐落于大湖村南八石田与隔岸桥头之间。用人工擂大石榔头锤打油车桩榨油的办法。主要设备与工序：1. 大口径的铁镬，将菜籽、棉籽翻炒。2. 石碾子（牛拉动碾子盘，将碾子槽中炒熟的油菜籽或棉花籽碾压成碎片）。3. 将油菜棉籽碎片蒸熟，包成竹箍油饼。4. 油车桶（长4米、直径0.65米的大枫树段，中间开挖直径0.3米圆柱体长槽），大小石榔头数只、长短油车桩20—30支、包油饼的竹箍数十只。榨油过程：将数十个油饼紧挨在车桶内，隔板间插入油车桩，提起石榔头猛击油车桩，一根油车桩被打下去，再插一根又将它打下去，一根根一锤锤，直至油饼被挤压得扁扁的，油就不断地被压榨出来了。实施流水作业，从业人员需五六人，出油率34%左右。

1956年进行手工业社会主义改造，2家私营榨油厂转为湖东村集体经营，以生产菜籽油为主。1966年并村后，油厂归大湖村所有，村里成立副业队，从业人员8名，搬入老祠堂作业。20世纪80年代末，增添机械，用宏车绞压榨油，菜籽的出油率从34%提高到37%，棉籽的出油率提高到15%。20世纪90年代初，承包给个人经营。20世纪90年代后期，因原料欠缺停业。2005年拆厂还址，重建胡氏宗祠。

原大湖农机修配厂与大湖糖酒榨菜厂在同一个院子内，总占地面积近 8 亩，现为职工宿舍（2020 年摄）

五、蛎灰（窑）厂

以往大湖没有自来水，多数村民去三房井、四房井担水、烧菜煮饭，只有少数的湖东村民能吃到“沙头井”的活水（从贝壳层中一整天只能渗出几担水）。住在沙头井周边的胡小木等，开始在房前屋后试挖小潭，果然得到甘甜可口的水。但当挖到 1 米深时，竟意外发现“周边足足有 50 厘米厚的贝壳层”。而将贝壳煅烧成生石灰，生石灰加水就成熟石灰，是当时建房砌砖墙、粉刷墙面的好材料，把贝壳煅烧成石灰，有很高的经济效益。正值“大跃进”的 1958 年，沙头井周边村民除了砖瓦房以下的贝壳未挖掘外，将园地、空地、茅屋下面的贝壳全部挖掘出来，并建起了多家蛎灰窑，煅烧生产十分畅销的生石灰。自此，地下沙龙被截断，“沙头井”成涸井，“沙井灵泉”成了历史。

蛎灰窑与烧制过程：1. 地面上建一个直径 2 米的露天灶框、放上炉栅，灶边下挖一个弧形槽安装上风扇板件。2. 将贝壳洗净（去除烂泥），3. 以 1 畚箕（约 50 斤）的煤与 8 畚箕的贝壳拌匀（若用煤渣，改用 3 畚箕煤渣抵 1 畚箕煤），4. 点燃铺在灶上的稻草，把拌匀的燃料与贝壳撒布在点燃的稻草上。同时鼓动风扇，不断向灶内输入空气。接近烧到发红成熟，再铺上第二层、第三层……5. 烧制一窑蛎灰大约需要 8 个小时，待冷却后，即可。

六、轧米厂

民国 19 年（1930）大湖村富户胡维甫办起“五丰米厂”，1951 年土地改革时改名为“公营宁海县建民稻谷加工厂”，后称“地方国营宁海县大湖米厂”，后大湖米厂不断扩大厂房添置设备，主要加工的是国家粮库中的稻谷，兼加工村民的稻谷。

1964年底，大湖3个大队各自建立轧米厂。1970年，三大队合并成大湖大队，组织起集体副业队，建成大湖大队轧米厂（包括轧米、磨粉、轧糠）。每年加工粮食14万斤，轧糠5万斤，净利润4000元左右。

1986年后，村轧米厂承包给村民金其根经营。20世纪90年代村内有胡余能、周更杰等办起了轧米厂，零星加工稻谷与饲料。至2020年，村内开办的轧米厂仅周更杰一家。

七、砖瓦厂

1982年，大湖村中片辽路墩建起砖窑厂，属股份制企业，企业负责人杨达法。开始时办起2座小砖窑，人工土法烧制青砖。1984年改建砖窑为轮窑，发展为机械生产烧制的“红砖”厂。从业人员85人，固定资产40万元，年产值140万元。2007年承包给村民胡根森经营。2017年底，为整治环境，减少污染，拆除轮窑平整窑基还耕。

1986年，大湖村西片建起砖窑厂，因砖瓦窑烧制的砖块质量上有问题，经济效益差，1992年自行关闭。1996年，大湖村西片胡永钱在旧址改办起小瓦窑厂，从业人员6人，每年可生产瓦片300万张。2010年为整治环境，减少污染，小瓦窑被拆除。

大湖湖中砖瓦厂（1982年建成）（2020年摄）

大湖湖中砖瓦窑改建成轮窑（2017年底拆除还耕）（2020年摄）

第四节 民营企业

一、宁波太平洋恒业控股集团有限公司

公司创建于1990年，至今已发展成为一家集商业运营、酒店运营、房地产开发、投资管理于一体的多业态的全国性发展公司，是宁海县最大的跨地域经营的民营商贸企业，胡敏杰为宁波太平洋恒业控股有限公司董事长，在17个省（直辖市）设点，服务管理了50多个项目，管理面积400多万平方米，员工近2万名。太平洋恒业控股集团有限公司被评定为“浙江省知名商号”。太平洋恒业控股集团及旗下公司，先后获得“2021年中国商业地产百强”（位列第26名）、“中国商业地产十强企业”、“商业运营机构TOP10”、“国家高新技术企业”、“全国商业质量品牌示范单位”、“企业信用评价AAA级”、“中国创新企业100强”、“浙江省服务业百强企业”“浙江省优秀民营企业”、“宁波竞争力百强企业”、“宁波市服务业百强企业”等国家级、省级、市级荣誉100多项。公司连续多年被评为宁海县纳税大户，为宁海县的经济做出了自己的贡献。

宁波太平洋恒业控股集团有限公司（2020年摄）

二、宁波市奇精机械有限公司

位于宁海县长街镇工业园区，系股份制私营企业。公司前身为长街大湖

农机修配厂，创建于 1968 年。1992 年更名为宁海县机械仪器厂，1993 年改制为县首家股份制企业——宁海天工机械文具有限公司，后在此基础上组建成宁波奇精机械有限公司，企业法定代表人是宁海县长街镇大湖村汪永琪。公司占地面积 225 亩，建筑面积 5 万平方米。有职工 959 人，各类生产与检测设备 800 台。总资产 2. 8 亿元，2007 年产值 28569 万元。

公司自 1998 年至 2006 年连续 8 年被评为宁海县“实力型”企业、浙江省 AA 级“重合同、守信用”单位、宁波市市级治安安全单位、宁海县纳税大户、宁海县文明单位。先后被国内各大洗衣机厂家评为优秀配套企业。公司于 1998 年通过 ISO 9000 质量管理体系认证，2003 年通过 ISO 9000 体系认证，2004 年 12 月通过 ISO 14001 环境管理体系认证。

公司从事机械精加工已有三十余年历史，现成为各类冷挤冷锻金属件的专业厂家。主要产品有洗衣机离合器及轴套组件、洗碗机组件、汽车组件、电动工具组件以及文具类外贸产品。其中洗衣机离合器及轴套组件专为国内名牌洗衣机厂配套生产。近年来，公司在汽车组件及电动工具组件业务上发展迅速，成为持续发展的亮点。

宁波奇精机械有限公司长街厂区
（2020 年摄）

宁波奇精机械有限公司宁海分厂区
（2020 年摄）

三、宁波振达文具有限公司

公司创办于 2003 年，注册资金 600 万元，法定代表人、总经理陈伟达。公司坐落于世界文具生产基地——宁波市宁海县长街镇工业园区内，占地面积 32 亩，厂房 35491 平方米。有固定员工 280 人，具有大专文化的占员工总人数的 35%。有研发部门，有模具、塑胶注塑、冲压、表面处理及包装等生产流水线。主要产品有写字板、长尾夹、回形针、工字钉、装订夹、牛头夹、板夹、订书机、塑料夹、文具套装，其他塑胶及五金小文具等系列外贸产品。公司于2000年通过质量管理体系认证，2004年公司取得ISO 9001认证，2006年12月已通过ISO 14001环境管理体系认证。产品远销日本、美国、欧洲、东南亚、韩国等。2020年公司销售额1.13亿元，创利税503万元。公司已发展成为国内专业生产夹类、钉类、写字板类及文具套装等文教办公用品的最大厂家之一。

四、宁波凯祥家居有限责任公司

公司成立于2012年5月，注册资金2000万元，法定代表人张高翔。公司坐落于宁海县长街镇开发区内43号，厂区占地面积2万平方米，建筑面积22000平方米。拥有员工100人，科技人员15人。是一家以五金家具产品制造为主的制造型企业。从事床用排骨架及五金、塑料配件、电动床架、沙发功能架、按摩椅功能架、铰链、五金冲压件等产品的研发、生产与销售。其中排骨架是公司的主导产品，有年产30万套的能力。2019年增加的板床生产流水线具有生产板床6万套的能力。公司拥有先进的设备，严格的品质管理制度。从原材料、生产过程等环节层层把关，为客户提供品质保障，凭借优质产品和产能交付能力，赢得主客户“顾家家居”“喜临门”国内家具一线品牌商家的信任。未来公司将持续推进工业自动化和“机器换人”，让机器人自动焊接、自动酸洗磷化、全自动喷塑等，不断提高品质、扩大产能，致力于成为国内五金家具领域的标杆企业。2021年公司产值9000万元，创利税900万元。

宁波振达文具有限公司（2020年摄）

宁波凯祥家居有限责任公司（2020年摄）

五、宁波市灿宇机械有限公司

公司成立于2008年，注册资金500万元，是一家致力于多领域的机械零部件加工、设备制造和机械维修的专业企业，法人代表胡开宇。厂区坐落于长街镇开发区天山路12号，占地17.5亩，建筑面积8000平方米。企业自创办以来，围绕着“管理、质量、客户”三要素务实经营，经营水平不断提升，其事业成就得到了市场及行业同仁的一致认可。

有企业员工200余人，研发人员10余名，员工团队实力不断加强，在发展中涌现了一批优秀的工程技术人员。企业年产值6000余万元，设备投资2500万元，创利税200万元。

六、宁波太平洋电子有限公司

公司创办于2000年9月18日，位于浙江省宁海城关跃龙一路22号，建筑面积8500平方米。是一家从事手电筒、头灯、提灯、书灯等系列家用微电子等领域相关产品的企业。注册资金500万元，法定代表人、总经理是长街镇大湖村的胡敏栋。2018年获得“高新技术企业”称号，是一家集研发、生产、销售于一体的县规模以上企业。年产值5500万元—8500万元，员工120人左右。公司产品从软件到硬件，均为自主研发，拥有多项专利。公司建立了完整的质量保证体系，通过ISO 9001（2000）质量管理体系认证。公司95%的产品销往日本、欧美等国家。

宁波市灿宇机械有限公司（2020年摄）

宁波太平洋电子有限公司（2020年摄）

七、宁波赞扬文具有限公司

公司创建于2000年11月，是一家专业生产和经营文具用品的合资民营企业。企业法定代表人是长街镇大湖村胡亚虹。公司地址位于宁海县新兴工业区C区金山2路。公司占地面积13.8亩，建筑面积1.2万平方米。企业注册资金500万元，有总资产1500万元，其中固定资产500万元。职工250

人，其中技术人员10名，管理人员15名。2006年实现产值3000万元，创利税100万元。

企业目标：创国际一流的OEM供应商，发展国内自有“赞扬”品牌，企业信誉第一，质量至优、服务至上。

公司专业生产塑胶写字板系列、中密度写字板系列、长尾票夹系列、钢夹系列、桌面办公用品笔筒、文件框及网板系列等200个办公文具产品。产品主要销往国外。

2006年，公司已通过ISO 9001国际质量管理体系认证和ISO 14001环境管理体系认证。同时在国内公司拥有品牌执行标准。

八、上海创制汽车零部件有限公司

公司是一家专业生产和经营模具、注塑、冲压等的民营企业。企业法定代表人是长街镇大湖村胡双超。公司地址设在上海市松江区车墩镇。公司占地面积10亩，建筑面积8000平方米。企业注册资金1000万元。

1994年9月公司始创于厦门，取名为香山雕刻。经4年的拼搏，赚得“第一桶金”。1998年公司改名为超云模具有限公司，员工7—8人。

2000年，迁址上海，公司改名为上海超云模具有限公司，员工从20余人增至200人，年销售额2亿元，创利税200万元。

2018年，公司更名为上海创制汽车零部件有限公司。公司在硬件上提升档次，在软件上争创世界顶尖技术，吸纳多位科技顶尖人才，为争创世界顶尖一流企业奠定基础。

宁波赞扬文具有限公司（2020年摄）

上海创制汽车零部件有限公司（2020年摄）

九、宁海县飞达五金有限公司

宁海县飞达五金有限公司（2020 年摄）

宁海县飞达五金有限公司创建于2005 年，是一家经营五金机械制造与加工的民营企业，法定代表人胡珍春（祖籍大湖），厂址坐落于长街开发区内，厂房建筑面积 3000 平方米，注册资金 300 万元，企业员工 80 人，管理人员 8 人，设备投入 1000 万元。年产值 1000 万元，创利税 100 余万元，该厂打算逐年投入增加设备，扩大规模，力争年产值 2000 万元。

第十二章　商　　业

第一节　集市　商店

以盐业发家　据《黄墩胡氏宗谱》载：万一公派下三世孙公琛公迁居新昌，胡卜五世孙煜公悉宁海东部长亭盛产海盐，遂遣长子时清公驻扎长亭场“墈头”（大湖）经营盐业，先前翻山越岭肩挑背驮陆运海盐至新昌销售，后由船只海运经黄墩码头转运至新昌。可见早在北宋天禧四年（1020）就有新昌人到大湖购买海盐。始祖居端公于南宋淳熙十年（1183）左右入驻大湖，操起制盐家业，以晒盐出售发家。先有冯、李、祝、蔡诸姓氏入住，后有众多姓氏迁入，人口增多，围海造田，种植农作物，利用海域滩涂，拾贝捉蟹捕鱼。历经数百年，农牧渔业发展，经济繁荣，商贸服务业随之兴起。

下长山埠头市场　明代胡献来捐皇上恩赐俸禄（蛇盘山石宕税）为大湖族众在长街镇南端下长山开掘石宕，始建港埠码头，用船舶海运销售石料。清朝末年至民国初年是开采运销石料的鼎盛时期。每天有大小船只几十艘运载石板石材至东南沿海各港埠码头，每日还有 2 艘航船载客运货与石浦对开。单就收取船舶进出停泊的港税每天银元可装一捎马袋。每逢农历二、七为港埠市日，开设屠行、饭店、百货店、布店、大烟店、赌场，时称“下长山埠头”为“小上海”。中华人民共和国成立后，曾用石板铺设道路、地面、晒场，用石料砌墙、制作石碑、石牌坊等。石料用途广泛，需求量也大。向南运往温州，折北运往上海，下长山埠头勉强能维持商机。20 世纪 70 年代后，许多建材石料被水泥替代，用石料来制作碑陵牌坊装饰庭院需求量不大，销路不广，埠头吞吐量年年减少，后下长山埠头市场自动消失。

半边街市场　民国时期至解放初期，村内半边街店铺林立，有周德发、王三官、王继芬、泰昌、顺昌、贤丰顺等南货店；王朝君的布店；章熙官、章定怀、胡思梅、胡允江的药店；胡善春、王万兴的糕饼店；沈宗才裁缝店；陈远章、龚正苗、李知友理发店；陈保官豆腐店；振兴泰布店、胡慕贤的洋袜店、土制烟店、千张店等。原半边街无市期，但每日街上赶集卖鱼虾者不绝。自清光绪末年开始，逢“五、十”定为大湖市日（期）。民国 36 年（1947）大湖市场开设猪行、柴行、肉店等。延续每逢“五、十”为集市日，各类农副产品云集，平时也有赶潮汐下小海捕取蟹虾等卖海鲜的。

供销社 1951 年 5 月大湖供销社成立。1958 年后，国营与合作商店合并，粮、油、棉实行统购统销。商业网点以区、乡设立供销社，村设合作商店代销店。村内设供销社一家、代销店一家。每月逢五、十为半边街市日，交易米、柴、蔬菜、水产、猪羊肉、家禽蛋类等生活必需品。1978 年后，计划经济向市场经济转型，商业体制改革，农村国营合作商业转制，私营商业迅速发展。1992 年全村个体工商户有 15 家（副食品、饮食、五金、百货）。2007—2020 年个体工商户发展到 80 多家，其中各类大超市有 10 多个（副食、百货、水果、蔬菜），商贸经营网点遍布全村。

集市 清光绪年间（1875—1908）长街镇内集市已发展到 4 个。长街村每月逢一、六为市日，岳井村和山头村每月逢三、八为市日，伍家屿村每月逢五、十为市日。随着商贸业的发展，清光绪末年大湖村也规定每逢五、十为“半边街市”日。2000 年大湖村将市场全面升级，改建露天市场为钢棚室内市场。2016 年又将村市场扩建为村农贸综合市场。经营范围：水产、农副产品、米行、肉类、禽蛋、豆腐、熟食、糖烟酒、早餐、冷冻食品。几幢商贸大楼，楼上销售家具、床上用品、家用电器等，每月逢五逢十市日依旧，村级集市日趋兴旺。

米行 中华人民共和国成立前，大湖 70%的粮田为地主、富农占有，粮食被富豪和粮商垄断。村内无米行，仅长街、石桥头等村设有米行，自由买卖粮食。1953 年 11 月，中央人民政府政务院发布《关于实行粮食计划收购和计划供应的命令》，同年 12 月 12 日浙江省颁发《粮食计划收购实施办法》，将粮食统购与农业税同时进行，确定以户为单位统购粮食，征购以农业税额为基础，分为“征一购一”“征一购一点五”和“征一购二”的比例分配到各乡，通过民主评议，落实到户，实行余粮统购统销。1954 年 9 月在长街粮站建立的同时，大湖粮站也相继建立。1955 年 11 月实行粮油票证制，凭粮票去粮站购买。1958 年 9 月建立人民公社后，口粮由生产队分配，奖励的粮票同样到粮站买。1980 年 11 月农业推行“包产到组、联产计酬”的承包责任制，直到 1999 年 11 月 15 日第二轮土地承包落实到户，为维护承包户合法权益承包到户，30 年不变，农户的口粮大多是自己种植，少数没有种田的农户，粮食要到集市去购买或到大湖米厂去购买。自 2001 年冬大湖村对耕地全面平整后，至 2003 年冬将大批粮田承包给大户种植。村内有 3 家米行，超市也出售粮食，每逢集市有米商到大湖出售。

猪行 养猪是农家主要传统副业，中华人民共和国成立前均为家庭饲养，猪肉供本地村民食用。

中华人民共和国成立后，为发展生猪业，采取了一系列措施，扶持农户买仔猪饲养，对缺乏资金户发放银行信用社贷款和实行预购定金制度。1955 年秋冬，设立长街食品购销站，成立畜牧兽医站，提倡集体办畜牧场。1958 年 4 月，国营与合作商业合并，县食品公司并入县商业食品经营部，撤销长街等地食品购销站，经营业务转交给当地供销社代管。1961 年 8 月恢复县食品公司，是年 10 月恢复长街食品购销站，并增设大湖食品购销点。1963 年后，贯彻“公养、私养并举的方针”，生产队落实饲养基地，实行奖励政策，方法是每头猪出净肉 65 斤为奖点，每头奖售饲料粮 46 斤，棉布票 1.9 市尺。1966 年底 3 个大队合并成大湖大队后，村集体办起畜牧场，养殖公猪繁殖猪仔，并配备胡庆建与王老五 2 名专职兽医。1970 年，通过实行“粮肥挂钩，以肥换粮，以肥换钱”等奖售办法，发动 19 个生产队办畜牧场，公养与私养并举，促进生猪生产大发展。1979 年 4 月大幅度提高生猪收购价格，调动农户养猪积极性，使生猪收购量和存栏数创历史新高。逢年过节自宰猪羊，多数屠工每逢集市日，向养猪户收购生猪宰杀、上市交易。2000 年起，按市场经济规律，政府牵头，部门支持，科技养猪，猪场工厂化，管理企业化，猪种优质化，达到高产增收。2016 年底，为整治环境污染，拆除村庄附近大小猪舍、以不准养猪来保持环境整洁，导致肉猪存栏数大幅下降，肉价升高到每斤 30 元左右。针对当时局面，政府又鼓励养猪户养殖，要求在养殖的同时做好污水处理工作。村内有 2 家小规模养猪户，饲养生猪数量不多。现在猪肉交易方式是由宁波市屠宰公司统一验收宰杀，再由县食品公司批发给有屠宰证的屠工到市场交易。

商店 民国时期至中华人民共和国成立初，大湖半边街开设商店 20 余家，农副产品交易频繁，市场相对繁荣。1951 年大湖供销社成立。1952 年 11 月长街供销社成立，改大湖供销社为分销处。1954 年 9 月，棉布实行统销，开始以棉布店搞公私合营试点。1958 年 9 月，实行商业“一化三改造”，将私营商业全面实行公私合营。1961 年成立长街合作商店，大湖设立合作商店分店（称下伸店）一家。到 1978 年又增设一家商店下伸店。1992 年，国家进一步改革开放，村内开设了 10 多家个体商店，同时将供销社和合作商店全部承包给个人经营。1998 年合作商店解体，转为个体经营，大湖供销社房屋也被拍卖。2007—2020 年村内个体工商业经营达 60 多户，从业人员 88 人。其中糖烟酒兼百货小店 25 家，从业人员 25 人；百货店 5 家，从业人员 10 人；百货副食超市 7 家，从业人员 14 人；五金店 4 家，从业人员 4 人；建材店 6 家，从业人员 12 人；养殖饲料商店 9 家，从业人员 18 人；化肥农药店 2 家，从业人员 4 人；米店 3 家，从业人员 6 人；手机店 2 家，从业人员 2 人。

南货店 中华人民共和国成立前村内有 3 家南货店。中华人民共和国成立后，1951 年 5 月大湖成立供销社，赵有木为首任供销社主任。1961 年体制改革，成立长街供销合作商店，大湖设一家供销合作小店。1992 年，深入改革开放，相继开设 10 多家个体副食百货商店。2007—2020 年，村内有副食百货商店 24 家、百货店 5 家、百货副食超市 7 家。

布店 民国时期，村内只有王朝君一家布店与沈宗才裁缝店兼卖棉布。中华人民共和国成立后，建立供销社，开设棉布出售专柜。实行凭棉布票购买棉布时，到指定的商店去购买。1990 年深化改革，村内有 3 家个体棉布商店。现存布店一家，经营集市交易。进入 21 世纪，村民穿着的服装大多数网上购买，自己买布料做衣服的罕见。

药店 明清两代村内无药店。民国 12 年（1923），胡思梅与章熙官开办了 2 家益和斋中药店。中华人民共和国成立初，黄正律开办一家中药店，后胡家申、徐道璋开办了西医诊所兼药店。1966 年长亭保健所大湖分所成立，1968 年大湖村合作医疗站建立，看病买药均到保健所、合作医疗站。2012 年村内相继开办 4 家大药房，分别是康顺大药房 2 家，正广和大药房 1 家，天顺大药房 1 家。

洋袜店 民国 32 年（1943）村民胡慕贤从上海买来二台手摇织袜机，在她的住宅处（半边街东首）开办了一爿袜店，由于用机械替代手工编织袜子，称“洋袜”，此店俗称“洋袜店”。从那时起她为村民与邻村群众来料编织袜子，仅收适当的劳务费，原先是农家自纺的棉纱线，后来购买机械纺的棉纱线加工。直至 1964 年底尼龙袜上市才停止营业。

第二节　服务业

餐饮　旅馆业　民国时期，村内无餐饮店和旅馆，只有茶坊。中华人民共和国成立后至20世纪70年代初，村内仍无饭店和旅馆。20世纪70年代后期，村集体开设一家饭店。20世纪80年代，改革开放，街边房屋租赁给个人开办饭店，胡履乾开办起一家小饭店。20世纪90年代后期，叶友富、胡选良开设饭店。2000—2020年，村内有饭店、快餐店7家，从业人员20人；早餐店有11家、从业人员30人；旅馆1家、从业人员2人。

理发店　民国37年（1948），村内有理发店3家（龚正苗，李知友，陈绍华）。1970年村内组织副业队，3家理发店转为集体，先由3人后加入龚正家、陈岳峰、胡家朝等人。1985年改革开放以来，有个体理发店4家，从业人员5人。至2020年大湖人开设的理发店3家、从业人员3名，外地到大湖村开设理发店5家、从业人员10人。

其他服务业　至2020年，有金属门窗店6家、从业人员20人；电动车修理专卖店3家，从业人员3人；丧事用品店1家，从业人员2人；三轮出租车2辆，从业人员2人；小车出租5辆，从业人员5人；机械修理服务业5家，从业人员15人；浴室1家，从业人员5人。

第十三章　教　　育

第一节　古代教育

一、学塾

宋代，办学形式采用私塾、私馆、村塾和义塾。私塾（家塾、门馆）系家境富裕者聘教师在家教读子弟。私馆（坐馆、教馆）为教师私人在家收授生徒。村塾则是贫寒人家联合所设。私塾、私馆及村塾规模较小，无专门塾（馆）舍，多以启蒙识字为主，为数众多，设闭无常。义塾（义学）由地方宗族设立，规模较大。塾和义塾称学塾，塾师资历不一，学童人数亦有多寡，无一定修学年限。教材一般有《三字经》《千字文》《百家姓》《神童诗》《幼学琼林》和“四书、五经”等。教授方法：重读、认、写，所读之书都须背诵，习字从描红、影格到临帖，要求甚严。学童入塾先拜孔子牌位，再拜先生，整日端坐诵读，严守塾规，塾师常用手掌板打手心、罚跪和关堂等来体罚学童。

元明时期办学形式沿袭宋代，至清代，村内在大湖八角坵西首设立学塾，有6间平屋作为塾舍，称书房屋。据《大湖胡氏宗谱》记载：清嘉庆年间（1796—1820）大湖贡生胡知化、胡式化兄弟俩发起募集资金，胡文侦助以地基，在大湖村东建文昌阁开办义塾，招收学生10余人。咸丰七年（1857）春，文昌阁遭火灾。谢龚两孺人各出资200余元银元重修文昌阁，为学童提供就学复读之所。此后，学生增多，培养了不少文人学士。

二、学堂

清末，在维新思想的推动下，改书院学塾为学堂实行新学。光绪二十八年（1902）废除科举制度，清政府颁布《钦定学堂章程》，城乡始办小学。依程度分为初等小学堂、高等小学堂和合初高等于一校的两等小学堂三种；以办学主体、经费来源分，有官立小学堂、私立小学堂和公立小学堂三类。同年七月始，初等小学堂的学制为五年，称“癸卯学制”。当年，大湖胡氏后五份富户积极响应，胡长志代表后五份富户捐献塘田三百石兴办义学，号称大湖学堂，校舍设文昌阁。光绪三十二年（1906），大渔冯人冯载臻，官居五品，为感恩母校，出银元3000元修建大湖文昌阁，建公立宁东（大湖）两等小学堂，设3个班，学生70余人，首任校长胡建南。

第二节　现代教育

一、幼儿教育

幼儿教育亦称学前教育。清末，幼儿教育机关称蒙养院。民国元年（1912）改蒙养院为“蒙养园”，民国11年（1922）更名为“幼稚园”。1949年中华人民共和国成立后，始称“幼儿园”。

民国时期，大湖村仅有育婴堂，没有“幼稚园”。民国2年（1913）宁东大湖开设育婴堂，收养因家境贫寒、供养不起的婴儿。属社会慈善机构。

民国23年（1934）湖山乡育婴堂合组为宁海东区儿童教养所。

1958年，随着人民公社的出现，为了解放妇女劳动力，提出实现“幼托化”，大湖村曾办过幼儿班，利用村闲置公房作园舍，就地聘任教师，教师文化程度较低，幼儿园无设备及教材，基本采用“放羊式”教育。

1988年，遵照县教育局关于“在农村可发展学前一年教育，有条件的地方要发展村幼儿园”的工作思路，大湖小学开始招收学前班1班40人。招聘教师1人，园舍设在大湖小学内，属大湖小学兼管。无幼儿园设备及教材，教学活动趋小学化。

1995年后，学前班分批停招，集体和个人办幼儿园兴起，教育行政部门对集体与个人办的幼儿园定期检查验收，对已达到《宁海县个体幼儿园基本纲要》要求的幼儿园，发给办园许可证。大湖村小燕子幼儿园和爱心培幼儿园符合《宁海县个体幼儿园基本纲要》要求，于2000年底领到办园许可证。

爱心培幼儿园开办于1998年2月，建筑面积414平方米，园长史文旭。

几年来，投入资金改善办园条件。至2020年，有5个班，入园幼儿165人，教师10人，职工8人。

小燕子幼儿园（后更名为大湖村幼儿园）有3个班，幼儿80余人，教师3人，职工2人。于2019年停办。

大湖村爱心培幼儿园

大湖村小燕子幼儿园

二、小学教育

民国元年（1912）学堂改称学校，大湖学堂改称大湖国民小学。同年废“癸卯学制”，重订“壬子学制”。修业年限改定初小四年、高小三年（即“四·三”制），课程也有改变，初级小学增加手工、图画、唱歌。民国11年（1922）起，施行新学制，称“壬戌学制”，修业缩短1年，即初级四年、高级二年，课程变化较大。民国18年（1929）秋，实行“小学课程暂行标准”。民国33年（1944）因文昌阁属危房，学校迁入大湖胡氏宗祠上课。民国36年（1947）县内各级小学，设团体训练、语文、算术、劳作、图画、音乐、体育等课程。推行“设计教学法”和“实验教学法”等。但基本上仍是注入式教学法。当年，经时任校长胡维甫等筹划，重修文昌阁改建为大礼堂，并在西侧新建12间平房为教室，学校迁至新校舍，并聘请锦堂师范毕业的外籍教师到校任教，教学质量显著提高。当年被国民宁海县政府评为“宁海县示范中心小学”。民国36年（1947）、民国37年（1948）两年小学毕业生考入宁海中学的人数显著增多。随着行政编制的改变，学校曾改称“湖山乡中心小学”及“湖青乡第一中心小学”，为全县农村规模较大的小学。民国时期，经济落后，战事频频，民生凋敝，入学人数增长缓慢，小学教育普及率达不到30%。民国38年（1949）兵匪骚扰，兵荒马乱，教师出逃，学校停课。

中华人民共和国成立后，大湖小学更名为大湖乡中心小学，校址依旧，设6个年级5个班（五、六年级人数少，拼为一班）。20世纪50年代，周边大渔冯、合宁、孙家、东关塘、庙树塘、浦东、下蔡、大祝等村的学生都到大湖小学上学。1956 年大湖乡并入长亭乡，大湖小学成为长亭乡下片一所完小。20 世纪 60 年代新东小学、合宁小学与大祝小学等相继办起。1968 年大湖小学又新建 3 个教室，并附设初中班。至 1974 年小学增至 8 个班、初中 4 个班，学生 500 余人。1976 年县教育局拨款，大湖村腾出土地 10 余亩新建 3 个教室和操场。1977 年又新建 2 个教室和 3 间储藏室。1976—1978 年附设一届“五七”高中班。1983 年 9 月中小学分设，拆除老教室和文昌阁，新建 9 间二层教学楼。

1985 年后，大祝、新东、合宁 3 所小学相继并入大湖小学，1995 年大湖小学升格为“片校”。2003 年大湖小学迁入原大湖初中校舍，大湖初中并入长街镇初中。2004 年大湖小学原校舍用作长街镇敬老院（2022 年 9 月 2 日镇敬老院搬迁至龙浦）。2005 年学校占地面积 7897 平方米，建筑面积 3646 平方米，学校有 6 个班，学生 257 人，教职工 16 人。

2015 年 10 月，大湖小学择址兴建新校（由宁海县教育局批准拨款，大湖村落实地基，按浙江省一类学校标准建造，一期规模 24 个班）。新学校占地 28328 平方米，建筑面积 14192 平方米，耗资 1 亿多元，于 2017 年夏建成。改名为长街镇第二小学，2017 年 9 月搬入新校舍。学校建有室内球场、微格教室、计算机教室、音乐教室、舞蹈教室、美术教室、劳技教室、科学实验室、书法教室、阅览室等。开通红领巾广播站与千兆校园网，班班拥有电子教学板，电子班牌等设备。有教学班 18 个，学生 625 人，教职工 50 人，其中专任教师 39 人。学校先后通过浙江省标准化学校、浙江省现代化学校、浙江省心理健康标准化学校的验收。

1976 年以来，教师被评为县以上先进工作者、三八红旗手、教坛新秀 16 人次；学生县以上各项竞赛获奖者 35 人次，获县文艺节目会演一等奖 3 次、二等奖 2 次。1992 年，被县教委命名为“文明学校”。2004 年，参加全国奥数竞赛有 2 人分别获得二等奖和三等奖。创建了市 5A 级平安校园、市五星级基层党组织、市智慧校园、市现代化达纲学校、A 级消防学校、市规范化心理辅导室。获得文明美德伴我成长“主题教育先进单位”“三好四美”先进单位称号。获得县文明校园、美丽校园、健康促进学校、新时代文明实践点、红十字达标校、语言文字规范达标校、A 级食堂等多项荣誉称号。2017 学年被评为发展性考核优秀单位。搬进新校舍后连续 4 年小学毕业考成绩进入全县 A 等。长街镇第二小学教师参加业务比赛，1 人获县学科骨干称号，5 人获县教坛新秀称号。各项业务评比获奖 108 人次。校长王东凯指导的综合实践成果“我们长街的蛏子”获宁波市一等奖，他的课程“生活中的工具”在一师一优课评比中被评为省优，并上送教育部评比。体现校园善文化，构建“善”文化理论体系，学校秉承“为善兴学，善育群才”的办学理念，“立德立志，善学善行”的校训，“明德尚美，求真扬善”的校风，“博学立范，爱生善诱”的教风，“善行善礼，善思善学”的学风，学校以“善”为主题的特色建设，形成比较完善的“善文化”系列，取得了优异成绩。中央电视台焦点访谈记者的到来，把学校的礼仪文化搬到央视屏幕上，成为该校一张名片，浙江电视台、宁波电视台均对该校的办学特色进行了相关报道，引来社会的一片赞誉。

长街镇第二中心小学位于“进士之乡”的大湖村，学校历史悠久，从清嘉庆十八年（1813）办的“八角丘”私塾、文昌阁义塾到“大湖小学”，直至长街镇第二小学，历经 208 年之久，是宁海县第一批入选的百年老校。

大湖小学

大湖小学教学楼

长街镇第二小学

民国时期大湖小学校名变更及历任校长一览表

表 13-1

年份	学校名称	校长	籍贯	任职时期
1906—1911 年	宁东两等小学堂	胡建南	宁海大湖	清末
1912—1939 年	宁东小学 大湖国民小学	胡建南	宁海大湖	民国时期
		胡寿颐	宁海大湖	民国时期
		胡剑华	宁海大湖	民国时期
		胡剑云	宁海大湖	民国时期
		胡宗翰	宁海大湖	民国时期
		胡佩韦	宁海大湖	民国时期
		胡秉国	宁海大湖	民国时期
		胡显鎏	宁海大湖	民国时期

续表13-1

年份	学校名称	校长	籍贯	任职时期
1940—1949 年	湖山乡中心小学 湖青乡第一中心小学	胡剑锷	宁海大湖	民国时期
		胡在榆	宁海大湖	民国时期
		胡维甫	宁海大湖	民国时期

1950—2020 年大湖小学校名及历任校长、教导、总务主任一览表

表 13-2

时　间	校名	校　长	任职时间	教导	任职时间	总务	任职时间
1950—1951 年	大湖小学	邵才成	1950—1951 年	杨燮堂	1950—1951 年	叶飞亦	1950—1951 年
1952 年至 1955 年 12 月	大湖乡中心小学	王宏章 张贤琴	1952 年至 1953 年 8 月 1953 年 9 月至 1955 年 12 月	王定安	1952 年至 1955 年 12 月	王兆印	1952 年至 1955 年 12 月
1956 年 1 月至 1969 年 8 月	长亭乡大湖小学	黄正藏 陈志贤(副) 郑佳贵(副) 季莲凤(副) 仇象甫（负责人）	1956 年 1 月至 1968 年 8 月 1958 年 9 月至 1960 年 8 月 1960 年 9 月至 1961 年 8 月 1961 年 9 月至 1965 年 8 月 1967 年 9 月至 1969 年 8 月	王定安 钱久衡 陈善朝 汪章能	1956 年 1 月至 1957 年 8 月 1957 年 9 月至 1960 年 8 月 1960 年 9 月至 1962 年 8 月 1962 年 9 月至 1969 年 8 月	—	—
1969 年 9 月至 1983 年 8 月	长亭公社大湖学校	叶小贵（负责人） 胡家木（总负责） 叶小贵	1969 年 9 月至 1975 年 12 月 1975 年 1 月至 1976 年 10 月 1976 年 1 月至 1983 年 8 月	陈日进 赵恩官 胡杏林 王旭义	1969 年 9 月至 1970 年 8 月 1970 年 9 月至 1973 年 8 月 1973 年 9 月至 1980 年 8 月 1980 年 9 月至 1984 年 8 月	陈岳峰 侯国湘 王昌贵	1969 年 9 月至 1973 年 8 月 1973 年 9 月至 1980 年 8 月 1980 年 9 月至 1984 年 8 月
1983 年 9 月至 1991 年 8 月	长亭乡大湖小学	叶小贵	1983 年 9 月至 1991 年 8 月	张杏清 苏宝清 周全宗	1984 年 9 月至 1985 年 8 月 1985 年 9 月至 1989 年 8 月 1989 年 9 月至 1991 年 8 月	芦继和 郑崇宝	1984 年 9 月至 1988 年 8 月 1988 年 9 月至 1991 年 8 月

续表13-2

时间	校名	校长	任职时间	教导	任职时间	总务	任职时间
1991年9月至1995年8月	长街镇大湖小学	华洋中	1991年9月至1995年8月	叶伟庆	1991年9月至1995年8月	郑崇宝	1991年9月至1995年8月
1995年9月至1997年8月	大湖片校	华洋中	1995年9月至1997年8月	叶伟庆	1995年9月至1999年8月	郑崇宝	1988年9月至2002年8月
1997年9月至2007年11月	长街镇大湖片校	胡乐飞 王其贤 王东凯	1997年9月至2007年11月 2007年12月至2011年8月 2011年9月至2017年8月	叶绍明 胡静丹	1999年9月至2011年8月 2011年9月至2017年8月	王永超 罗　娜	2002年9月至2013年8月 2013年9月至2017年8月
2017年9月至2020年8月	长街镇第二小学	王东凯 王坚斌（副） 胡静丹（副）	2017年9月至2020年8月 2017年9月至2020年8月 2017年9月至2020年8月	陈蕴玉	2017年9月至2020年8月	姜俊杰	2017年9月至2020年8月

1950年至2011年7月大湖小学历任教师一览表

表13-3

时间	教师名录
1950年至1953年8月	邵才成　杨燮堂　杨贞华　卢　超　王兆印　叶维明　叶飞亦　王宏章　何爱莲　郁云芬　史司法　崔前大
1953年9月至1969年8月	张贤琴　王定安　崔前大　郁云芬　王兆印　叶圣辉　刘思望　黄正藏　汪章能　郑佳贵　陈志贤　洪巧英　季莲凤　钱久衡　王乃昌　邬美艳　胡杏林　陈善朝　陈先德　陈先湖　苏月花　吴菊花　史赛花　邵祥妹　陈培川　仇象甫　胡小松　陆方通
1969年9月至1983年8月	赵恩官　章满妹　叶小贵　陈岳峰　金莺飞　胡杏林　胡桂妹　国惠贞　陈日进　顾文求　季燕飞　侯国湘　王怀慈　罗小明　胡亚芬　潘成英　王毓文　王旭义　王昌贵　赵帮英　黄仁秋　钱静静　王金凤
1983年9月至1991年8月	叶小贵　王旭义　苏清宝　周全宗　王昌贵　芦继和　郑崇宝　胡亚芬　金莺飞　胡桂梅　谢远玉　王文杰　章满妹　季燕飞　张杏清　李云华　陈际开　胡杏林　叶晓女　蒋晓燕　周衍冕　王迎春

续表13-3

时　间	教　师　名　录
1991年9月至1997年8月	华洋中　叶伟卿　郑崇宝　季燕飞　叶小贵　胡亚芬　芦继和　陈海宏　王红霞　谢毓惠　叶阳春　陈根芳　朱杏聪　胡贤胜　陈锦霞（娅）叶晓女　冯玲君　葛文女　蒋春飞　王永超　陈开宝
1997年9月至2007年11月	胡乐飞　叶伟卿　郑崇宝　陈海宏　胡亚芬　季燕飞　王红霞　叶小贵　陈根芳　叶阳春　芦继和　华洋中　叶素琴　胡贤胜　陈锦娅　秦　平　叶晓女　陈开宝　王永超　谢玲翠　王乘亮　叶绍明　胡彩华　崔晶晶　王彩女　朱婉萍
2007年12月至2011年8月	王其贤　叶绍明　王永超　林红霞　叶晓女　陈海宏　谢玲翠　李和广　蒋春飞　郑相仙　王彩女　王飞飞　周衍冕　王月贤　罗　娜　项晓燕
2011年9月至2017年8月	王东凯　胡静丹　王永超　陈海宏　罗　娜　林红霞　蒋月英　祝　赟　董晖晖　张　艳　项晓燕　郑相仙　胡伟娜　蒋春飞　叶晓女　俞建芬　胡迎鸿　胡晓晓　王　涛　冯胤政　祝婷婷　陈　华　郑　玲　谢雪芬　翁嘉均　赵晓娟　陈乐乐　李　想　童乾邦　陈玉蕴　姜俊杰　董瑶楠　严芳芳　陈蓓蕾　潘珺珺　袁盼盼　陈承永

2017年9月至2020年8月长街镇第二小学（大湖小学）历任教师一览表

表13-4

时　间	教　师　名　录
2017年9月至2021年8月	崔晶晶　国双双　董瑶楠　应京静　曹樱腾　胡桂桂　顾丽娜　朱一丹　卢慧男　潘珺珺　胡均晨　陈蓓蕾　叶晓女　陈海宏　胡晓晓　胡珍珍　徐巧燕　严芳芳　童乾邦　林　怡　潘金银　罗　娜　王东凯　姜俊杰　胡均晨　陈玉蕴　陈承勇　王佳敏　屠佳静　陈欣霞　王万红　蒋晶晶　王坚斌　吴静科　胡晓晓　伊宣熹　朱燕燕　胡静琼　胡静丹　叶梦雪　郑　欣　陈佩佩　朱盼盼　周银妮　胡远东　朱燕燕　陈钱斌　王洁莹　张馨瑜　周孟楠　胡晖晖　陈敏雷　葛瑞敏　冯晓晨　黄玲玲　孙嘉靖　王羽桐　陈欣霞

三、中学教育

民国初期，宁海县（含三门）境内无中学。大湖村内少数富家子弟只能步行到最近的台州府上学（有民谣：廿里铜岩岗，好人爬黄胖，脚底三层泡，苦死读书郎），曾有5人去宁波、杭州、上海等地洋学堂读到高中、中专毕业，有2人赴日本留学。

民国15年（1926）宁海旅沪杭同学蒋如琮、范金镰等为发展家乡的教育事业，从借用宁海西门正学小学教室办“消夏社”暑期补习班入手，招来初中一、二年级2个班81名学生，创办了宁海中学。自此，结束邻县均有中学唯独宁海没有中学的历史。

民国19年（1930）大湖胡氏族众为支持宁海中学办学，以胡氏始祖胡居端名义捐献给宁海中学建造校舍银元2500元，次年又捐资宁海中学购置图书、仪器银元2000元。同时支持入学宁海中学的胡氏后裔（包括桥头胡、竹口、城关白石头胡姓）每学期6块大洋的助学金（胡静斋说，他就读6个学期领到36块大洋）。

宁海中学创办以来，大湖小学毕业生陆续考入宁海中学。民国24年（1935）前，有胡翰国、胡显鋆、胡静斋等3人毕业于宁海中学。民国后期，历年大湖有14名小学毕业生考入宁海中学，中华人民共和国成立初期毕业，4人考上大学，4人考入中专，2人在读书时参军提干，还有4人中途辍学，回乡务农。

1956年8月，宁海县第三初级中学在长街香花山东麓创办。向长街、力洋及象山隔洋塘、马岙等地招来2个班100名学生。其中大湖村胡传苗、胡家标、顾昌盛等考入，成为长街中学首届学生。

1958年宁海象山并县，改称象山县长街初级中学（象三中），生源以来自长街区为主，兼收象山马岙、高塘等地，教学班增至6个班，学生300余人，教职工15人，保持此办学规模至1966年。大湖村每年有高小毕业生考入长街中学，初中毕业生人数逐年增多。

1966年“文化大革命”开始，长街初级中学停课闹革命，师生外出串联，初中停止招生。

1968年秋，学校由贫下中农管理，贫管组进驻学校。当年由社员投工，拆除大湖文昌阁东厢房（原育婴堂危房），朝南建造了3个教室（平房），大湖小学开始附设初中班。生源来自长亭公社下片合利、合宁、孙家、东关塘、庙树塘、浦东、下蔡、大祝等8个自然村，当年招收初中1个班50名学生，教师2人（蔡文元、周先贤），此为大湖初中的前身。

1974年，初中增至4个班，学生200人，教师8人，学制两年。至此，大湖学校有小学8个班、初中4个班，全校学生500人。1975年1月至1976年10月学校的总负责人胡家木，小学部负责人叶小贵。1976年增设了一个“五七”高中班，中学部负责人陈社建、教学负责人黄仁秋。原有校舍与场地无法容纳，经时任总务主任侯国湘老师的不懈努力，做通湖中片9个生产队思想工作，协调湖东片、湖西片与湖中片关系。最后，大湖大队决定划出学校旁（原属湖中第九生产队）10亩良田给学校建房，由县教育局拨款补助，各生产队投工出力，新建起3个教室与田径运动场。

1977年，中学部又新建2个教室和3间储藏室。1979年，“五七”高中班被撤销。初中学制从二年改为三年。大湖学校初中部教学负责人崔荣富，共5个班，学生230人。

1983年中小学分设，更名为长亭乡大湖初级中学。校长王建飞，教导主任陈培川，总务主任王启迪。1984年又更名为长街镇大湖初级中学。1988年由村集资、县教育局补助，筹资7万余元，拆除旧危房校舍，新建面积为856平方米的砖混结构的两层教学楼一幢，并于当年9月搬进新校舍上课。后又续建部分辅助用房。1989年县达纲验收达良好级。1990年县德育评估达优秀级。1991年被评为县级先进集体。

1992年更名为长街镇中学大湖分校。学校占地面积5.7亩，建筑面积1073平方米，有6个班，学生317人，教职工16人。至1995年基本保持此办学规模。

1996年由镇政府负责向联办村集资、县教育局补助，合计人民币50万元，新建12个教室的三层教学楼一幢，1997年投入使用。1999年伍山初中撤并，大湖初中向伍山、月兰等地招收初中新生1个班，2000年又招收1班，班级增至8班，学生达390人，教师19人。2001年通过市“两高”验收，全镇普及了初中教育。

2003年为提高办学规模与增加办学效益，一镇办一所中学的条件已经成熟，大湖分校于同年9月并入长街镇中学。校舍与场地整体划归大湖小学（片校）。

大湖初中自开办至撤并的36年来，普及初中义务教育，培养了初中毕业生2400余人，为高一级学校和社会输送了一批合格的新生和新型的社会主义建设者。

大湖初级中学（含小学附设初中班）历任教师一览表

表 13-5

姓　名	任教时间	任教学科	姓　名	任教时间	任教学科
蔡文元	1968 年 9 月至 1969 年 8 月	数学	郑顺书	1976 年 9 月至 1978 年 8 月	语文
周先贤	1968 年 9 月至 1969 年 8 月	语文	崔荣富	1979 年 9 月至 1984 年 8 月	数学
楼红斌	1970 年 9 月至 1978 年 8 月	数学	章一军	1977 年 9 月至 1979 年 8 月	语文
郑顺书	1970 年 9 月至 1971 年 8 月	语文	陈培川	1979 年 9 月至 2003 年 8 月	语文　社会
胡家康	1971 年 9 月至 1973 年 5 月	语文	尤在田	1979 年 9 月至 1988 年 8 月	语文
王梦光	1971 年 9 月至 1976 年 8 月	机电	王启迪	1979 年 9 月至 1993 年 8 月	体育　政治
黄仁秋	1973 年 9 月至 1979 年 8 月	语文	李云华	1979 年 9 月至 2003 年 8 月	数学
汤建秋	1973 年 9 月至 1980 年 8 月	机电　物理	王建飞	1981 年 9 月至 1993 年 8 月	物理
葛三才	1974 年 9 月至 1976 年 8 月	政治	胡昌宁	1981 年 9 月至 1984 年 8 月	语文
王冬燕	1974 年 9 月至 1976 年 8 月	数学	胡宇峰	1981 年 9 月至 1996 年 8 月	数学
张冰清	1974 年 9 月至 1981 年 8 月	语文	赵文春	1983 年 9 月至 1985 年 8 月	化学
李永华	1975 年 9 月至 2003 年 8 月	语文　农基	胡安文	1983 年 9 月至 1984 年 8 月	数学
汪美珍	1975 年 9 月至 1977 年 8 月	数学	葛诗岳	1985 年 9 月至 1988 年 8 月	化学
王敏英	1975 年 9 月至 1977 年 8 月	语文	周娅飞	1985 年 9 月至 1996 年 8 月	物理
祝元英	1976 年 9 月至 1983 年 8 月	英语	冯建雄	1985 年 9 月至 1987 年 8 月	语文
施德能	1976 年 9 月至 1977 年 8 月	化学	李爱茹	1985 年 9 月至 1992 年 8 月	语文
陈社建	1976 年 9 月至 1978 年 8 月	语文	吴莲娟	1987 年 9 月至 1989 年 8 月	数学
苏伟华	1976 年 9 月至 1981 年 8 月	数学	施德能	1988 年 9 月至 2003 年 8 月	化学　自然

续表13-5

姓　名	任教时间	任教学科	姓　名	任教时间	任教学科
章雪芬	1989 年 9 月至 1997 年 8 月	社会　政治	葛泽云	1996 年 9 月至 2001 年 8 月	英语
梁秀云	1989 年 9 月至 1991 年 8 月	英语	苏荣喜	1996 年 9 月至 2003 年 8 月	语文
金田娟	1991 年 9 月至 1997 年 8 月	英语	郑友总	1997 年 9 月至 2001 年 8 月	英语
陈冬初	1989 年 9 月至 2003 年 8 月	数学	张剑平	1997 年 9 月至 2001 年 8 月	美术　社会
王爱丽	1992 年 9 月至 1995 年 8 月	体育	王振田	1998 年 9 月至 2001 年 8 月	语文
金敬和	1993 年 9 月至 2003 年 8 月	自然（生物）	朱婉平	1997 年 9 月至 2001 年 8 月	音乐　语文
何　泛	1994 年 9 月至 1999 年 8 月	自然（物理）	叶秀祖	2000 年 9 月至 2003 年 8 月	数学
胡海晓	1995 年 9 月至 1996 年 8 月	体育	胡志旭	2000 年 9 月至 2003 年 8 月	英语
朱胜利	1996 年 9 月至 2003 年 8 月	体育	—	—	—
附：代课教师名录	叶　青　胡筱君　陈云云　王定华　胡婉芬　汪秀其　吴元秀　单建青　郑伟芳　胡余根　冯伟娅　胡远光　胡崇楠　胡丽双　金铃娣　王理素　赖中亮　董小元　陈海慧　苏文明　苏　秦　胡婉娥　朱婉芬　金婷婷　林家求				

大湖中学历任校长教导主任总务主任一览表

表 13-6

年　份	学校名称	校　长	教　导	总　务
1976 年 1 月至 1978 年 8 月	大湖中学（五七高中）	陈社建（负责人）	黄仁秋	侯国湘
1979 年至 1983 年 8 月	大湖学校初中部	叶小贵（负责人）	崔荣富	王昌贵
1983 年 9 月至 1984 年 1 月	长亭乡大湖初级中学	王建飞	陈培川	王启迪
1984 年 2 月至 1992 年 8 月	长街镇大湖初级中学	王建飞	陈培川	王启迪
1992 年 9 月至 1993 年 8 月	长街镇中学大湖分校	王建飞	陈培川	王启迪
1993 年 9 月至 1996 年 8 月	长街镇中学大湖分校	胡宇峰	陈培川	金敬和

续表13-6

年　份	学校名称	校　长	教　导	总　务
1996 年 9 月至 2003 年 8 月	长街镇中学大湖分校	苏荣喜	陈培川	金敬和
2002 年 9 月至 2003 年 8 月	长街镇中学大湖分校	苏荣喜	叶秀祖（副）	金敬和

附：部分届次大湖初中毕业留影

一九七七届

一九八四届

一九九〇届

一九九四届

一九九六届

二〇〇三届

第三节　成人教育

一、办夜校　扫除文盲

民国时期，经济落后，战争频仍，民生凋敝，多数贫困人家为生计发愁，稍有劳动能力的孩童就安排放牛、干农活，能上学读书的人很少，小学入学率不到30%，真正能读到小学毕业的人更少。民国38年（1949）文盲半文盲充塞乡村，其中文盲半文盲达95%以上。

中华人民共和国成立后，民众教育迅速发展。为了扫除青壮年文盲，各村开始办“冬学”（又称夜校），使广大农民在文化上得到翻身。1951年，长街区组织40余名冬学教师参加县“冬学”师资培训。培训后，全区以村为单位利用冬季农闲季节办起夜校（亦称冬学）。大湖村办起了3所。湖东村夜校借用大湖小学教室，校长王继和，教师王胜才、陈国校、蔡乾贵，学员有胡家华、胡家春、胡家木、胡德木、钱丽娟、胡岳仙、蔡春仙、尤宏富、陈夏香等近50人。湖中村夜校办在湖中村公所，教师黄雅云，学员有张士金、张士富、胡余幸、胡美玉、胡林余、杨达法、张成化等30余人。湖西村校夜办在湖西村公所，教师胡如兴、胡余德，学员有胡兴水、叶维灶、徐阿根、冯永将、杨加兴、胡耀褒等30余人。大湖小学王定安受邀对扫盲教师作业务辅导。这些学员学得刻苦认真，通过扫盲教育而脱盲。如：胡家木、胡德木、钱丽娟、胡家华、胡美玉、胡林余、杨达法、冯永将、杨加兴等人通过扫盲而脱盲，能看书、读报、看文件，成为农村基层主要干部，为乡村建设作贡献。

1951—1954年，全区共办夜校61所，扫盲运动持续至1954年停办为止。20世纪50年代村队干部大多通过上夜校脱盲，夜校为扫除青壮年文盲作出了重大贡献。

1964年，为了落实教育部对农村开展扫盲工作的指示，在长街区中心校扫盲干部高茂朝的指导下，各大队重新办起了夜校，招收本大队未入学的青少年入夜校读书。湖东、湖中两个大队借用大湖小学教室上课。湖东大队聘请黄宣利、潘林川为教师，学员有顾小六、冯素娟、陈月素、茅冬芳、胡家江、王校根、李炳占、黄宣安、陈岳素、林兴贤、冯掌娟、胡家建、胡亚芬等40余人。湖中大队聘请胡金余为夜校教师，学员有胡冬娟、蒋婉翠、黄爱华、胡美云、鲍金芬、黄爱萍、吴玉莲、施珍秀、李根花、胡素芬、王瑞祥等30余人。湖西大队聘请胡允达、胡余晓为夜校教师，学员有孙培利、李金莲、徐小凤、胡爱国、胡余莲、徐中苏、陈万根、胡婉芳、胡根凤、冯春彩、谢爱辉等26人。教学课本由宁海县教育局统一发放（语文、数学、品德教育三门）。湖东、湖中借用大湖小学教室上课，课桌、凳、黑板等设备齐全、条件较好，而湖西村办在村公所上课条件差一些，但都能认真刻苦读书，脱盲后，有的应征入伍，有的当上队里的植保员、村干部，为新农村建设作出贡献。

1967—1977年，除一度办起政治夜校，学习小靳庄，学唱革命样板戏、革命歌曲外，业余教育基本停顿，文盲比例有所回升。

1979年，县重建工农业余教育委员会，随之出现了县区乡三级业余教育新局面，长街区各乡配备了业余教育干部，展开了以村为单位的扫盲运动，掀起了多种形式多种层次的识字教育，加速了扫盲进度。至1981年，全镇少青壮年的非文盲率达到88.24%。1985年10月，省市工作组到宁海县扫盲复查验收，长街镇少青壮年的非文盲率为90.38%，由于大湖村扫盲运动走在全镇前列，通过了扫盲合格验收。

二、大湖老年学校

大湖村老年协会为了让村老年人“老有所学”“老有所为”，在第五届会长冯永将、叶义凤带领下，于2005年重阳节办起了“老年学校”。聘请退休干部王胜才、退休教师胡杏林、陈培川等为老年学校教师，老协会会委及组长50余人为学员，学习时事政治、党的方针政策、国际国内形势。同时开展“请进来”、“走出去”等多种形式的学习活动。如：请医院院长或医生来校为老年人作养生保健知识讲座；请镇老龄委领导来校作形势报告；组织学员去外地参观、学习、旅游观光等，既丰富了老年人晚年生活，又增添了老年人生活情趣，深受老年人好评。2011年又聘请了退休干部陈余岳、胡允达充实老年学校教师队伍。大湖老年学校从2005年开办至今已坚持了18年，带动大湖村老年协会各项工作井井有条地开展起来，为老年人“老有所学”“老有所为”作出贡献。

第四节　学　　子

一、明清时期

大湖为历史悠久的千年古村。地灵人杰，人才辈出，这与祖先重视教育是分不开的。明代有胡献来至香花山息静庵苦读而登崇祯元年（1628）戊辰科进士。胡献来是宁海县明代最后一位进士，在朝为官清正廉明，为民称颂。清代因乡无义学，只得借用民居办私塾，学童求学多有不便。清嘉庆年间，由胡知化和胡式化发起募集资金，胡文侦助地基于村东建成文昌阁，为学童提供读书复习之所。清光绪二十八年（1902）大湖五份头富户胡长志代表各富户捐献塘田三百石兴办义学。光绪三十二年（1906）大渔冯村冯载臻出银元3000元建公立宁东（大湖）两等小学堂，提倡富家贫家孩子均可免费入学，因当时多数贫困人家为生活发愁，稍有劳动力的孩子就安排放牛、干农活，真正能上学读书的人甚少，而进学校读书的大都是富户及殷实小康人家的子女。

历代胡氏族人读书之风甚盛，据胡氏宗谱记载，明清时代有进士1人、贡生18人、庠生（秀才）76人、国学生49人、佾生6人、乡宾5人、监生9人、武举1人、武生（武秀才）1人，入政界任职的有兵部郎中1人、知县1人、同知1人、县丞2人、训导2人、农官1人、府典史1人、詹事府副堂1人、史员3人、职员9人、盐大使2人、游府1人、县教谕1人、郎中衔1人、布政司理同1人、诰封礼部待官1人、礼部儒士1人、观察使司1人、总镇1人、建立五品军功3人。

二、民国时期

清末民国初，大湖五份头富豪子弟胡积廉（号旭明）青年时留学日本，先入学东京同文书院，3年后升明治大学法学科，5年后毕业，获法学学士学位证书。民国2年（1913）回国后任北京大学教授兼大律师。胡善兼（号剑华）曾留学日本学医，未毕业辍学回乡，曾任大湖小学校长。另有官房富家子弟胡秉国毕业于浙江警监学校。胡允吉毕业于之江大学附中（浙大前身）。胡积庥（字华生）毕业于杭州蚕桑学校。胡定谦、胡积謇毕业于杭州安定中学。胡维甫、胡修德赴上海、宁波等地读到高中毕业。民国15年（1926）宁海中学创办，本村胡翰国、胡显鎏、胡静斋3人为宁海中学1933—1936年初中毕业生。另有胡显杭、胡金泉、胡家彬、陈万甫等4人到象山读到初中毕业。民国36年（1947）后，历年有胡修谱、胡凌秋、胡余增、胡庆荣、蔡乾贵、胡凌芝、胡传利、胡金檀、陈官鉴、胡履巽、胡庆杰、胡显译、胡婉和等考入宁海中学。胡余兴、胡景兰2人考入宁海简师。一般农家子女能在大湖小学读几年初小（4年级以下）就很不容易了，能读到小学毕业的每年仅10余人。

三、中华人民共和国成立以来

中华人民共和国成立后，工农子女接受教育的机会增多，由于中华人民共和国成立初期村民经济不宽裕，有条件上学读书者仍不多。1950—1955年长街区内没有设初中，本村有胡余舜、胡桂梅、胡秀源、陈培川、胡宝珠、蒋小鹏、胡允枢等8人考入宁海中学（初中）；有赵恩官、陈岳峰、童小富等3人考入初师；有胡庆荣、陈官鉴、胡余舜等3人考入普师，胡余增考入中专。1958年前，宁海中学初中毕业考入宁海中学高中的有胡凌秋、胡修谱、胡凌芝、胡秀源、陈培川、胡宝珠等6人。胡允涵在外地就读高中。

自1956年长街初级中学（象三中）创办以来，1959—1965年长街初中毕业考入宁海中学高中的有胡传苗、胡家标、鲍林岳、吴华松、胡家康、胡雅昇等6人。

1966年夏“文化大革命”开始，高中刚毕业的胡家康、胡雅昇等无缘参加高考。1966年前本村大学毕业或仍在上大学的有胡修谱（毕业于清华大学）、胡凌芝（毕业于北京师范大学）、胡凌秋（毕业于上海师范学院）、胡婉和（毕业于北京大学）、胡阳春（毕业于中央戏剧学院）、胡修元（毕业于杭州大学）、鲍林岳（1964年考入北京农业大学）、吴华松（1965年考入哈尔滨军事工程大学）等8人。1966年前长街初中（宁海三中）毕业后考入中专的有顾昌盛、胡碧珠等2人（1961年困难时期学校停办回乡务农）。长街初中毕业的或上过长街初中的有胡能绍、胡余达、胡显祁、鲍林岳、侯国湘、胡余韬、祝兆荣、泮林川、顾三青、吴华松、胡允达、胡金余、王必林、胡家康、胡雅昇、胡余绍、胡雅芬、王春芬、胡嫦仙等。1968年大湖小学附设初中班（1983年大湖中小学分开）。2003年大湖初中并入长街镇中学。1971年，长街中学（红旗学校）开设高中班，以推荐与考试相结合的形式，大湖村革委会挑选张冰清、胡庆华、王建平、王冬燕、冯婉云、胡小仙等6人进入长街中学高中部读书。1972年大湖村又挑选陈社建、汪美珍、胡小成、胡宝富、王敏英、胡安文、胡小红、孙培丰、胡彩芬、胡允恩、胡缓和等11人进入长街中学高中部读书。随之人数逐年增多。

自1966年6月“文化大革命”开始，全国高校停止招生。1970年国内部分高校试行在老三届（1966年在读的初高中三个年级学生）中招生，王劳旺、应美媛等受推荐为首届工农兵学员入学杭州大学。然后1971年、1972年长街区又有陈荣辉、陈能干等多人进入浙大、杭大。1973年，因宁波地区初中师资不足，利用全地区300名中学退休教师的指标，经推荐与考试，抢在高校招生之前，从宁海县老三届与1973届高中毕业生中招收学生27名，其中长街区有崔荣富、黄道基、徐永元与胡家康等4人被录取，于1973年5月提前入学宁波师范。同年9月，时任浦东学校民办教师的大湖村民叶小华，经推荐与考试以工农兵学员的身份入学浙江医科大学。

1978年国家恢复高考制度，孙培丰、陈汶东和知青罗晓明成为恢复高考制度后大湖村第一批进入高校的学子。后大湖村考入大专院校人数逐年增多，其中有胡国平毕业于清华大学，严望平毕业于清华大学并获得硕士学位，蔡书东毕业于上海交通大学，胡燕敏毕业于中国人民大学，胡林法毕业于中国政法大学，吴雪海毕业于浙江医科大学，叶莹莹、胡恒杰、叶鲁彬获博士学位，胡秀娜获北京邮电大学硕士学位，胡叶亮获硕士学位，胡晓琴、孙梅留学英国，胡超男留学德国。至2020年大湖人考入各级各类大专院校有250余人。

1978—2020年考入高校的大湖村大学生一览表（按入学年份先后排列）

表13-7

序号	姓　名	性别	入学时间	考入学校及类别	专业学科
1	罗晓明	男	1978年9月	宁波师范专科学校	中文系
2	孙培丰	男	1978年9月	浙江师范学院　本科	中文系
3	陈汶东	男	1978年9月	台州师范专科学校	中文系
4	胡宇峰	男	1978年9月	宁波师范专科学校　大专	数学专业
5	胡安文	男	1979年9月	宁波师专余姚教学点	七九数专
6	章其真	男	1980年8月	杭州大学　本科	历史系

续表13-7

序号	姓　名	性别	入学时间	考入学校及类别	专业学科
7	严望平	男	1980年9月	清华大学　本科	计算机科学与工程系
8	胡锦标	男	1980年9月	宁波师范专科学校　大专	数学专业
9	陈建飞	男	1982年8月	浙江师范大学　本科	中文系
10	祝明娟	女	1982年8月	华中科技大学　本科	电力系统及自动化专业
11	王敏英	女	1982年9月	绍兴鲁迅文理学院	政教系
12	鲍真方	男	1983年8月	杭州大学　本科	法律系
13	胡锦昶	男	1984年9月	宁波师范学院　大专	数学
14	蔡书华	男	1984年9月	宁波师范学院　大专	政治历史专业
15	王小芬	女	1984年9月	浙江师范学院　本科	政教专业
16	国晓敏	女	1984年9月	浙江师范学院　本科	历史系
17	严小平	男	1984年9月	浙江树人大学	食品科学与工程
18	胡晓峰	男	1985年9月	宁波市警察学校　大专	治安管理专业
19	符贵成	男	1985年9月	浙江工业大学　本科	自动化专业
20	顾海飞	男	1986年8月	浙江农业大学　本科	行政
21	章其胜	男	1986年8月	浙江财经大学　本科	税务
22	徐备战	男	1986年8月	宁波师范学院　专科	教学
23	国欣荣	男	1986年9月	浙江丝绸工学院　大专	—
24	蔡书东	男	1987年9月	上海交通大学　本科	—
25	冯桂方	女	1987年9月	南京农大　本科	—
26	胡国平	男	1988年8月	清华大学　本科	环保工程学
27	胡余荣	男	1988年8月	浙江粮食学校　大专	会计
28	胡戎赞	男	1988年8月	大连海运学院　本科	计算机
29	陈吉朝	男	1989年8月	宁波商业学校　大专	—
30	胡崇楠	男	1989年9月	浙江工业大学　大专	经营管理
31	胡君方	男	1989年9月	上海海运学院　本科	—
32	吴雪海	男	1990年8月	浙江医科大学　博士	脑外科
33	顾建军	男	1990年8月	宁波市人民警察学校　大专	警察

续表13-7

序号	姓　名	性别	入学时间	考入学校及类别	专业学科
34	章真杰	男	1990 年 8 月	安徽理工大学　本科	化工
35	胡军辉	男	1990 年 8 月	金华财政学院　专科	财会
36	符学勋	男	1990 年 9 月	杭州大学　本科	体育系
37	鲍良军	男	1991 年 8 月	宁波大学　本科	—
38	胡灿辉	男	1991 年 8 月	浙江水产学院　本科	—
39	叶　勤	男	1991 年 9 月	杭州大学　本科	—
40	杨佩芳	女	1992 年 8 月	温州大学　大专	经营管理
41	胡敏江	男	1992 年 8 月	东北工学院　本科	—
42	胡晓彬	男	1992 年 8 月	浙江粮食学校　大专	—
43	胡伟治	男	1993 年 8 月	宁波技校　大专	计算机
44	胡燕敏	女	1993 年 8 月	中国人民大学　本科	注册会计师专业
45	胡林法	男	1993 年 8 月	中国政法大学　本科	行政与管理
46	孙海燕	女	1993 年 9 月	浙江纺织工业学院　大专	计算机系
47	胡海晓	男	1993 年 9 月	宁波师范学院　大专	教学
48	胡志旭	男	1993 年 9 月	宁波师范学院　本科	教学
49	柴春燕	女	1993 年 9 月	宁波市高等专科学校　大专	—
50	吴海臻	男	1994 年 8 月	浙江大学　本科	—
51	陈爱珍	女	1994 年 8 月	丽水工业学校　大专	计算机
52	胡燕红	女	1994 年 8 月	宁波海洋学校　大专	—
53	赵贤春	男	1994 年 9 月	浙江省银行学校　大专	财政金融专业
54	王伟建	男	1994 年 9 月	浙江交通学校　本科	—
55	柴晓燕	女	1994 年 9 月	浙江贸易学校　大专	外贸
56	陈晓薇	女	1994 年 9 月	宁波师范学院	财会
57	鲍福平	男	1994 年 8 月	浙江交通干部学校　大专	—
58	符震球	男	1995 年 8 月	海南省医学院　本科	医学
59	胡旭辉	男	1995 年 8 月	上海海运学院　本科	—
60	胡蓉霞	女	1995 年 8 月	杭州电子工业学院　本科	会计
61	王翔翔	男	1995 年 9 月	浙江工商行政管理学院大专	行政管理

续表13-7

序号	姓　名	性别	入学时间	考入学校及类别	专业学科
62	胡家伟	男	1996年8月	上海水产学院　本科	—
63	叶英飞	女	1996年8月	郑州纺织工学院　大专	财贸
64	胡绍骥	男	1996年8月	开封大学	—
65	尤晓雷	男	1996年8月	苏州丝绸工学院　本科	—
66	童远腾	男	1996年8月	宁波师范学院　大专	教学
67	冯宗逵	男	1996年9月	南京交通学院　本科	高速公路建设管理
68	胡敏超	男	1997年8月	宁波海洋大学　大专	文秘
69	方培培	男	1997年9月	宁波大学　大专	工业造型与装潢
70	胡丽丽	女	1997年8月	宁波师范学院　大专	英语
71	赖岳建	男	1997年9月	山东青岛港湾学院　大专	—
72	金全义	男	1998年8月	北京商业学院	计算机
73	胡晗彬	男	1998年8月	浙江水利水电专科学校	—
74	孙　旭	男	1998年9月	宁波大学　大专	计算机
75	葛远乐	男	1998年8月	宁波高专　大专	建筑
76	胡晓军	男	1998年9月	海南医科大学　大专	—
77	胡莉莉	女	1998年9月	浙江纺织工业学院　大专	—
78	吴海波	男	1998年9月	杭州大学	文科
79	冯静贝	男	1998年9月	宁波人民警察学院　本科	警察
80	胡宝庆	男	1998年8月	浙江高等工商管理学院本科	工商管理
81	葛旭三	女	1999年8月	绍兴贸易经济学院　大专	外贸
82	祝巧惠	女	1999年8月	北京信息工程学院　本科	金融贸易
83	童远达	男	1999年8月	湖南湘潭工学院　本科	—
84	胡恒杰	男	1999年8月	浙江大学	机械工程与软件设计
85	国珊珊	女	1999年8月	宁波广播电视大学　大专	英语
86	侯丽飞	女	1999年8月	宁波大学　本科	教学
87	王尔幸	女	1999年8月	宁波商业学校　专科	计算机

续表13-7

序号	姓　名	性别	入学时间	考入学校及类别	专业学科
88	胡维娜	女	1999 年 8 月	宁波大学　本科	教学
89	国亚蓉	女	1999 年 9 月	宁波大学　大专	英语外贸
90	胡秀娜	女	1999 年 9 月	北京邮电大学　工学硕士	—
91	顾辉辉	男	1999 年 9 月	宁波高等专科学校	机械设计
92	国思思	女	2000 年 8 月	宁波大学　大专	基础教育
93	陈文龙	男	2000 年 8 月	宁波大学　本科	—
94	顾校凯	男	2000 年 8 月	中国农业大学	计算机科学与技术
95	蔡迎春	女	2000 年 8 月	浙江东方职业技术学院　大专	—
96	胡淑惠	女	2000 年 8 月	北京物资学院　大专	—
97	胡伟成	男	2000 年 8 月	浙江工贸职业技术学院　大专	—
98	胡群群	女	2000 年 8 月	宁波高等专科学校　大专	公路与道路工程
99	胡春红	女	2000 年 9 月	宁波广播电视大学　大专	—
100	胡晓军	男	2000 年 9 月	武汉医科大学　本科	医学
101	柴昨丹	女	2000 年 9 月	浙江人文学院　本科	—
102	阮旭初	男	2000 年 9 月	宁波高专　大专	秘书系
103	葛远望	男	2000 年 9 月	嘉兴学院　本科	行政管理
104	葛远科	男	2000 年 9 月	海南省医学院　本科	医学
105	胡丹丹	女	2001 年 7 月	宁波师范学院　大专	教学
106	胡敏超	男	2001 年 8 月	海南省医学院　本科	医学
107	王依甜	女	2001 年 8 月	浙江农业大学　本科	外贸
108	胡叶亮	男	2001 年 9 月	浙江林学院　本科	环保
109	胡晓琴	女	2001 年 9 月	浙江树人大学　本科	赴英留学
110	侯叶青	男	2002 年 8 月	宁波大学　本科	机电一体化
111	顾衷权	男	2002 年 8 月	武汉工业大学　本科	财政
112	胡丁杨	男	2002 年 8 月	金华职业技术学院　大专	机械修理
113	祝绵绵	女	2002 年 8 月	绍兴文理学院　本科	—

续表13-7

序号	姓　名	性别	入学时间	考入学校及类别	专业学科
114	孙　梅	女	2002年8月	北京化工大学	赴英留学2008年回国
115	胡晓晓	女	2002年9月	浙江人文学院　本科	—
116	胡芳园	女	2002年9月	南京大学新闻传播学院本科	广告学系
117	冯锋锋	男	2002年9月	中国美术学院　本科	美术
118	金晓群	女	2002年9月	浙江师范大学　本科	教学
119	王　翔	男	2002年9月	浙江电视高等学院　本科	机械制造
120	胡晓权	男	2002年9月	浙江水利水电学院　大专	—
121	胡程煜	男	2002年9月	浙江大学	—
122	陈文龙	男	2002年9月	宁波大学　本科	自动化流水线专业
123	叶鲁彬	男	2002年9月	浙江大学控制科学与工程学院	—
124	胡　靖	女	2002年9月	杭州传媒学院　本科	计算机
125	谢　琛	女	2002年9月	浙江师范大学　本科	计算机
126	李芳芳	女	2003年8月	宁波服装职业技术学院大专	服装设计
127	吴妮娜	女	2003年8月	宁波服装职业技术学院大专	—
128	柴晓华	男	2003年8月	宁波大红鹰职业技术学院大专	—
129	柴燕琴	女	2003年8月	浙江丽水师范专科学校	教学
130	胡益园	男	2003年8月	浙江林学院　本科	园林设计
131	顾　艳	女	2003年8月	宁波师范学院　大专	教学
132	胡家毫	男	2003年8月	西安外国语学院　本科	外语系
133	胡静芬	女	2003年8月	嘉兴职业技术学院　大专	—
134	俞佩妮	女	2003年8月	浙江绍兴文理学院	—
135	童淑华	女	2003年8月	宁波职业技术学院　大专	—
136	胡　赞	男	2003年8月	浙江财政学院　大专	财会
137	胡学宇	男	2003年8月	浙江财政学院　大专	财贸

续表13-7

序号	姓　名	性别	入学时间	考入学校及类别	专业学科
138	胡盈盈	女	2003 年 9 月	浙江林学院　本科	装潢设计
139	胡康康	女	2003 年 9 月	宁波高等专科学校　大专	—
140	陈　媚	女	2003 年 9 月	浙江工商职业技术学院	工商管理
141	陈雷阳	男	2003 年 9 月	芜湖职业技术学院　大专	—
142	胡元元	男	2003 年 8 月	浙江林学院　本科	生物技术
143	胡科权	男	2003 年 9 月	南京农业大学　本科	计算机
144	胡爱娜	女	2003 年 9 月	嘉兴学院　大专	—
145	吴静静	女	2004 年 7 月	湖北中医学院　本科	中西医
146	陈丽丽	女	2004 年 8 月	温州大学　　本科	—
147	柴振海	男	2004 年 8 月	浙江万里学院　本科	—
148	徐盈芝	女	2004 年 8 月	北京交通大学　本科	信息管理与信息系统
149	胡燕蓉	女	2004 年 8 月	中共中央党校　本科	—
150	胡绿妮	女	2004 年 8 月	山东大学威海分校　本科	电子信息
151	胡聪璨	女	2004 年 8 月	金华广播电视大学　大专	—
152	庄梦雪	女	2004 年 8 月	浙江工业大学浙西分校　大专	—
153	严敏瑞	男	2004 年 8 月	宁波工程学院　大专	—
154	蔡宝儿	女	2004 年 8 月	宁波大红鹰职业技术学院　大专	—
155	胡　娜	女	2004 年 8 月	浙江海洋学院　大专	—
156	胡　倩	女	2004 年 8 月	温州医学院　大专	—
157	胡　敏	女	2004 年 8 月	浙江工商职业技术学院　大专	—
158	胡英杰	男	2004 年 8 月	湖南司法警官职业学院　大专	武　警
159	胡　扬	男	2004 年 8 月	浙江育英职业技术学院　大专	—
160	胡远涛	男	2004 年 8 月	江西工程学院　大专	—
161	胡雅慧	女	2004 年 9 月	浙江教育学院	—
162	胡洁珠	女	2004 年 8 月	浙江大学宁波理工学院	—

续表13-7

序号	姓　名	性别	入学时间	考入学校及类别	专业学科
163	胡　坤	男	2004年8月	浙江轻纺职业技术学院	—
164	柴旭峰	男	2004年8月	重庆工程学院	信息管理与信息系统
165	胡敏建	男	2004年8月	湖北建筑工程学院　本科	建　筑
166	胡巧珂	女	2004年8月	浙江嘉兴学院　本科	—
167	胡佩佩	女	2004年9月	宁波高等职业技术学院	—
168	王旭东	男	2004年9月	江西司法警官职业学院　本科	警　察
169	胡晓凯	男	2005年8月	中国计量学院现代科技学院	—
170	陈晓阳	男	2005年8月	宁波科技学院　本科	—
171	顾晓莉	女	2005年8月	台州技术学院　大专	—
172	胡远建	男	2005年8月	浙江理工大学　本科	—
173	胡晓丹	女	2005年8月	宁波工程学院　本科	—
174	胡婷婷	女	2005年8月	浙江广厦职业技校　大专	—
175	胡婵媛	女	2005年9月	浙江经济职业技术学院　大专	—
176	严巧丹	女	2005年9月	江苏经贸职业技术学院　大专	物流管理
177	胡庆钦	男	2005年9月	浙江工业职业技术学院　大专	机械修理
178	李阳平	男	2005年9月	厦门大学	信息工程
179	徐　灿	男	2005年9月	江西财经大学　本科	财务管理
180	胡文科	男	2005年9月	浙江丽水学院　本科	计算机科学与技术
181	严世景	男	2006年8月	陕西师范大学　本科	应用数学
182	胡张磊	男	2006年8月	华北电力大学　本科	热能动力工程
183	李　迪	男	2006年8月	华北电力大学　本科	电子
184	王珊晶	女	2006年8月	南昌大学　本科	会计
185	顾秀秀	女	2006年8月	浙江林业学院　本科	—
186	祝睿寅	男	2006年8月	琼州学院　本科	消防器材营销
187	胡曦妍	女	2006年9月	上海外国语大学贤达经济人文学院　大专	—

续表13-7

序号	姓　名	性别	入学时间	考入学校及类别	专业学科
188	叶莹莹	女	2006 年 9 月	浙江师范大学　本科	生物系
189	胡远洋	男	2006 年 9 月	浙江师范大学　本科	—
190	郑双科	女	2006 年 9 月	浙江中医药大学　本科	医学
191	王昌盼	男	2006 年 9 月	湖北宜昌教育学院　大专	教学
192	顾晓敏	女	2006 年 9 月	浙江邮电技术学院　大专	邮电
193	鲍颖颖	女	2006 年 9 月	宁波诺丁汉大学　研究生	商务
194	胡芳园	女	2006 年 9 月	伦敦政治经济学院　硕士	大众传播学系
195	顾发统	男	2006 年 9 月	南昌大学　本科	—
196	王　翀	男	2006 年 9 月	浙江人文学院　大专	电子信息
197	葛君敏	女	2007 年 8 月	杭州外贸学院　大专	外贸
198	胡　斌	男	2007 年 8 月	东阳广厦建筑学院　大专	装潢设计
199	顾秀珏	女	2007 年 8 月	浙江农林大学　本科	城市管理
200	鲍瑞英	女	2007 年 9 月	宁波教育学院　大专	会计
201	胡　昆	男	2007 年 9 月	浙江工业大学　本科	—
202	胡丹华	女	2007 年 9 月	浙江树人大学　本科	—
203	邵珍珍	女	2007 年 9 月	湖北经济学院　本科	财会专业
204	胡　颖	女	2007 年 9 月	陕西理工大学　本科	—
205	胡楚银	男	2007 年 9 月	山东建筑大学　大专	—
206	叶添添	女	2008 年 9 月	浙江商业职业学院　大专	国际贸易
207	胡　科	男	2008 年 9 月	南京工业大学　大专	—
208	胡瀚允	女	2008 年 9 月	浙江同济科技职业技术学院	—
209	张海涛	男	2008 年 9 月	西北大学　本科	化工
210	王卓庆	男	2008 年 8 月	江苏泰州职业技术学院　大专	机械
211	鲍昕之	男	2008 年 8 月	浙江金融学院　本科	会计
212	王才龙	男	2009 年 8 月	杭州理工学院　大专	机电一体化
213	王文静	女	2009 年 8 月	浙江师范大学行知学院　本科	国贸
214	胡乐敏	女	2009 年 9 月	宁波高等专科学校　大专	—

续表13-7

序号	姓　名	性别	入学时间	考入学校及类别	专业学科
215	徐剑敏	男	2010 年 8 月	金华建筑技术学院　本科	土建工程
216	胡益明	男	2010 年 8 月	长春汽车工业高等专科学院 大专	汽车维修
217	顾育培	女	2010 年 8 月	宁波大学　本科	数学
218	陈俊晓	男	2010 年 9 月	中国民航航空学院　本科	航空机司
219	胡　剑	男	2010 年 9 月	兰州大学物理系　本科	—
220	胡哲铭	男	2011 年 9 月	江西财经大学	—
221	叶盛盛	男	2011 年 9 月	上海大学　本科	工商管理
222	顾发校	男	2011 年 9 月	宁波市人民警察学校　大专	警察
223	胡　滨	男	2011 年 9 月	宁波机师学院　大专	机械
224	侯锦松	男	2011 年 9 月	浙江理工大学　本科	机械制造与自动化
225	侯松德	男	2011 年 9 月	中国海洋大学青岛学院 本科	工商管理
226	李霄峰	男	2012 年 8 月	浙江理工大学　本科	自动化
227	胡振涛	男	2012 年 8 月	绍兴文理学院　本科	土木工程
228	胡益品	男	2012 年 9 月	海南经贸学院　大专	计算机
229	胡亮亮	男	2013 年 8 月	杭州电子科技大学　大专	装潢设计
230	冯梦婷	女	2013 年 8 月	上海财经大学　大专	财贸
231	李宁宁	女	2013 年 9 月	浙江中医学大学　本科	药学
232	胡博豪	男	2013 年 9 月	浙江工业大学　本科	室内设计
233	林静静	女	2013 年 9 月	浙江师范大学　本科	教学
234	蒋　宇	女	2014 年 8 月	杭州师范学院　大专	幼师
235	胡涵韬	男	2014 年 8 月	四川大学华西口腔医学院 本科	口腔医学
236	王倍吉	女	2015 年 9 月	上海同济大学　本科	环境设计
237	胡志铎	男	2015 年 9 月	浙江工业大学　大专	建筑管理
238	蒋盈盈	女	2015 年 9 月	浙江金融职业学院　大专	房地产经营
239	胡长海	男	2016 年 8 月	温州商学院　本科	机械
240	周雄滔	男	2016 年 9 月	湖南大学　本科	工商管理

续表13-7

序号	姓　名	性别	入学时间	考入学校及类别	专业学科
241	国萍萍	女	2016 年 9 月	浙江财政大学　大专	会计
242	国语桐	女	2016 年 9 月	西安美术学院　本科	美术
243	胡梦雪	女	2016 年 9 月	浙江科技大学　本科	—
244	胡玲仪	女	2016 年 9 月	温州医科大学　本科	医学
245	胡芳园	女	2016 年 9 月	长江商学院 EMBA　硕士	—
246	郑国强	男	2017 年 8 月	浙江交通技术学院航空分院	航空交通
247	胡晨晨	女	2017 年 8 月	杭州医科学院　大专	医学
248	王佳妮	女	2018 年 9 月	江西财政大学　本科	金融
249	侯文凯	男	2018 年 9 月	绍兴文理学院元培学院　本科	计算机
250	金童童	男	2018 年 9 月	杭州中医大学　本科	中西医
251	郑莎莎	女	2018 年 9 月	宁波大学　大专	幼师
252	张可科	男	2019 年 9 月	杭州计量大学　本科	计量
253	庄宇豪	男	2019 年 9 月	浙江理工大学　本科	机械
254	侯纪强	男	2019 年 9 月	浙江台州技术学院　大专	机械
255	李文慧	女	2019 年 9 月	舟山海洋学院　本科	护理
256	杨铁中	女	2020 年 9 月	舟山海洋学院　本科	教学
257	胡志聪	男	2020 年 9 月	浙江广厦建设职业技术学院	信息与控制工程
258	胡　峰	男	2020 年 8 月	中国地质大学　本科	电气自动化
259	胡晓蕾	女	2020 年 9 月	杭州交通大学　大专	外贸
260	胡铭津	女	2020 年 9 月	湖南城市学院　本科	材料类

注：不包括部分户籍不在大湖村与在职自考者。

第十四章　卫　生

第一节　医疗　保健

一、清代与民国初期医疗概况

清末民国初，大湖村内无药铺与医生，村民生病只能服用民间流传的草药，或到庙宇中求神讨香药（服用）。村民流传着“有铟做铟着，无钱做命着”，只有少数富户家有人生病，才到宁海请当时著名中医严子韶（黄坛人，上海中医学院院长严苍山之父），雇轿夫抬到大湖，住在家中为病人诊治。严子韶与长街王翊卿为同科庠生，而王翊卿与大湖胡积诚为儿女亲家，由于这层关系，严子韶经常借住胡积诚家，并带来医书亲自指导胡积诚研读，这样胡积诚也掌握了中医知识与技能，成为中医师。后胡积诚乐善好施，不收佣金为贫苦村民治病，村民送些时令果蔬、土特产表示感谢，深受村民好评。

当时乡村缺医少药，尤其是妇女坐产，没有助产妇士（接生员，时称捉生婆），有人竟用生锈剪刀剪脐带，死于“七日疯”成常态，婴儿死亡率极高，造成了许多家庭破碎，让人痛心疾首。面对窘况，于是由王翊卿（长街退职回乡官）发起，严子韶、胡积诚积极响应，并动员其弟胡积謇（杭州安定中学毕业，大湖富绅），4 人商量决定，共同出资刊印当时最为先进的妇幼科中医专著《达生编》数千册，将此书分发到各村各户，宣传普及保胎、养胎、顺产的科学知识，同时出资培训接生员，推广先进接生技能。胡积诚、胡积謇、王翊卿、严子韶等人为保一方民众妇幼平安、家庭幸福作出了显著贡献，他们的优秀品德值得弘扬。

二、药店　民间医生

民国初村内无药铺与医院，只有几个民间土医生（郎中），居家行医，用的都是中草药。村民若生病用的是传统的中草药，或去长街等地看中医买中药。民国 12 年（1923）村内开办起益和、斋中 2 所中药店，店主分别是胡思梅与章熙官，2 家药店各有坐堂中医师 1 人。村内还有湖东胡家官、湖西胡云常与胡积进等几位民间土医生，而胡云常与胡积进是专治小儿麻疹的麻痘医生，还有几位民间助产士（接生员：湖东村的雪姆与湖中村的朱花）。

中华人民共和国成立初，延续旧模式。1953 年村民胡家申与宁海城关徐道璋合作开办西医诊所，黄正律开办了一家中药铺。民间医生胡家官、胡云常与胡积进继续行医。1966 年湖东、湖中、湖西并村后，成立长亭保健所大湖分所，配医务人员 6 名，设内科、眼科、牙科。1968 年后，大湖村办起合作医疗站，培训配置医务人员林火根、叶义凤、胡家尧、胡校辉、祝常照等 5 人，每个生产队配保健员 1 人。1971 年大湖分所被撤销。1978 年后，大湖村合作医疗站改为卫生服务室。村内有林火根、陈贤瑾、黄雪珍等 3 个卫生服务室与 3 名医生，还有 2 名民间麻痘医生。2012 年后村内相继开办起 4 家大药房（康顺大药房 2 家、正广和大药房与天顺大药房）。

三、卫生所

1968—1970 年，农村合作医疗兴起，村内办起合作医疗站，有医生 4 人，大湖 19 个生产队，每个生产队配保健员 1 人，共 19 人。参加医疗保险的方法是：由村、队、个人三级负担，每级出资各 3 元，才可享受村合作医疗。1985 年合作医疗站改称保健站。1986 年整顿保健站，乡村医务人员经县卫生部门检测合格，保留胡家尧、饶超颖、黄雪珍、林火根等 4 名医生。1990 年保健站更名为卫生室。此后，每两年对乡村医生、卫生员进行一次培训，经考核合格者发给医疗执业许可证。2004 年起村保健站改称村社区卫生服务室。2005 年，大湖村有以个人名字命名的村级社区卫生服务室 4 所。2020 年，大湖村有林火根、黄雪珍、陈贤瑾等 3 所卫生服务室。

四、新型农村合作医疗

新型农村合作医疗创办于 2004 年，参保对象是户籍在宁海的农民，按户籍所在行政村以户为单位实行整户参保，参保个人每人30元，镇乡政府补助19元、县政府补助24元、市政府补助20元。是年，村内参保3000人左右，参保率85%。2006年缴纳标准提到每人50元，因保险金全额由村支付，参保率达100%。近年保险金提高到每人450元与720元，村里补贴200元。2021年个人自愿申报的保险金从每人500元提高到750元，但村里补贴仍旧200元，其余由参保者负担，村民们人人都参加了医疗保险。参保人员医药费的报销规定：普通小病在镇乡卫生院治疗，医药费可按规定报销；大病住院的医药费和7种特殊病种（脑卒中、糖尿病、恶性肿瘤、慢性尿毒症、系统性红斑狼疮障碍性贫血、器官移植后续治疗）的门诊医药费，可按规定报销；低保、“五保”等扶持人员以及发生大额医药费导致家庭困难的贫困人员，再可得到大病二次补助；参保人员可享受当地卫生院提供的每两年一次的免费健康体检，70岁以上老人每年一次免费健康体检。

五、妇幼保健

1979年起定期开展对儿童健康检查，实行计划免疫，推行乙肝疫苗接种，保护儿童身心健康。建立儿童健康档案，儿童持有健康卡。

1984年对全村幼儿园小学实施健康检查与卫生指导，并形成制度。

1985年起实行孕产妇系统管理，建立健康档案，做到产前检查，实行妇女经期、孕期、产期、哺乳期等四期保健。对妇女常见疾病宫颈癌、乳腺癌重点加以筛查，定期检查。

2005年实施对7岁以下儿童系统管理，定期体检、打预防针等。

第二节　疾病与防治

一、典型传染病与防治

民国时期　村内卫生环境乱、脏、差，导致常见病传染病多发生，有“每年小乱、三年大乱”之感觉。急性传染病有10余种，霍乱、天花、流行性脑膜炎、乙型脑炎、痢疾、伤寒、疟疾等疾病广泛流行。每当晚秋季节，许多村民患“疟疾”（俗称卖柴）病，钻稻草窝取暖的比比皆是。民国36年

（1947）夏，村内曾发生多起霍乱病例。

中华人民共和国成立后　实行“以防为主，治疗为辅”的方针，开展防疫工作。1953年镇卫生所首次为本镇居民免费接种牛痘、霍乱和伤寒菌疫苗。20世纪50年代中后期，霍乱、天花等疾病得到有效控制。

1961年，公社成立除害灭病领导小组和爱国卫生运动委员会。开展以除“四害”（苍蝇、蚊子、老鼠、麻雀）为中心的爱国卫生运动。对全镇居民普遍接种牛痘、白喉、伤寒、卡介苗、百日咳、乙脑、霍乱等7种疫苗。

1962年，长街开始重视对粪便的管理，开展对流行性肝炎的防治。同年急性肠胃道传染病逞凶，流行麻疹，镇卫生所全面及时施行检疫和预防，传染性疾病得到有效控制。

1976年，长街中心卫生院增设卫生防疫专职人员，建立与健全了防疫网。

1978年起，施行“计划免疫”，建立户口总册与儿童、成年人预防接种清单，提高接种率和全程率。

1980年后，开展传染病普查，积极防治取得成效。

1983年，配备冷藏设备，对卡介苗、麻疹疫苗、百日咳等3种疫苗、脊灰糖丸等主要生物制品实行计划免疫接种。4种疫苗接种后，六病（麻疹、百日咳、白喉、破伤风、结核病、小儿麻痹症）的发病率显著下降。到2005年，长街镇7岁以下儿童四苗免疫接种覆盖率达99.64%。

2003年，国内广东、北京、山西、内蒙古发生“非典”病例。遵照宁非防〔2003〕9号文件精神，境内切实做好返乡人员和外来人员“非典”防治工作，村内设点检查，对外来人员实施“属地管理、按级负责”的原则，做好“非典”防治工作，抗击“非典”达到预期的目的。

二、常见疾病与防治

常见疾病包括急性上呼吸道感染、支气管炎、肺气肿、肺炎、急慢性胃炎、结肠炎、慢性肝炎、高血压、冠心病、糖尿病、痛风、脑梗、脑梗死、脑出血、脑炎、颈椎、腰椎间盘突出症、肾盂肾炎、泌尿系统结石损伤、前列腺炎、肿瘤、中毒、损伤等。

防治方法：村民人人参加医保，建立卫生档案，向村民宣讲卫生保健知识，防重于治。如对“三高”患者，村老人协会每月逢五、二十日定期测量血压和血糖。大多疾病一旦发现能及时到各大医院进行医治。

三、健康状况调查

至 2020 年 12 月为止，大湖村 60 周岁以上老人健在 920 人，村民平均寿命 72 岁。

第十五章　文　　化

大湖村始建宋代，至今有近千年历史。以胡姓为主，另有冯、李、祝、蔡、叶、郑、顾、赖姓氏族人入住，传承繁衍生息，人文荟萃，明代有进士胡献来，清代虽无高官大家，但贡生、庠生较多，诗文创作丰富，近代涌现出大批文人善士，在宁海的历史上留下浓墨重彩的一笔，展示了东出缑城第一大村的风采。

第一节　文化设施

一、戏台　文化礼堂

胡氏宗祠戏台　大湖村内仅胡氏宗祠内有一老戏台，戏台坐南朝北、面对大殿（祖堂），戏台与大殿（祖堂）间隔一个院子，院子东西两侧各有五间二层楼厢房，戏台三面敞开，另一面作演奏后台。20 世纪 70 年代初，村办榨油厂等需要将祠堂连同戏台拆除。2005 年后重建胡氏宗祠扩建戏台。

胡氏宗祠戏台（2020 年摄）

沙头庙戏台（2020 年摄）

沙头庙戏台 1987年村民在沙头庙旧址重建大湖沙头庙，庙里供奉着神像，供村民与群众念佛诵经活动。内有戏台一座，每年灯头日（正月十五）及庙会（十月初十）时必请外地剧团、戏班来此连续多场演出。

大湖西片文化礼堂 2011年4月，大湖西片投资建造文化礼堂一所，坐落在长坟头西南，占地4.5亩，建筑面积1500平方米，总耗资120万元。

大湖中片文化礼堂 2015年春，大湖中片投资建造文化礼堂一所，坐落隔岸桥头西南面，占地面积3亩，建筑面积1000平方米，总耗资150万元。

大湖村文化礼堂 1972年由大湖村自主设计，泥水木匠分别由叶金宝与胡家朝当首，建造起了一座总建筑面积620平方米、占地面积685平方米、有960个座位的“大湖村大会堂”。由于当时建筑材料紧缺，采用的又是木结构大跨度人字梁，在建造门楼顶层上梁时发生重大事故（木匠胡家根与帮工胡小亲2人受重伤，近10人伤势稍轻）。建成后使用了32年，后被安全监督部门鉴定为危房，2005年被拆除，大会堂地址改建成“大湖公园”。

2018年，耗资280万元，择地重建，将大会堂改称为“文化礼堂”。总占地面积3亩，建筑面积1500平方米，内有戏台一座，并配置100桌办理婚丧事的酒席设施。

大湖村文化礼堂内戏台

（2020年摄）

二、广播与电视

1960年大湖村从长街广播站通入广播、接上喇叭。当时大湖3个村只有4只大喇叭，每天晚上村民们聚集在大喇叭旁收听广播。1972年后，每户逐年安装上小喇叭，全村近700只，广播入户率达90%以上；1990年底大湖村从长街广播电视站接入有线电视，转播7套节目，1992年增至12套。1999年全县联网，接通有线电视，全村共有电视用户1200多户（包括非农业户），电视覆盖率100%。21世纪网络电视占全村60%。

第二节　群众文艺

一、俱乐部和业余剧团

1956年，湖中高级合作社组建了一个俱乐部，鲍于全为负责人兼乐队指挥，陈绍富为导演，社员村民为演员，剧种有京剧、越剧、乱弹，文化生活丰富。随后湖东、湖西也相继建立起俱乐部。1962年响应“百花齐放、推陈出新”的号召，在原有俱乐部的基础上，大湖湖东、湖中、湖西3个村分别成立业余剧团。湖东剧团团长蔡海官、胡校根，演出的代表剧目有《征东》《狸猫换太子（六七本）》《审双皇》《潞安洲》《双枪陆文龙》《血手印》《三请樊梨花》《曹仙传》等。湖中剧团团长鲍于全，演出的代表剧目有《情义冤仇》《刘备招亲》《蛟龙扇》《蝴蝶杯》《状元斩母》等。湖西剧团团长侯祖水，演出的代表剧目有《双龙大会》《龙虎斗》《三皇府》《通大箫》《双合桃》《斩李光》《岳雷挂帅》等18本。每逢喜庆节日，3个剧团分别各演三夜，共演出九夜。农闲时应邀去邻村及各地演出。1966年“文化大革命”，破四旧立四新。1967年下半年大湖湖东、湖中、湖西3个俱乐部被打成“封资修黑店”，古装戏剧纱帽龙袍等价值上万元的道具行头全部被烧毁，图书资料被洗劫一空，大湖3个业余剧团解散。1972年推广革命样板戏，大湖村组织排演革命样板戏，代表剧目有《红灯记》《杜鹃山》等。2008年长街镇文娱爱好者组成以陈余岳为团长的大湖老人协会文娱演出队，演出的代表剧目有《白兔记》《血手印》《包公审双皇》《白令郎救驾》《五女拜寿》《血溅北狼关》《穆柯寨》《双美救国》《状元夺妻》《龙虎斗》《春草闯堂》等。几年来，大湖老人协会文娱演出队共演出了70余场次。

二、民间艺术

按传统习俗，每逢春节、元宵佳节及村灯头日，有扎制彩灯，举行灯舞等活动。彩灯有：马灯、车灯、船灯、狮子舞、龙灯舞等。

狮子舞（俗称舞狮子） 旧时每年元宵节，各村组织狮子舞，锣鼓喧天，串街走户，投帖联系。这种活动常伴以武术，参与人数至少十几人，多至几十人。狮子头用竹、木片扎成，蒙上彩布，眼睛能开能闭、口能张能合，用麻丝做狮子毛，“狮子被”连接狮子首尾。表演时，2 人分别充当狮子上身与下身（臀、腿），披上彩色“狮子被”。舞狮动作有脚趾搔痒、嘴巴舐毛、打滚、跳跃、腾转、蹲伏、跳五角灯、参拜等。舞狮休息时有武术表演：打拳耍棒、擂火球、跳桌角、鲫鱼过滩等。中华人民共和国成立初，湖东、湖中、湖西 3 个村各有一班狮子队。

龙灯舞（俗称打龙灯） 竹篾扎制成龙头与一节节竹笼组成的龙身，外部用布（龙皮）连接成一条龙。竹笼至少九节，多至几十节，但必须是奇数，首尾两节像龙头龙尾。竹笼直径约 0.5 米、长约 1.5 米，每节装有长 2 米的木棍。表演时，每节配一人持棍、引舞者挥动珠灯和着粗犷的锣鼓节奏，引“龙”抢“珠”、逗“龙”游舞。有时掌龙头者直接领舞，各节随之自然游舞、翻滚。晚间，每节笼内装灯，闪闪发光，伴舞摆阵，阵式有：跑马阵、元宝抽心、柴爿扣等。2018 年大湖村重组舞狮队与舞龙队，由两条龙两只狮子组合而成，男女各分一队，共 30 人参加。两年来先后表演 30 多场，深受群众的好评。

马灯舞 用竹篾扎成马身、马头，外面用红色、白色、黑色等颜色绒布蒙上，配上马的眼睛、鬃毛、马尾、马缰绳，挂上马铃，表演者套上马身，挥舞马鞭进行各种舞蹈表演，乐队配以锣鼓及马灯调乐曲。表演者边唱边演，深受观众喜爱。本村老年协会组织的马灯舞队曾多次参加长街蛏子节、慈城年糕节及各村节庆表演，深受群众的好评。

木偶 木偶有三类：布袋木偶（俗称独角戏）：仅一人操作表演，在一张八仙桌上放置篾箱（四周围着青色布幕），旁插扁担，一个布做的小舞台就挂在扁担上，艺人坐在篾箱上，左脚踏在一架能掌控大锣、小钹的小转扭上敲锣、钹，右手敲小鼓小锣，左手食指套木偶头部，大拇指套住布袋袖子为木偶“右手”，另外三指同套一只布袋袖子为木偶“左手”，灵活表演各种动作。演出时，根据剧情灵活换头换衣，如遇双方对打场面，停止小锣、小鼓的敲击，双手套上木偶，各持武器来回“冲杀”，由于桌子四周围着青色布幕，观众看不到操纵者，只见木偶在舞台上表演，唱的曲调多半是“乱弹”曲（注：独角戏于 20 世纪 50—60 年代由村内艺人鲍于全、胡维亨等表演，现无传人，已失传)。套杆木偶（俗称棒头孩)：演出舞台约2平方米，四周围青布幕，高约2米，木偶头大如鹅蛋，套在竹竿上。表演时，使木偶全身露出舞台，操纵者一手持套杆，一手持支撑木偶，两手的小竹竿表演动作，幕后设乐队，曲调以乱弹与越剧居多。牵线木偶（俗称掣孩)：以青布制成高约2米、宽1.5米、纵深1米的小舞台，艺人站在幕后的桌子上，两手牵动着木偶头、手、脚上系的线进行表演，边演边配音，乐队在幕后吹打，曲调有越剧、京剧、乱弹等。如今村内无棒头孩的表演艺人。

走书　源于宁波，是江南三大曲艺之一（另有苏州评弹和绍兴莲花落)。20世纪60年代，有乐曲爱好者从宁波引入走书曲谱。20世纪70年代后本籍开始学演走书，较出名的有大祝村祝立方、李春莲夫妇和合宁村的胡林凤（祖籍大湖)。

吹唱（即吹鼓手、俗称“惰贫、惰民”）　民间凡遇婚嫁喜庆丧葬等大事，邀“吹唱”以增加喜庆欢乐气氛与丧事悲哀情景。吹唱班一般由四五个艺人自行组成，他们随带胡琴、喇叭、锣鼓等乐器。根据主家之事而选定吹唱的剧目，演唱的曲调以平调、乱弹与越剧居多。吹唱者多是能吹打会演唱的民间艺人。本村解放前有龚正苗、李知友2家理发兼吹唱。中华人民共和国成立后，虽依旧称“惰贫”，但已无“卑贱”称谓之意。20世纪50—70年代，吹唱者多为男性，20世纪80年代后吹唱班子多为男女合班，曲调多样，以越剧为主，还有平调乱弹走书等。21世纪的吹唱班子以“凑拢班”为主，带有职业性质。

第三节　历代诗词选

选自《大湖胡氏宗谱》

归篠溪展墓

胡居端（1167—1243）字伯瑞　宋始迁大湖祖

赘居东海几星霜，今日归来识故乡。
先陇寒烟苍桂老，残碑暮雨碧苔荒。

尚遗簪笏传家好，更有芝兰奕叶芳。
认向东风陈一奠，肯同郭氏拜汾阳。

胡大阜诗选

胡大阜　字子乾　胡献来之堂兄　庠生

送觉非之岳州临饯口占绝句

司马分符莅岳州，政余凭眺岳阳楼。
勤心好玩希文记，有志当先天下忧。

（注：胡献来，号觉非，时赴湖南岳州上任兵备之职。堂兄大阜为献来送行，即兴口占绝句）

送弟觉非自松江入为武选郎

汉廷既远循良绝，三载云间堪继绝。
覆如云日润如玉，堪似壶冰白似雪。
天子知名朝密枢，入朝司马清风越。
殷勤祖饯富诗篇，我独告君靖献决。
胸上须磨范老兵，腔中要洒于公血。
洒尽血时神鬼惊，两手摩天擎日月。

篮舆行　为弟觉非作

豪官巍任归故乡，昔人誉为画锦堂。
黄金肘后印如斗，宝剑匣中龙欲吼。
门前车马迅雷轰，左右仆从流云拥。
都邑小吏走下风，乡里小儿魂魄动。
纷纷俗子多夸耀，贤哲何曾因此重。
昔年吾台恭敏公，曾为方伯至广东。
买驴单骑出东门，青史垂名口颊芬。
君今篮舆毋乃同，先后清规相映隆。
篮舆篮舆亦不恶，古道萧疏先历落。
浓绮繁华转盼销，千载高风在冥寞。

无知野叟或相嘲，我为古谊为扬榷。
惠风和畅吹短笛，风送声传麒麟阁。

送觉非出使归省还朝

霓旌暂得傍家山，玉节趋朝响佩环。
丹凤口衔天语重，白云心恋舞衣斑。
如茵草色侵归辇，弄柳莺歌送远帆。
到日君王问民事，监门图绘历忠丹。

义士行（为族侄汝气仲浩作）

君家令德汝气君，英风雅度迥迈伦。
亭亭高义薄云汉，矫如野鹤在鸡群。
富而能散范少伯，慷慨好施马将军。
天行小旱连岁饥，母叹苌楚女仳离。
流离载道相啜泣，谁绘监门上帝畿。
好义捐资有贤院，买米煮粥哺流离。
一岁如斯复一岁，速行四载无倦期。
妇脱钗钏佐夫义，高义成双世所稀。
囊橐既空复劝募，为民靖命蒙霜露。
手握盂瓢亲乳哺，本非好名名自随。
令闻令望耸崔嵬，口碑载道无休歇。
晚近以来真豪杰，相彼龌龊守钱虏。
朽红自拥如卓坞，哀乎犹自秘囊橐。
遂令彼独为君子，富贵一朝同朽腐。
好义千秋垂韵馨，我为是叙勒不朽。天长地久同氤氲。

湖南纪胜诗十二首（选十首）

香樟开屏（香花山有仙人座玉井潭）

台华飞舞到罡峰，锦绣屏开列翠浓。
霭霭香云浮石磴，芫芫花雨洒虬松。

仙人座上翔元鹤，玉井潭边起卧龙。
好咏嵩高祈岳降，南金东箭显奇踪。

沙井灵泉

万斛泉源穴下穿，清沦澄淡映云天。
沙湾龙亘谯楼外，地脉鳌撑古庙前。
似近似遥流湛湛，非深非浅滴涓涓。
一杯引动千夫绠，南海应称第一泉。

真武奇峰（青珠山）

真武奇峰耸九霄，层崖翠色望中饶。
松虬盍偃千秋脉，剑窟源过万里潮。
金壁浮悬台顶绝，珠崖映起赤城标。
平川广野开奇嶂，东对沙头似笏朝。

卓笏震方

侧身东望白云边，卓笏嵯峨点翠烟。
日海高升千谷晓，乾坤中剖一峰悬。
灵钟美士丹霞秀，采映人文玉笋班。
想是巨灵昂欲奋，挣开头角出云端。

海带迴澜

若砺香山铁障开，大江环抱德星台。
千村翠贴银涛里，万社云村锦浪堆。
泛海人同濠濮趣，乘槎客自斗牛来。
盈盈缭绕盘东国，组绶应看列上台。

南华特秀（南石佛）

南望华峰耸碧空，如来仪象蔚青葱。
虹悬天半飞铃锡，雷震波心响鼓钟。
五屿排开香案纂，三门环绕释梵宫。
白衣苍狗斯须变，天遣威神震海东。

石桥古渡

鞭石飞来海角天，玉虹长亘锁云烟。
乘轩须博乘槎趣，南北天分一渡连。

狮峰耸献

白泽雄威百兽魁，谁人携上碧云堆。
一声雷动中天吼，唤起骊龙跃水隈。

状元卓案（满山时现海市蜃楼）

百里回峦耸，前开一案隆。龙光晴焕彩，渔火夜飞空。
海市腾蛟室，蜃楼跨溟宫。何来灵境绝，鳌背映天红。

笔山远眺

东南开叠嶂，山外培嵸隆。卓笏参嵯秀，遥峰翠黛同。
云蒸飞墨泼，霞绚布笺红。矫矫凌云赋，登高绘碧空。

胡开化诗选

胡开化（1778—1844）字维雨　号真斋　邑庠生

重过大觉堂书

旧地重游意怃然，山林无恙景俱迁。
一堂讲席空陈迹，两世师门有夙缘。
同学半多成异物，吾生那不惜华年。
自惭半百平头过，角逐文场让后贤。

诸葛武侯

汉主求贤屈乘舆，先生感激效驰驱。
龙冈早定三分鼎，鱼腹犹留八阵图。
岂但功名高管乐，应教出处愧崔徐。
大星忽向前军堕，戮力中原事竟虚。

苔钱

一雨迷离接旧痕，荷钱榆荚漫同论。
喜无铜臭堪医俗，难买春光欲断魂。
几处含烟堆古篆，何心附热上豪门。
杖头倘许幽人挂，日日来寻卖酒村。

示世侄某

同此小儿女，看人易长成。向时旧识面，今日渐忘名。
汝已经婚娶，余真愧友生。父书闻喜读，差慰老夫情。

上巳登香花山

胡长瀛（1790—1825）字蔚之　号步斋

一自兰亭禊事修，重三佳节几勾留。
又逢曲水开新晏，共约崇山续旧游。
坐次管弦春浩荡，眼前人物晋风流。
跳龙卧虎高文在，此日谁将妙墨收。

对酒

胡积时（1797—1840）字成年　邑庠生

竖子英雄一例过，我今对酒自当歌。名扬历尽开眉少，世味尝来苦口多。
有限光阴梭暗掷，无穷意气墨同磨。唾壶敲缺谁能识，独向樽前唤奈何。

诗二首

胡日滋（1800—?）

樵夫

携斧砟杈丫，山间笑语哗。松杉开世界，林谷寄生涯。
旧事夸修月，新痕带落霞。观棋柯不烂，何日到仙家。

箬笠

小笠真工巧，青青箬叶编。痕留山翠淡，影落钓矶圆。
冒雨扶犁稳，冲云荷锸便。簪缨何足慕，旧业只桑田。

秋蝉

胡长浙（1801—1864）字国椿，号鹏翔

不待凉风暑气收，蝉声催到一天秋。
晚烟乍起日沉阁，疏雨初晴人倚楼。
几处坡塘花瑟瑟，谁家庭院叶飕飕。
新餐玉露知高洁，肯与寒虫互唱酬。

胡日宣诗选

胡日宣（1803—1862）名思绍，号适园，增广生

辛丑岁大讥感赋

无麦又无禾，奇荒奈若何？谋生悉计拙，坐食觉人多。
有字饥难煮，非田砚几磨。儒风原淡泊，弹铗漫兴歌。
乐岁多狼戾，谁深未雨谋。指囷空夏屋，输粟遍秦舟。
市价随潮涨，人情似流水。盈虚天有道，斯理可推求。

北风

今夜北风紧，吹人毛骨惊。穷愁增傲气，老病厌余生。
独对残灯影，频闻落叶声。艰难悲世事，荒乱一时并。

安贫

贫是儒家事，艰难合自安。只怜孙幼少，未解境饥寒。
每饭啼呼急，空言慰藉难。指囷今世少，热眼几人看。

割　麦

无钱买米炊，有米愁薪湿。灶火倘终虚，胡以安家室。
推扉望陇首，麦秋今已及。风来饼饵香，收割趁晴日。
呼僮往刈归，青黄尚两色。青者磨成虫，黄者舂作屑。
簸扬去秕糠，十足存六七。束杆可代薪，一举计两得。
且救眼前饥，亦是权宜术。童孙不更事，强索麦虫吃。
或用衣襟包，或将双手撮。喧闹各争多，俨如分枣栗。
老夫方坐观，盈虚悟得失。昔逢大有年，粒米多狼藉。
搬运出外洋，泥沙谁复惜。今也遍地荒，粮尽谁告籴。
稍获釜与庾，珍之同拱璧。籍非二麦熟，清斋增叹息。
维愿田舍翁，多收十余石。庶儿免辍耕，亩南得尽力。
乃知生民业，所宝惟稼穑。若农不力田，安望苗秀实。
书此勉儿曹，勤俭毋坐食。

读家忠简公劾秦桧疏

北望山陵涕泪遥，复仇大义昧群僚。
偷生只合投东海，蒙耻安能立小朝。
一疏排奸臣志切，十年被谪主恩饶。
盈庭唯诺终何济，独觉棱棱直节昭。

汉　高　祖

中原逐鹿共纷争，天眷炎刘业竟成。
快意帝王三尺剑，忍心父子一杯羹。
猜疑岂是英君度，谩骂终惭长者名。
慷慨大风歌猛士，可曾回首惜韩彭。

宋　高　宗

枉输金币议和戎，从此偏安一局终。
南度君王能雪耻，北征将帅自成功。
班师诏已来三殿，扶辇心谁念两宫。
痛惜不师灵武事，独教李郭效孤忠。

胡积櫄诗选

胡积櫄（1809—1857）字子羽，号东渔，庠名翰元，邑庠生

春日偶成

浴蚕天气最温和，好景偏从病里过。
诗以言情休论拙，酒因遣兴不妨多。
有心避俗长如此，无计偷闲可奈何。
拟着芒鞋登翠岱，壮怀且自付高歌。

客中遣兴

塞上风云江上波，愁来无奈客情何。
人如看月团圆少，事若弹棋变化多。
一半生涯成落拓，千年岁月感蹉跎。
从今不下穷途泪，买得青山好啸歌。

九日登香花山

三径花开锁落晖，一年冷节肯相违。
延龄有意收黄菊，送酒无人望白衣。
宴集龙山诗孰继，声传湘湖雁初飞。
打门幸少催租吏，好约同侪上翠微。

挑　野　菜

挑野菜，挑野菜，可怜老妇汗浃背。
去年种麦苦淫雨，今年种黍付焦土。
挑得野菜疗饥苦，君不见衣厚絮食嘉禾。
旧时鼓腹终宵歌，昊天不惠今奈何。

野　鸟

野鸟闲适无拘束，山巅水涯任所欲。
一朝忽作凌霄想，尽力翱翔随黄鹄。
讵知高处飞愈难，霜青风急无依属。
仰视茫茫天汉遥，俯见滔滔江水绿。
昔时栖息在茂林，饥则饮啄倦则浴。
今宵羽翮都憔悴，欺凌反使来鸲鹆。
野鸟野鸟胡不归，古今知足在不辱。

留云亭吊阮将军

捐躯杀贼鬼神惊，一死原存报国心。
野庙云飞风凛凛，山城日落夜沉沉。
剑埋荒草蛟龙吼，烽息长亭云露深。
留得碑文昭万古，摩挲不觉泪沾襟。

登青珠山

江湖倦游览，仗策上层峦。探奇径转回，行险足不安。
攀林惊黄鸟，停屐倚苍穹。纵目穷岛屿，倾耳聆波澜。
赑屃灵灶伏，蜿蜒长蛇蟠。溟涨渺难即，汪洋浩无端。
愧余胸襟狭，对此眼界宽。巃嵷既拔俗，环洲亦大观。
胜迹不多得，此意古所叹。我将绘成图，长作卧游看。
（注：屃（赑）海产的一种大龟）

游丹屿山

长吟不称意，驱马出门游。行行未数里，散步陟高邱。
悲风响林杪，乱草迷山头。累累荒冢积，纵横何时休。
旁有采薪叟，为我溯厥由。云当三五月，南方多行舟。
风利不得泊，骸骨若浮萍。异乡无所托，义者为绸缪。
相对语未毕，我心殊烦忧。念此穷途恨，万世与千秋。
人生非金石，长命安可求。不知今日去，更有来日不。
乐趣山寂寂，愁怀水悠悠。且复提壶饮，世事付浮沤。

邑中死难诸生

胡积鼐（1809—?）字初馨，号魁堂，邑庠生

一介衡茅士，贤于守土官。维知完节义，肯使辱衣冠。
忍辱偷生易，临危效死难。笑他从贼者，别自有心肝。

五　月　菊

胡日灌（1818—1868）字初馨，号东园，邑庠生，庠名华

本随秋雨檀芳馨，偏对南薰灿小亭。岂似梅花容易落，江城一曲不须听。
附热趋炎不惹嘲，如何盛夏怒成苞。傲霜有骨权随俗，未必渊明便绝交。
薰风几时自生凉，不待秋三引兴长。料是南窗高卧者，同招寿客傲羲皇。
但将傲骨付清吟，毕竟人间少赏音。要见炎威都不怯，岂徒霜冷独能禁。
冷暖从来候不齐，黄花品格本非低。斯时便占秋容早，怕混唐官九月梨。
莫愁生来竟不辰，居宜处士结芳邻。一天梅雨蒲风里，也有白衣送酒人。

胡日晋诗选

胡日晋（1820—1889）字世明，号松严，又名敏思，恩贡生

息静庵题壁

山庵凌绝顶，地静妙香闻。樵径穿林过，烟村隔水分。
峰低延落日，潮急断寒云。怀古心滋愧，谁为大雅群。
（注：香花山息静庵为胡献来读书处。）

镜

玉匣初开月正圆，窥来形影定相怜。
江心铸就寒于水，堂上悬时暗有天。
好丑都教人自认，悲欢反笑汝无权。
摩挲背上铭仁寿，识尽衰翁与少年。

纸

剡溪百幅滑如脂，铺玉敲冰制自宜。
百年文章凭博记，一时翰墨尽相知。
翻余故牍劳嗤我，阅尽人情薄似伊。
何似洛阳传价贵，新词竞写各争驰。

文丞相

大厦既已倾，一木成何事？知死不废药，君父理岂异？
徜感元主恩，必甘宋室弃。吾学欲成仁，吾志在取义。
地下报先皇，誓死勿敢贰。黄冠备顾问，甚北先生志。

于少保

热血洒何处，淋漓在东市。可怜再造功，竟以两字死。
故君曷由归，赖有新君耳。当时果南迁，孱宋将毋似。
一心谋社稷，何为易太子。沉冤辨胡济，亨意已如此。

大湖逐月竹枝词（十二首）

一

上元灯市偏安排，多少行人畅雅怀。
只听儿童归笑说，山头灯好胜长街。

二

百花生日种花便，儿女纷纷欲斗妍。
侬住三桥家近水，祝郎为种并头莲。

三

香山挈伴到桑阳，采罢归来日未沉。
一见小姑相对笑，杜鹃分与满头簪。

四

南圹泥滑往来艰，况值农家又少闲。
不道箔头蚕甫熟，门前豆已叠成山。

五

角黍家家列玉盘，且将蒲酒佐朝餐。
劝郎莫泛东关棹，竞渡龙舟恐未安。

六

沙井偏嫌不近家，炎天正少水煎茶。
客来邀坐松棚下，解渴分贻美女瓜。

七

生喜村居旁水隈，半边街还隔尘埃。
谁家少年停桡看，笑指吴侬乞巧来。

八

阴晴天气卜如何，忙里工夫漫错过。
侬采棉花郎割稻，秋来怕是雨时多。

九

稻汀环水蟹鱼肥，飒飒西风返棹归。
九日知郎将上市，隔宵预缀薄棉衣。

十

趁得初冬日日晴，番薯丝晒白茎茎。
小郎漫说煎糖好，留待赤春可饷耕。

十一

一阳初复渐生温，宫线添长且莫论。
毕竟侬家嫌日短，纺车声每到黄昏。

十二

商量卒岁好优游，爆竹声喧远迩稠。
携酒一壶鸡一只，沙头庙里答神庥。

连日南塘垂钓赋奉味善居诸同人一粲

胡日省（1822—1894）字世约，号城斋，邑庠生

芦花萧瑟蓼花妍，寒生秋浦清更鲜。
晓来持竿依岸坐，何时直上钓鱼船。
鱼乘日出暖欲跃，矜鳞棹尾喜相牵。
一时觇定下一饵，如饥求食争后先。
大者盈尺已入手，小者活泼犹欲前。
须臾鱼尽罾未满。鲫鲤多依苇荻边。
去此就彼数十步，纷纷成阵断复连。
重下一饵或得失，鱼性狡黠细探研。
愚者到口即下咽，狡猾防患故垂涎。
优游半晌释疑畏，吞钩仍得佐儿筵。
以欲钓贪静钓动，钓名钓利理或然。
诸君晨夕揣摩熟，定知此道有三权。
灯前聊写钓鱼乐，望君酬我钓鱼篇。

胡日辰诗选

胡日辰（1824—1868）字如圭，号旭楼，郡庠生

夏夜游东关塘

明月清风夜，坡塘乐共游。回环都是水，玩赏自宜舟。
天气已非夏，虫声不待秋。此间皆画本，处处欲勾留。
尘俗不须近，烟波自可亲。云慵常傍舵，鸥狎惯依人。
野旷胸襟阔，情闲诗思新。绿杨垂两岸，应有客迷津。
东浦还西浦，扁舟缓缓过。游人今夜少，渔唱隔江多。

短棹闲随月，澄波远接河。锦鳞鱼足羡，水面掷如梭。
历尽横塘胜，林隈复水隈。舟从烟际出，人似镜中来。
萍细鱼争唼，巢虚鸟未回。诗才怜我拙，击钵漫相催。

白　荷

银塘十里暗香凝，不枉濂溪旧日称。
对面六郎新傅粉，纳凉公子晚调冰。
寒塘水静秋无迹，极浦云晴月有棱。
记得凌波仙子下，缟衣同立弱难胜。

白　菊

西风几度逼重阳，催出东篱别样妆。
三径影寒宜对月，九秋香冷不知霜。
冰壶合贮延年酒，素底争传招隐章。
彭泽归来双鬓老，只字未改是诗狂。

咏　史（三首）

姜　子　牙

终日垂竿渭水隈，龙韬豹略不凡才。
岂知高爵为香饵，已被文王钓却来。

伯　夷

采薇而食或传疑，千古清风足系思。
早已西山甘一死，苟延残喘更何为。

周　公

负扆声名遍里闾，流言何竟信非虚。
成王自古称明主，犹待金滕启策书。

胡传衣诗选

胡传衣（1824—1849）字元星，号笠人

夏夜偕友人赏月于文昌阁

月明如水浸楼台，孤馆更阑酒令催。
万籁无声花欲睡，终宵兀坐客遍来。
堂深瀹茗供清赏，市远呼童出旧醅。
知己二三诉心曲，石栏杆外几徘徊。
酌酒敲诗夜不眠，紫荆花上月初圆。
诸群记取通宵乐，转瞬浮生又一年。
紫薇花睡已三更，醉后高歌宿鸟惊。
寒露浸衣浑不觉，栏杆倦倚待天明。

遣　闷

笔砚清寒懒放歌，青毡坐破几摩挲。
才非萧佐交游少，命若刘蕡傀儡多。
一箧藏书徒积累，十年壮志半消磨。
只因未了尘缘事，犹向樽前舞太阿。

偶　成

春深无计遣春愁，晓爱山行晚放舟。
云映石林工啸傲，柳塘花港纵青幽。
折梅庾岭怀陈迹，修禊兰亭续旧游。
嘉教深藏樵自懒，商量社会又新秋。

风　俗

卜吉江村地，祖宗世泽长。士农崇礼义，妇女习温良。
菜味田家乐，布衣文字香。春秋勤稼穑，终古美名扬。

帘

胡积宋（1830—1892）

分明窗外雨如丝，卷起银钩见曙曦。
昼静山房云入细，春晴画阁燕来迟。
暗窥帘被风先觉，远看花教人不知。
最好鸭炉香未烬，青烟袅袅篆文奇。

苔　　痕

胡长增（1830—1901）

春到青苔匝地铺，新痕点点自萦纡。
空庭夜雨滋来味，深巷斜阳淡欲无。
双屐寻诗青展褥，一庭堕絮白倾酥。
碧阑干外茶烟袅，若个扶筇与鹤俱。

与友人东关塘夜游

胡日乾（1832—1895）又名恒，字世元，邑庠生

明月随客来，潮头水如镜。童冠六七人，短棹恣游泳。
野鸟静欲惊，芦花淡相映。赌酒共欢呼，战诗争吟咏。
秉烛且夜游，况此天光净。愿迟五更钟，饱适一时性。

大湖八景

胡日宾（1835—1873）又名正义，字世旭，邑庠生

东浦春渔

春舟如叶轻，春水若油绿。举网趁夕阳，波暖鱼成簇。欣欣载月归，醉饱乐茅屋。

南塘秋稼

春夏苦犁锄，有年逢秋日。穲稏黄云铺，篓篝乌鸟集。好共输官租，饘粥剩余粒。

三桥纳凉

赵盾逞炎威，欲逃竟无术。向晚凉风生，三桥众齐出。闲话月斜时，荷香景芬苾。

四峰耸翠

一峰一峰参，峰峰排四壁。晓起翠色新，浓借宿雨涤。试问采樵人，仙踪应可觅。

稻墩落雁

露冷秋渐深，前墩旅雁落。千里稻粱谋，生计怜淡薄。爪印遍天涯，悠悠曷寄托。

沙井灵泉

卤地多苦咸，甘冽爱沙井。煮茗款嘉宾，敲诗幽意领。饱浴俗虑消，洗耳奚求颖。

息静书灯

息静旧书堂，山隈林清回。后人挹古香，书灯常炯炯。咫尺即蓬莱，仙班应兴并。

玉莲梵响

梵音何处传，玉莲古名刹。各焚旃林香，罗拜台阶滑。未识俗眼昏，果可金镵刮。

诗　二　首

胡日照（1836—1864）名福祺，号敬斋，国学生

梅　魂

雪满溪山月满寮，香魂隐约笔难描。
芦帘纸帐春消息，流水空山影寂寥。
寻梦原知花有约，游仙何处鹤相招。
吟残楚些情无赖，一盏孤灯手自挑。

柳　腰

异样风流画得无，纤腰时作小蛮呼。
阑干倦依因春困，亭馆低垂待月扶。
绿鬓多情怜客瘦，青骢当日有人俱。
还欣波影如明镜，第一传神西子湖。

九日奉陪拙斋师登香花山

胡日暄（1838—1866）学名汉阳，字汉秋

晓来随长者，携酒并诗简。林有沾衣露，天无落帽风。
万家烟火碧，一带海云红。聊写题糕兴，吟哦愧未工。

胡善旌诗选

胡善旌（1838—1885）字允进，号则生，廪膳生

闻　警

巨魅倡乱号东王，小丑无端大夜郎。
地据南都同狡兔，兵临西浙比贪狼。
误民不少黄潜善，秦国谁为张子房。
安得六师齐奋战，肤功指日奏鹰扬。

韬戈海内久承平，边境何来烽燧惊。
乌合岂能成大事，鸱张认为慑先声。
刍粮渐耗惟捐饷，军籍空存转募兵。
官吏贪残民变起，反劳宵旰费经营。

夏夜游东关塘

岂必西湖胜，亭台始快游。几人来曲岸，一叶借扁舟。
影落波心月，凉生水面秋。虹桥低挂处，欲渡去仍留。
客都知水月，谈笑倍相亲。心事同鸥鸟，生涯问钓人。
港波痕减旧，芦笋影更新。四顾寂寥处，渔歌接远津。
夜静人尤静，舟从静处过。独遥灯影小，风紧浪纹多。
矮屋闲临水，痴云懒渡河。甘霖何日注，欲问化龙梭。
欲识田家趣，停舟泊岸隈。及时瓜正熟，不远客偏来。
坐久惊衣薄，更阑促棹回。归来方就枕，已听晓钟催。

古　镜

分明秋水写丰神，启匣灵光万古新。
款式尚疑三代物，嫱妍曾识六宫人。
有时观我先愁老，甚事干卿却认真。
何似兴亡关国计，一编金鉴进名臣。

白　菊

满眼秋光夕照侵，看花谁不羡黄金。
东篱有客安贫惯，肯问西风易素心。

红　菊

任他风雨满重阳，数朵犹能傲晓霜。
不信园林高晚节，偏随世俗斗红妆。

盆　兰

猗兰歌后不逢时，九畹[1]曾闻记楚词。
深谷无人称隐德，小盆有意植芳枝。
花留几案春先到，香逗帘笼蝶未知。
入室问谁同臭味，此生合伴谢家芝。

注①：畹音 wǎn，古代称三十亩为一畹。

于　少　保

乘与北狩势全倾，社稷君王酌重轻。
两帝独纡筹国策，易储已兆夺门争。
力排奸党歼王振，苦受沉冤奈石亨。
痛惜鱼嗛何处觅，不胜吊古泪纵横。

风　波　狱

车驾长羁痛两宫，渡河指日奏膺功。
班师诏下军无主，画箸谋成女亦戎。
久欲甘心施锻炼，徒劳袒背示精忠。
风波千古留冤狱，读史人人感愤同。

九日陪鲍拙斋登香花山

胡长依（1840—1908）字博也，例贡生

书声犹说出香花，次第寻来石径斜。
山寺顾颓篱菊满，却怜秋色此问奢。

牡　　丹

胡善殷（1840—1890）字允豪

姚黄魏紫旧知名，独占园林第一春。
毕竟此花能脱俗，纵教富贵不骄人。

武　乡　侯

胡长书（？—1853）

战垒满四邻，汉祀已陵替。攘窃多群雄，公乃生斯世。
应召起南阳，君臣鱼水契。开国兴炎刘，漫以管乐例。
前后两出师，精诚天日誓。运祥定三分，莫将成败计。

胡日广诗二首

胡日广（1849—1895）字逸园，增广生，学名福基

酒　旗

春到醉乡暖，人间鸟正喧。绿杨桥上市，红杏雨中村。
一桁风常飏，三竿日未昏。杖头钱尚在，好去泛清樽。

饧　箫

卖花声乍过，巷口又饧箫。午梦忽惊觉，春寒犹未消。
人家红杏坞，烟景绿杨桥。添得儿童兴，都将阿母招。

围　棋

胡善滂（1824—1903）字允升，号竹轩，邑庠生

闲来无事学弹棋，布置安详落子迟。
遣兴何须争胜着，善谋总在不言时。
烂柯世界何容易，赌墅情形太矫持。
莫怪一枰成万变，世途险仄类如斯。

年近七旬一筹莫展因而有感吟成七律五首以舒鄙怀（选二首）

胡济淮（清代）

吾年六十有三春，一世经营两世人。
下第刘蕡曾洒泪，隐居周处讵忘身。
愁肠欲断三杯酒，野服还披一角巾。
老大功名流水去，不堪回首话前因。

天与余年近古稀，难将薄德示人知。
半生子债虽偿已，几卷父书枉续之。
欲问平时犹健饭，要知此后但吟诗。
时宜不合当今日，反任时人笑老痴。

胡传钧诗选

胡传钧（1892—1976）字丙国，浙江警监学校毕业

闻警

天炎外侮两相侵，太息苍生劫祸临。
沪上菁华悲损失，中原文化以消沉。
黄民此日遭奇辱，汉运何年报好音。
我读报章惆怅甚，未知当道抱何心。

纸鸢

无毛无羽自腾空，作用还是天外风。
飞鸟相逢不相识，错疑银汉挂孤蓬。

大湖八景

东浦渔灯

极目春原草色新，东川鱼跃集渔人。

轻舟来往如梭织，举网波心出巨鳞。

南塘秋稼

村南数里是南塘，万亩江田秋稼忙。
野老二三歌曲调，醉余犹自梦传觞。

三桥纳凉

夏来赤帝赐炎辉，借有三桥避暑威。
镇夜纳凉人意爽，清风明月两相依。

四峰耸翠

楼外四峰迴不平，春来如笑翠华明。
岧峣尽作凌云势，疑有高空落雁声。

稻墩落雁

江南秋老雁来宾，一爿孤墩近水滨。
知而南行应有意，芦花不及稻花新。

沙井灵泉

地处沙龙咸海边，先人曾此辟灵泉。
一条短绠千家共，不用人投饮水钱。

息静书灯

万木丛中一刹迁，钟声伴读我先贤。
书灯一盏光千道，照彻大湖不老天。

玉莲梵音

莲花点缀此禅门，晓夜梵音入我村。
尘梦于今能唤醒，羌无烦恼到闻根。

胡家耀诗二首

胡家耀（1900—1966）字在燎

哭　　母

耀三岁丧父，孤苦伶仃，藉母拮据经营得以成立。不意母年方甲，遽尔舍去，欲报之德，昊天罔极，言念及此，能无悲痛，因拟五古一首，以志哀悼。

先君见背日，慈母尚青春。永矢柏舟志，愿作未亡人。

高堂奉祖母，晨夕乌私伸。丧葬尽以礼，哀毁几份神。
膝下抚儿曹，爱若掌上珍。熊丸与画荻，居处择佳邻。
针线营生计，未尝怨苦贫。家无担石储，截发以延宾。
茹荼甘饮蘖，备历境艰辛。蔺孙初绕膝，方冀叙天伦。
昊天胡不吊，花甲遽归真。深恩今莫报，血泪洒湖滨。

桂　花

中秋时节好风光，为爱园庭桂子芳。
金粟原非人世种，兴来应寄绿衣郎。

观　鱼

胡传梁（1904—1935）字福新，号柏铨

灵泉澄碧漾清晖，数尾鱼儿隐石矶。
就浅就深殊自得，不知何日化龙飞。

谒中山陵感怀

胡杏芬（1921—1951）

丰功伟绩有谁如，一代贤豪革命师。
万亩陵园崇体制，九泉骸骨已无知。

绝句留言

覆巢无完卵，热血洒湖滨。生死有定数，吩咐莫酸心。

胡一飞诗选

胡一飞（1921—1995）字允鹏，谱名善搏

洪荒劫有感

洪荒动地又惊天，祸福存亡瞬息间。
欲洒同情数行泪，还将心意写诗篇。

病　起

登楼乍见柳含烟，又是江南二月天。
添得骚人愁几许，丝丝香雨落窗前。

赠　别

依依离绪乱如丝，欲问归期在几时？
最是营巢双燕子，相将掠过绿杨枝。

三　月

三月江南日正长，桃花灼灼菜花黄。
碧云天际双飞燕，合得芹泥片片香。

登　高

洒脱襟怀藏锦绣，生花笔底走蛟龙。
福泉寺下拈须立，莫讶群山拜下风。

颂居端公迁墓

胡余康（1923—2002）小名阿康

四峰拱照日悠悠，历世换朝几度秋。
此日祖墓迁福地，香山中麓天造就。

一九九一年清明节祭祖即景

温岭咸田湖胡文炳

祖宗功德子孙衍，胡姓繁昌八百年。
族巨家兴歌翼翼，香花山麓祝绵绵。

楹　联　选

青山叠叠无价风光易得　绿水悠悠有情乡味难寻　　大湖西片时雨亭联

白发朱颜宜登上寿　丰衣足食乐享余年　　大湖老人协会联
鹊印高悬辉耀五王殿陛　龙韬远振奠安两浙江山　　大湖胡氏宗祠联
政齐璇玑一朝觇帝德　功高吴越三代拜尚书　　大湖胡氏宗祠联
战场驰赤兔握青龙禹甸扬威诛汉贼
帷幄读春秋明道义华容报德释奸雄　　大湖关帝庙联
千鸡传仙造名扬宁邑出东第一庙
沙头胜地灵瑞茁大湖全里千余家　　大湖沙头庙正殿联　胡校飞撰
顺天道存仁慈硕德忘劳累行医济世
安庶黎发博爱宏恩赐良方着手成春　　大湖沙头庙龙王殿联
母仪足式应万姓需求天赐麟儿擎国柱
坤范长存为苍生造福胤昌厥后有宁馨　　大湖沙头庙娘娘殿联
千秋文笔振金石　万丈光芒贯斗牛　　大湖文昌阁联
更深鱼读月　昼静鸟谈天　　大湖五份花园联　俞榜眼题

第四节　历代文赋选

与从弟觉非献来书（时觉非任京城）

胡大阜（见诗选简介）庠生

士未得一官，患为贫贱所怀，既得一官所为富贵所怀。噫嘻！一官所败坏，人实能成就。名上立定脚跟，竖起精神。学古名臣品格，每朝颂美，万代流馨。是得一官，做出许大事业，人不负官，官亦何苦负人。若濡檀染赋，骨销志靡，甘随流俗腐朽，是官不负人，人自负，如入宝山，空手而回者也。

粤稽古名臣，三代以下惟范希文为第一流人物。求之本朝，刘忠宣公其选也。颂忠宣之美者曰：“其洞达国体，如贾太傅；谙练世故，如陆敬舆；质直不阿，如汲长孺；廉洁无私，如包希仁；忠诚恳切，如司马君实；贤良中正，真先民之遗矩也。念此，亦本朝人物第一也。”若求近之，吾乡赤城陈公敏公，理学名贤，清风古道，卓绝一时，亦第一流人物也。士君子取法乎上，断难让第一流人物与人做。惟吾弟立志师之敬之，令异日录名臣者胡某，乃本朝人物第一，使固穷履素若愚者得附末，光以声施后世，幸矣！质词相勖，乞矜重以当座右铭。

满山赋并叙

胡大泰（1623—?）字子际，庠生

满山峨骞巨海，拱绕湖南，中藏蜃气。戊子三月，偶尔发现，时值驿路腥膻，朔风横炽，正如迭山之游逸，被发狂歌时也。因赋此，以志异，并小寓意云。

余于诵读暇，精倦神疲，倚槛而顾，远眺满山，既苍既翠，亦嵬亦坯。漫夸六鳌之戴立，两龙之瑶台；巉岩窳窆，敌蜀景而增辉；绵衍庞魄，俨河朔而无差。曙迎朱霱，百卉争妍；夕送斜阳，万树含烟。石无情而色异，草生花以自然。风鸣岛屿，丘壑怒号，响应熊罴之咆；雨滴溪流，飞泉瀑布，声助虎豹之皞。猿猱自适而攸伏，鸑鹤迥翔而为巢。龙窟寒潭，吐雾兴云，振殷雷于渺渺；樵夫牧叟，戴笠狂哦，写篨篨而悄悄。郁矣其都，既曲而缭。廓其有容，亦深而窈，何难膏吾车矣！秣吾马终吾生兮逸安，搔吾首兮蜡吾足。着谢屐而登巅，讵意蜃气呈奇，倏出山间异影横空，聿来天半。于兹三月，春和景明，波涛不兴，岚雾尽而天色清，日光洁，而瑞气凝。翠华文纛，罗列缤纷，征车宝马，杂现并陈。旍旐建兮彩崇隆，冠盖辏兮赍空，洞桥长驾兮如虹，轲放胆舰荡兮轴黄龙。而且高亭大榭，阿房盘困都城，雉堞万里连云。四牡彭彭，猃狁伐也；旗旆飘飘，专车戮也。五色金枝，涿鹿战也；两阶玉戚，有苗舞也。昂首高楼，恨无承命之夸娥；送目远山，更奇驰宅于秦望。余乃振衣抵掌，觉豪气之骏发，拊髀自思，拨郁衷而顿爽殆有悟。夫离下而艮上者，天之天也，人之文乎！艮下而离上者，丽于明也，明之丽乎！将骑猿猱而讯诸岩穴，跨鸾鹤而访于高岗。振虎威驱豺狼，施霖雨耀龙光。直凌霄汉之上，逍遥斗牛之旁，以问造化于苍苍之如。苍苍不可问兮，吾将浩诵，以纪山灵之呈祥。

沙　井　记

胡遵化（1794—?）字维清，号道园，国学生

闻之《周礼》挈壶氏掌挈壶，以令军井，井之时义大矣哉！余向游杭，知杭城有郭蹼井，在吴山东北，介螺蛳山铁冶岭之中，来皆混混之源，故淡。其余大井，居鼓楼之西偏，有浊流沁入，故咸。若乡之沙井，四面皆

海，求自若山中之井，涝则固可扬清，旱则犹可激浊，盖亦难矣。或云此泉出自青珠山，又云出自香山，以其有沙龙也，故名“沙井”。且此井有时而涝，虽满不溢；有时而旱，虽涸不竭；故曰“灵泉”。则同此井也，水分二支，支别二味，一淡一咸，又曷故？意者其通近脉者咸，其接远脉者淡，理或然欤。总之，天欲灵其泉，未有不灵其地，地灵则人杰。观之“黄河清、圣人生”之言，益可见矣！若我胡氏前朝掇魏科者有人，膺显爵者有人，安知此泉之灵不？适与李宵远之运命论，若合符节乎？余谨为之记，以励后起之人。

游香花山记

胡　华（1818—1901）谱名日灌，字世和，号东园，邑庠生

当大湖村北三里许有香花山。或曰旧名花山，以其形似莲花也。或曰山腹有息静庵，余族祖觉非公读书于此，曾闻异香，又名香花。余素欲游，阻于他事不果。岁丁卯，羲文叶先生主修余族谱，每称宁邑东乡胜区，莫若香花山。余于是游兴勃发，于十月之八日，遂约羲文先生、家松岩、旭楼，则生辈，出大洋肚，过塘里，渡石桥，未几抵其麓。麓有小屿，名莲花蕊，由屿连步以上，即骑马岗是也。余咏“山花趁马蹄”之句，众皆以为巧合。旁一小湾，俗名火鬣，尝有暖气如蒸，虽大雪不积，可异也，前行数十步至仙人座，石上尚有枕肱，驻足与棋局痕，宛然可观也。惜余与诸君生也晚，仙人已去，否则亦王质故事也。蜿蜒而下，有“出洞龙”，余太祖怀正公之墓在焉。羲文先生得刘诚意粒粟法，审视良久，以为得此吉壤，宜胡氏之有后也。适新雨后，大坑门界岩飞瀑若溅珠，若喷雪，顿觉尘心一洗。游至此恍入天台石梁矣！有古庙二：一在山之西南，红墙一角，架屋三楹，进谒之，其神即我始迁浙东祖进思公，遗像庄严，望之肃然起敬；一在平岭下，为叶太傅庙，并不详其名，羲文先生曰：“我先祖讳某曾为唐太傅，得毋是耶？今日得与诸君来此，岂先人亦预作神交乎？”极西有岩壁立，高数仞，作“亚”字形，非出人功，曰“天打岩”亦不善命名矣！予为之辩曰：“俗以筑墙为打墙，此岩如墙，殆谓天筑耳！”松岩相视而笑，以为得解。

峰回路转，一牧童导余前由龙角岩，伏地狮，燕窠诸处至一村，名山下陈，旧盖陈氏居，今则皆我胡氏。知余为同姓，即延至其家，煮茗以供。其人言：“最奇者昔有蝤蛑与虎相斗，因曰‘蝤蛑山头’，君等游及乎？”然此

亦诞漫不足信也。仰望谷口，跋跻而至息静庵，剥啄庵门无应者，盖住僧打包去矣！由庵后椒园至一处，阔十余亩，有若塘者，蓄水即大旱不竭，谓之天灯盏。旁有一古井，名清油瓶，其口甚促，中渐宏，其深莫测，水清且香，手掬饮之，沁人心脾。复过正高椅，其平如掌，游者皆倦，藉草而坐，且相枕以卧。旭楼，则生蹶然起曰："夫人学不造其极，不足以为学；游不登其峰，不足以为游，岂可半途而废耶?"遂鼓勇登山之顶，矫首四望，旷无涯际，真如柳子厚所云："悠悠乎与灏气俱，而莫知其涯；洋洋乎与造物者游，而不知其所穷也!"予倚仰久之，喟然谓诸同人曰："自有天地，便有此山，先我而游者，不知凡几，今日皆归乌有。独觉非公读书于此，犹传人口，可知耳目形骸俱无能久之理，惟此修名之立乃克与山并寿，则我辈之立身制行宜何如自勉哉?"众皆以予言为是。

日晡，同人促返，时路旁野梅初放，各折一枝以供把玩。既归，犹觉余香满袖，经宿不散云。

满山赋

胡日晋（1820—1889）字世明，号松岩，清同治五年（1866）恩贡生

乙丑夏，二客从余为章安之游。舟行过满山下，炎日西坠，凉飙南来，三人对饮，明月在杯。倚桅樯以远瞩，喜篷窗之洞开。驾一叶以轻飏，乃绕山而溯洄。讶大海之浮笠，耸晴翠兮一堆。微风不波，夜凉似水，远想出尘，振衣欲举，起告客曰："子亦知夫满山乎？代远年湮，事非目睹，传断碣之遗文，通东京兮有路。曾玉止步之几更而江山非故，能往游乎?"停棹且住，客乃与余携屐登山。披乱荆以觅径，剔幽藓而寻碑，碑不可见，有路坦夷，似往来之孔道，可马骤而车驰。胡海峤之孤立，竟遥遥其莫之，岂帝京之壮丽，忽变沧海之湄。乃踌躇而四顾，叹逝者之如斯。徒见夫石硏南蹲，香花北峙，奇峰飞来，不知终始。东邻象邑，西接珠峰，茫茫烟水，无路可通。望东京兮不见，感世界之沧桑，似宛在乎中沚，何道阻而且长。想其号通衢，拓畿疆，裔裔皇皇，固所称雄长一方也。何至今而存者但为樵牧之场，其亡者并归于无何有之乡。呜呼噫嘻！陵谷变迁，事有固然；须臾起灭，改易万千。慨神州之陆沉，孰羽化而登仙。况浮生之若梦，奚遑计夫百年。等富贵于浮云，毋戚戚而情牵。识修短之有数，毋劳劳以求全。亦何事感慨于今昔，竞永夕而留连。于是返而登舟，扬帆前去。回首视之，漫山霏

雾，忽见奇观迭涌，舟人咸惊。如大都会重重列城，楼台层出，旗帜纵横；如舆卫出行，跄跄济济，恍闻人马之行声；如人烟杂沓，攘攘扰扰，俨列肆而争营。异哉，何境别开生面？岂海市之幻观，抑神京之偶现。俄焉日出雾散，奇境顿消。山青江碧，终古寥寥。

重刻成化本《逊志斋集》序

胡撝谦（1865—1936）谱名长据，字德官，号懿卿，五份头人

方正学先生理学名臣，从祀文庙，而宁海为其生长之乡。《逊志斋集》自明崇祯间张道益大令绍谦刻行后，无继刻者，殊非所以尊先贤而启后学。尝以商同县章一山左丞梫，左丞谓张刻《逊志斋集》缁顾东桥尚书守台时所刻二十四卷本，即所谓郡本也，斯集刻凡十余次，皆循用顾刻郡本。而天顺间赵教谕洪刻于蜀者不可见。成化十六年黄岩谢文、肃铎与太平黄文毅、孔昭合辑《文集》三十卷，《拾遗》十卷，文千二百首，郭廷章大令绅请刻于宁海，所谓邑本，实善本也。余访郭刻本多年不得，从无锡丁仲祜明经借得正集三十卷，钞校在箧。至《拾遗》十卷仅从瑞安孙公达文学宣钞得其目。宁海诚不可无刻本。若重刻郭本，即张道益《拾补》一卷与黄岩九峰精舍所刻《补遗》一卷，文诗皆在焉。撝谦识之于心。甲子年，衡山李佩秋大令洣来宰吾县。下车先谒方先生，兼修葺其祠。余以章左丞重刻郭本《逊志斋集》之言告之，李公深以为然，为移书瑞安孙氏，影写《拾遗》十卷，遂合章左丞钞存正集三十卷，付金陵姜刻书处刻之。始丙寅正月，至戊辰二月而工竣，共用余刻资二千五百余银元。余率儿辈从事校雠，又约同县孙旌九处士成达详校。书成，章左丞、李大令均谓成化本《逊志斋集》复见于世，不可无一言，因识其缘起如此。至顾刻郡本以下展转伪误，郭本皆足以正之，孙处士别有校勘记，将附刻焉。

著雍执徐之岁闰二月　　　　宁海后学胡撝谦

第十六章　民间习俗

第一节　节　　日

传统节日

明清时代宁海县隶属台州府，宁海西南与东部的风俗习惯与台州的较接近。而岔路、一市、长街、沥洋内各乡村，村与村之间也有所差异。现就大湖村的风俗略谈一二。

春节　农历正月初一为春节，俗称“过年”，尤其青年男女、新婚夫妇，在半夜十二点钟就起床，略加梳洗就去庙里拜老爷、争点第一炷香烛。回来时立即放“开门炮”。这家放了那家接上，大小炮仗、焰火一直放到上午八九点钟。早餐烧“新鲜米饭”（传统习俗由男“当家人”来烧）。中堂设香案供品（俗称“天地饭”）祭拜天地。给长辈敬糖茶拜年（俗称“拜岁”）。穿新衣服、不出工、不扫地、不索债、不杀生、不哭泣、不骂人打人、不讲不吉利的话，也不能将脏水倒在地上（要倒在大脚桶里），还有女人用的马桶（便桶）要待明天去倒。这天全家人要吃素斋，不能吃鱼肉一类的荤腥食品。天黑早睡觉，有“正月初一同鸟宿”之谚语。

正月初二　百作都要开工或象征性开工（背锄头到田间走一趟）。挑水要先在水井头点支香，向“水井娘子”表示请示并祈安全。此日起，亲戚间相互携红糖红枣荔枝桂圆等“拜岁”，先后到外婆家、岳母家、姑妈家、姨妈家，受拜方设宴款待，并赠客中第一次上门的幼童以“见面钿”。20 世纪 80 年代以来拜岁馈赠之礼日重，以烟酒和滋补品为主。

正月初三　（初三、十三、二十三日为忌日）忌出远门，有谚云“初

三、十三、二十三皇帝出门要讨饭，仙人出门要跶岩”之说。此习俗现民间已少忌或无忌。

正月“灯头日” 一些古老大村庄还定有“灯头日”（如：塘里村十二、山头村十三、长街村十四、大湖村十五、西岙村十八……）直到新城村二月二落灯。到“灯日”外村亲友前来拜岁，本村要滚狮子、舞龙、请戏班演戏等，盛情款待。

正月十三夜谓“上灯” 上灯就是家家户户都要在中堂祖先的佛龛上、灶司佛前每天晚上开始点香蜡烛；若有人家在以前许过心愿的，要点几年天灯，确保自家门庭平安等事都要点天灯；庵堂庙宇亦开始点天灯。天灯就是悬挂在长毛竹梢上离地面最高处的灯笼，毛竹梢上有个拴着长绳的滑轮，毛竹下端埋入地下，中间用绳与屋檐房柱绑住防晃动。上灯时，通过滑轮将点亮的大灯笼（顶部戴斗笠防雨）吊装到长毛竹的顶端。第二天上灯时，先将悬挂的大灯笼放下，装上蜡烛点亮再拉上。一日复一日，一直点到二月二日落灯为止。现在家里点灯都用大红灯笼（安装电灯）来代替，点香插烛之后，还要用豆腐、点心到猪栏、鸡巢前点香烛，烧“土地经”，祈求“土地菩萨”保佑“六畜兴旺”。

元宵节 元宵节在全国各地多为正月十五日，但在大湖村却定正月十四日为元宵，俗称“十四夜”。此夜有舞龙、滚狮子、走马灯、游“娘娘船”等活动。家里烧樟树枝叶“弹址界”，谚云“十四夜、弹址界”。夜晚间间房子要点灯，谚云“十四夜、间间亮”。家具、农具要成对或成套地放在一起，以示团圆。撞“背箕姑娘”预卜运气、年成。用竹梢、草绳吊打果树，愿果树多开花结果，这叫“打生”、挂“天灯”，是日点食兴裹团。

二月二 有“天灯倒、馍糍完”的说法，就是：正月十三开始每夜黄昏点上天灯，一直点到二月初二结束。家里祖宗佛龛和灶司菩萨前点的香烛同样可以结束，这就是所谓落灯。天灯杆也要拔起，藏放在走廊的屋檐下，待明年正月十三上灯时再用，这就是“天灯倒”；贫穷人家粮食紧张，年内年糕捣得不多，吃了一个多月将吃完了，有习俗一定要留一点到二月二这一天吃。“糕”与“高”谐音，有“年高年高年年高”的内涵，生活一年更比一年好之意；此日，旧俗为“百花娘子生日”，妇女有些活动，现已取消。

二月十九 为观音菩萨生日，村民上庵寺朝拜观音菩萨。

三月三 是“上忌日”，青年妇女有些活动，现已取消。

寒食节 （清明节前一天）寒食节由来已久，早在 2000 多年前春秋时期，晋国一公子重耳与几位随从被迫害流亡在外，时长日久粮食紧张，生活艰难，面临挨饿危亡之时，随从中挚友介子推暗地里割股救主（介子推割下自己腿肉给主人重耳食用）。后来重耳为晋国君主（即晋文公）。各随从皆获封赏，唯介子推拒不受封。暗自出走至绵山隐居。重耳为了报恩，到处寻找恩人，后获悉至绵山寻找不遇。有人建议三面点火，留下一方让恩人出逃可获。不意仍不见人，此日正值清明前夕，后遍山寻觅，终于找到介子推母子俩的尸体。重耳不胜悲伤，为了纪念恩公，下诏举国上下于此日禁用烟火，吃冷食物一天，从此每年在清明前一天定为寒食节。早时少数村民曾吃冷食物过这一天，现不复存在。

清明节　清明节是二十四节气之一，时间在春分后半个月左右，此时百草青青吐秀，植物欣欣向荣。山上荆棘丛生遮掩坟墓。人们思念祖宗，清明节前后带上锄头镰刀和一些食物上山祭扫祖宗坟墓。每年锄割坟上荆棘杂草并加土，故俗称“加坟”，插上白幡，表示后人祭奠，不作孤坟荒冢。前一年亡故的亲人，上坟时间在春社前，叫加早坟。加坟回家于中堂设礼作祭，俗称“请太公”或“做清明”。还有联宗祭祖活动，召后裔子孙，亦有请道士和尚做佛事道场，以祭之。中华人民共和国成立后，还有集体致悼词、敬献花圈花篮、祭扫革命烈士墓等。

立夏　俗称“疰夏”。是日，村民煮红豆饭、吃鸡蛋汤、茶叶蛋、鲜笋、鲜蚕豆、海蛳等。据说吃海蛳能使人脚骨硬健，有谚语“疰夏拄脚骨”。还有立夏这一天忌坐“地栿”之说，否则今年要脚骨酸。

四月八　俗称“牛生日”。正值春耕大忙季节，耕牛天天犁田，十分辛苦，农户喂以乌饭麻糍、老酒、黄鳝、鸡蛋等营养品，以示对耕牛的感激与慰劳；家家捣制的“乌饭麻糍”，是用乌饭树叶将其捣烂取汁，用其汁浸糯米一夜，使米的颜色变紫黑，放在饭蒸上蒸熟后捣成麻糍，其味香软可口。有民谚：“清明吃草，四月八吃柴脑。”（因糯米青、蒿、马兰草都是草，枫树叶、乌饭树叶都是树叶，长街人烧饭的柴）

端午节　五月初五端午节，家家采菖蒲制作宝剑，艾条挂门窗边，住宅内外，以及旮旮旯旯要喷洒雄黄烧酒，还要用雄黄酒沉淀物在门上画宝剑，并在小孩的百会穴上抹上雄黄烧酒。据传可驱妖魔邪气入侵、保护家庭平安。还用五彩线或彩布包樟脑丸，或香粉做成香袋，悬挂在帐前，或分给童稚佩带。此举有一定的科学道理；菖蒲和艾叶都是中药材；夏日蚊蛇害虫肆虐，雄黄和烧酒都有抑制害虫的功效，对人体有益。

端午吃粽的风俗：据传在战国时期，楚国大臣屈原，为了抗秦保国，主张联齐抗秦，楚王不肯采用，致使亡国。屈原作了一篇千古名著——《离骚》后，在五月初五那天投汨罗江而死。古人为了纪念忠臣，在每年此日包菱角粽子以酬屈原，一直流传至今。

五月十三　关云长（俗称“关老爷”）生日，村民到村内“关爷殿”许愿、还愿。此日也是关老爷磨青龙偃月刀的日子。

六月六　俗谓“狗生日”，有“六月六，黄狗好洗浴”之谚。妇女多翻晒衣服以防潮防霉，读书人亦翻晒书籍，谚云“六月六，晒红绿”。此日，吃麦糕、馒头、包子。

七月七　牛郎织女鹊桥相会日。妇女以槿木（俗称倒碗花）叶煎汤洗头，可使自己貌似仙女。晚上，姑娘们组成七姐妹搞“乞巧”活动，有乞巧谣：“七股星，七七星，念七遍，会聪明”。此习至今罕见。

七月半　是一年“三元”之中元节，“三官大帝”中地官（主赦罪）的生日（天官大帝生日正月半为“上元节”，水官大帝生日十月半为“下元节”）。又称“鬼节”，俗传阴间此时放鬼“活动”三天，故民间皆捣晚米（粳米）麻糍设礼祭祖拜神，俗称“请太公”或“做七月半”。亦有集资“施焰口”以超度孤魂。

七月三十日　（小月廿九）地藏王菩萨成道日（俗称“开眼日”）。是夜，在住宅四周、院子、猪舍、厕所等处插三炷香，让一年只开一天眼的地藏王菩萨，看到人世间的向善之心，以求保佑。

八月初三　灶司菩萨生日。灶司菩萨供奉在每家灶山上，俗称“灶山佛”。他除了于十二月廿三日“上天奏好事”（传说在天上停留七天）外，其余日子都在“下凡保平安”，因而每月时鲜食物，都得先供奉灶山佛。此日吃“印花麦果”（在木块雕成的模板上印出的扁圆米糕）。

中秋节　宁波地区以八月十六为中秋节。节前亲友互赠月饼。晚上家人团聚，饮酒品尝月饼赏月。此日还吃蜂糕（洋糕）。

中秋吃月饼的由来众说纷纭：最为确切的是朱元璋领导汉族人民反对元朝暴政，约定在八月十五日以互送月饼为名，在月饼中藏夹起义日期的通知。定在八月十五起义，推翻了元朝，以此节日纪念。

中秋赏月之事，是由于唐明皇和杨贵妃在中秋之夜无意中看到月亮，杨脱口而出：“月圆如饼。”制饼匠为了奉承，大量制造月饼促销。后来官宦富户、骚人墨客在中秋之夜赏月作诗，流传至今。

重阳节 以九月初九为重阳节。九数为阳，是数至高之位，九月初九所以谓重阳节，民间捣糯米麻糍庆贺节日。说是四月八为“劳碌糍”、九月九为“安稳糍”。也是为祭“田公田婆”，有庆丰收之意。同时，是日登高活动颇盛。重九登高意味着展望未来，有一年更比一年高之意，攀登有锻炼身体养生之意。

十月十 为大湖沙头庙龙王老爷圣诞日（东海龙王寿日）。举行隆重的庙会活动，成为大湖村的传统节日，邀请戏班演戏三天三夜，以求风调雨顺，国泰民安。

十月半 下元节，为水官生日，水官主“解厄”。原民间捣麻糍请太公，现此节被淡化。

冬至 俗谓过了冬至，年龄就增了一岁，称“加年岁”之节。此日做糯米圆，加煮红豆，称“红豆圆”，吃圆表示合家团圆之意。民间做坟修墓多择冬至日和清明日进行，认为此两日大吉大利，百无禁忌。旧有“抲灶王”活动，由讨饭头扮判官，手舞宝剑口念“抲呀！杀呀！大鬼抲来高高吊，小鬼抲来剥了皮”，挨家挨户来抲，主人家用钱物相送撒盐米驱鬼。谚云“冬至头夜梦”，可谓此夜之梦可判凶吉，因而有人特地到寺庙睡眠祈梦。

腊八节 十二月是腊月，初八日即谓腊八节。此日，多家镬里放上玉米、小米、薏米、黑米、糯米、红豆、莲子、山药和白木耳等很多食物煮成粥，俗称腊八粥。品种丰富营养平衡，邻居互相赠送，促进邻里和睦团结。

祭灶 腊月二十三日是祭灶的日子，灶山佛上天七天，三荤两素祭灶，撕下旧灶山佛像火化，到除夕贴上新灶山佛像。恭送灶司神上天奏好事，下界保平安，并盼望下一年五谷丰登。如今此节几乎消逝。

过年前的旧事 盖茅屋、煎糖饴、胶糖、捣年糕、掸尘等事，必须在农历十二月中旬就要开始，俗称十二忙月。过二十日以后就更加繁忙，家里所有的肥料（猪栏肥、牛栏肥、人粪肥）全部担到田里去，大扫除等工作必须在年内完成；年底，稍为有钱的人家还要杀猪宰羊“落庙”“谢年”。落庙是在除夕前，将全猪、全羊、鸡为三牲福礼，加上鱼鲞、豆腐、一刀猪肉、糯米馍糍等福礼到庙里酬谢管理一方的龙王老爷，祈祷“下年合家平安健康、发达兴旺”。

除夕 俗称“三十日”或“过年”，和翌年春节连在一起，为一年中最隆重繁忙之节日。除夕前，各家各户掸扫除尘，将猪牛栏、人粪尿担到田头，清洗家中物具，捣年糕、制米糖、做豆腐、杀鸡鸭、宰猪羊、买年货等。女婿需向岳父家送“鱼肉、猪蹄”等，称“送年夜”。是日，捣糯米麻糍、请太公、谢年还福。一家团聚吃年夜饭。除夕夜，放鞭炮、焰火，长辈给子孙分赠押岁钿。半夜放鞭炮，称“关门炮”。亦有人通宵不眠，称“守岁”。旧时，此夕债方提灯笼上门连夜索债，贫苦人家常在除夕夜藏匿他处，不敢返家，称“躲债”。因而也把此日称“年关”，觉得过年难似过关。

第二节　风俗礼仪

一、旧时风俗礼仪

取水　大旱年求“龙王”赐雨的群众活动。先择吉日，然后聚一方数村群众，扛大旗、举小旗、提滚叉、抬鼓亭架，一路吹吹打打到兰头山或帽峰山等有“龙潭”处取水。在潭边捉到一种水生动物（俗称“龙性”），养在备好的器皿中用轿子抬回奉祀。长街区域的最后一次取水活动举行于民国36年（1947）。中华人民共和国成立后，取水之旧俗即绝迹。

道场、法事　民间每逢有人死亡、重病、灾祸等，往往请和尚、道士合坛作道场、法事等隆重仪典，以布施、超度、驱邪、祛灾。形式有竖长幡、夜红、灵山会、关灯、焰口、施生、蒙山（尼姑活动）、拜忏、做七、翻耕、拦门镇宅、三角灯、玄师退土、上下筵等。

算命、测字　以此为业者多为盲人。算命是按人出生之年月日时辰排成“八字”来推测人的祸福、婚姻、寿数等。算命先生手拨三弦、口唱俚歌、边拨边算。测字是任抽一张职业者预测好的画有图像并配以题诗的硬折子或写有象征性字的小纸卷筒，予以推断吉、凶、祸与福。

抛筊贝、求签司　此乃求神佛判断凶吉疑难之法。抛筊贝者跪在神佛塑像前将欲决之事默诉，然后取供在香案上的筊贝（多为竹根桩的两半片）掷于地上，以其正反配合之三种形状（两仰为阳筊，两扑为阴筊，一仰一扑为圣筊），以断凶吉、能否认同默诉。求签司者在焚香祈祷后，取香案上藏签筒反复摇晃至震出一签落地，然后根据此签所编号码，在签诗簿上找出该号题词，由词的内容断定凶吉祸福。

看相　从人的五官、四肢、气色等断定其富贵贫贱，吉凶祸福，兄弟子媳等。亦有专看手相或“称骨头”的，看相者串村走户或设摊招徕，赚钱。

卜课　卜课者以铜钿或竹签为数子，根据数子演成卦象，推断吉凶。

护寿、祈梦　每当某“菩萨生日”，善男信女（多为信女）前往念经烧香，通宵不眠，称“护寿”；祈梦者即当晚和衣睡于神像前祈求托梦。如有梦则请人圆解，以卜凶吉。

降僮　降僮者称“僮生”，皆男性，往往在庙宇中代神作答。“上坛”前口中念念有词，“上坛”时自称某神附身，作昏迷状，为祈求者解答所询之事（上坛亦称“上降”）。

讲肚仙　讲肚仙者多为妇女（巫婆），“上岗”时自称某神附身，作昏迷状，口唱俚词（多用越剧，乱弹调），为人解释病因疑难。亦可受托到阴间寻找新丧鬼魂附身，与在世亲人对话。

许愿、还愿　若对未来寄有希望，或家有不顺利之事，人有不安泰情况，到神佛前或出事之地许下心愿，祈求神佛保佑自己实现愿望，百事顺利，人身安泰。并许诺届时将以什么礼物，何等规模来酬谢。所许之愿，今后必须兑现的，叫“还愿”。还愿时间不限，有的愿偿即还，有的隔段时间乃至若干年后才还。规模大的请道士、和尚作道场、法事。

预兆　预兆可分“吉兆”和“凶兆”。吉兆有出门喜鹊叫，谓之报喜；途中遇棺材象征有官有财；夜梦着火，谓发财迹象（要“红”）；男左女右眼皮跳动，谓有吉利事；夜见油灯蕊结花，谓有喜事；筷子夹菜掉地或烧镬灶时偶发爆竹声，谓有客人将到；牙齿咬舌头，谓将有鱼肉吃等。凶兆有途闻乌鸦叫，认为不吉利，要高喊“不吉星消”以破之；鸟屎拉到身上（尤其是头上）或过路被人误泼上污水，认为“晦气”，要讨“七姓茶散”（七户各姓人家的茶叶）烹饮或讨“七姓米”煮粥食以解晦；母鸡啼叫，夜狗哀吼，老鼠首尾相衔窜出，猫头鹰飞进房等，皆认为凶兆，需谨慎行事或设法解之。

禁忌　民间禁忌颇多。喜庆之时忌讲不吉利的话；每月初一、十五日及“羊公忌日”（正月十三、二月十一、三月初九、四月初七、五月初五、六月初三、七月初一和廿九、八月廿七、九月廿五、十月廿三、十一月廿一、十二月十九）不挑粪肥；上山忌说野兽名，尤其是蛇；下海不可言沉船、翻船；将出海捕鱼的船，严禁妇女上船；渔船出海时，两侧披红巾，出海后每天清晨以海水洗船眼；船上忌将碗翻扑放（碗底朝天），筷子不得叫“箸”要称“撑高”，忌将筷子搁置碗上或插碗中，吃鱼时不可将鱼翻过来吃；生病不准提“死”字；人死忌说“死”，而称“老了”“亡过”“过世了”“呒不了”“转去了”等；年岁逢“太岁压”者（七岁、十六岁、廿五岁、三十四岁、四十三岁、五十二岁）忌见棺材盖敲钉和棺材进圹；男女婚配忌生肖相冲等。

抢亲 就是未婚男子将喜欢的未婚女子抢到自己家结婚成亲。其方法：一般都在婚期临近之前暗中约定，男方不出聘礼，女方也不赔嫁妆，先由媒人领未婚夫设法暗中去认识未婚妻，由男方新郎约几名亲朋好友，商定抢亲的时间和方法等。新郎邀集一帮亲友到女家附近隐蔽，此时，女家父母故意叫女儿出门洗衣、洗菜、挑水等。新郎和伙伴一拥而上，由新郎背起新娘就跑。其女方父母假装大声喊叫“快来人啊，有人抢人啊”。让全村人都听到，预计人走远了，才约上几个邻居追上，装出一副追不上了后悔的样子。姑娘抢到男方家中，立即举行婚礼，拜天地祖宗，进入洞房。第三天，也像平常一样新郎新娘去岳父家“双回门”，新郎向岳父岳母“赔礼”，日后两家相敬如宾往来和好，并无恶感。时过境迁，新社会推行自由恋爱，抢亲恶俗已成为历史。

典妻 清代的典妻婚配现象，因为地区不同，名称和形式也各有所异，习惯上古人通常把典妻婚配分为典妻与雇妻。雇妻主要是验日取值，期满则归。时间长的叫典妻，时间短的叫雇妻。按各个地方的不同，大体上可以分为：1. 典妻与租妻：此类现象大体上发生在江浙地区。在宁波典妻双方要有媒证订契约，载明期限和价格，通常是一二年为租，三五年为典，所生的孩子归典夫所有，有钱人家的妇女如长期无子，在征得妻子同意后，经中间人介绍，可以向穷汉典妻。2. 坐堂招夫：因原夫贫病，妻子征得原夫的同意，把典夫招到家中，收取典金，以供原夫的生活，被称为“坐堂招夫”。3. 租妻借妻：有人长期贫病，经三方同意，请中间人说和，将妻子借或租给无子的男人为其生子；条件是典夫要承担其家务劳动，借妻期间所生子女随生父姓，入生父宗，一旦满足原订的条件，就解除关系。不同的是借妻不离开家，租妻通常要离家。

典妻是封建社会和旧社会，穷人家里实在没办法娶妻、供养老婆度日，所做出的举措，中华人民共和国成立后就再也没有出现这类荒唐现象。

童养媳 童养媳又称“待年媳”“养山媳妇”，就是由夫家公婆养育女婴、幼女，待女婴、幼女到成年时再正式结婚。旧时，因社会非常贫穷落后，老百姓的生活水平低，众多民众因家境贫寒而娶不起媳妇，为了解决这个问题，他们就跑到外地抱养一个女孩来做童养媳，待长到十四五岁或十五六岁时，就让她同儿子“圆房”。中华人民共和国成立后，国家颁布了婚姻法，抱养童养媳的问题终于得到了彻底解决。

二、现代风俗礼仪

常礼 旧时大湖，日常礼节中封建意识颇浓。宗族排辈分论长幼，辈分最高年龄最大者为族长。一家之中，父权、夫权极大。长辈之名不可直呼，言语不可抢白、反驳。长幼共餐，必待长辈开箸方可用膳。与长辈及客人授受礼品，必以双手敬接敬奉。与长辈及客人座谈，不可架二郎腿。与长辈及客人同行，进退需让先。女子不参与大型祭祀活动，不上客桌同餐。成家女子不称名字，口头上用娘家村名代，如：“大湖人”“山头人”“长街人”等，书面上用“某氏”称，如“胡氏”“冯氏”等。女儿名字不可入家谱，不可刻入父母墓碑。有兄弟的女儿无权继承遗产，也无义务赡养父母。

客人过门，起立相迎，请坐、奉茶。无论何时来客，必烧点心（俗称“接力”）款待。客人离家，需出门陪送一程。

男女成亲后，双方称呼对方为老亲家，需按子女辈的称呼尊称对方。亲戚之中，娘舅的权威甚高，结婚“送行餐”时坐首席（俗称“东头一”）；一般兄弟争执及分家，往往请娘舅前来作主调解决断；父母亡故，娘舅做“背后”，对治丧诸事有决定权和否定权。初来之下辈亲戚，需赠“相见钿”。

中华人民共和国成立后，封建意识逐渐消除，民主平等观念增强。现族权早废，男尊女卑思想抛弃，女儿之名可入宗谱、可刻上墓碑。那些敬老尊长、热情好客的习俗，还代代传承着，只是轻淡了某些烦琐的细节。

结交 民间交往，三族为主亲，父族有叔伯、兄弟、姑妈；母族有娘舅、姨妈；妻族有妻舅、连襟（俗称“姨丈”）等。表叔伯姑妈，堂叔伯姑妈；表兄弟姐妹，堂兄弟姐妹次之。除亲戚外，还有寄拜、结拜、师徒、师兄弟、世交、挚友、恩人及邻居（俗称“邻舍”）之交。一般逢年过节礼尚往来，有谚说“亲眷篮对篮，邻舍碗对碗”。亲友间遇大事登门相帮，喜事相庆贺，不幸事相探慰。亲友交往，素重情谊，人情不敢失当，谚云：“人情勿是债，尺四镬挈去卖”。20 世纪 80 年代以来“人情”项目增多，礼品礼金日重。

婚嫁 旧时婚姻，皆由媒人说和，父母作主，讲究门当户对。且尚早婚，子女未至成年，就有媒人登门，或父母央媒说合。若门第相当，双方父母即将男女年庚八字请算命先生推算。如无刑冲克害，就用红纸写就“庚帖”，托媒人传送，互为占吉，以示双方同意。然后，男方行聘定亲，俗谓“送恳帖”。迎娶前一年，男方将迎娶吉日红帖由媒人送至女方，俗称“送日子”。迎娶前数日，男方送礼至女方，俗称“送轿下羹”。此礼钱一般按女方所办的酒席桌数而定。

定好日子（按传统习俗都要择日子），结婚前几个月（或前几天）男方提前拿礼品前去亲戚家邀请吃喜酒，让亲戚做好一切准备。

结婚前两天就要杀猪宰羊，所有的行堂人都要到齐，如天气不好，还要搭簟棚。总管叫厨师整好套篮里的盘头：有化妆品、鱼胶、蚶、上下承（猪肝、猪肺）、笋、蛋；还有红包：谢厨包、开面包、马桶包等；安排马桶小叔用青布袋盛上捣和气糍的糯米，送到女方家中，然后回礼于男方。

结婚（早时俗称拜堂）前一天，男方拂晓祭祀（谓“还福”）。吃了早饭派人送到女方猪蹄一只（谓“郎蹄”）。同时这一天四亲六眷必须到齐，按旧风俗来讲，凡舅婆、姑婆、姨婆（以上三个婆字辈是按新郎未出生的儿子来称呼），都要主家用轿去抬（接）来。这天晚上的酒席谓“还福酒”。

傍晚七弟兄进门时，炮仗、爆竹连天，一路放进门。临近家门时，主家也要放炮仗、鞭炮迎接。声势浩大，热闹非凡。吃过晚饭后，书写婚联（如果弟兄内无人书写，就请别人书写），写好贴在车门、中堂、厢房、厨房等处，谓“满堂红”。

此时，“新娘”于是日夜沐浴更衣，拂晓前择时辰开面整容，早宴后梳妆待嫁。

迎娶之日，早宴后总管安排好前往女方抬嫁妆的人员。一双套篮、扁担、嫁妆杠、坐轿，套篮都要贴上大红喜字，轿里放好染红的棉花籽，鸡轿（鸡笼）里放好雌雄一对活鸡（谓“轿鸡”）。由担套篮者“嫁资（妆）头”（担套篮者必须由儿孙满堂、夫妻双全、德高望重的长辈来担任），“马桶小叔”（新郎之弟）担马桶，带领队伍到女方“迎亲”。

当抬嫁资（妆）者到女方村口时，放起鞭炮。到女方家门口时，女方以爆竹相迎，有的为了活跃气氛竟故意用板凳竹杠堵路，待抬嫁妆头发几条香烟喜糖后才放行。然后行堂人接过嫁妆头的套篮，嫁妆头将喜糖、香烟分给女方行堂人和所有大小客人。接着请抬嫁妆人吃点心，当吃好点心，抬嫁妆人马上整理好全部嫁妆，不一会就吃中餐。

中餐是女方的正餐，谓“送嫁酒”。送嫁酒是酬谢女方所有亲戚朋友的酒席。吃好中餐，爆竹鞭炮齐鸣，套篮担与马桶担由女方行堂人送出大门外，抬嫁妆人开始上路。

时辰一到，新娘戴凤冠霞帔，穿红裙、绣鞋，头蒙彩帕，由兄弟抱上轿。临行，母亲哭数声送别，俗称“发利市”。亲朋随轿送一程“送上轿”，伴姑数名随轿送至男方。

男方有人在途中迎接，谓之“接轿”。轿至男方门庭，男方父母暂时回避，一阵鞭炮鼓乐，随之撒盐米、启轿门，数名伴姑向轿三作揖，谓之“请出轿”。出轿前向客人抛喜糖和零碎钱谓之“出轿果”。新娘出轿踏上红地毯步入新房。接着，在中堂举行揖拜婚礼，俗称“拜堂”。拜堂后入祠堂拜祖宗，然后送入洞房。

吃过晚饭后，宾客都到账房送钱上账。上好人情账后，再吃夜酒。夜酒十分隆重，首席首位由本村本族族长、房长或德高望重者入席。吃酒时新郎还要向宾客敬酒。热闹非凡，宾客吃得饭饱酒醉才方休。

入夜，鼓乐队进新房吹唱演奏，宾朋讨果子、逗乐趣，还有人吟诗“相新妇”（诗多现成而成套，从头相到脚，或有即兴杜撰），谓之“闹房”。然后由新郎的“七弟兄”或亲密朋友送新郎进入新房，谓之“送洞房”。送洞房又有堵住房门“请新郎”等一番嬉闹。“请新郎”要送洞房者背诵请新郎之诗。新郎入洞房后，新郎新娘饮合卺交杯酒，“七弟兄”吟敬酒诗。待分食“和气糍”后才散去。是夜，花烛长明，择亲朋中男小孩“拉马桶尿”。

翌日早晨，新妇在姑娘（丈夫的姐妹）的引导下向舅公婆、姑丈婆、姨公婆、公婆及本门的亲戚的长辈行跪礼敬茶，俗称“卖利脚”。长辈接茶赠见面钱（俗称“茶钿”）。新妇取礼物答谢，对舅、姑、姨三家长辈还要赠“大鞋”（如今赠皮鞋）、拦腰等礼物。

拜舅姑结束（一般都在上午10时左右），马上吃饭（俗称“送行餐”）。总管安排座位：东首席是舅公、镶位是叔伯舅公等人，下首一人由门里人斟酒；第二桌首位（西边第一桌）是姑公，镶位是次姑公或叔伯姑父，下首也由门里人斟酒；第三桌是姨公桌，排在东边第二桌，也是几个姨公相陪。下面就是干爹或师父，由总管安排。最下面谓“打狗桌”是七弟兄和新郎官坐的。

酒席开始的第一道（碗）菜应由新郎官捧盘，表示谢客。酒过三巡，新郎、新娘由人陪伴依次有序敬酒。

酒席散后，主家以鸣礼炮送客，婚礼结束。

第三天早餐必须由新媳妇来烧，谓“三日饭”，饭是红豆和粳米煮的。

就餐对象是堂房婶嫂，凡是吃过三日饭的人，在次年正月必须要办一桌酒菜请新媳妇吃，谓“请新妇”。有一句俚语“坐人一角，还人一桌”，所有亲房叔伯都要请新妇的。

第三天，新妇的兄弟担礼物到男方来，谓之“带郎”。男方设午宴款待，谓之“请舅”（妻舅）。然后新婚夫妇一起回女方，谓之“做郎”。女方设晚宴款待，谓之“请子丈”。

新婚后首度麦头黄时，需备黄鱼、肉、麦糕、馒头四品送丈母家称“送麦黄”。丈母家回礼女、婿夏衣各一套。同年“四月八”前，丈母家送小鸡、乌饭麻糍、布帐、篾席四品到女婿家，称“送小鸡”。接着，待杨梅上市时，女婿又备杨梅送到丈母家，称“送杨梅”，丈母家回礼蕉扇若干。

女婿分家后，丈母家需备镬铲、菜刀、砧板、火叉、火锹、碗盏等炊具，咸小菜四瓶（咸蛏、咸白蟹、咸泥螺、咸鲫鱼）菜肴一桌，挑到女婿家，称“送分家担”。女婿用丈母娘所送之中四道菜肴回礼。

若女方父母无子，为晚年赡养及财产继承、子嗣延续，招婿进门，俗称“进舍”，男青年叫“进舍郎”。进舍郎多因家境贫困或兄弟较多，有谚云：“有儿难进舍，有囡难倒嫁。”进舍婚礼费用均由女方承担，所生子女亦从女方姓。

丧夫或离异的妇女另行嫁人，俗称“转嫁”。随娘到男方的前夫子女称“拖油瓶”，常受歧视。

亡妻或离异的男子再娶，俗称“转讨”。所娶不论闺女或二婚亲（俗称“内客亲”），至男家均为正妻，不同于妾（俗称“小内客”）。前妻子女称后妻为“晚娘”，后妻称前妻子女为“前儿前囡”。

亡夫妇女因子女尚幼，无力扶养或操持家务，招单身汉进门，也叫“进舍”。“进舍郎”需负责耕种并扶养女方全家。所生子女从父姓。前夫子女称进舍郎为“晚爹叔”。

此外，还有典妻陋俗。典妻多因妻子不育而又无能力纳妾，典他人之妻生子续嗣。典妻凭人说和，订立契约，规定典期及典价，典期内所生子女归受典方。

中华人民共和国成立后，国家颁布《中华人民共和国婚姻法》，陋俗禁绝，包办买卖婚姻废止，男女平等，恋爱婚姻得以自主。男女青年志趣相投、年龄合格、办理结婚登记，即成为合法夫妻。婚礼日趋简化。20世纪70年代前后，婚礼兴在中堂挂领袖像，请当地干部做证婚人，偶有集体婚礼之举。20 世纪 80 年代后，婚宴日丰，聘礼日重，嫁妆日趋高档。偶有旅游结婚之举。到了 21 世纪的婚礼新老结合，形式上不胜枚举。

庆贺 民间喜事以婚嫁场面最大，俗称“红事”。男女娶亲，在吉日前夕办“太公酒”，本门长辈坐首席；吉日办“族酒”（俗称“正餐”），族长坐首席；翌日办“送行餐”，娘舅坐首席。“正餐”出羊肉时吹唱班奏乐，由当家人将羊肉亲手捧给每一桌，羊肉捧到时，全桌亲朋须起立。亲朋邻里则送老酒（一担）、馒头、米面、“人情”（钱币）。长辈还要于前夕给新郎“压袋”（钱币），翌日给新娘“茶钿”（钱币）。坐首席者要赠“谢厨包”（钱币）。女方出嫁，吉日前夕办“太公酒”，吉日中午办“送嫁酒”。亲朋邻里早就相送鸡蛋、糕果、被料、衣料、梳妆匣及面盆、杯盏等日用品，俗称“助嫁”。长辈于前夕要给新娘“压袋”。现今“助嫁”多用现金。

造房子 俗称“起屋”。旧时起屋，凡动土砌基（俗称“行墙脚”）、定磉、竖柱、上梁等重要环节，均要择吉日施工。上梁之日尤其隆重。清晨，楹柱贴红纸对联，栋梁披红布，挂灯笼一对、小木榔头一双，在鞭炮声中架梁。老司头（为首工匠）提屋主早备的盛着馒头利市钱的篮子站在墙顶上，边讲利市话，边抛馒头，首先抛给屋主夫妇（俗称“当家人”“当家嫂”）。晚上设“竖屋酒”酬谢工匠和亲朋邻里。亲朋邻里赠送老酒、馒头、米面、钱币等礼物庆贺。

住进新房或迁居 至亲要送馒头、面食等礼物，主人设宴席款待，俗谓“张新屋”。现在屋式多样，建材更新，但送礼庆贺、办竖屋酒之习俗依旧。21 世纪商品房增多，有买屋者以办“进屋酒”替代“竖屋酒”。亲朋好友邻里都送礼庆贺。

妇女坐产 俗称“做生姆”，须满月才可出房门，因而也称“坐月里”。娘家于产前送婴儿衣裤、肚搭（肚兜）、尿布等；产后拿鸡蛋、红糖、白鲞、胡桃、荔枝等营养品前来致贺，亲朋也馈赠营养品礼物上门庆喜，俗谓“送生姆”，主家设宴款待。婴儿满月时，初剃婴儿胎发，叫“剃满月头”，剃下之胎发长期保藏。主家设宴，称“满月酒”。满周岁时叫“过周”，亲朋送衣、帽、鞋、袜等，叫“送过周”，主家设宴，称“过周酒”。是日，还有婴儿抓阄习俗，俗谓“揶周”。

寿庆 俗称“做寿”或称“做某秩”。民间习俗五十九岁“做六秩”，嗣后七十岁“做七秩”，八十岁“做八秩”。也有年龄于“某秩×9

+5”做寿的，如做八秩，则“8×9+5”即77岁做。寿庆之日，邀请亲朋赴宴，宾客送寿酒、寿面、寿烛、寿联、馒头等寿礼。旧时有晚辈向寿星叩拜之礼。

中华人民共和国成立后，“做秩”习俗依旧，但形式从简，只是家人或至亲等团聚共餐，表示祝贺，叩拜之礼已极少见。

丧葬 丧葬之礼俗称“白事”，场面之大，礼节缛。老人病危、弥留之际，需召集子孙侍候诀别，称“送终”。老人咽气后，抽去死者枕头，在床前摆一桌酒菜相祭（俗称“倒头羹饭”）。随后请民间专业“着衣裳人”为死者洗身更衣。此时子女免见死者肉体。更换的衣服要由孝子先穿在身上温暖一下，再给死者穿上。更衣完毕，孝子须将向“着衣裳人”跪奉一杯桂圆茶，以谢“罪过”。然后将死者移至中堂靠东壁铺着草席的木板床上，盖上主家及女儿送的新被（称“重被”），此过程称“晾板头”。死者脚下点一盏油灯，昼夜常明，称“脚头灯”；床底下放清水一碗，上放沙剪一把，称“清凉水”。床前再摆一桌酒菜相祭，俗称“起床羹饭”。同时将死者临终用过的床垫、草席、被褥等搬迁到村外路边烧毁。另一方面，遣人向亲友讣告（俗称“报讯”）。第二天下午涨潮时入殓（俗称“落材”），将死者遗体放入棺木中，亲朋向遗体告别（俗称“送落材”）。接着丧家设灵堂祭奠，择日出殡安葬。

中华人民共和国成立后，提倡移风易俗，丧事简办，以开追悼会、送花圈、佩黑纱、戴白花、播哀乐等以寄托哀思。20世纪80年代后，送幛（被面）之风颇行，同时旧俗复兴，丧事渐趋铺张。

2001年9月15日始，法定实行遗体火化，骨灰盒入公墓（已建有生熟圹者可不入公墓）。

第三节　宗教　民间信仰

宗教

（一）佛教

五代时，佛教已传入长街。《赤城记》载，后周广顺元年（951）赐名保福，北宋治平三年（1066）改名集福寺。明清两朝，建寺庵之风颇盛。

清末时，有寺两所，即西岙集福寺和大青平海寺，庵宇51所，遍及全镇各古村落。中华人民共和国成立初，经土地改革运动，寺庵大多他用，寺田寺产被征收分配，僧人大多务农，部分还俗。1966年“文化大革命”期间，佛像被毁、佛教活动基本停止。1978年始改革开放，县成立佛教协会，佛教活动恢复，寺庵重修，佛事渐盛，僧人增多。20世纪90年代以来，不少古庵扩展规模或迁地重建，现已被批准为“保留宗教活动场所”的寺院8所、庵堂6所，还有一些寺庵已具规模，正在申报待批。现长街境内有寺院11所，庵堂30所，僧人27人（其中受戒14人）、尼姑5人，居士10余人。

（二）道教

中华人民共和国成立前，大湖村有道士3人。中华人民共和国成立后，道士大多务农，兼职参与丧葬或祭祀等活动，“文化大革命”期间，道士活动转为地下，乃至几乎绝迹。改革开放后，道士活动逐渐公开而普遍，有年轻人从师学道，成为一门职业，大湖村现有道士3名。

（三）基督教

清同治八年（1869），英国内地会（在上海）传教士戴德生派郎牧师往宁海方向传教至长亭，当时有戴姓、许姓、汤姓几人参加活动，后又加入郑先生。郑先生在长街下谢腾出一间小屋作为聚会之用，此为长街镇最早出现的基督教派。民国9年（1920），基督教派在长街上街头购置了八分土地，兴建了6间楼房，并配备了一只铜钟、一架风琴，此为长街镇建起的第一所福音堂。

中华人民共和国成立后，除长街教堂外，尚有青珠、山头、岳井等聚会点，一般是借个人的房子作教堂。没有专职讲教人，大家轮流义务讲教。1966年后聚会活动停止。1978年，信徒始有家庭聚会，并逐渐公开化。1981年7月，召开宁海县基督教第一届代表大会，成立县基督教“三自”爱国运动委员会。从此聚会活动正常，信教人数增多，教堂纷纷建造。

大湖村以前无教堂，2007年买来土地，在大湖村东建造了一所基督教堂，占地面积350平方米，耗资70万元，大湖村现有信众70人。

（四）敬神

长街百姓向以渔盐与渔耕为业，信神甚笃。长街境内先后建有大小庙宇150所，几乎每村都有。所奉之神相当广泛，数量最多的要数土地和财神，其次是白鹤大帝（赵炳），再次是龙王和送子娘娘。其他，如无极大帝（关羽）、茅山大帝（茅盈）、东岳大帝（黄飞虎）、胡公大帝（胡则）、玄武大帝、三官大帝（天官、地官、水官）、侯王大帝、乡主大帝、护海侯王、护国侯王、平水大王、萧圣明王、羊府相公（羊祜）、杨波大人、吕祖先帝（吕洞宾）、五圣尊神（五圣虚空）、黄老将军（黄忠）、哈浪将军、葛猛将军、六畜大人、天仙大人、鱼池老爷、百家老爷、天后娘娘（妈祖）、水母娘娘、子母娘娘、龙母娘娘、御妹娘娘、华山娘娘、白花娘娘、金姑娘娘、黑白无常、文武判官、八仙、猴王大帝（孙悟空）、济公等。其中，有三处神像比较独特：一处是长街大神殿里的穿清代官服的阮将军，这是纪念护民抗寇而捐躯于长街枫湾龙的千总阮玉的；一处是山头西山殿中的穿明代官服的张煌言，这是纪念屯兵山头建筑海塘为民造福的张苍水的；一处是塘里羊府殿里的两尊西装革履、戴礼帽，拄文明拐杖的“洋老爷”，这是为了纪念民国6年（1917）到东乡赈灾修塘的施主、慈善家孙萌庭和上海救济会代表刘树伦。这四位有功德于长街人民，长街人民世代纪念他们。

（五）尊祖

长街人崇尚祖宗、膜拜祖宗，把尊祖视同礼佛、敬神，坚信祖宗能与神佛一起保佑自己的一生平安、全家幸福。尊祖行为主要表现为奉祀祖位、祭扫祖墓、修纂宗谱、营造宗祠等。

奉祀祖位 各家多于中堂后壁建有三龛（俗称“太公棚”或“佛棚”），中龛奉观音菩萨佛像，左龛奉本宅土地神像，右龛奉上代祖宗牌位。牌位一般刻高、曾、祖、考、身五代，五代以上者送入宗祠奉祀。每年的清明、七月半、十月半、年底举行祭祀，俗称“请太公”，也叫“四季羹饭”。请太公时，一般人家设两桌，一桌设在中堂，请本家列祖列宗；一桌设道院中，请亲戚祖宗。也有人家设三桌，这第三桌设在大门外或户外路口，请过往客祖客宗等。每桌摆五荤五素十碗菜肴和两盆麻糍；三边各排两行盅，每行四只，前行盛酒，后行盛饭，并于每边配放四双筷子；另一边插一双蜡烛，蜡烛中间插三支香。接着敬酒三巡，叩拜三次。然后烧纸钱（俗叫“千张”）。最后用桌上一盅酒洒滴地上，摘取桌上每一碗祭品的一点而抛散掉（俗称“滴散”），祭祀完毕。无论贫富，奉祖位、请太公皆不敢怠慢，可谓“祖宗虽远，祭祀不可不勤。”

香花山——宋始迁大湖祖居端胡公谢冯氏安人墓
（2020 年摄）

大湖胡氏宗祠（中堂）
（2020 年摄）

祭扫祖墓 每年清明前后（一般于清明前），家家备纸幡、祭礼上祖墓祭扫，俗称“加坟”。加坟时先在坟顶加上一大块新土，并插上纸幡，再清理好坟前杂草，摆上十只盅（分两行，里面盛五盅酒，外行盛三盅饭两盅芥菜羹）、五双筷子、一盆麻糍（五块）、一盆菜肴（一般为笋、蛤蜊、肉、蛋、豆腐，也有加鲫鱼的），插一双蜡烛、三支香，然后拜，待酒敬三巡后烧纸钱，最后滴散，大家分食祭品（不吃的带回家）。

一般较大氏族皆建有本地始迁祖及始祖下分房祖之墓。每至清明节联宗祭扫，祭祀一般用猪头、鸡、五荤、五素等。祭扫后，裔孙在墓前分麻糍、禽蛋，并在祖墓附近餐，俗称“坟头散”。旧时始祖和房祖墓还有祀产，俗称“众家田”，所产供祭祀费用。

修纂宗谱 人们重根源，倡孝悌，意在宗谱的续修。20 世纪 90 年代，境内各大姓纷纷续修宗谱。大湖村胡氏宗谱在“文化大革命”时民国版被烧毁，幸亏塘里将民国 22 年（1933）版《胡氏宗谱》保留下来。1993 年大湖、洋湖、塘里等三房将胡氏宗谱重修成《胡氏族志》，2019 年胡氏宗谱续修。大湖李氏宗谱在 2010 年进行第一次修纂。大湖祝氏、黄氏、王氏、冯氏、顾氏、侯氏等宗谱相继修纂。

至 2020 年 12 月，大湖村内共收集到《大湖胡氏宗谱》《大湖李氏宗谱》《大湖顾氏宗谱》《大湖黄氏宗谱》《大湖侯氏宗谱》及《大湖陈氏宗谱》等六部。

各氏族宗谱的体例结构大致类同，有的仿效欧阳修的《欧阳氏谱图》称欧式，有的仿效苏洵的《苏氏族谱》称苏式，他们的共同点都是五世一提，以宗支派系为经，以传记、世藻、世泽、世德、世秩、世福等为纬，记述一族姓氏历史。所不同的是：“欧式”把世系和世略分开，各成其目；而“苏式”将世系和世略纳在一起，以世系为纲，把世略附在各人的名下。

宗谱的谱心包括：序文，敦请名士或谱师撰述该族姓氏源流，迁徙考略及纂修宗谱的旨意，反映氏族历史与历次修谱概况。凡例或例言，则阐明纂修宗谱的体例。

1. 行第：让昭穆尊卑有序，俾其后世子孙排行取名定辈，有四字行，五字行，七字行等。大湖胡氏排行：怀普廷绍泽崇秉，大拱文章化日长，积善传家余庆远，哲人奕代肇其昌，俊秀延绵基仁孝，安邦兴国耀祖荣。大湖黄氏排行：始尔永谦，泰顺忠孝，勤俭百千，万载祖有，善行仁义，礼智信贤，良方恭敬，中和端可，昭宣姓名，久远隆大，德泽恒保。

2. 世系：为宗谱的纲，自始祖而下，分支派别，依次以红线承续，在宗法社会中行辈分明，子孙繁衍盛衰的图谱。

3. 世略：载于世系之后，记述各人名讳，生娶卒葬，配偶，子女，功名，官秩，事略及坟茔等。

4. 世秩或世荣、世芳：记载该族历代祖先官爵封赠、功名、恩荫的名讳及简历。

5. 世德、世泽：记述祖先中德行高尚事业有建树或恩泽乡里者。体裁有行状、传略、墓志铭及寿序。

6. 世福：记载族中祀产、祠堂、义庄、学塾等该族公有财产。

7. 世藻：载族人和乡贤名士题赠的诗词赋等，反映当地世事、人情和自然景观。

8. 祖训和族规：告诫后世子孙恪守孝悌忠信的伦理道德。

9. 杂志或杂记：记载该村发展变化、灾异、地舆、风俗、物产、古迹、寇警、瘟疫及轶事等。因老谱在“文化大革命”中被当作“四旧”毁了，现存宗谱是 20 世纪 90 年代后重修的宗谱。

现存宗谱及姓氏源流一览表

表 16-1

谱　名	编修时间	主修人	现存卷数	始迁祖	始迁时间	源　流
胡氏族志	1993 年	胡余康	1 套 20 卷	胡居端	南宋淳熙十年（1183）	奉化箍溪—长亭
陈氏宗谱	2002 年	陈其岭	1 本	陈君鸾	清乾隆年间（1736—1795）	窦岙

续表16-1

谱　名	编修时间	主修人	现存卷数	始迁祖	始迁时间	源　流
顾氏宗谱	2003年	魏宏通	2本	顾国仓	清道光十五年(1835)	桥头胡下洋顾
李氏族志	2010年	李和印	1本	十四世祖	明永乐十七年(1419)	梅林花园
王氏宗谱	2015年	王承兴	1套20卷	王敬由	民国21年(1932)	嵊县仙岩镇王树村
胡氏宗谱	2019年	胡家康	1套20卷	胡居端	南宋淳熙十年(1183)	奉化簰溪—长亭
黄氏宗谱	2020年	黄宣利	1本	黄可营	民国元年(1912)	胡陈吴家岙
侯氏宗谱	2020年	侯国湘	1本	侯星宗	清道光八年(1828)	台州大田夏馆侯—南坑

祠　堂　也称宗祠，是中国儒家传统文化中宗族的象征，是供奉祖先神位，按时祭祀祖先或先贤的场所，是农村境内礼制建筑中最宏伟最重要的建筑。

大湖胡氏宗祠　胡氏宗祠始建于明代，坐落于湖东外屋墙头东，平房三楹，清顺治五年（1648）被海匪烧毁。清初，择基沙头井东居端公冯氏太妣墓之西，建成坐北朝南、祠门面西、前厅五楹置一穹顶戏台、中飨堂三楹两厢各四楹的胡氏宗祠。造型优美，梁柱间雕刻精致，有玲珑剔透的百鹿，乡人尊称“百鹿祠”。有“状元及第”“五世同堂”的祈福浮雕。正厅三间供奉胡氏浙东始祖暨始迁祖派下列祖列宗牌位，上悬“理学望族”“赐进士”“登科”“骁骑尉”“志凛冰霜”“节凌冰霜”“白首完贞”等匾额。庭院前竖有举人贡元的旗杆四支，两厢房和戏台前后庭设施齐全。中华人民共和国成立以来，宗祠历为乡公所、学校、田粮局粮柜、供销社购棉仓库、生产队稻谷仓库所借用，村民大会和文艺演出也在此举行。“文化大革命”时期，祖宗牌位匾额等当作“四旧”被毁。1970年后大湖村在祠堂内办起榨油厂。21世纪开元，各村族续修宗谱、修建宗祠。2005年胡氏洋湖、塘里、大湖老三大房集资百万元在原址重建宗祠。宗祠坐北面南，建筑面积1045平方米，占地面积1060平方米，仍为三进祠宇之古体，飞檐翘角、雕梁画栋，其古朴典雅，雄风不减当年，新建大湖胡氏宗祠于2009年全面竣工。

大湖李家祠堂　2011 年，大湖李氏在湖西李家横头新建一所“李家祠堂”。

大湖胡氏宗祠（2020 年摄）

大湖李家祠堂（2020 年摄）

第十七章　村民生活

第一节　衣

民国时期，大湖村五份头富户及地方绅士穿着比较考究，衣料也比较高档。前期一般穿长衫，冬穿棉袍、皮袍，头戴西洋帽，夏穿纺绸、湘印纱衣裤，逢礼仪场合穿纺绸长衫。民国后期，一些外出的富绅开始穿呢制服、戴呢礼帽，皮衣、皮鞋也开始出现。而普通村民穿的衣服、鞋子都是家庭主妇制作缝补的，很少请裁缝师傅制作，衣料以自家纺织的土布为主，还有黑洋纱、黑斜纹等从市场上选购的廉价布料。少女穿阴丹士林布算是时髦，小孩一般到过年时才能穿上花布衣衫，戴上狗头帽，算是高档衣料，一般普通人家购买不起。穿着时间是“新三年、旧三年、缝缝补补又三年”。鞋子：在家时一般穿布鞋，妇女与小孩子在布鞋上绣点花作点缀。出门干活时穿草鞋，下雨天妇女穿的是笋壳鞋，男子穿的是木屐鞋（木拖）。普通人家买不起雨胶鞋，殷实人家有平口雨胶鞋和元宝套鞋算是高档的雨鞋了。中华人民共和国成立初期，村民穿着黑洋纱、花洋纱、斜纹的大襟布衣较普遍，穿家纺的土布衣占多，纱卡、卡其布衫、毛线衫算是高档衣料。20 世纪 60 年代，普遍穿着纱卡、卡其布衫，穿的确良、涤卡的衣衫较为高档。20 世纪 70 年代，普遍穿着的确良、涤卡衣服，穿羊毛衫、呢制服的为较高档。20 世纪 80 年代，流行穿着纯棉衣料，穿茄克衫、滑雪衫、羊毛衫、呢制服的较普遍，而的确良、涤卡的衣服被淘汰，衣着开始丰富多彩。20 世纪 90 年代至 21 世纪 20 年代，皮夹克、羽绒衫普遍穿用，青年人穿着时髦名牌时装，名牌皮鞋健身鞋，向市场购买，全民穿着向高档次发展，生活更丰富多彩。

第二节　食

大湖村民向来以稻米为主食。民国时期，大湖村富户及殷实人家生活水平较高，吃的也比较讲究。普通村民一般是半肚番薯半肚米饭。青黄不接时，吃的是蚕豆饭、豌豆饭和麦碎饭。有的村民把未成熟的麦子磨成“麦米（麦虫）”掺入南瓜充饥。有俗语“三月夏荒芥菜相帮”，把大米饭视为珍品，将大米省下给孩子吃或招待客人。中等农家常食“一稀二干”或“两稀一干”（注：稀指“粥”，干指“饭”）。

20 世纪 50 年代，农民分到了田地，水利条件亦有所改善，但水稻产量仍低，村民三餐吃米饭仍不够，还需番薯干等掺入。20 世纪 60 年代，搞“一平二调”，提倡吃饭不要钱，男女老少在一起吃饭，大湖 3 个行政村每村各办起一个大食堂。时值遭受自然灾害，粮食减产，口粮不足，只得以番薯藤粉、糠粉、鲜草籽（苜蓿、紫云英）及野菜等充饥。1963 年后，食堂解散，村民分到自留地，种粮食添补，吃饭问题基本解决。20 世纪 70 年代，粮食增产，很少掺入番薯干等杂粮。20 世纪 80 年代，粮食产量显著提高，吃饭问题完全解决。20 世纪 90 年代，村民开始讲究吃的，认为早稻米口感不太好，吃的都是杂交稻米，而且对菜肴的要求也提高了。21 世纪后，食品由温饱转向营养型，主食消费量减少，副食品种类增多。肉、鱼、禽蛋等成为百姓餐桌上的平常菜。村民饮食方式改变，讲究荤素搭配和水果用量，选用环保、保健食品。

一、糕点与制作

麻糍（年糕）　选用优质粳米掺入糯米，将米洗净，置于缸中浸泡 7 个昼夜，磨成粉（若干燥可适当加水搅拌），将米粉倒入糕蒸中蒸，蒸熟后倒入石臼中捣（俗称捣馍糍糕），捣好后切成块，即成。20 世纪 80 年代后用机械加工年糕，制作步骤同上，只是捣的方法不同，过去是传统人工捣，现在是年糕机加工。

粽子　首先选择好糯米，然后根据自己的喜好选好辅料，如红豆、红枣、蚕豆板、咸瘦肉等。将食料糯米、红豆、红枣、蚕豆板、咸瘦肉等用水洗干净，再把糯米与各种相对应的配料分别一一拌匀。把笋壳、粽叶浸透洗净制作成横包粽、狗头粽、元宝粽模样的垛。然后左手握住垛，右手将拌好的料倒入垛中、挤实、捆紧。最后一道工序就是煮粽子，最好用高压锅蒸煮（一小时左右），数量多要用大镬煮时间要长，有的焖煮过夜。

隔砂糕 把糯米粉和粳米粉按 7∶3 的比例，加入红糖水慢慢搅拌均匀，但不能太湿，过筛子（筛到无颗粒状为止），把筛好的米粉一层层放入糕蒸桶里，一层层压实，再用隔砂糕刀纵横划成块，然后蒸熟即成。

洋糕 选用优质大米浸泡一夜，磨成米浆放点发酵粉，发酵若干小时，加入白糖，搅拌，然后将发酵好的米浆，倒入裹有纱布的蒸笼上，蒸熟即可。

团 把粳米粉和糯米粉按 7∶3 比例放水拌匀，放锅里蒸至七分熟，搓揉成具有韧度的坯子，将坯子切成小块，再将小块捏成团皮垛，在垛内放入馅子（将猪肉、萝卜丝、油豆腐、香干、黄豆芽、咸菜、虾皮等切碎加工成咸团馅料，又有红豆泥等为团馅的甜团馅料），封口（捏成花边），包裹制成后，放入蒸笼蒸熟即成。

汤包 将猪肉、笋丝、芥菜、雪里蕻菜、黄豆芽、香干、芹菜、带豆、虾皮等十余种材料切碎混合制成馅料，用面粉制成汤包皮，切成正方小块，将馅儿裹在汤包皮里、卷成长条握住两端，并将两端捏黏合在一起，活像一个个小包袱，摆放在蒸笼上蒸煮，待汤包面皮变透明时（表明已蒸熟），即可出蒸笼，马上挪动一下汤包位置，免得粘在蒸笼上。汤包就可食用了，带汤的汤包就要放水里煮。

圆 分普通滚圆和裹馅的汤圆两种。普通滚圆是用糯米粉加温水（要一点一点加），用筷子搅拌均匀，然后取出用手揉匀，先用手捏紧再搓成长条状，用刀切均匀的小剂子。搓好汤圆放进留有米粉拌的大盆中，晃动几下让汤圆均粘上米粉拌；有馅汤圆是将配制好馅料裹入、然后捏成圆，煮熟（在滚汤中浮起后），就可食用。

米面 以早稻米为原料，浸泡一昼夜，磨成米浆，将米浆装入布袋中压干，分成比拳头大的粉团，放进带有面底（有筛孔）的面机中挤压出来，放蒸笼中蒸熟，然后晾晒成米面干。

豆面 分豆面、番薯豆面等，但它们的制作方法差不多。区分在于豆面的主原料：蚕豆、绿豆、黄豆等。番薯豆面的主原料是番薯粉。豆面的制作方法：先用石磨将蚕豆（或绿豆）磨成粉，用米筛去掉粗皮，放在水中，加上少量的小麦粉一起搅拌均匀，用蒸笼蒸。蒸时先将蒸屉垫上密纱布，每格蒸屉中间留一个洞口，用木塞子塞住，将搅拌好的粉倒入蒸屉，一次用六七格蒸屉，蒸成大面饼，待冷却后，第二天将面饼固定在机器上，摇动面饼，用铁铲铲出豆面，一人接收豆面，用剪刀剪成一缕缕，放在竹簟上晾干，完全干燥后，即成。如今村民制作绿豆面的罕见，而制作番薯面也不多。这些传统工艺逐渐被村民们遗忘。

二、农副产品加工

黄酒　以糯米或其他米为原料，常温下将米浸泡 20 小时以上，将米掏出煮成米饭，用冷水淋热饭到 26—27 度，前后下缸拌上白药搭成窝，加盖保温 24 小时，后换气保温 24 小时加水（每 100 斤米加水 100 斤左右）。过了 24 小时第一次吁饭加釉开耙，再过 12 小时第二次吁饭加釉和米垢，发酵 12 小时装埕中，静止发酵 1—3 个月（按气温而定），榨酒过滤、调色、煮酒、装埕包装，储存时间越长风味越好。

白酒　原料是米、高粱、番薯干等。先把制酒的粮食碾碎，以 1∶1 的比例搭配上砻糠加水拌匀，润料 1 小时后，蒸煮 45 分钟后出料、翻冷。后将蒸煮好的酒料与麸釉按 3∶1 的比例添加适量淀粉加水拌匀，放入缸内或发酵床中发酵 5 天即可蒸馏成白酒。配制成 45 度、50 度标准的白酒，经检测才可包装出厂。

糖蔗皮白酒　又称糖蔗烧，以蔗皮为原料，用培育好酵母菌稀液，按每百斤蔗皮加 10 斤稀释的酵母液，加上废糖沫和水拌匀，放发酵缸中踩踏得结实，密封发酵 7 天以上，前后用蒸馏器蒸制出白酒，配置装埕入库（经验表明：每 100 斤糖蔗皮可制作 50 度白酒 10 斤）。

黄糖　原料是糖蔗，将糖蔗压榨，取澄清后的糖水，放入由大中小 7 口锅的煎糖镬灶中，依次逐步推进加热浓缩，加石灰除去杂质，浓缩到最后两口锅，从糖水熬制成一定浓度的糖浆，按标准起锅，放入板盘上加适量苏打粉，拌匀，冷却，打散，即成。成品可分甲、乙、丙三级（经验表明：每 100 斤新鲜糖蔗可制作成 10 斤红糖）。

榨菜　将榨菜扦皮，过磅放入池中人工踩踏，第一次按 100 斤榨菜 3 斤食盐的比例放入池内腌制。榨菜上面盖竹帘并压上大石块，过 24 小时取出上囤，再用石块压 24 小时，下囤过磅，第二次下榨菜池按（食盐 8%）进行人工踩踏腌制，放上竹帘压石块腌制 1 个月以上，后捞出、撕皮、挑筋（分甲、乙、丙等级），过磅后经三次淘洗，放压机压榨到每 100 斤鲜榨菜变成

28 斤成品为止。再过磅加辅料和 3%食盐拌匀，装进坛中将榨菜挤实，静腌 7 天，坛口用笋壳包扎、水泥封口、草绳捆扎榨菜坛，贴上商标出厂。

三、传统水产品加工

境内传统水产品加工方法有：腌制、干制、糟制和矾制等。水产品类的腌制品有：咸鳓鱼、咸带鱼、咸鲻鱼、咸鳗、咸泥螺、咸蟹股、咸蟹浆及咸蛏等。

干制品 用盐腌制后晒燥（或烘干）的黄鱼鲞、米鱼鲞、鲨鱼鲞、河豚鲞、望潮干、梅珠鳓、龙头鳓等。淡干的墨鱼鲞、鳗鱼鲞、虾干、虾皮、鱼胶、弹涂干、苔菜等。

糟制品 糟鳓鱼、糟马鲛鱼及糟鲞等。

矾制品 海蜇皮与海蜇头等。

咸蛏 将蛏子洗净，放入含食盐 10%的水中拌匀，放置 3—4 小时，使蛏子的肠胃中泥沙杂质全部排出，捞起放入清水中洗净，并用刀具把蛏背部的筋割断，放在锅内，再撒上食盐（食盐与蛏的比例为 1∶5）、用锅铲将蛏子与盐反复搅拌（约需 10 分钟），然后将蛏子捞起放入盛器缸瓶内，次日将盐水倒出放在锅内烧开，待盐水冷后，去掉沉淀杂质，再倒回盛蛏的瓶缸内，过几天就可食用。

咸泥螺 先将鲜泥螺洗净，数小时后泥螺伸出舌头，按 10 斤泥螺 2 两盐的比例，把食盐放入盛泥螺的容器内并拌匀、待泥螺冒出泡沫。一天后，将泥螺洗净，一层泥螺一层盐（撒上见白即可）放入盛泥螺瓶或缸中。又一天后，将泥螺盛器内的盐水倒出放入锅内烧开，待冷却后把杂质澄清，将盐水倒回盛泥螺的容器内，上面再撒上一层盐，数日后即可食用。有谨慎者，连续二次将泥螺卤水倒出再烧开冷却后放回，食时按各自口味放一些调料。

咸白蟹 从捕入到加工一般不过夜（12 小时），以鲜蟹为佳。将白蟹洗净，剪去足尖，剥去蟹壳，切成蟹股，放入锅中，以 10 斤白蟹 2 斤盐的比例把盐撒在蟹上，用镬铲翻炒（15—20 分钟），再加切片生姜拌匀，然后放入盛器内，再把盐水倒出烧开待冷却后放入盛器内，数日后即可食。

咸虾 用料：活虾 1 斤，粗盐 75 克，大蒜头一只半，另加少许辣椒、香菜、醋、酱油等。先将活虾洗干净，放入粗盐拌匀，放 2 小时后，倒掉盐水。在盛虾的容器中撒上适量的蒜头末、辣椒、酱油和醋，以盖过虾面为好（蒜头、辣椒有杀菌调味作用）。密封保存，放冷藏过一夜就可吃，吃时拌些香菜更佳。

第三节　住

大湖村位于长街平原的中心，拥有大片土地，与邻村相比，历来显得比较富裕。中华人民共和国成立前居住着近 350 户人家。350 户住房分三个层面：有 105 户贫雇农住的是烂泥夹板墙茅草屋（稻草屋），其中 30 多户住的是“四脚落地”的稻草屋；有近 200 户村民居住的是碎石板墙基砖瓦平房或三合院；只有近 50 户富户居住的是三、四合院二层砖瓦二层楼房，其中后五份（五份头）居住着五幢三、四合院，内有豪宅 300 余间，有花园、水井、小河等，占地 70 余亩。

1951 年土地改革时，没收地主土地房屋，5 座深宅大院被国家征用，作为储存稻谷的粮库，其余分给贫雇农居住。随着村民生活水平的提高，平瓦房逐年增多，到了 20 世纪 70 年代竹篱笆茅草屋基本消失。进入 20 世纪 80 年代，平瓦房向二层楼房看齐，从木结构向钢筋水泥桁条—多孔板—现浇、青砖空斗墙向红砖实叠、木柱木桁条向红砖墩子过渡。改革开放以来，现代款式的楼房逐年增多，原深宅大院显得陈旧，多数被拆建成新楼房。

进入 21 世纪，村民们大多数改建与新建住宅，人均居住面积成倍增加，讲究住房的质量，室内进行精装修。许多家庭在宅院内种植花卉果木，有的在自家院内搭建假山等景观。有的在城镇购买住宅，有的在外地建造别墅，营造舒适优雅的居住环境。

第四节　行

村道　大湖村建村历史悠久，与邻村相比，道路宽阔得多。中华人民共和国前，半边街、上秧田及几条村道都是 1—1. 5 米宽的石板路，供村民挑水、担柴通行。

中华人民共和国后，1951 年大湖粮库建立，1955 年有搬运队运粮至沥头粮站，1958 年将沥头至大湖粮站段改建成砂石路（2—2. 5 米），供手拉车运粮。随着手拉车增多，拓宽村内几条主干道，有的改建成宽 1. 5—2 米的砂石路。

1968年长青公路（长街至青珠农场）建成，大湖村通公路。1971年大湖村沙头庙东至隔岸头桥砂石机耕路建成，加宽上秧田至粮站的路面，1984年将这2条主干道浇筑成水泥路面。2000年将半边街河填平浇筑水泥街道，长街东大街石桥头至大湖段水泥街道建成。2001—2020年，村内道路因地制宜“拓宽、改直”，都浇筑成水泥路面。供人车通行，交通便捷。

交通 清末民国初期，富户绅士一般都坐轿出门（轿夫为富人抬轿）。民国后期，除个别富户骑马出门外，村民全凭两只脚步行。

中华人民共和国成立初20世纪50—60年代，交通不发达，除无法行走者用拖梯抬着外出外，村民均步行出门。20世纪70年代初部分人以自行车代步。20世纪80—90年代，自行车普及，个别村民有摩托车。20世纪末摩托车、电瓶车增多，有人使用小轿车。进入21世纪20年代，村内90%户内有电瓶车、60%的户拥有小轿车。

第五节　用

中华人民共和国成立前，全村除五份头富绅有2台收音机与手摇留声机外，再没有其他音响器件。20世纪60年代，村民们若拥有“老三件”（自行车、手表、缝纫机），已相当了不起，可进入20世纪70年代全村“老三件”已经基本普及。20世纪80年代，村民享用的音响电器件，增加了收录机、黑白电视、电风扇、电饭煲等。20世纪90年代后期，“新三件”（冰箱、彩电、洗衣机）基本普及，同时有“时髦三件”（手机、空调、摩托车）和（热水器、组合音响、移动电话）。并有影碟片等进入农家，家家有电话机、电视机。进入21世纪手机普及，有的还拥有“现代三件”（小车、电脑、摄像机），佩戴金、银、玉首饰的女性较为常见。

第六节　成年人娱乐健身

中华人民共和国成立前，广大村民愁于温饱，家无娱乐器具。只有一年一度的灯会、庙会以及族众招来戏班演戏时观众甚多。麻将等仅供有钱人家娱乐。中华人民共和国成立后，兴唱歌，跳秧歌舞，农村剧团、农村俱乐部兴盛起来。演戏，放电影颇受村民欢迎，费用均由村集体开支。

改革开放以来，传统文化复兴。同时收音机、录音机、黑白电视进入千家万户，搓麻将大普及，歌舞厅、卡拉 OK、滑冰场等成为年轻人娱乐去处。20 世纪 90 年代后，彩电 VCD 普及。老年人喜欢去老年协会搓麻将、下象棋、打扑克、看电视，青少年爱看歌舞与演唱。进入 21 世纪，电脑进入家家户户，上网成了青年人的最大乐趣。网吧、棋牌室、浴室、按摩室等应运而生。兴起唱歌、舞蹈、钓鱼等活动。村内公园放置上扭腰机、迈步机、蹬力器、高低杠等成套健身器具，供村民锻炼健身。尚有成套健身器具进入少数先富家庭健身房，外出旅游的人数日益增多，从近距离的一二天游渐渐转向远距离的多日游，有的去国外旅游。

广场舞蹈 广场舞分扇子舞、太极、老年、交谊舞、老年操、流行舞、剑舞等。村购置电视机 4 台，大音箱 4 只，支持鼓励村民们跳舞，平日分 4 个队，参与人员达数百人。青年人跳流行舞、双人舞，老年人做中老年保健操，除雨夜外长年坚持不懈呈常态。大湖村舞蹈队曾应邀参加镇、县的舞蹈表演。

民间体育活动 中华人民共和国成立后，群众性体育迅速发展。1951 年秧歌舞遍及乡村，大湖村从儿童到老人都参加此项活动。1953 年，村内 3 个行政村，湖东、湖中、湖西分别组建起舞狮队。每逢元宵节举行灯会已成常规，到各大道地表演的传统节目有：舞狮子、打拳、耍棒、滚叉、跳桌角、甩火球、刀花、走马灯、走船灯等。从 1958 年“大跃进”开始，以体力劳动代替体育活动。1966 年开始的“文化大革命”中，此类的体育活动被蔑视，群众体育一度冷落。1976 年后，经拨乱反正，群众体育逐步走上轨道。20 世纪 80 年代大湖村武术活动再度兴起，群众自发的太极拳、舞剑、羽毛球、功夫扇等体育活动进入新阶段。1990 年后，村民胡家标在自家道地建起滑冰场，为群众提供滑冰运动场地。村内打康乐球、台球等蔚然成风。1995 年老人协会组建马灯队，曾参加长街镇举办的“蛏子节”开幕式等多次表演，每逢元宵节灯会都要到村内各集结点演出。2018 年村组办的舞狮、舞龙队，也曾多次参加县、镇、村群众集会和开游节表演。2015 年组建的大湖乒乓球队，由国荣杰、杨胜利、胡海晓、方培培、胡斌拯、何泛等队员组成。队员坚持每夜去俱乐部打 3 个小时左右的乒乓球，做到雷打不动。在 2020 年 12 月 28—29 日，长街镇总工会举办的乒乓球锦标赛中，获得男子团体第五名。

第七节　孩童娱乐

游戏　20 世纪 60—80 年代，儿童娱乐游戏有打扑克牌、打乒乓球、打香烟板、弹弹珠、打弹丸、打泥炮仗、跷跷板、荡千秋、捉迷藏、打十八洞、拔萝卜、跳绳、踢毽子等。20 世纪 90 年代有小型电子游戏、电子手枪、电子小汽车、气球、打气枪等。21 世纪后有中型电子游戏机，大、中型遥控小汽车、滑滑板、儿童自行车等。

玩具　20 世纪 60 年代，只有黄岩人小货郎卖一些土制哨子、手摇铃、糖鼓等，没有好的玩具。20 世纪 90 年代至今，玩具货色齐全，品种多样化，有各式各样的手摇铃、大小棉布娃娃、电子游戏机、电子小摩托车、电子小汽车、滑板、儿童自行车、乐高积木、带有车道的赛车、各种大中小型电子枪、变形金刚、电子小钢琴、儿童电动小汽车、玩具车、模型工程车、挖掘机和玩具飞机等。

第十八章　古建筑

第一节　石牌坊　石碾子　路廊

一、石牌坊

原大湖村内有 6 处竖立着 9 座石牌坊。即：营盘门口外 2 座；沙头庙东侧 2 座；关爷殿前 1 座；碾子场南首 1 座；碾子屋北首 1 座；胡氏宗祠西侧 2 座。石牌坊建造于清代，建牌坊的石料都是从三门湾蛇蟠岛石矿海运而来的。由大石柱、石梁、圣旨牌、匾额、石狮子、飞檐、串驳榫合成一体。精雕细刻，建造工艺十分精湛，因此造价昂贵，一般富户是不可能建造的。其中胡氏宗祠西侧 1 座，是胡氏族众出资为非富有人家几位贞节妇集体建造的，上书“为节烈贞建”并列书相关公氏名号。牌坊的横额上分别雕刻着“钦旌节孝”“钦褒节孝”“节义同贻”等大字。宣扬封建礼教、表彰遵守儒道的典型贞节女性。1967 年“文化大革命”期间，石牌坊被当作宣扬“封资修”的“四旧”而拆除，雕有狮子龙凤石柱横料，都用作各村抽水机埠的机座和公房的建造材料。九座石牌坊分别是：三节坊：位于沙头庙东，为化兴公妻冯氏、化发公妻祝氏、化薰公妻祝氏等 3 位贞节妇而建；烈女坊：位于胡氏宗祠西沙井北，为宗元公妻陈氏建；众烈坊：位于胡氏宗祠西，是胡氏族众出资为非富有人家节烈贞建；贞女坊：位于关帝庙门口，为化淮公聘室娄贞女建；节妇坊 1：位于沙头庙东南隅，为太学生江化公妻龚氏建；节妇坊 2：位于沙头庙东南隅路东，为燧化公妻谢氏暨媵张氏建；节妇坊 3：位于营盘门口，为积赟公妻徐氏建。

九座石牌坊群（凭众多老年人印象由当年知青柴谷宝先生2020年描绘）

残存原牌坊横额与立柱（选）

二、石碾子

清代至民国时期，大湖村族众与富户们陆续安装石碾子。利用耕牛拉动碾子盘，把放在碾子槽中的稻谷碾成米，或把麦碾成麦碎。安装石碾子的地方称碾子场，全村各处有 9 个碾子场。即：东洋 1 个、三房 2 个、四房 4 个、油车 2 个。9 个碾子场中 8 个都是露天的，仅四房五份头的碾子安装在屋内（日后把这个地方叫碾子屋）。一部石碾子一次可碾三四担稻谷，除了富户家自用外，其余时间村里或邻村人都可以使用。民国 19 年（1930）丹麦二世皇太子赠送大湖五份头胡维甫一台日本产轧米机，建起五丰米厂，提高了碾米的数量与质量，为了节省加工费，这些石碾子还起着一定的作用。直至 1951 年，建成地方国营大湖米厂，除加工公粮外也加工村民稻谷。后大湖 3 个行政村都办起轧米厂，不再使用石碾子碾米，石碾子仅用于碾蝌灰油饼等。露天碾子场常年受风吹雨打损坏，20 世纪 70 年代被拆除。2019 年在碾子屋旧址重置碾子盘并放上一头石牛，意在恢复历史原貌，供后人观赏。

石碾子（2020 年摄）

三、路廊

大湖路廊　又名新路廊，位于大湖村东，始建于清代。据现存二碑辨之：其一为清道光五年部分村民捐银两若干，建茶亭。其二为清光绪七年（1881）为里人胡长据母叶氏善举，出资建廊三楹，复于廊之前后置田若干亩，俾居家者种植，岁以其入为烹茶薪水之费。该路廊建筑面积 80 余平方米，过道铺以石板。历经 130 年，主体建筑基本完好。但部分墙垣倒塌，几根桁条断裂，有倒塌之危险。2019 年村中耆宿心急如焚，奔走呼吁，多贤共襄义举，出资修葺，玉成其事。今乃修旧如旧矗然而立也，路廊之重修，非为添一茶饮之所，乃为吾乡仁善之风得以传颂、游子乡愁得以系、耆宿心愿得以偿也。俾古建筑万古留传，内立《茶亭重修碑记》为记。

大湖路廊（又名新路廊）
（2020 年摄）

路廊碑记
（2020 年摄）

2019 年重建
（2020 年摄）

大祝路廊　位于大湖村西，北去大祝西去山头的交会处，供路人歇足饮水，始建何年无考。中华人民共和国成立后，大湖村将路廊二间平房分给村民居住，路廊功能依旧。1990 年被拆除建民居。

第二节　三合院　四合院

五份头宅院　建于明清两代，区域包括今大湖村老年协会和前面的公园以及大湖粮站仓库，占地约 70 亩。五份头俗称后五份，内有豪华宅院五幢（包括三合院、过阳楼及后夹厢房与东西厢房）计房屋 300 余间。宅院内有几个小花园（种植着多种名贵花卉，保持四季常绿鲜花盛开）、小菜园、小水井和小河。南花园瓷缸一侧竖着一石碑，碑上有俞榜眼题写的“更深鱼读月、昼静鸟谈天”诗句。四周高高的围墙，围墙外设有一道护城河，南端护城河（俗称半边街河）上设三折石条拱桥 3 座、三五折石条平桥 2 座，供通行。夏日夜晚人们在此三桥上纳凉，大湖八景之“三桥纳凉”即指此处。为了防御匪盗，在宅院围墙的东南西北四方设有碉楼观察室。1949 年 10 月大湖解放时，此宅院成为驻守解放军的营房和长街区公所办公地点。土地改革时将大地主的部分房屋分给无房屋居住的贫雇农，而大多数三四合院房屋被改建成国家粮站储藏稻谷的仓库。现存完好的建筑仅一幢二层三合院（村老年协会会所）。该三合院建于清嘉庆年间，占地 600 余平方米，系二层木结构，正房七间、中间堂前、左右厢房各三间，车门口有 2 米宽平屋走廊与东西厢房相连。蛇蟠石的石柱、石磉址和石介窗，道地用长 1 米、宽 0.8 米的光滑大石板铺设，四方檐阶口均用长 2.1 米、宽 0.47 米、厚 0.20 米的兰头山石条铺成，建筑风格简朴大方，至今有200多年历史。该三合院东西两侧附有过阳楼及厢房与小道地，北面有后夹厢屋20余间，现为村民住宅。

西厢房套房
（2020年摄）

大湖老年协会
（2020年摄）

三合院内天井道地
（2020年摄）

新屋 亦称元宝道地，位于大湖湖中村，建于清雍正年间（1723—1735），为大湖五份头分支宅院，有近300年的历史，系木结构二层三合院坐北朝南，正房七间左右厢房各三间，风火墙为马鞍形，柱石西为蛇蟠石磉址，东为青油石磉址，显示东西厢房为不同的主人。高达5. 6米的防火墙，门楼前雕饰着花卉图案（“文化大革命”中被损毁），上有“保赤心诚”四字的匾额，系嘉禾章文虎浙江会稽道道尹黄庆澜在民国11年（1922）颁给，以表彰热心乡村建设的胡氏先辈。门楼后上有“和气致祥”四字的匾额，希冀着大家族的兄弟妯娌们能和睦相处和气生财。匾额上留着枪洞弹痕（系1949年初任小青匪部与长江部队交战时所留下）。

新屋（亦称元宝道地）（2020年摄）

前新屋 位于大湖村湖中新屋的右前方，建于清乾隆年间（1736—

1795）亦为五份头分支宅院，有250余年的历史。与新屋一样，系木结构二层三合院，坐北朝南，正房七间左右厢房各三间，前面为2米宽的长廊，风火墙采用朝笏式，共有四叠，匾额石雕花卉刻有“千祥云集”字样，颇为壮观。前新屋前有宽12米、长28.5米的小花园，外台门槛较矮，兰头石石条作门柱，凿有三个门档洞，显见当年主人防范匪盗措施之严密。正台门门槛亦不高，用青油石作门柱，门柱顶角有4只狮子抢球的浮雕。房屋廊柱石磉均用青油石，门上雕花卉树木与蝴蝶等，雕刻精美，斗拱东繁西简，亦昭示着东西厢房主人的不同品位。

新屋车门（2020年由内向外拍摄）

前新屋外车门（2020年摄）

亨二房 位于五份头庄园北面，为大湖五份头分支宅院，建于清光绪十五年，至今有130余年的历史。主体建筑系木结构二层三合院，坐北朝南，正房7间，左右厢房各3间，用蛇蟠石制作的石磉址、石介窗，大石板道地，占地面积600平方米，车门两侧装饰精美，上挂匾额，风火墙围，美观大方。现中堂、东正房及东厢房被白蚁蛀蚀而倒塌（村民已重建新楼房）。尚存西正房西厢房及西厢房西附属建筑过阳楼、后厢房与北面后夹厢等20余间及月洞门、花园、六角井等遗迹。

亨二房正屋车门（2020年摄）

亨二房西厢房后夹厢过阳楼月洞门（2020年摄）

前五份 前五份与后五份是同房直系，前五份为大湖五份头的分支，前五份宅院（俗称串堂）坐北朝南，建于明清时期。车门与大道地之间有一幢二层三间过洋楼，车门与过洋楼间有个小道地，三间过洋楼中间的下层为进入大道地的通道。宅院大道地系二层木结构四合院，有正房7间，左右厢房各5间，石窗石磉址，大石板铺设道地、走廊，长石条铺设檐阶。后又在东西两侧外围建二幢平套房，宅院共计48间，占地面积10余亩。现车门、前道地与过洋楼被拆除，仅保留着大道地内房与东厢房。

前五份（串堂）（2020年摄）

前五份（串堂）东厢房（2020年摄）

官房 位于大湖村湖中，建于明朝末年，占地面积600余平方米，有500多年的历史。正房7间，左右厢房各3间，系二层木结构三合院，石板明堂，坐北朝南。现仅存东厢房。

明崇祯初年，胡献来考中进士并当上官，故将他居住的地方取名为“官房”，同房直系族人称为“官房人”。后又在官房南面接连建造了2幢二层楼三合院，前面一幢叫前榻，车门朝东，车门上方有浮雕一狮子，呈昂首下山之势，犹如倒挂，故名“倒挂狮子”。后面一幢，相对倒挂狮子叫后榻（车门亦朝东），三幢宅院共40余间，占地10余亩，建筑设计颇为简朴大方。

官房（东厢房）
（2020年摄）

三道地中间一幢（后榻）
（2020年摄）

前榻 倒挂狮子车门
（2020年摄）

三厢两明堂　位于半边街老菜市场北面约100米处，为大湖五份头分支宅院。大约建于清咸丰年间（1851—1861），主体建筑为东正房7间，中堂一间，东厢房3间，中间厢房3间既是东面房屋的西厢房，又是西面房屋的东厢房。西面房屋正屋6间，中堂一间，西厢房3间，共21间。石板明堂2个，车门2个，故称三厢两明堂。另有房北面过阳楼，后夹厢10余间。现尚存东面三合院13间，西面9间房屋及后夹厢屋倒塌后，已被村民改建成新楼房。

三厢两明堂东明堂三合院（2020年摄）

三厢两明堂西明堂三合院（2020年摄）

第三节　庵堂庙宇

沙头庙　又名千鸡庙，位于大湖沙头井西，始建于明代中叶。传说：有一怪木匠乘海船而来，与村人洽谈承造沙头庙。他提出二个要求：一是施工期间工场不许任何人观看，二是他特爱吃鸡肉，每餐不可缺少，工酬却不在乎多少。可过了2年多仍未建成，每次催促都说莫急，说来神奇，当吃完第1000只鸡时，一夜之间1座斗拱飞檐、金碧辉煌的庙宇耸立起来了。该殿宇一正二副，共有16根朱柱分作4排，其中东廊缺1根立柱不对称，怪木匠就收集木屑箍扎成柱补上，用棍棒敲击会发出清脆的“咯咯”声。其栋甚高，四角檐翘如亭式，梁头楸底都雕有花卉，木结构的全屋不见一个榫眼，故又称“无榫屋”。匠人说：庙已建成，共吃了1000只鸡，此庙就叫“千鸡庙”吧。至清代初期增建厢房和戏台，设施逐步完善。沙头庙被誉为宁海东乡第一庙。这些传说像似神话，但它的造型和工艺确实非常精湛。

中华人民共和国成立前的1949年5月31日（农历五月初四）沙头庙被国民党苏景清部队烧毁，后来庙基被湖东生产队建造成仓库。1987年大湖村民集资重建，现有正殿3间，正殿左右平房各1间，正殿两侧厢房各6间(其中庙东有平房9间属庙产)。正殿北面与西面有套房8间。南端楼房3间，戏台1座，道院有工字瓦房6间。建筑面积700平方米，占地面积1100平方米。直至2000年竣工（老人们都说：重建后的沙头庙不能与原千鸡庙相媲美)。

沙头庙（顺安庙）(2020年摄)

沙头庙东侧　关爷殿（2020年摄）

关爷殿　原址位于沙头庙东侧，何时修建无考。殿房3间，正殿供奉着壮缪及众将塑像，厢房3间中塑有嘶风赤兔马及马头将军、常伞将军像。民国后期，为湖山乡公所的办公地。土地改革中分给村民居住，20世纪70年代时被村办厂所用，20世纪90年代改造成村道时被推平作路基。2005年村民凭印象，紧傍沙头庙的东侧重建关爷殿，重塑众将军像。

玉莲寺　大湖村西的田畈上有座庵，俗称上洋庵，也叫玉莲堂。原有佛殿3间和两侧厢房及庭院，始建于明弘治十四年（1501)，主奉释迦牟尼。庵里晨钟暮鼓声声传入村中，有“玉莲梵响”的诗篇，邑人胡日宾曾有“梵音何处传，玉莲古名刹”之诗句，近代胡传钧亦作有大湖八景诗之玉莲梵响：“莲花点缀此禅门，晓夜梵音入我村。尘梦于今能唤醒，羌无烦恼到闻根。”1956年遭特大台风侵扰被损毁，失修倾圮。1993年大湖村民自发集资，将庵址西移重建成大雄宝殿3间、两侧厢房14间，还有水陆堂3间和平屋2间，总占地面积3300平方米，建筑面积2210平方米，于1995年落成。后有僧人主持，以道场佛事征得施主捐助，扩建成千佛殿、天王殿、地藏殿和药师殿，于2004年竣工。气势较原玉莲堂恢宏，大门上书“玉莲寺”三字。2016年将大雄宝殿改建。

上洋庵（亦称玉莲寺）（2020 年摄）

镇龙庵　位于大湖村东的东洋墩地上有一座庵，传说是为镇住沙龙而修建的，故名镇龙庵。建于何年无考。庵中有佛殿 3 间和厢房以及院落。周围有大可合抱的古木 10 余棵，称之为龙眼，当沙头庙被焚毁后，善男信女移白岳大帝神位和龙王雕塑像供奉在这里。1964 年周围古木被砍伐运往上海出售，庵址改建成民房。

文昌阁　也叫文昌祠。位于村民居住点的最南端。民国时期，祠内供奉文昌帝君和魁星的雕塑像，东厢房北墙上铸有“育婴堂”字样，其南首的一间平房里，悬挂着“胙鼓堂”“化成文人”的匾额，自废止私塾兴办义塾和国民学校后，这里就成为校舍。因失修而成危房，1944 年将学校移到胡氏宗祠。1947 年族众推选胡维甫负责，在文昌阁西厢新建 12 间平屋（6 个教室）。修理二层 3 间的文昌阁正殿，底层改建为大礼堂，内置前沿呈半月形的讲台，正上方加铸“居端院”字样。大门上书写着校名“湖青乡第一中心国民学校”，后改称“大湖小学”，延续至中华人民共和国成立。1968 年在大湖小学南面新建 4 个教室，同年办起大湖小学附设初中班。1983 年中小学分设。2003 年大湖初中并入长街镇中学，大湖小学转移到大湖初中校舍去上课，腾出的大湖小学校舍成为长街镇敬老院。如今，年老的村民们还习惯地称原大湖小学校址为文昌阁。2003 年村民集资将文昌阁改建在玉莲寺东侧，有平房 3 间并塑有文昌帝君及魁星像。

天后宫　原建于镇龙庵东北侧，有正殿 3 间及厢房 3 间。1958 年被拆除。2005 年村民凭印象，改建于今玉莲寺东南，有正殿 3 间。2009 年将天后宫改建为千佛殿。

孤魂祠　位于大湖村东桃花井桥与胡氏宗祠之间的乱葬场中，孤魂祠结构简单，仅 3 间小屋前面一道围墙。这是客死他乡无依无靠的人的墓葬地及供奉死者牌位的地方。曾有慈善人士到这里施“焰口”做“梦山”等佛事，以慰亡灵；偶尔供行乞者住宿。1956 年受台风损坏，后失修倒塌。1960 年平土造田时被铲平。

义琢塔　建于胡氏宗祠东南侧原荆棘丛中。由大石板构成，屹立于地面，容积约 3 立方米的矩形石板池，名曰义琢塔。是因当时没有专职助产士，接生婴儿时，村民擅自用未经消毒的生锈剪刀剪脐带，婴儿常患脐带疯（七日疯）而死亡。义琢塔就是安葬死婴的墓穴。即推开义琢塔顶端小石板，将死婴抛进义琢塔中。1951 年后，推行实施新接生法，死婴现象几乎绝迹。为净化环境义琢塔被拆除。

第十九章　人　　物

第一节　人物传略

胡居端（1167—1243） 字伯瑞，朝奉行千三七，原籍越州会稽。公从小读书、岐嶷异常，气质端雅，品貌出众。被长亭场盐司谢公方燧看中，纳为婿，于南宁淳熙十年（1183）赘居长亭沾籍与谢公之女完婚。并在长亭场前创基筑室，置田五十余亩，生计日有盈余，未及数年，谢氏不幸早逝，公痛至甚，心烦出游，发现长亭场前面海中，涂面高涨，有不浸海潮之墩坎甚多，已有盐民移居于墩坎之上制盐。公遂从长亭场移居海中墩坎，名曰勘头，续娶冯氏，生五子而传三房，肇基垦荒，筑堤防潮。勘头即为大湖，公为争美地，大展宏图，令长子显公分居洋湖闸创业，次子才公分居塘里拓展，居端公辅佐三子珍公守业大湖，致使胡氏后裔遍布长亭，如今大湖宗胡氏后裔，已遍布全省各县，总丁口近万，居端公是大湖村的开拓者、创始人，为宋始迁大湖祖。

胡献来（1594—1653） 原名大来，字子良，号觉非。诚朴狷介，与世无争，质任自然。明天启七年（1627）中举人，次年中进士，初授行人之职，不妄交一人。考选都察院时，因策论忤逆上司，被贬为松江守，饴然就职，殚精竭虑，奉公尽职，滨海无警。松江百姓苦于徭役，青浦尤其重，且负担不均，民多怨言，献来前往视察，作合理调剂，数日就理毕。事后恩师施羽侯来书，为徭役事托情，献来说：“吾不忍毒百姓以报恩师也。”当堂将来书焚烧，权贵闻之皆慑服，无人再敢托人求情。任职期间，劝息讼释久系之人，后晋升兵部郎中，掌管武选，绝勋戚袭补之例；除武卫奔竟之缘，因洞庭寇盗麇集，献来改任岳州兵备，即上疏请求设兵船数十艘，遇风则连船锁镇，遇盗则连艘击之，于是洞庭湖患平息。因耿直触犯巡抚，适逢沔阳为流寇侵扰，巡抚命他兼任沔阳兵备，流寇将攻陷沔阳城，闻胡献来到来，望风逃散。转任南昌盐运副使，商人按盐政纳贿旧例，以数千金投纳，献来将其打了一顿而赶走，自此绝纳贿旧例，江东豪商及椽吏胥台诸官皆不敢越轨作弊。御史按考核等第荐举他，他却说：“吾今可以谢天子归矣！”上疏请求退休，复有云南参议之命，仍恳辞不赴任，归家时治装简约，人称：“两袖清风，一副冰骨”。在乡里遇贫苦邻里，每解衣推食相济，从不吝惜，冯阎两位夫人贵受诰命之封，仍操机织布为时人称颂。顺治十年（1653），献来六十岁时嘱其子曰：“吾无以贻汝，只此迪吉一书受用无穷”语不及私而逝。诵经读史博闻强记，诗书耕读蔚然成风，献来公荣登黄榜身列朝班，官高而清正，位尊而谦诚。

胡献策（1601—1659） 字子规，号象乾，胡献来之弟。明崇祯十一（1638）授台州后营守备，崇祯十四年（1641）升南洋中军游击。为大湖胡氏外屋派房祖。

胡梯（生卒年不详） 字德升，号怡滨，明代人士。敦朴寡言虚怀容物，弱冠被授为大医院吏目。退隐大湖之滨。明万历十七年（1589）荒年，胡梯烧粥赈灾，救治很多人。有人将他的牛偷走而卖掉，他却置之不计较，向他借贷的人不还债，他也不追讨，至于由于贫穷不能娶亲或无钱安葬者，就助以钱帛。县令王震泽赞颂他高义，单车到其家造访两次，屠纬真赠有“烟霞常护高人屐、薜荔新裁隐士裳”之句。子孟隆有遗风，博学能文，著有《雉翠集》。

胡知化（1767—1849） 字维诚，号西林，大湖人。岁贡生，在嘉庆初年与弟式化，字维经，号梅轩（廪贡生名榜魁）两人发起募集资金。文侦，字济清（廪贡生）助以地基于村东建成文昌阁，为学童提供读书、复习之所。摘自《光绪县志》。

胡日晋（1820—1889） 庠名敏思，字世明，号松岩，大湖人。清同治五年（1866）岁恩贡生，教谕。摘自《光绪县志》。

胡福基（1835—1895） 名日广，出生于大湖村豪富家族，为邑诸生，生平慷慨好义，乐善好施，弗吝诸金，若家庙、若神祠、若驿馆邮亭，每割膏腴以赡，履田不啻以千计。西浦义渡为其父胡光、其母龚氏于清道光年间所设，光绪初年因修理船工之用不足，面临停渡，胡福基得知后，又赡田二十石。车岙港渡（今长街镇洋胡村东）在光绪间已不复使用，胡福基又捐资大修，赡田二十石，又置渡船一只，后来了解到资金不足，又赡田五十石。岳井渡为宁海、象山交通要道，西道头在今长街镇王家村，由于渡船过小、风浪不测、民众挤渡等，造成船覆人亡的惨剧，胡福基得知情况后十分感慨，乃大力捐建，捐置本邑田十九亩五分，象邑田二十七亩五分，设渡船二只，两岸均设驿亭三间，后又担心修理不足，又赡田二百石。总计捐田达到一百四十七亩，花费银子三千余两。胡福基的大义之举深深感动了当地民众，乡绅民众联名具奏要县府表彰，知县陈德彝也十分感动，亲自撰写了《岳井义渡碑记》，光绪二十四年（1898）立碑于岳井王家渡口，今碑尚存。

胡坡　大湖人（生卒年不详），字载，好读书寒暑不辍，尤慕理性之学，家贫饭疏饮水悠然自得，所著辞章《探访册》皆根据理要，学者景仰之。摘自《光绪宁海县志》。

胡积熊（1864—1904）　字必位，号虞廷，大湖人。清光绪三十年（1904）蓝翎五品衔，职名绍唐，曾任江苏省即用县正堂，因病未到任。

胡长据（1865—1936）　字德官，号懿卿，民国4年（1915）曾当选县第一届参议会议员。胡长据生于大湖富室家族，出生第二年其父胡汉秋病逝，庞大家产全靠其母叶氏辛苦打理。长据耳濡目染，从小就善于经营，加上其母的刻意栽培，年仅弱冠，即操持家业，筑海塘购田地，家族资产在孤儿寡母的操持下，不见衰败反而兴旺。清宣统二年（1910）胡长据从当时的宁海知县张正芬手中购得南门外大校场土地100亩。民国10年（1921）独资修筑了月兰村的外塘。其母叶氏素来乐善好施，光绪《宁海县志》节妇篇中载其创茶亭、修庙宇、善迹颇多。光绪五年（1879）胡长据母子捐田8.4亩、银两若干，建起大湖村东三间茶亭，供路人歇足。民国14年（1925），公议修建石桥头桥，以便利长亭与大湖等地民众往来，但苦无资金，胡长据慷慨捐资，被推为总理，在他的努力下，大桥在当年十二月顺利建成，成为宁海县第一座钢筋混凝土拱桥。胡长据秉承其母之风范，亦热衷慈善，尤热心教育事业。宁海中学建校之初的民国19年（1930），经费拮据，办学艰难，时胡长据为大湖胡氏族长，他与各房商定，族中出资2500大洋捐给宁海中学建造校舍，次年再捐资2000元大洋给宁海中学购置图书、仪器，为宁海中学办学初期最大的一笔善款，该2笔善款名为大湖胡氏族众出资，其实大部分为胡长据所捐，落款签名为始迁祖胡居端。他热心乡土文化传承，曾校刊《重刻成化本逊志斋集》，并出资付印出版，为宁海县的教育文化事业做出了重要贡献。

胡积廉（1885—1960） 乳名廉生，字养藩，号旭明，系胡长据长子。胡积廉虽生于大富之家，但从小十分节俭，青年时就学外地，假期回家，同学皆囊中空空，唯独他囊中犹存不少银两，带回家里，村民皆以为豪富子弟不会花洋钿，引为笑柄。二十岁留学日本，入学日本同文书院学习三年，毕业后升入明治大学法学科，五年后毕业获得法学学士学位。回国后于民国2年（1913）被聘为北京大学教授兼大律师，任职三年，因父母年老，弟弟幼小，为孝顺父母，打理家族产业，离职回乡。胡积廉善经营、好慈善，民国11年（1922）被选为县议会议员、县育婴堂委员。民国17年（1928）、民国18年（1929）宁海东乡连续遭洪水袭击，海塘被毁，百姓受灾严重，村民吃草根、树皮充饥，他任县水灾筹赈兼东乡平粜分栈主任、粮食接济所委员，向钱庄银行前后借银十数万元办理粮食，救济灾民。同时发动灾民以工代赈修复合宁及附近各塘，增塘田数千亩。

民国21年（1932），胡积廉被推任为长亭镇镇长（1932—1936）、兼任县建设奉海公路股东，出资修建奉海（奉化—宁海）公路；民国31年（1942），日寇占据水东乡，推销鸦片，大肆种植罂粟，烟民剧增，仅大湖湖东、湖中、湖西3个村家庭稍富裕的经不起鸦片的诱惑，有近50人吸毒上瘾，上瘾后竟失去理智，卖田地、卖房屋财物，甚至典妻卖子，买鸦片白粉再吸。胡积廉认为这是日本侵略军对民众的毒害，为烟民摆脱黑暗、挽救受害家庭，毅然垫资设立戒烟分所，开展戒烟禁毒运动。同时出资奉办保卫队后备团，为国防训练青年，以抗日本侵略军。

大湖国民小学为东乡最好的学堂，国民政府看到这所学校办得还像样，把招生范围扩大到宁海东乡，改称大湖国民小学为“宁东小学”，除了接收长亭本地学生外，还接收胡陈、力洋、茶院、古渡等地学子免费入学，校舍不足时，胡积廉与胡维甫父子俩捐资修建了西厢房12间校舍，并出资购置实验仪器、图书资料，建起实验室、图书室，其子胡维甫被推举为校长。当初由当地绅士兼任学校教师，地方绅士事务繁忙，不能专心从教，胡积廉父子出资聘来锦堂师范毕业的专职教师到校任教，使学校教育质量明显提高，被县政府评为“宁海县示范中心小学”。民国35年（1946），胡积廉与宁海知县李洁商定，出资共同围筑车岙港，由其子胡维甫四处奔走，多次请省水利工程专家测量、制订施工方案。工程于民国36年（1947）12月开工，至次年9月，建成斗牛山三孔泄水闸一座，开挖引河1028米。截流筑坝已完成土石方5500立方米，由于港深、水急、流大，柴排与土石方一起被冲垮，筑坝工程失败。尽管失败，但为1952年10月31日的围堵成功积累经验奠定基础，车岙港成为全省第一座竣工的堵港围库工程，胡氏父子功不可没。

胡允维（1919—1987） 中共党员。1925年1月至1930年12月给人放牛；1931年1月至1942年12月给人做雇工；1943年1月至1948年9月租种他人田地；1948年为象宁抗暴游击队战士，10月参加象宁边区武装暴动。暴动失败后，随暴动领导人史中平投奔中共台州工委领导的革命武装四支队，参加过攻打天台、解放亭旁镇战斗。在三门湫水山加入浙东游击队，为三支队战士；1949年7月担任宁波军分区第一独立营副排长；1949年9月至1953年10月在陆军十二医院休养员；1953年10月转业回乡，任大湖乡农会主任，后调任长街区供销社副主任；1958年1—10月任长亭乡副乡长；1958年10月至1959年8月任三岔大队党支部书记；1959年8月至1962年5月任长街公社人武部副部长；1962年5月至1978年11月任长街区供销社副主任；1979年10月离休。1987年1月病逝。受伤养病期间，工作积极，被评为二等工作模范。

胡德木（1922—2011） 中共党员。因年少时家境贫寒，没有上过学，靠扫盲与夜校认得一些字。1953年3月至1955年12月任大湖乡副乡长。1954年3月至1955年12月任青珠乡支部书记。1956年2月至1958年10月担任长亭乡总支副书记。1958年11月至1959年8月担任中共灰漏塘（李家）棉花生产大队总支书记。1958年10月至1959年8月兼任大湖生产大队管理委员会副队长。1961年11月至1962

年5月任中共伍山公社副书记，1962年6月为承担国家困难回湖东村务农。1966年湖东、湖中、湖西三村合并后，担任大湖村党支部委员分管农业。1973—1986年任大湖大队党总支委员兼湖东支部书记。1997—2000年担任大湖老年协会副会长，2002—2005年当选为大湖老年协会会长。他主持正义、秉公办事，为党风廉政建设作出榜样，为新农村建设做出重大贡献。

葛林官（1923—1987） 大湖村人，雇工出身，1951年从政，中共党员。曾任湖东村长、大湖乡农会主任，1952年12月起任长街区农民协会副主任，1954年4月至1956年1月任长街区副区长，1956年5月至1958年11月担任长街区委副书记、区长。1958年11月至1960年3月担任长街人民公社党委书记。其间：负责建设第二干线、第三干线两大水利工程与民工同吃同住同劳动；1958年负责堵截青珠后门港，围垦塘地1000多亩；1959年冬，带领九江、城塘两村村民改造烂塘田。主持召开全公社生产队长现场会，全面推广栽培双季稻。因在推广新品种农作物改制等问题上，讲真话办实事，不生搬硬套，在1960年4月“反右倾”斗争中，被上级领导指控为“右倾机会主义者”“推广先进事物的阻碍者”“假雇工”，将他批斗，后被开除党籍和公职，下放县农场劳动改造。1961年中共宁波地委给他彻底平反。1962年8月分配到青珠公社担任党委书记，他患有严重肝炎，在身体尚未康复的情况下，二话没说走马上任。1964年1月起担任力洋区委副书记，主持力洋区委全面工作。1973年，组织上考虑他的健康状况将他调回长街，担任区机关党支部书记分管多种经营，其间仍抱病坚持工作，曾带领全区生产队长去温州学习种植糖蔗。他牢记党的教导，清正廉洁，实事求是，他是一位优秀的党员干部，被中共长街区委树为学习标兵，号召全区党员干部向他学习。担任领导工作近30年，为长街、力洋两区的党风廉政建设与社会主义建设事业做出重大贡献。1979年11月因病提前退休，1987年3月病逝。

吴立才（1924—2009） 曾用名王阿才，雇农出身，中共党员。1932年至1936年12月在家务农；1937年1月至1939年12月在大湖帮人放牛；1940年1月至1944年1月帮人做长工，1944年2月至1945年9月在余姚县梁弄参加三五支队；1945年10月至1947年2月随三五支队北上，任山东一

纵八团一营战士；1947 年 3 月至 1948 年 4 月任该部班长，1947 年 4 月加入共产党，1948 年 5 月至 1948 年 12 月，因在山东凌萍战役中受伤，到三野医院疗伤；1949 年 1 月至 1952 年 4 月，任南京市六陵兵工厂警卫营班长；1952 年 5 月至 1953 年 9 月转业到长街供销社任政治辅导员；1953 年 10 月至 1955 年 6 月任大湖乡党支部书记、副乡长；1955 年 7 月至 1958 年 12 月在长街粮管所做保卫工作；1959 年 1 月调到青珠农场，先后担任第一大队书记、供销公司书记、西关大队保管员、农场砖瓦码头调度员等。至 1984 年 12 月离休。1986 年在党员教育活动中写下："虽然我已退休，但要牢记自己是个共产党员，有一分热发一分光，做一些力所能及工作，保持战争年代党的优良传统，保持革命晚节，为实现共产主义远大理想生命不息奋斗不止。"2009 年 4 月病故。

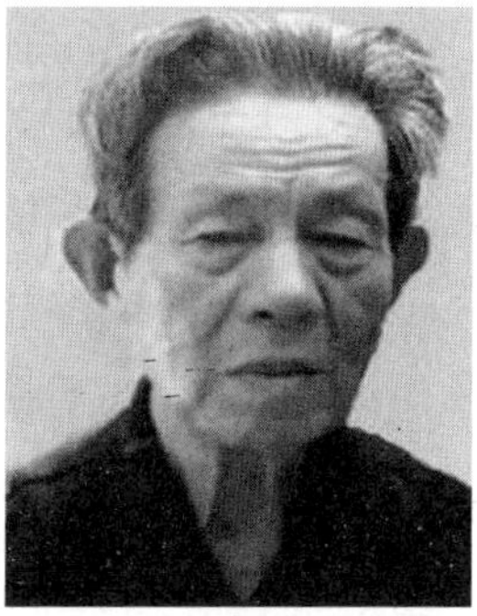

胡家振（1927—2014） 1953 年 12 月至 1955 年 7 月任大湖乡副乡长。1955 年 8 月至 1956 年 1 月任大湖乡党支部书记。1957 年 3 月至 1958 年 10 月任长亭乡乡长。1958 年 10 月至 1959 年 10 月任长街人民公社龙浦生产大队大队长。在职期间，工作认真负责，为乡镇的建设与社会进步做出贡献。退休后，热衷于公益事业，凭借其在大湖村民中的良好印象，胡氏族众推荐他为重建大湖胡氏宗祠的首事，通过他数年呕心沥血的工作，在族众全力支持下，2006 年 2 月新大湖胡氏宗祠落成。

胡余兴（1932—2013） 曾用名王志遐，大专学历，中共党员。中国书法家协会浙江分会会员。1949 年毕业于宁海师范，同年 5 月参加游击队；中华人民共和国成立初期曾任黄墩乡乡长；后调宁海县工商科任科长，在任期间去华东师大进修 3 个月，1952 年 12 月调到浙江大学工作，直至 1993 年离休。爱好书法，曾参加编写中国书法鉴赏大辞典与世界各国国名集。举行过个人书画展览 2 次，一次在德国，一次在国内。曾获教育部直属高校全国书法比赛第一名。1987 年起担任杭州东南书法研究社社长。

胡杏林（1932—2008） 1947 年就读于象山墙头立三中学，1949 年 7 月，毕业于三门县立普通师范。1949 年 9 月起分别在长街合宁、月兰小学，桥头胡屠家、和平岙、英加山小学任教（曾任合宁、和平岙小学校长）。1952 年 9 月经县文教科和王志遐介绍，应聘加入人民教师队伍。1957 年 2 月在龙浦、月兰、岳井乡校任教。1962 年 8 月调回大湖小学，历任毕业班语文教学，1973 年 9 月至 1980 年 8 月担任大湖小学教导主任。1980 年 9 月调至长街区校任教导主任至 1983 年 8 月退休。退休后，热心公益事业，加入区关工委组织。为大湖村老年协会、为全县许多镇乡中心校鼓号队的建立健全、为长街烈士陵园的资料整合均作出不懈的努力。

胡荣辉（1932—1996） 中共党员。1950 年冬建立民兵组织，担任湖西村民兵队队长。1956 年加入中国共产党，1956—1958 年任湖西村党支部书记。1958 年调入长亭公社工作，1962 年 6 月至 1968 年 6 月担任长亭公社管理委员会副主任。1976 年 2—10 月任龙浦公社革委会（宣传站）副主任。1979 年 11 月至 1983 年 6 月任中共伍山乡党委副书记。1983 年 7 月组织上安排他提前退休。1984—1996 年被长街镇聘为长街砖瓦厂厂长。

祝掌珠（1933—1969） 1954 年任大湖乡湖东村妇女干部，被乡第一次人民代表大会选为副乡长（不脱产），1956 年出席浙江省建设农村社会主义积极分子代表大会。

胡修谱（1934—2008） 教授级高级工程师，享受国务院政府特殊津贴专家。1953 年以第一名成绩毕业于宁海中学，同年考入清华大学电机系，主修发电厂电力系统专业。历任电力工业部电力可靠性管理中心主任，中国电机工程学会、中国机械学会、中国电工技术学会等可靠性专委会学术领导，电力部、中国电力企业联合会高级工程师评委成员，科技部国家级新产品评委。是中国电力工业可靠性学科带头人与主要奠基人。曾任宁海驻北京同乡会会长。

清华大学毕业后，就职于电力部。20 世纪 70 年代，他预见中国电力工业必定要大力发展，会采用科学的管理方式和管理手段，于是开始钻研与引进电力可靠性学科，在国内外发表多篇相关论文，崭露头角。20 世纪 80 年代初调入水电部，主管中国电力可靠性管理的建设和实施，制订可靠性管理指标，培训干部，统计评估以及在高等院校设立研究课题等，最后制定行政管理办法，使全国电力行业从原来模型的定性管理推进到科学的定量管理，大大提高了电力行业的现代化管理水平。可靠性指标成为电力行业安全生产双达标，成为与国际接轨的创一统的主要硬指标之一。后奉命组建电力可靠性管理中心，并担任电力可靠性管理中心主任，直至退休。2008 年病逝于北京。

胡庆勤（1941—2021） 初中文化，中共党员。1960 年 1 月应征入伍，同年 10 月提升为作战参谋。1970 年被提升为南京部队某团作战营营长。20 世纪 70 年代初，率领全营指战员挖防空洞时、身负重伤仍坚持把军事设施修建好，荣立一等功，受到部队嘉奖。近 19 年的军旅生涯，由于他踏实肯干、积极向上，曾多次受南京部队嘉奖。1978 年 9 月转业，分配在长街区委工作。1980 年 7 月至 1983 年 9 月担任中共岳井公社副书记、主任兼工办主任。1983 年 9 月至 1988 年 9 月调任青珠乡乡长、党委委员。1986 年调任长街区委农办主任。1992 年撤区设镇后任长街镇主任科员，2010 年 10 月退休。

胡和木（1941—2011） 中共党员。1959 年 12 月应征入伍，1961 年 11 月加入中国共产党。在部队里曾任班长、代排长等职。1964 年 3 月退伍。1965 年 1 月转业至象山粮食部门工作，任粮站、粮管所负责人。1970 年 10 月调入越溪公社工作，1973 年 5 月担任党委副书记，1977 年 11 月任越溪公社党委书记、革委会主任，在职期间曾当选人大代表出席宁海县人民代表大会。1979 年 12 月担任长街法庭庭长。1980 年 4 月起担任长街粮管所党支部副书记兼所长，1984 年 5 月任长街粮管所党支部书记，1990 年 8 月起任长街粮管所调研员，至 1993 年 3 月退休。

胡传苗（1944—2008） 高中文化，中共党员。1961 年 8 月宁海中学读书时应征入伍，1964 年被评为五好战士。1966 年 2 月加入中国共产党，同年 3 月转入省军区余杭教导大队，5 月担任嵊泗县人武部参谋。1978 年 8 月转

业在宁海县总工会任常委秘书。1988 年 10 月担任县劳动局人秘股、劳动力管理股股长，1993 年 6 月至 1996 年 10 月任县劳动局劳力股管理股长。1985 年度获宁海县劳动局、县政府先进工作者，1985 年度与 1986 年度被县委组织部授予县先进组织人事工作者。1979 年当选为宁海总工会第六届委员。1984 年当选县总工会第七届主席团成员、常委。2005 年退休。

大湖村干部（按湖东、湖中、湖西排列）

蔡海官（1917—1998） 初小文化，中共党员。1956 年加入中国共产党。1963—1966 年担任湖东大队大队长。1966 年湖东、湖中、湖西三村合并后，担任大湖大队调解委员会主任。1993—1997 年任首届大湖老年协会会长。他主持调解工作 20 多年，大公无私，不谋私利，秉公办事，得到村民们一致好评，为大湖的新农村建设，特别是社会治安与精神文明建设方面做出重大贡献。

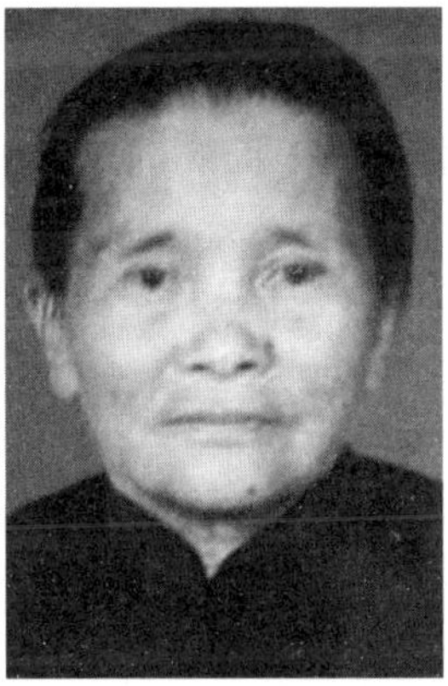

钱丽娟（1925—2012） 女，中共党员。1951 年发动妇女积极参加土地改革、镇压反革命运动，同年成立妇女联合会。土改结束时被当选为湖东村妇女主任，并当选为出席宁海县第一届妇女代表大会的代表。1956—1966 年连任湖东村妇女主任，当选为宁海县第一、二两届人民代表大会代表。1966—1979 年当选为大湖大队妇女主任，1979 年当选为宁海县第八届人民代表大会代表。历任妇女主任近 30 年，在任期间，她坚持党性原则、思想解放、秉公办事、大公无私、实事求是，全心全意为村民办实事，深受村民好评。为大湖村的建设与妇女工作做出重大贡献。

胡家木（1927—1990） 中共党员。年少时因家境贫寒，没有上过小学，凭夜校扫盲识字，经自学能看报纸。1954 年带头组织农业生产合作社。1955 年加入中国共产党。1956—1965 年担任中共湖东村（大队）支部书记。1958 年 10 月至 1959 年 8 月兼任大湖生产大队（长亭下片）党总支副书记。1966 年 11 月至 1972 年担任中共大湖生产大队（村）支部书记。1973 年至 1975

年担任大湖生产大队（村）党总支书记。1976年退出领导岗位，致力于贫下中农管理学校，担任大湖学校总负责人。在职期间，大公无私，以身作则，认真贯彻党的方针政策，身患严重支气管炎，抱病坚持工作成常态。与村民共度三年困难时期、有较强的组织能力与演讲口才，经历了“文化大革命”等多次政治运动。他为党的事业与大湖村的发展进步做出重大贡献。

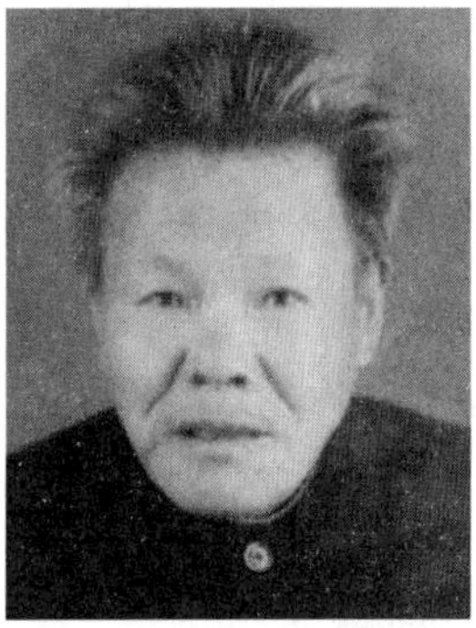

胡家华（1936—2020） 中共党员。1976—1987年连任大湖大队大队长12年。1977年2月随长街区参观团第三次去大寨大队学习取经。在任期间，以共产党员高标准严格要求自己，以身作则，带头做好结扎手术，促进全大队计划生育工作有序推进；一心为公，工作兢兢业业，为大湖村取得保卫塘5份股份造地298亩；善于做村民的思想工作，1984年为村浇筑2条水泥路（沙头庙至八石田及上秧田至半边街粮站），为改造全村道路奠定基础；知难而上，落实土地承包责任制期间方方面面的工作。曾当选为宁海县第九届、第十届人民代表大会代表。为党的事业与大湖村的新农村建设做出重大贡献。

严雅先（1928—2013） 中共党员。1953年10月全县农村开展农业合作化运动，是他带领湖中村民建立起大湖村第一个农业合作社——公胜社。1956年农村基层党组织建立，他加入中国共产党并当选为湖中村党支部书记。然后当选为宁海县第一、二届人民代表大会代表。1966年湖东、湖中、湖西三村合并后，当选为大湖大队大队长。1968年党中央号召“农业学大寨”曾随长街区参观团去山西省昔阳县大寨大队取经。“文化大革命”中遭冤假错案，蒙受冤屈，1971年底冤假错案被平反，当时长亭公社创办糖厂，受推荐担任糖厂负责人。1976年回大湖村担任大湖大队副大队长，工作仍兢兢业业，为大湖村的建设做出重大贡献。

胡美玉（1927—2004） 又名胡新民，年少时自三门迁入大湖。1956年加入中国共产党，带头参加农业合作化运动。1958—1961年担任中共湖中村党支部书记，带领村民经历了人民公社化和“大跃进”运动，度过三年困难

时期。1968 年，他启动所在生产队围垦下洋涂（双闸斗门外）海塘，因设备与资金不足，没有成功。1969 年竟发动大湖、山头两村合围“山湖塘”。亲自担任总指挥，凭他很强的党性、高度的事业心与责任感，借鉴他人成功经验，根据潮汛与时令，指挥几百人奋力拼搏，顺利围成面积为 815 亩的山湖塘。他擅长兴修水利围垦海塘，被誉为“农民工程师”，为党的事业与大湖村的建设做出重大贡献。

汪大聪（1921—2007） 1956 年加入中国共产党。1962 年起担任湖中村党支部书记。1972 年起担任大湖四分支（副业）党支部书记。其间，在党中央发展农村经济的一系列方针指引下，充分发挥他的聪明才智，率先在村内办起了农机修配厂、榨菜加工厂、榨油厂等，成为长街区内的龙头企业，在他的带领下长街区内相继办起了 10 余家社队企业。2002 年全县实施殡葬改革，为村耆老分忧，去外地采访建造起大湖村内骨灰堂。事事处处为集体为村民办实事办好事，为大湖村建设做出重大贡献，得到村民的好评。

胡林余（1933—1998） 出生在大湖湖中村，初小文化，中共党员（1958 年加入中国共产党）。曾担任中共湖中村党支部委员和生产队队长，积极带头参加农业合作化运动、人民公社化、开展“农业学大寨”运动。1966 年并村后，担任中共大湖大队支部委员。1972—1986 年担任中共湖中片分支书记。为发展集体经济，增加社员收入，于 1982 年办起了湖中片砖头厂。历任村干部 30 多年，工作任劳任怨，为党的事业、为大湖村的建设做出重大贡献。

杨达法（1932—2010） 中共党员。1951 年底带头组织起湖中村第一个互助组。20 世纪 70 年代初当选为大湖大队党支部委员，主管财务兼任信贷员。任职期间，急群众所急，一旦群众有困难就马上解决信贷。负责大队财务时，处处为集体节约资金、从不乱开支。思想开拓，1978 年投股围垦保卫塘分股 59 亩。1984 年在村内浇筑了第一条水泥路。率先在湖中建造起轮窑烧制红砖，千方百计让集体致富、为村民增收，所在生产队开展多种经营种植蔬菜瓜果。他所在生产队每年的分红、名列全大队各生产队前茅。清正廉洁，一心为民，群众致富了为了感谢他，赠送一万元钱给他，却被他拒绝。他事事处处为集体、为群众着想的崇高思想，深受村民们称誉。

杨加兴（1932—1988） 中共党员。1951 年土地改革时，曾任长街区委书记杨培恒的警卫员。1956 年加入中国共产党。1959—1961 年任湖西村党支部书记。1956—1966 年任湖西村村长。1966 年底大湖三村合并后，任大湖村副业队负责人，兼管榨菜加工车间的工作。分管大湖村副业队工作历时 20 年，对工作极端负责，节俭办事为集体创收，任劳任怨，兢兢业业，受到全厂职工一致好评。

冯永将（1931—2007） 1956 年加入中国共产党，组建起湖西高级农业生产合作社。1962 年任湖西大队党支部书记。1963 年当选为宁海县第五届人民代表大会代表。1966 年并村后，担任大湖大队党总支委员。1972 年兼任湖西（三分支）党支部书记。1973 年底调到胡陈港堵港工程指挥部工作。1980 年任村党总支委员兼管大湖小学工作。1987—2000 年又担任湖西三支部书记。2005 年担任大湖村老年协会会长。历任村干部 30 余年，廉洁奉公，工作任劳任怨，为党的事业、大湖村的建设做出重大贡献。

李中明（1923—1987） 中共党员。1951 年底带头组织起湖西村第一个互助组，1955 年在互助组的基础上扩大为湖西高级农业生产合作社。1958 年加入中国共产党，工作更加积极努力。连任湖西村和大湖村调解委员 30 年，调解客观公正，为社会安定、家庭和谐、邻里间和睦相处、为大湖村的精神文明建设做出贡献，得到村民们的一致好评。在评先进时，群众有这样一句“评勿评，总是李中明”的赞誉声。

胡增根（1939—2002） 小学文化，中共党员。60 年代，曾任湖西大队团支部书记。积极参加民兵组织、社会活动，1958 年加入中国共产党。历经了“文化大革命”，能正确对待“抓革命与促生产”，深得民心。1976 年，

当选为大湖大队党总支书记。带领全村党员群众根据大湖实施拨乱反正，把工作的着重点放在恢复发展生产、办好集体企业、村容村貌与提高村民的生活水平上。连续担任湖西片、大湖村干部 21 年，主事公正、力求民主、廉洁奉公，赢得村民一致好评。在民众中享有崇高威望，1993 年洋湖、塘里、大湖续修《胡氏族志》被推选为首事。关心教育事业，2000 年被浙江省教育基金会授予“省第四届绿叶奖”。

有影响力的村民

胡慕贤（1893—1974） 女，上过三年小学，出嫁后与丈夫开布店经商，后移居大湖。由于她识字，思想解放，见多识广，接受新鲜事物，于民国 32 年（1943）从上海买来 2 台手摇式织袜机。一台手摇织袜机一个小时左右就能加工成一双质地平滑的“洋袜”。为此，半边街桥边她的住宅被村民们称为“洋袜店”，凡村民们及邻村居民来料加工，她只收取合理的劳务费，解除了村民手工织袜的困扰。中华人民共和国成立前村民们拿自纺的棉纱来加工，中华人民共和国成立后棉纱线上市，村民买棉纱线团来编织。1962 年改进织袜机组件，能编织出带有花卉的袜子，直至 1964 年底尼龙袜上市才歇业。她为村民们操劳 20 多年，她那淳朴善良和蔼可亲的样子仍深深地印记在老一辈人们的心里。

赵国秀（1904—1962） 湖西村人。1951 年冬被推选为大湖乡水利委员会委员，负责第二干线水利工程的施工。曾任大湖湖西农业合作社监察委员，长街区水利委员。曾当选为宁海县第三届人民代表大会代表，荣获宁海县首届“劳动模范”光荣称号。中华人民共和国成立以来，长街境内凡修海堤、围海塘的地方，都有他的足迹。力洋、古渡、前横，甚至象山大塘等地修建海塘都来请他去筹划。他未上过一天学，但心智算能力极强，只要告知他海堤高度和坡度，经他用脚步丈量堤长，就马上能算出需多少土石方。他是水利、围塘方面的行家，被村民们称为“农民工程师”。1959 年第一干线在深水港口建翻水站，安装 88 千瓦的抽水机，要在 13 米深的基脚打 40 根 8 米长的木桩。在当时的条件下，是个大难题。他采用三支桅大船主桅杆上的大滑轮，将大石块高高吊起，然后突然放下，用大石块的势能和动能将木桩夯下（为防止大石块夯下时木桩摇晃动弹，先用 2 根横杠将木桩夹稳），顺利打下 40 根大木桩建成基脚。又一次，大湖村要将下祝村的大石碾子盘，搬到湖西抽水机埠作机脚（底座）。当时无吊车，又无载重车辆。可他叫人用一根大门杠，穿在碾盘中心的方口里，固定好后，以杠为轴，几个人推动石碾子盘滚动，将近千斤的碾子盘安全运抵机埠。

胡维甫（1914—1951） 谱名善焜。出生于大湖五份头大富户家，从小受其祖辈胡长据（号懿卿）、胡积廉（字旭明）的熏陶，养成为民众做好事办善事实事的好传统。民国 15 年（1926）清明，一架丹麦二世皇太子乘坐的小型飞机，过东海上空去上海途中，因燃油不足迫降在青珠永宁塘（后称飞机塘）。胡维甫就协助他的父亲胡旭明，把丹麦客人接至家中盛情款待，向村民借来 200 余扇车门板，铺设成跑道，与 2 位村民去石浦采购来汽油，使飞机顺利起飞抵达上海。为了感谢五份头，事隔 4 年，丹麦二世皇太子买来一台日本产轧米机，赠送给五份头。从此，轧米机替代碾子将稻谷轧成大米，大湖建立起宁海县第一个轧米厂。

民国 35 年（1946）底，县政府组织成立“宁东水利协会”，胡旭明任协会主任，胡维甫协助其父亲为“斗牛山水闸和车岙港截流”工程四处筹备、多方奔走，垫付资金，经艰苦努力，1947 年 9 月建成斗牛山三孔水闸一座，开挖引河渠 1028 米。围筑车岙港大坝，由于港深水急流量大，土石方塘坝被大潮水冲垮。尽管第一次围堵失败，但为日后的围堵成功打下坚实基础，胡氏父子功不可没。

为发展家乡的教育事业，经筹划，垫付资金，将大湖文昌阁改建为大湖小学大礼堂，又在西侧新建 12 间平房为教室。担任大湖小学（湖青乡第一中心小学）校长，聘请锦堂师范毕业的外籍教师来校任教，开设团体训练、语文、算术、劳作、图画、音乐、体育等课程，推行“设计教学法”和“实验教学法”，教学质量显著提高。1947 年、1948 年两年小学毕业、考入宁海中学的人数最多。湖山乡中心小学（大湖小学）成为全县农村的知名小学。

叶金宝（1916—1999） 出生于宁海前童栅下村，13 岁拜师学泥水，聪颖机灵称其谓“龙”，深得师傅喜爱，尽将技艺传于他。出师不久，就成了技艺超群的泥水匠。不到 20 岁就去宁波、慈溪、余姚、镇海诸地打工。见了世面，博采众长，身怀绝招——制作“灰雕”。艺高胆大，没有脚手架，蹲在檐头上制作檐头，做成的檐头高低长短大小划一而美观。抗战爆发后，辗转至大湖。民国 27 年（1938）负责设计并建造了大湖村中西合璧的二层别墅楼，坊间俗称“洋房屋”，被誉为宁海出东门最漂亮的洋房。他的技艺在宁海东乡广为传颂，连力洋叶家大户人家也请他去搞建筑。他给人干活，无论穷富，随羹吃饭，从不讲究饮食，深得群众欢迎，在当地深深扎下根，于 1949 年合家迁居大湖村。

1956 年国家实行“一化三改造”，长街民间手工业者成立 9 个生产合作社，由于他的为人、技艺和威望，被同行推为泥水社负责人（不脱产）。以身作则，积极主动上缴收入的百分之十五的“积累”，为社员作出了表率。1962 年为了减轻国家负担，带头将户口落实到农村。他负责施工的工程有：1956 年长街中学校舍，青珠农场办公大楼，长街区内大湖、沥头、车岙港、岳井等粮站仓库，国营大湖米厂，石桥头棉花厂、沥头米厂、石桥头农机厂等所有厂房，横跨车岙港第一座大桥——山前桥，松岙港排涝闸以及大湖大会堂。他承接施工的工程涵盖了这一时期长街境内所有重特大建筑工程。除了大型工程外，他擅长大型灶台的砌造，亲手砌造了青珠农场、长街中学、五七盐场、红卫盐场等大食堂的煤灶，大湖油厂的菜籽灶，大湖粮站的地灶，国营大湖米厂的砻糠灶等。他砌造的大型灶台“烟道通畅、火焰旺、又省燃料”，得到大家一致好评。他连任长街手工业社、长街区工程队负责人等职。任职期间，克己奉公，坚持原则，为群众办实事，解决实际困难，直至 20 世纪 70 年代退休。

他为人正直善良，从不与人相争辩，老少无欺。有两子四女，对子女要求极严，但从不打骂，身教重于言教，两子均事业有成，孙子们都受过高等教育，出类拔萃，饮誉乡里。他一生徒弟众多，他待徒如子，严而不责，在技艺上悉心教导，倾囊相授，徒弟们至今感恩铭记。现徒子徒孙遍于各地，高超技艺和敬业精神得以长久流传。

胡家根（1924—2013） 大湖村外屋墙头人。出生在贫雇农家，10 岁就帮人看牛，没有读过书。可他为人正直，胆子大，从小养成讲真话办实事，具有刚正不阿的秉性。是中国共产党领导人民翻身得解放，他从心底里热爱新中国、拥护中国共产党。他积极参加 1951 年的土地改革，并担任大湖湖东村的民兵队长兼任贫协会委员。1954 年组成互助组，1955 年他带头加入湖东村农业生产合作社。1958 年高举起三面红旗建设社会主义。1959 年起三年困难时期，社会上刮起“共产风”，搞“一平二调”，盲目推广水稻“少株密植”，为了提高“亩产”，搞“移苗并丘”。多数村民虽强烈不满，但不敢与当权者纷争。可胡家根则怒不可遏，竟当众指责干部破坏生产瞎指挥。他的顶风抗争得罪了村干部，反被指控为破坏集体化，将反党反社会主义的罪名强加给他，遭村民大会批判后，强行指派他去修建长胡公路加以惩罚。修路期间与丹屿背民工张理信相接触，张说什么要组织“宁象反共救国军”，遭胡家根当场阻止与痛斥，张仍不死心，还流窜到象山活动，后被公安部门抓获，在审讯中张理信陷害胡家根，说他已加入了“英美党”。案发公安来村调查时，村干部违心认同反动分子的口供，对于胡家根来说不识“英美”两字，更不知什么叫“英美党”，有口难辩，只得在逮捕证上按指印。1960 年时被司法部门判刑 15 年。据说服役期间，经警方调查认定这是一起冤案，根据胡家根的不俗表现，曾多次提议平反冤案与改刑，当警方前来征求湖东村意见时，却被部分干部拒绝。

1973 年他被释放回家，生产队安排去“五七”盐场劳动，从围塘到晒盐又干了 24 年。当他发现有领导将几百斤没有向国家缴税的食盐卖给他们的朋友时，认为这是损害国家利益的违法行为，竟向司法部门告状，后获准退赔，捍卫了国家利益。

2002 年，宁海县实施殡葬改革。镇里有人置地办起收费昂贵的经营性墓地。大湖村民强烈要求在上洋庵建造一座村骨灰堂，却处处受阻。村中耆老心急如焚、奔走呼吁。此时胡家根冲在前面，多次主动去省城法律部门咨询，并请市场导报记者到大湖实地采访，又多次去县、市信访办反映。最后在宁波市府领导的支持下，大湖村在上洋庵建起了一座骨灰堂。

2004 年有人反映从车岙港上水库接来的自来水不清洁，胡家根亲自去水库察看实情。他发现水库被人承包养鱼，水质不清洁是投放残羹杂物、猪栏等喂鱼所致，便马上取样送县防疫站检测。经检测发现自来水许多指标不达标。有关部门责令立即整改，让全镇村民吃上清洁卫生的自来水。

此类事众多不胜一一枚举。心底无私天地宽，一身正气的铁汉胡家根，在大湖老一辈村民的心目中留下良好的印象。

王式助（1925—2014） 祖籍宁海县岔路镇兆岸村。从小拜师学艺。1949 年 2 月为逃避国民政府抽壮丁，肩挑一副铜匠担到东乡谋生，落户大湖。几十年来走村串户，为村民补镬、补铜罐、修理金属器具、利沙镙（镰刀）、打米胖（爆米花）等。他心灵手巧，是一位出了名的小铜匠。1960 年被宁海县通用厂招工，参与研制插秧机工作，后因国家三年困难时期职工调整时返回大湖村。1968 年大湖村办起农机厂，他是首批入选的修理工，几年来为农机修配出了大力。改革开放农机厂，后转制为个体企业，他成功地将传统的木犁改制成铁犁。1978 年，他接到宁波市农机局制造铁犁的业务，成为铁犁生产专业户。在 8 年时间里，为宁海县农户和宁波市农机局提供轻便好使的6000 多张铁犁。为农机具的改进和农业生产做出大贡献。

胡家彬（1929—2015） 20 世纪 50 年代就边务农边学艺，小铜匠、木匠和雕花漆漆件件皆能，补镬补铜罐修理家用器具，制作家具和床等。20 世纪 60—70 年代进村农机修理厂，修理农机具。20 世纪 80 年代将生产队笨重的木犁改制成轻便的铁犁等；为农户节能在老镬灶壁安装上省柴铁皮或紫铜汤罐等。20 世纪 90 年代至今，为大湖沙头庙设计建造工字屋，为多所寺庙雕刻佛像。他为寺庙雕刻的佛像有大湖沙头庙龙王爷行宫像、玉莲寺弥勒佛像、满山海润庙主神陈老虚空像、宁海莲头山庙老爷像、胡陈擎山寺弥勒佛与千手观音像等。村民们称他为“全能老师”。

第二节　人物简介

一、党政军人物

胡允萃　出生于1926年，1948年参加中国人民解放军东海部队，级别为副师级。于1972年提前离休，现在江西干休所休养。

胡婉和　出生于1929年，女。1950年参加中国人民志愿军赴朝鲜参加抗美援朝战争。1954年回国后调干升入北京大学新闻系学习，毕业后分配在新华社工作，后赴宁夏支边。曾任《宁夏日报》编辑部主任，现已退休。

王学群　出生于1931年，又名王小宝，中共党员，1954年任大湖乡副乡长，20世纪60—70年代任宁海县手工业局局长。

王胜才　出生于1933年8月，中学文化，中共党员。1952—1955年任长街区扫盲办公室干事与区扫盲中心校校长。1954年4月加入中国共产党。1957—1958年任宁海县委文教部干事及长街区公所文书。1958年10月至1962年6月任县文教局文化体育组组长局党组成员，后任县委统战部干事与文化馆副馆长、县电影管理站负责人。1962年7月至1978年12月任青珠公社武装部部长、党委委员。1979年1月至1981年12月任青珠公社党委副书记。曾当选为县第一届和第四届县人民代表大会代表。1957年被评为长街区先进工作者。1959年评为文教局先进工作者。1980年评为长街区先进工作者。1982年退休。

胡庆杰　出生于1933年10月17日，谱名庆泰，中共党员，初中文化，

副团级。出生在贫寒农户家，从小受到良好的家教，奋发向上，富有正义感，少年有志与同龄人有别。1950年响应抗美援朝的号召，踊跃报名应征入伍参加中国人民志愿军，随部队奔赴朝鲜战场，加入了中国共产党，曾升任为某部副连长。抗美援朝战争胜利后回国，以副团级转业至湖南省长沙市动力机械厂工作，先后担任厂方干部与会计等。直至1993年底退休。本人爱好书法，多

次参加省市区及全国书画大赛并获奖，作品被省图书馆收藏。其书法作品：2011 年入展“湖南省第五届书法篆刻新人新作展”；在“2011 年全球华侨华人书画大赛”中获二等奖；第三届“星海杯”全国书画作品大赛一等奖。书法作品参加 2012 年中国当代书法美术大展，入编《中国书法美术人物年鉴(2012)》。庆祝中国人民解放军建军 85 周年全国书画联展荣获“特等奖”，入编《中华老年书画家作品精选》一书，也曾被“燕赵古风艺术”第三期收录，获邀为“燕赵古风艺术研究团”成员。现为湖南省书法家协会会员，中国书法家美术家协会会员，湖南省书画家协会会员，长沙市老干部书画家协会会员。

胡景兰　出生于 1933 年 11 月，女，曾用名寒梅，高中学历，中共党员。1948 年夏至 1949 年底在宁海简师读书，接受了进步思想；1949 年 3 月参加革命，在地下党领导下开展革命活动；1950 年 2 月先后在城关等地工作担任统计干事、区委文书、文教助理等职。1952 年调到浙江行政学院学习，后又调到浙江大学工作，任附设工记速成中学团委书记、电机系学生政治辅导员、党总支书记、学生专业党支部书记、系办公室副主任等职。1988 年底离休。

胡小水　出生于 1934 年 8 月，小学文化，中共党员。1955 年 12 月应征入伍，在舟山部队当炮兵，后提升为班长。1960 年 4 月退伍，分配到杭州技工学校当电工，工作了 4 年，于 1964 年回乡务农。1967 年宁海县人民武装部招工被录用，受宁海县人民武装部指派，担任长亭公社人民武装部部长。1981 年调任长街派出所工作，担任长街派出所指导员与长街派出所所长，直至 1994 年底退休。

鲍林岳　出生于 1943 年，大学学历，中共党员。1964 年宁海中学高中毕业，当年考入北京农业大学。1965 年加入中国共产党。1969 年北京农业大学土壤农业化学系毕业，分配到山东文化厅负责山东电影制片厂、洗印厂筹建工作，任制片厂、洗印厂副厂长、厂长。曾任宁海驻北京同乡会会长。1994 年调任广播电影电视部副局长兼总工程师，并担任广电总局科技委副主任、国家电影审查委员会成员。其间负责中央电视台电影频道（CCTV-6）的筹建和开播工作，承担和参加电影数字特技公司、电影数字立体声录音基地、数字电影放映院线等重要工程建设。2005年，主持研发成功具有自主知识产权的数字电影流动放映系统（DMS）。该项目获国家广播电影电视科技创新突出贡献奖。该系统被确定为国家数字电影公益放映技术运行系统，为农村观众放映高品质的数字电影。担任国家广电总局电影数字节目管理中心常务副主任，主持和承担国家广电总局重点科技项目“中国电影数字节目平台、应用管理和电影档案影片数字化修护工程开发、集成和建设工作”。2003年退休。在2022年庆祝中国电影电视技术学会成立40周年大会上被授予“突出影响力人物”。

胡余韬　出生于1946年，初中文化，中共党员。1958年9月考入长街初级中学，毕业后在长街木器社做学徒，历时4年，于1965年12月应征入伍参加中国人民解放军海军某舰队，1968年加入中国共产党，先后担任班长、排长。1970年3月提升为副连长，1970年10月提升为连长。1974年10月转业回宁海，先后担任宁海社队局干部，后调任宁海工艺美术厂与宁海预制品厂党支部书记，2003年退休。

胡志成　出生于1946年11月，1966年1月应征入伍，1970年12月退伍。1971年1月参加中共宁海县委工作队，1972年2月宁海县委招聘公务员被录用，安排在力洋区胡陈乡工作，担任乡团委书记、乡党委委员、副乡长等职。1981年调到长街区委工作，1982年1月调任龙浦乡副乡长，1986任山头乡副乡长，1989年调到伍山乡工作，1990年又调到岳井乡工作，1992年撤区并镇后在长街镇工作。2006年12月退休。

胡允达　出生于1946年12月，初中文化，中共党员。1968年1月应征入伍，1969年10月加入中国共产党，1971年3月退伍。分配至车岙、合宁小学任教，1982年调青珠公社担任文书。1984—1987年担任青珠乡副乡长。1988—2002年任山头乡政法委科员。2007年3月退休，担任长街镇老干部党支部委员，参与《胡氏宗谱》的续修，为《大湖村志》的编写提供资料。

胡金余　出生于1947年2月，高中文化，中共党员。1960年7月小学毕业，当年升入长街初中，因处于三年困难时期仅读2年便辍学回村务农。1968年2月应征入伍。1970年2—9月任军务股保密员；1970年10月至1978年11月任军务动员部参谋；1978年12月至1991年6月调至宁海县人武部工作，任科长办公室主任；1991年7月至2007年2月任宁海县司法局副局长，副局级调研员。2007年3月退休。

王必林　出生于1947年9月，初中文化，中共党员。1960年7月大湖小学毕业，当年升入长街中学。因处于三年困难时期辍学回湖东村务农近三年，并加入共产主义青年团。1965年底应征入伍。1969年1月加入中国共产党，当年提升为排长，后任连长、营长。当战士期间，年年被评为师团五好战士。1986年转业到宁海县人民保险公司任副经理。1991年调宁海县农业银行任副行长。2007年底退休。

胡美娟　出生于1947年10月，女，初中文化，中共党员。“文化大革命”期间，曾当选为县红卫兵代表去北京见到毛泽东主席。1972年8月至1973年3月参加宁波地区干校行政干部学习培训。1973年4月至1978年10月担任岳井公社党委副书记、党委书记；1978年11月至1982年9月担任长街区委妇联主任；1982年10月至1984年10月任宁海城关镇妇联主任；1984年11月至1988年2月在城关镇计划生育办公室工作（科员）；1988年3月至1997年4月任城关镇居民办公室副主任、主任。2002年11月退休。

陈余岳　出生于1949年3月，1969年11月至1972年11月任大湖村革委会主任，1971年6月至1972年11月任中共大湖村党支部副书记。1973年5—11月任中共长亭公社党委副书记，1973年至1980年11月担任中共长亭乡党委书记。1980年12月至1983年10月任长街区委副书记。1983年10月至1989年9月任中共胡陈港管理处党委书记。1992年4月至2008年3月任

长街镇工办主任。2008 年退休后，担任长街镇老龄委副主任至 2009 年 3 月。2011 年 9 月至 2014 年 9 月担任大湖老年协会第七届名誉会长，2014 年 9 月至 2017 年 9 月任大湖老年协会会长。为活跃老年人文化生活，组织业余俱乐部，投资 18 万元购置戏具服装、音响等设备，自编自导，每逢重阳节、元旦、春节进行义务演出，深受群众欢迎。

胡学德 出生于 1949 年 10 月，中共党员，工程师，经济师，桃源街道竹口村人。宁海天阳电子有限公司董事长。曾任竹口村党支部书记、县慈善总会理事、县人大常委会组成人员，连续 7 届当选为县人大代表、县优秀共产党员。1979 年创办宁海天阳电子有限公司，任董事长。该公司是国内较为齐全的铝电解电容器配件生产商。他热衷参与社会慈善公益事业，历年捐巨资造桥路修，扶贫助弱，抗震救灾。祖籍大湖，致富不忘回报乡里族众，中华人民共和国成立以来历时两届修纂《大湖胡氏宗谱》均担任名誉理事，出巨资启动修纂族谱直至圆满成功。他德高望重，为胡氏后裔之楷模。

胡兵华 出生于 1950 年 9 月，曾用名胡全分，初中文化，中共党员。1968 年 1 月应征入伍参加人民解放军。1969 年 3 月加入中国共产党。在部队里曾任班长后提升为排长及某连副指导员。1982 年转业到宁海县公安局工作，1983 年调一市派出所任副所长，1987 年调任长街派出所指导员。2010 年 10 月在宁海县治安大队退休。退休后协助宁海县调解中心工作，历时 10 余年。

胡庆华 出生于 1950 年 10 月，1968 年 2 月应征入伍。1969 年 7 月入党，同年 9 月应招入第十二航空学校（山西临汾）学习飞行。因身体原因 1971 年 9 月被保送入解放军第二军医大学学习。1974 年 10 月毕业分配到空军总医院任军医。1979 年参加核爆炸试验，年底受单位嘉奖。1983 年在天津医科大学复训。1985 年调入军委空军司令部任科主任、门诊部副主任。1988 年提前晋级为技术 8 级，享受正团职务待遇。1993 年 4 月被任命为空军

司令部门诊部主任兼任空军司、政、装直属三大部行政管理领导小组成员。1997 年授文职三级。2001 年调整专业技术五级，享受行政正师级待遇。2005 年授文职二级，2006 年调整专业技术 4 级。2009 年被中央军委保健委员会评为卫生系统先进个人，获全军通令嘉奖。2010 年因工作成绩突出荣立三等功一次。在职期间共有论文、译文 10 余篇发表于第四军医大学学报等一级刊物中。2010 年 10 月退休。

胡家国 出生于 1951 年 7 月，中专文化，中共党员。1971 年 1 月应征入伍，1973 年加入中国共产党，1976 年退伍。1978 年 8 月以来，分别担任力洋区东仓公社、长亭公社、长街区、长街镇人武部部长兼党委委员与担任大湖办事处党总支书记兼主任、镇殡葬管理办公室主任，从事民政优抚慈善等工作。1992 年被宁波军分区评为优秀武装干部，并荣立“三等功”一次。任人武部部长兼炮兵团连长时被授予“上尉军衔”。2011 年 7 月退休，任长街镇退休干部党支部副书记。2021 年任长街镇退休干部党总支副书记。

徐邦宗 出生于 1955 年 11 月，初中文化，中共党员，大湖村人。1974 年 12 月应征入伍加入中国人民解放军。1975 年加入中国共产党。曾任中国人民解放军某高炮团连长。1986 年 11 月转业到宁海县工商局工作，1987 年担任宁海县城关工商所副所长。1988 年调到宁海县工商局个体协会工作，担任县工商局个体协会秘书长。1992 年调到宁海县消费者协会工作，担任宁海县消费者协会秘书长。1997 年调入县工商局市场所，后任市场所所长。2015 年底退休。

胡建华 出生于 1956 年 10 月，高中文化，中共党员。1974 年 12 月应征入伍，1976 年 10 月加入中国共产党，曾任班长，1979 年 3 月提升为排长。1986 年 9 月转业，任长街镇人武部副部长。1988 年 5 月调到伍山乡任人武部部长、党委委员。1992 年调回长街镇分管民政，1996 年 3 月调到龙浦办事处。1997 年 5 月任大湖办事处副主任，11 月任长街办事处副书记兼副主任。1998 年 12 月调入明港镇政府工作，1999 年 4 月任青珠办事处副处长。2004 年 8 月调回长街镇政府，分管公共卫生移民无偿献血等工作。2016 年 10 月退休。

胡余方　出生于 1959 年 9 月，大专学历，中共党员。1977 年 7 月长街中学高中毕业，1978 年 12 月应征入伍，1980 年 9 月进空军雷达学院学习，1993 年 9 月任工程师，1996 年 10 月起任海军雷达一团修理所所长，2003 年被授予海军专业技术上校。荣立三等功三次，被评为海军雷达兵先进个人一次。现供职于宁海县水利局，主任科员（处级待遇）。

胡建伟　出生于 1960 年 3 月，大学本科学历，中共党员。1978 年 12 月入伍，1983 年 9 月任海军某师无线电电台台长，1987 年 12 月任政治处干事。1988 年 9 月转业至宁海县人民法院城关法庭工作。先后担任助理审判员、宁海法院民庭任审判员、岔路法庭任副庭长、宁海法院司法行政科任科长（其间毕业于中共中央函授学院本科班法律专业）、任桥头胡法庭庭长（副局级）。2009 年 8 月，被最高人民法院批准为四级高级法官。2010 年 1 月任宁海法院岔路法庭庭长。2012 年 6 月任宁海法院审判委员会专职委员。2015 年 5 月宁海法院任调研员，2020 年 5 月退休。

符贵成　出生于 1967 年 3 月，中共党员，大学本科学历，工程硕士，国家注册安全工程师、消防安全工程师。1982 年以长街镇第一名宁海县第三名的成绩从大湖学校考入宁海中学，1985 年考入浙江工业大学（原浙江工学院），历任班长、团支部书记。1989 年大学毕业分配到宁波市公安局消防支队，历任参谋、副大队长、科长、副团职政治教导员。2006 年转业至宁波市应急管理局，历任主任科员、副处长、二级调研员，曾多次被评为优秀公务员、优秀党员，荣获浙江省最美禁毒人提名奖、宁波市重点工程个人三等功荣誉称号。从事安全生产和消防安全工作 33 年。2009—2016 年进驻宁波市行政服务中心行政审批窗口，担任党支部书记，曾获得示范窗口和优秀服务标兵荣誉称号。2013—2015 年获得四川大学工程硕士学位。曾向应急管理部提供建议、向市委提供安全生产技术人才支撑的建议，参与制定地方性法规《宁波市危险化学品道路运输安全管理规定》、地方标准《使用危险化学品工业企业安全生产基本规范》。

顾海飞 出生于 1968 年 3 月，中共党员，大学学历。1980 年 9 月考入宁海三中（原长街中学）读完初中高中。应届考入浙江农业大学，1990 年 8 月浙农大毕业分配到宁海深甽区农技站工作；1992 年 7 月至 2000 年 12 月任西店镇人民政府副镇长；2000 年 12 月至 2006 年 4 月先后任前童镇镇长、党委书记；2006 年 4 月至 2009 年 6 月任桥头胡街道办事处党工委书记；2009 年 6 月至 2010 年 3 月任县政法委副书记；2010 年 3 月起担任跃龙街道办事处党工委书记；2014 年 5 月起担任宁海县政协党组成员、办公室主任、秘书长。2015 年 11 月，调任宁波市委台办副主任。宁波市十二次党代会代表，宁海县十三次党代会代表，宁海县十届县委委员，宁海县十五届、十七届人大代表。

胡林法 出生于 1975 年 1 月，大学本科学历，中共党员。1993—1997 年在中国政法大学行政管理专业学习，获行政管理本科学历、法学学士学位。1997 年 8 月至 2000 年 1 月在宁海检察院工作。2000 年 1 月至 2002 年 8 月任宁海监察局局长助理。2002 年 8 月至 2007 年 4 月任宁海县纪委纪检室主任。其间于 2006 年留学瑞典克瑞斯蒂安斯塔德大学，获国际商务和公共管理硕士学位。2007 年 4 月至 2009 年 7 月任宁海县外经贸局招商局副局长。2009 年 7 月至 2020 年任县国资局副局长。

符学钱 出生于 1977 年 4 月，中共党员。1996 年 12 月应征入伍，1998 年在舰艇学校读书。2005 年任宁波支队大榭工作站副站长（正职）。2008 年任宁波梅山边防派出所干部（副营级）。2012 年任宁波慈东边防派出所所长（正营职）。2015 年调任宁波宁海边防大队大队长（副团职）。在部队期间，曾先后立过 2 次三等功。2019 年 1 月转业到宁海公安局工作，现任宁海县公安局海防大队大队长。

王兵才 出生于1978年9月，大学本科学历，中共党员。1997年8月宁海三中（长街中学）高中毕业。1998年12月应征入伍，2000年9月考取解放军南京理工大学，2003年8月毕业分配在南京军区工程维护大队担任技术员，2006年提升为排长，2008年提升为副连长，2011年6月提升为连长，曾在部队荣立三等功2次，2012年提升为副营长，然后转业，分配在余姚市临山镇担任镇干部（副科级级别）。

张伟栋 出生于1981年9月，大专学历，中共党员。2000年12月应征入伍，2002年9月在空军预警学院学习，2005年7月毕业，后在空军雷达某旅工作。历任排长、战勤连副连长、雷达站站长、旅管理科科长、雷达营营长。2017年12月，转业在宁海海洋与渔业局渔政渔港监督管理站，任主任科员。2019年9月任宁海县农业农村局海洋与渔业执法大队大队长兼渔政渔港监督管理站站长。

胡志汉 出生于1981年9月，祖籍大湖，大学本科学历，2003年4月加入中国共产党。2003年9月，通过公务员考试到宁海县胡陈乡人民政府工作，历任党政办副主任、乡团委书记。2009年7月调深甽镇人民政府任深甽镇宣传委员。2016年7月调县委办任党史研究室副主任、方志办副主任。在深甽镇工作期间，主要筹办了2009—2015年共六届“十月半民俗文化节”，抢救性保护了龙宫村明万历年间刻印遗留珍贵文物《华严经》等。在党史研究室工作期间，主要负责编著出版《宁海县志（1987—2008）》《中共宁海党史（第二卷）》《中共宁海党史（第三卷）》《光绪宁海县志（点校版）》《南下干部在宁海》《宁海剿匪纪实》等。从俄罗斯找到范金镳20世纪20年代以来的档案资料，不仅丰富了范金镳人物研究资料，还解决了争论超半世纪的宁海党支部第一任书记是谁的历史问题，改写了宁海党史一卷和宁海组织史的相关重要内容；在缑城探源研究上，重要发现《嘉定赤城志》明弘治十年版本记述为“宁海之侯城”，并在南京图书馆找到版本依据，提出了缤城名称从侯城演化而来的研究方向。

二、大湖村干部

胡余亲 出生于1931年1月，中共党员。旧时仅上过两年小学。中华人民共和国成立后，他刻苦学习，并练就一手好算盘。1953年10月湖中村组建起公胜社时被聘为财务会计。1958年公胜合作社转为湖中大队时，他担任湖中大队会计。1966年冬，大湖3个村合并为大湖大队，他被推选为大湖大队总会计。1973年加入了中国共产党。大湖有19个生产队近700户2000多人，总会计是个内当家，事务多工作量大。当时通信条件差，不管刮风下雨，每晚亲自去各生产队递交义务工账传达文件等。凡村民找他书写契约、合同、申请书等，总让人满意为止。在1991年第四次全国人口普查中，被评为宁波市人口普查先进工作者。中共长街区委书记曾在大会上赞扬他："大湖大队会计胡余亲几十年如一日，工作又是那样出色，的确了不起，值得大家学习，大家不可忘记他。"他从湖中公胜社到大湖大队，任劳任怨整整当了62年会计，86岁高龄退下时，又被推选为老协会委员兼出纳，仍风雨无阻天天步行一公里来老协会值班。累计财会工作近70年，被称为财会岗位上的"不老松"。

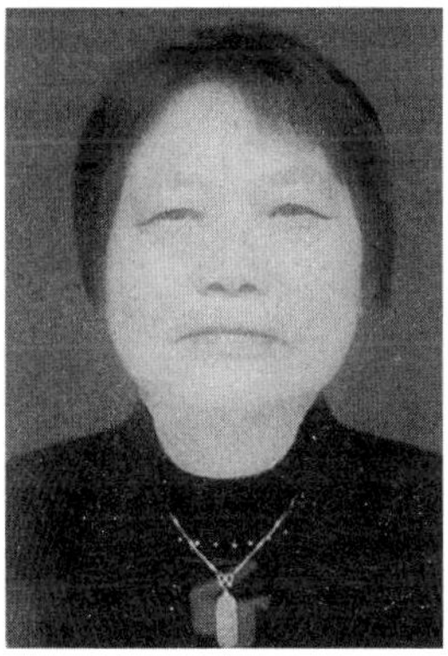

叶义凤 出生于1940年4月，女，出生于龙浦金家村，小学文化，中共党员，大湖村妇女干部。1958年公社化时嫁到大湖，带头参加集体劳动，是掮犁打耙种田"瞭大[①]"的高手。1958—1964年担任湖中村团支部书记，创办起"湖中村妇女小农场"，种植试验田，年年获高产。1963—1966年担任湖中村妇女主任，带领妇女参加集体劳动与各项社会活动，在村俱乐部里主演穆桂英挂帅等，博得阵阵掌声。1969年10月随公社参观团去大寨取经后，随即组建起"大湖铁姑娘队"，带领铁姑娘们除白天参加生产队劳动外，晚上乘月光还义务为进度较慢的生产队收割晚稻。组织姑娘们打扫环境、为孤寡老人等义务劳动成常态。1969年底，她被选为县妇女代表，出席省妇女建设社会主义积极分子代表大会。1971年底担任村合作医疗站负责人。改革开放以来，经考核批准办起个体医疗站，为村民看病治病 10 余年。2002—2020 年担任村老协会第五、第七届会长，第四、第八、第九届副会长。其间，捐出地板修葺老协会楼房，保护古建筑；给老年人讲述保健知识，义务看病治病，凡是她力所能及的，尽力而为之。她是妇女的表率，她为大湖村的建设做出重大贡献。

（注①：水稻田中不拉田司绳，第一个下田插秧（种田）的叫“瞭大”。）

汪永琪　出生于 1952 年 9 月，中专学历，中共党员，曾任宁波市奇精机械有限公司董事长、总经理。2005 年 4 月至 2020 年 12 月任中共大湖村党总支书记。自 1972 年起历任大湖农机厂生产管理、销售主管、厂长等职。1993 年大湖农机厂改制为宁海县首家股份制企业，更名为宁海县机械仪器厂，任厂长。1996 年组建成宁波奇精机械有限公司，任董事长兼总经理。1998 年赴日本考察，引进先进的冷锻加工技术，成功研发新的汽车零部件产品。1998 年公司通过 ISO 9001 认证 2000 标准顺利实施，跨入汽车行业的准入证——QS 9000 质量体系证书，成为行业内通过 ISO 14000 环境管理体系认证的企业之一。公司有职工 2100 多人，解决本地就业近 2000 人。年产值从 1993 年的 800 万元增至现在 3 亿多元，仅 2003 年至 2005 年 3 月创利税 3167 万元。自 1998 年开始公司连年被评为宁海县实力型企业，浙江省 AA 级“重合同，守信用”单位，宁波市级治安安全单位，宁海县纳税大户（2009 年国税排名第 6 名），公司被评为县文明单位。公司于 2017 年 2 月 6 日在上海证交所 A 股主板上市，成为宁海县首家主板上市企业。他不忘回报社会，热衷社会公益慈善事业。先后捐赠大湖村 200 万元进行旧村改造，又投资 10 多万元修建村里道路和老人协会活动中心；设立大湖学校“家兴”奖学金，资助嘉奖品学兼优的学生；1996 年捐助 50 万元，对长街自来水厂进行改建；结对沥头村 3 年共投资 20 多万元，帮助改造村道、通水、通电工程；结对山头村，捐助 6 万多元；出资为香花山海军建造了热水淋浴区，解决了官兵洗澡难的问题，每年两次上山慰问海军官兵；连续三年，为大湖村 3800 名村民投放农村医疗保险（每年 12 万元）。2010 年 6 月 18 日，长街镇慈善分会成立以他名字命名的慈善基金 500 万元。曾当选宁海县人大代表、宁波市第十三届人大代表。被评为 2007—2009 年宁波市劳动模范、宁海县拥军优属先进个人。

胡家其　出生于1954年4月，小学文化，中共党员。是原大湖农机厂、1992年更名为宁海县机械仪器厂、1992年改制为股份制企业——宁波奇精机械有限公司的股东之一。2002年当选为大湖村委会主任。2011年当选为大湖村党总支副书记。2013年当选为宁海县人民代表大会常务委员会委员，连任至2021年。2017年洋湖、大湖两村胡姓首修《洋湖、大湖胡氏宗谱》，被推选为名誉首事。2018年8月担任《大湖村志》编委会主任，主持村志的编写工作。2020年10月当选为村党总支书记，总支书记、村委会主任、社主任一身兼。自入股奇精公司以来家道日隆，他热衷公益事业，不忘村民共同致富。自2002年起，将村内各条碎石板路浇制成水泥路；平整农田4000多亩，为农业机械化奠定基础；2017年新建文化礼堂，兴建一所占地面积为55亩的村农贸综合批发市场；重视教育事业，为筹建占地近43亩、硬件设施宁海一流的长街镇第二小学（大湖小学）新校舍，奔走出力。2017年9月搬入新校舍后，为鼓励师生教学积极性，向学校捐款11万元，作为教学奖励基金；近年“镇二小”教学质量显著提高，已跨入全县乡镇级小学的先进行列。2006年6月起60周岁以上村民每月可享受养老金60元。2017年6月起养老金从2004年的每月60元增加到80元；每年为每个村民负担医疗保险费200元。总之，近20年大湖村跨上了一个新台阶，与大湖村集体与奇精公司等出资几千万元紧密相关，而胡家其为大湖村自掏腰包1000多万元功不可没。他清正廉洁，淡泊名利，担任村干部18年以来，为大湖村做出巨大贡献，深得村民信任与拥护。

王建国　系母系承祀，已入胡氏宗谱。1955年3月出生，初中文化。1973年5月加入共产主义青年团，1975年5月至1980年9月任大湖团总支副书记兼湖中团分支书记。1979年6月加入中国共产党。1980年10至1987年3月任湖中党支部副书记。1983年2月至1985年12月任湖中党支部副书记兼中片砖瓦厂厂长。1986年1月至1987年2月任湖中党支部副书记兼县种子公司和中片联办的羊毛衫厂厂长。1987年3月至1991年9月任大湖村党总支副书记兼村民委员会主任。1991年10月至2005年4月任村党总支书记兼长街自来水厂厂长。2005年5月至2008年5月任村党总支委员兼长街镇自来水厂厂长。2008 年 6 月至今任湖中党支部委员。

有影响力的村民（能工巧匠）

胡传利　出生于 1934 年 6 月，爱动脑、勤动手、自学成才。俗称木工、漆漆、雕刻、电器修理样样都会的“土老师”。60 年代初就持斧拉锯修理门窗自制椅、桌、凳、床等。20 世纪 70 年代进入村农机修理厂，制作安装修理农机具，当电动机损坏（或烧毁）时，就绕制线圈将其修复。较系统地掌握各种型号电机修理技术。考虑年事已高，他将技术传授给儿子，创办了一个电机修配店。进入 21 世纪，除了积极参加村老年人协会的活动外，还分管老协会财务。2017 年后，参与族谱、村志编写，助人为乐，经常给村民义务修理电器，深得村民们好评。

国德苗　出生于 1935 年 8 月，年少时就拜师学艺，出师后，凡木匠活样样精通。1956 年加入宁海县长街木器社，他制作的农具不但速度快而且质量好。按件计酬时，常人一天只能制作一张犁，他一天能高质量地制作三张。1963 年他担任木器社车间主任，带领社员出色完成生产任务。1985 年社里接来制作技术高的“木模”业务，由于他技艺精湛，社里就委派他来制作。经一段时间运作，他制作的木模博得委托方一致好评，成为出了名的“木模”高手，有的活只有通过他的指点才能实施，退休后常有人上门请教。

吴华福　出生于 1948 年 6 月，以优异的成绩小学毕业时，正值三年困难时期，为了减轻家庭负担、支持兄长就读长街初中，决定自力其食不升初中去学木匠。通常学艺需 3 年徒弟 4 年半做，才能出师。可他由于刻苦努力，学过 2 年后就能做所有木匠的活，还掌握了小木中制作千功眠床的技巧，学成提前出师。然后一边在生产队务农，一边为需建房与制作家具的农户做木匠。凡农活他犁耙打耙样样上手，种植农作物优于其他农户；他木工技艺精湛，凡是他承担的木工活，都当作自己的事情来办理，质量保证，省时间节约材料，人人满意。

三、文教卫科技人物

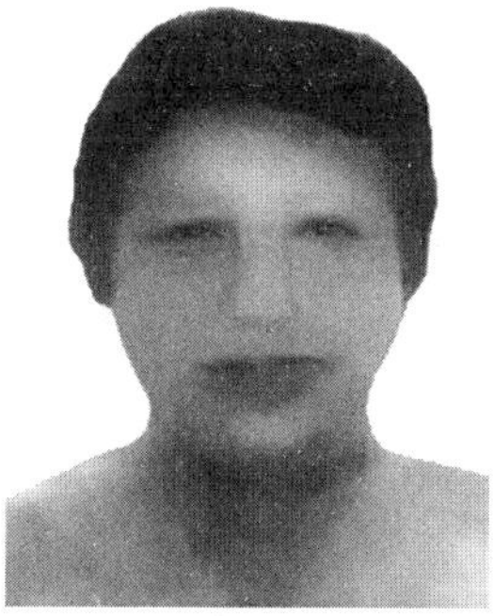

胡凌芝 出生于1935年11月，女，曾用笔名敏之、秋之。1953年1月在宁海中学高中部提前毕业，考入北京师范大学中国语言文学系，1956年2月加入中国共产党。毕业后分配到上海师范大学（原上海师范学院）中文系任教，任助教、讲师、副教授、教研室副主任等。1986年12月调至汕头大学中文系工作，任正教授、硕士生导师、中文系教工党支部委员、中国当代文学教研室主任、中国赵树理研究会理事等职。在高校工作40余年中，除为本科生，研究生讲授多门必修课、选修课，培养大量国家急需的高级人才外，还在科研学术方面写了上百万字的论文和著作。出版专著（含与人合著）计7种，有《徐志摩新评》、《蹄下文学面面观》、《简明中国现代文学史》（合著）、《中国现代作家评传》（合著）、《中国现代文学社团流派》（合著）、《中国新诗院鉴赏大辞典》（合著）、《新文学鉴赏文库，现代文卷》（合著）。论文40余篇，有《海滩上的花——评徐志摩的理想主义》《新月派与徐志摩》《论赵树理创作的美与生命力》《王鲁彦与乡土文学》《沦陷区文学面貌管窥》《张爱玲的小说世界》《〈五月诗刊〉巡礼》《湄南河畔之声——读诗集〈桥〉有感》《论罗洪小说创作的审美取向》《我将带光明给世界——论艾青诗歌创作使命意识》《滚动着一颗内心的世界——读〈子帆诗集〉随感》《苏青论》《幻想与现实——张香华诗歌艺术透视》《论李小儒的诗歌与评论》《熏人欲醉神采飞扬——论蔡欣诗歌的审美特征》《梦莉散文印象》《散文，深邃，高雅——司马攻散文格局之我见》等。其中著作《徐志摩新评》和《蹄下文学面面观》等，先后获汕头大学科研奖、科研成果突出者荣誉证书。此外，还参加大型丛书《上海抗战时期文学丛书》的编辑出版。

赵恩官 出生于1936年6月，小学高级教师，中共党员。1954年8月毕业于天台初师。1954年9月至1956年8月任教于古渡小学。1956年9月至1958年8月在长洋中学任团干。1958年9月至1969年8月分别在岔路中

学、岔路区校、麻山小学、竹林、柘湖杨小学任教，担任团干、少先队总辅导员、工会主席、教导主任、校长等。1969年8月回队任教大湖学校至1973年8月调山头乡校任校长、乡教育干部、乡革委会委员、党委委员。1992年8月至1996年7月于明港镇校与明港教委工作。赵恩官从事教学与教育管理工作41年，1996年7月退休。

胡秀元 1938年2月出生在大湖村下祝一佃农家。其父凭借勤劳俭朴，有着下小海petro蛏张弹涂等一技之长，出卖海鲜，供秀元上学。胡秀元天资聪颖不负众望，1954年7月毕业于宁海中学初中，1957年7月毕业于宁海中学高中，同年考入杭州大学，成为自中华人民共和国成立以来大湖村第一个上大学的贫雇农子弟。1961年杭州大学本科毕业后，分配在省教育厅工作，先后调入余姚县某中学、慈溪市中学任教，后调入慈溪市教研室、慈溪市教师进修学校工作。副教授职称。在职期间踏实肯干，曾撰写数篇教学论文。1998年退休。

顾小陆 出生于1940年，曾用名顾昌鑫，初小文化，中共党员。农民助理农艺师，1978—1983年曾任大湖村革委会副主任。自1962年开始搞植物保护工作至今有40余年历史。不仅指导本村病虫防治工作，还向镇、县、市提供病虫测报信息。1973年6月下旬卷叶虫在宁海境内大暴发，可长街却没有一丘田遭受虫害。县里组织40余人到大湖考察，一致认为顾小陆功不可没。1967—1983年，每晚先用煤油汽灯，后用电灯测螟，2006年改用测螟灯观测，并为县病虫测报站及时提供讯息。每年初春测越冬螟虫残留，3月下旬测螟虫发育状况和各种病虫发生量，确定防治对象和防治时间。用药后，查害虫的死亡率与害虫的残留量及可能复发状况。反复检测四五个循环。6月底开始，每天下水稻田赶蛾，查卷叶虫发育情况，确定防治时间，防治后检查防治效果。他为农作物的病虫害防治、夺得农作物大丰收做出重大贡献。1988年被县政府评为农业科技优秀专业户、镇农业科技先进工作者。曾被评为县农技推广先进工作者、农村科技示范户。被聘为县农村应用技术讲师团成员。

胡阳春 出生于1941年，又名胡允涵，毕业于中央戏剧学院舞台美术系，正教授。就任中国煤矿文工团总团业务办公室主任。1988年以前曾担任独幕剧《一念之差》《二全其美》《三朵小花》，多幕剧《创业》、《特别记者》、《蒙克斯威尔居园谋杀案》（捕鼠器）等舞台美术设计。他担任设计并组织制作的大型文艺晚会、展览有：1983年中央电视台“春节幽默晚会”，1984年全国邮联主办的“邮票欣赏”文艺晚会，团中央主办的“蒲公英晚会”（央视播出），1985年中央主办的“五一”节“五月的鲜花”文艺晚会，北京电视台“中秋诗会”文艺晚会，1988年全国煤矿安全会演“奉献者之歌”（央视播出），1988年北京电视台主办的北京国际电视周开幕式和闭幕式，1988年中国红十字会“纳丁格尔颁奖晚会”（央视播出），1988年“和平之春”文艺晚会（央视播出），1988年北京春季交易会北展展厅中心造型，1988年元宵北京电视台主办的“新情、乡情、两岸情”晚会，1988年北京电视台主办的“电话之友”电视晚会，1989年在平壤举办的第十三届世界青年联欢会（中国部分），1989年“中国工业四十年”北展主厅造型，1990年“首届全国工业企业进步成就展览会”主厅造型，1992年中宣部文化局主办，七个部委参加的纪念毛主席在延安文艺展谈会上讲话50周年“五月的风”文艺晚会（央视播出），1993年中国版权局主办的“太阳的局力”大型电视晚会（央视播出），1994年“庆祝中华人民共和国成立45周年”北京部分成果展，1995年中央电视台迎世妇会主办的“大地缤纷”大型晚会。1996年参与本团诗歌舞剧《日出印象》设计和制作。

陈培川 出生于1943年2月，高师中文专科毕业，从事中小学教育工作42年，先后担任新东学校教学负责人18年、大湖初中教导主任20年，中学一级教师，中共党员。1955年9月考入宁海中学初中、1958年初中毕业后考入宁海中学高中，1961年7月高中毕业。1961年9月至1962年7月在大湖小学与山头小学任代课教师。1962年9月到东关塘小学（后更名新东小学）担任民办教师，至1979年7月，学校从3

间茅屋扩展到5个教室3个办公室，从单班复式村小到村完小、1974年附设初中班。办学与教学成绩突出，1973年被评为区先进工作者，1978年被评为公社、区、县三级先进工作者。1979年5月经选拔和考试转为公办教师。1979年9月调入大湖学校任教初三语文，担任班主任。1983年大湖学校中小学分设，被教育局委任为教导主任。其间，参加浙江教育学院高师中文专科进修，通过3年努力，获高师中文专科毕业证书。1984—1985学年被评为长街区中学系统先进工作者。2003年退休。退休后，曾任长街镇退休教师协会理事，大湖村老年协会委员、副会长，为老年事业发挥余热。受聘参与《长街镇志》的编纂，主编自费出版《长街诗文选集》，应邀为大祝祝氏、小山祝氏、合宁娄氏主修宗谱，协修大湖胡氏、洋湖胡氏宗谱，参加《大湖村志》编撰担任副主编。为传承地方文化、氏族文化、编纂方志做出大贡献。

胡叶芬　出生于1946年1月，女，跃龙街道屠岙胡村人，鲍林岳之妻，副主任医师。1969年毕业于浙江医科大学医疗系，随丈夫去山东济南，就职于济南千佛山医院耳鼻喉科。以良好的医德与精湛的医术，博得济南市民一致好评。从主治医师晋升为副主任医师。1994年丈夫调任国家广播电影电视总局任副局长兼总工程师，随丈夫来到北京，组织上安排她进入清华大学担任校医。在职期间，充分发挥耳鼻喉科的专业特长，治愈了多位清华大学师生的疑难杂症，直至2001年退休。在医疗岗位上踏踏实实工作30多年，对社会做出重大贡献。

吴华松　出生于1946年2月，祖籍黄岩，大学本科学历，中共党员。1965年毕业于宁海中学高中，同年考入哈尔滨军事工程学院，教授级高级工程师，现供职于冶金部马鞍山钢铁设计研究总院（现改制为中冶华天工程技术有限公司）。曾在国家级刊物上发表了《双罐无钟炉顶装料设备在中小型高炉上的应用》《布料转动箱结构探讨》《气动摆动台装置的设计》等文章。主持设计的有：杭钢、马钢、上钢二厂、三明钢厂、韶关钢厂、莱芜钢厂、新余钢厂、印度、泰国等高炉工程的设备。开发并成功建成国内第一座双罐无钟炉顶高炉，并在全国20多座高炉上推广应用。主要负责设计的还有沙钢调整线材、杭钢80吨超高功率直流电炉引进工程、沙钢板坯连铸引进工程的设备的设计；国内第一条电炉炼钢、连铸热送、连轧生产线的设计。参加三明钢厂连铸、金山焊管、马钢石灰回转窑、马钢 H 型钢、上钢一厂轧钢、天津热带、武进热带、汉阳棒材等炼钢轧钢烧结工程设备的设计。负责开发了布帘窑封转炉煤气柜、稀油密封焦炉、高炉煤气柜，建成 30 多座煤气柜，处于国内领先水平。还参加了国外工程莫桑比克和阿曼棒材的设计。获国家专利 4 项：高炉天钟炉顶布料转动箱、双罐无钟炉顶装料设备、高炉无钟炉顶密封阀装置、轧钢气动摆动台装置。获国家科技进步金质奖 2 项，获冶金部优秀工程设计一等奖、二等奖多项。2006 年退休。

侯国湘 出生于 1946 年 12 月，初中文化，中共党员。1961 年长街初中毕业，1965 年应征入伍，在部队曾任班长，被评为五好战士，1969 年退伍。回乡务农时，参加长亭公社革宣队，进驻长街大队。1971 年为大队糖厂，负责培育酒菌。1972 年被区教革推荐为大湖学校民办教师，任教小学四五年级数学兼出纳，1974 年担任学校总务主任。1976 年，面对当时大湖小学附设 2 个初中班，又办起高中班，校舍容纳不下 700 多名学生，操场小无法开展正常的体育活动。在建造 2 个教室国家仅下拨 2000 元资金的情况下，他联系村党支部村委会与相关生产队，做通思想工作，同意划出 9 亩农田，调出老操场，共征得土地 10 余亩，集资近万元，抽调义务工 500 工，建起 5 个教室和一个储藏室；发动师生填平 2000 多平方米操场，自制篮球架和沙坑，满足当时的教学需求。十几年来，他一边教学，一边做好后勤工作，还利用休息时间修理课桌凳。他对学校的贡献师生与社会民众有目共睹。

1983 年下学期，被长街区校个别领导排挤出教师队伍。回村务农期间，同样为村里办有利于公众的事业。1987—1990 年曾当选为村委会成员，分管计划生育。1987—2008 年连续几届当选大湖第三分支部委员。曾当选为党代表出席长亭乡第九次党代会。2018 年编纂《大湖村志》，应邀担任副主编，搜集整理大量史料，挑起编撰大梁。

胡家康 出生于 1947 年 11 月，大专文化，完中校长级督学，中共党员。1966 年高中毕业，“文化大革命”开始，串联时被师生推选为北京代表、10 月 18 日见到毛泽东主席。1968 年回乡务农，任大湖初中民办教师。1973 年

5月就读宁波师范理化专业，1975年秋分配到长街中学执教高中物理，担任教导主任6年，多次被评为县先进。电大与高师自考毕业。1991年调任长街区初中辅导校校长兼长街镇初中校长。撤区并乡时担任长街镇教委常务副主任、党支部书记。后调任县人民政府督导室督学。撰写教育论文多篇。2008年2月退休。主编《宁海县交通志（2010）》。主修《洋湖、大湖胡氏宗谱》。历经20年主编《范金镳》。确认范金镳是中共宁海县党组织主要创建人（首任宁海县支部书记）、宁海中学主要创办人（中校主任），完善了中共宁海县党史与宁海中学校史。

罗晓明　出生于1948年10月，中共党员，高级讲师，大学本科学历。1965年7月宁海中学初中毕业。同年10月下放到大湖大队务农。当过生产队记工员、植保员、会计多年，担任民办教师6年余。恢复高考后1978年考入宁波师院中文专业学习。1981—1995年在柔石中学、黄坛中学、三职高、宁海技校、县人事局培训中心任教，曾担任过总务主任、办公室主任、校长。1995年春调入中共宁海县委党校任教，担任过教务科长、中央党校函授学院宁海辅导站站长，主管教学。其间1996年8月考入中央党校函授学院党政专业学习，1998年12月毕业。有多篇论文在市、县级获奖。2008年12月退休。

叶小华　出生于1951年8月，中共党员，大学文化，副主任医师，供职于宁海县卫生监督所。初中毕业后，务农3年，1971年至1973年8月在浦东小学任民办教师。1973年9月至1976年10月在浙江医科大学就读。毕业分配在长街卫生院，1982年任业务副院长，1984年任院长，1986年将长街卫生院创建成全县第一家省级文明医院，连续三次被评为县级卫生系统先进单位。他本人1984—1986年连续三年被评为县优秀党员，当选为县人大代表和县党代会代表。1992年调到县防疫站任业务副站长。1994年调任宁海中医院院长，这家医院的医疗质量及医院规模均排在全市末位，厉行改革一年后医疗质量考核得分为全宁波市第一名。1997年把宁海县中医院创建成国家二级乙等医院，他被评为浙江省中医院优秀院长。1997—2002 年任县科技协会常委、副主席。2002 年 8 月调入县卫生监督所，任所长、支部书记，后退居二线。2011 年 8 月退休。

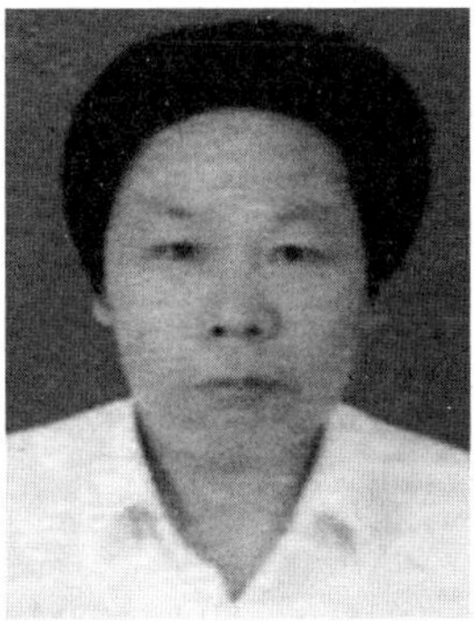

柴以训　曾用名柴以坝，1953 年 2 月出生于长街镇山头村，1959 年迁入大湖村，中共党员，中专学历，农艺师。16 岁参与农村科学实验，担任大湖大队种子员。刻苦自学，以优异的成绩毕业于中央广播学校农学专业。1971 年担任大湖大队科技组组长，引进粮油作物品种 200 多个，通过试验筛选出一批适宜于当地种植的优良品种。建立了种子田、试验田、高产田。使大湖大队种植良种面积达到百分之百。1974 年担任县农民稻麦良种选育协作组组长；1975 年 10 月随县农业局赴湖南学习袁隆平教授的杂交水稻栽培技术；1976 年杂交水稻“南优 2 号”试种成功；1977 年引进不育系、保持系、恢复系，建立起完整的三系配套杂交种子繁育田，开展杂交制种高产配套技术的各项试验，他的成功经验得到浙江省杂交水稻制种单位的高度好评，予以推广；1978 年担任长街区杂交水稻技术辅导员，当年大湖大队试种的 40 多亩“汕优 6 号”连晚杂交水稻平均亩产达到 432 公斤，实现宁海县有史以来第一次实现连作晚稻一季超“纲要”（400 公斤）。此后以大湖村为主的制种基地成为县杂交水稻种子繁育基地，杂交水稻在全区大面积推广；1981 年加入共产党；1983 年担任大湖村经济合作社社长，被团省委评为农村青年学科学、用科学先进个人；1984 年聘任为县种子公司大湖站站长，他利用广播、黑板报，编写了 50 多篇科普文章，宣传科技知识。被省科协评为农村科普先进个人；1995 年担任县种子公司书记、副经理，被中共宁海县委评为优秀党员；2002 年 11 月起任县农业技术推广总站农艺师，2002 年被省农业厅评为省品种区先进个人。2013 年 4 月退休。

孙培丰　出生于 1954 年 10 月，大学本科学历，中学高级教师，中共党员。1974 年 1 月长街中学高中毕业后在长街中学初中部任教语文。1978 年恢复高考，当年考入浙江师范学院中文系，1982 年 2 月毕业后回母校长街中学任教。先后担任副教导主任、副校长。1991 年接任宁海三中（原长街中学）校长之职，使学校平稳度过三年困难时期，1994 年高考，取得了该校前所未有的好成绩。1997 年调任宁海县知恩中学副校长，2002 年任知恩中学校长兼党支部书记。担任知恩中学校长期间调动全校教职员工的积极性，争取社

会各界支持，6 年时间使知恩中学连跃三个台阶，2002 年升为省级三级重点中学，2004 年升为省级二级重点中学，2006 年升为省级一级重点中学，成为宁海县二所重点中学之一。该校多次获得市县各级荣誉，2006 年被评为省文明单位。1988 年 6 月，他撰写的《中学生课外阅读辅导点滴》一文在《中学语文教研》上发表，1996 年《高中生写作能力的培养》一文获宁波市教学论文二等奖。他是宁海县十三届、十五届、十六届人大代表，宁海县人民法院第二届人民监督员。2006 年、2008 年被评为县先进工作者。

王敏英　女，出生于 1957 年 12 月，大专学历，中共党员。现供职于华晶综合服务公司，任党委书记、副总经理。1978 年 3 月起就读余姚师范中文专业。1980 年 8 月毕业后，任教于宁海师范。1982 年 9 月就读于绍兴鲁迅文理学院政教系，1984 年 8 月毕业后任职于宁海中学。1989 年 12 月起供职于中国华晶电子集团公司教委，劳动人事教育部，1995 年 8 月起任华晶子弟小学党支部书记兼副总经理。2003 年 7 月南京大学企业管理专业研究生结业。1982 年参加浙江省大学生“三热爱”演讲比赛获一等奖。1983 年参加全国大学生演讲比赛获二等奖，被评为 1983—1984 年度省三好生。1985 年参加宁波市总工会演讲比赛获一等奖。1995 年《抓好继续教育，提高干部队伍素质，促进企业发展》一文获国防科委优秀论文三等奖。

胡宇峰　出生于 1959 年 11 月，大专学历，中学一级教师，中共党员。1976 年 7 月长街中学高中毕业后回大湖村务农。高考制度恢复后，1978 年考入宁波师范学院数学专业，于 1981 年 7 月毕业，分配在大湖初级中学任教，1993 年 9 月至 1996 年 8 月担任大湖初级中学校长。1996 年 9 月调入长街镇成人文化技术学校任教，2003 年 9 月至 2014 年 8 月担任长街镇成人文化技术学校教导主任。2004 年、2009 年、2018 年均被评为镇级先进工作者；2009 年入选县教科研骨干教师；1999 年论文《成人中专数学教学浅见》获县级二等奖；2011 年主导的课题“‘创业导向，链式服务’数控雕刻培训模式的研究和实践”获宁波市政府教育成果一等奖。于 2020 年 1 月退休。

赵文遐　出生于 1960 年 6 月，大学本科学历，工学硕士，高级工程师，中共党员。1978 年 8 月长街中学毕业，9 月考入电子科技大学，1982 年 7 月毕业后在中国华晶电子集团工作。1993 年 9 月考入东南大学研究生院学习，1996 年 3 月硕士研究生毕业后回到中国华晶电子集团公司工作，曾任技术科科长、分厂厂长、设计所所长等，并兼任江苏信息技术学院教授。2000 年 8 月创立无锡硅力微电子有限公司，担任总经理。从事产品设计与开发，同时总结经验，进行学术研究，在《江南半导体通讯》《无线电》等杂志上发表《应用晶体管的二维近似模型分析电路增益》《大屏幕显示驱动专用电路 SE9401》《LED 大屏幕显示驱动 ASIC 的设计》等论文。1985 年设计产品 CD7666CP 获电子科技部进步二等奖。1987 年音响集成电路系列获国家科技二等奖，1993 年硅线性大功率集成电路获电子部科技进步二等奖，2005 年音量控制装置 APP 工艺技术研究获电子科技进步二等奖。任无锡硅动力微电子有限公司总经理。

祝明娟　出生于 1962 年 6 月，女，长街中学毕业，大学本科学历，高级工程师，民盟盟员。1982 年考入华中工学院（现为华中科技大学）电力系电力系统及自动化专业。1986 年毕业后分配到水利部农村电力化研究所亚太地区小水电研究培训中心，从事水电站规划设计、科研、旧电站改造等方面工作。撰写的论文《溪口抽水蓄能电站机组电动机工程的降压、异步启动》入编中国水力发展电工程学会编写的《中国抽水蓄能电站建设》（中国电力出版社出版）一书。参加研制“户外式油重合器”，该项交流液压自动荣获 1994 年电力工业部科技进步三等奖，荣获 1994 年水利部农村水电科学技术进步二等奖。

胡乐飞　出生于 1962 年 7 月，大专学历，中共党员。1980 年 7 月毕业于宁海县长街中学。1986 年 10 月，毕业于宁海进修学校中等师范专业。2000 年 10 月，毕业于宁波教育学院（汉语言文学专业）。1982 年 8 月开始，分别在大湖中学、宁海中学（生活指导兼《社会发展史》教学 4 年）、伍山

乡校（教导主任、副校长主持工作共 7 年）、城塘小学、长街中心小学任教。1997 年 10 月至 2007 年 10 月，长街大湖片校任校长。2007 年 11 月至 2016 年 9 月，长街镇小学龙浦分校校长兼党支部书记。2016 年 9 月至今，在宁海县委党史办公室工作，参与《宁海县志》（1987—2008）版和《中国共产党宁海历史》（第三卷）的编纂工作。

鲍福平　出生于 1962 年 9 月，1979 年毕业于长街中学，1983 年分配到长街区公所水管会工作，获水利技术员和助理工程师职称。其间为大湖村向宁波市政府争取水利经费 10 万元，建造起二干线二座桥。1992 年撤区建镇后调入镇政府任农办副主任和海涂办主任。发表《打造下洋涂黄金海岸，加快发展海洋经济》，得到市海洋办认可并向全市推广。1994 年调入宁海县交通局工程队任队长，参加省交通干部学校学习，获得交通部颁发的证书和工程项目经理。1996 年开办宁海莲福茶艺馆，成为宁波市茶文化会员。多次赴京参加中国茶叶博览会，宣传推广家乡名茶，使宁海望海茶在博览会上获得银奖，并在 2006 年宁波市首届茶艺大赛中获得“茶状元”称号。在北京人民大会堂发表题为“以茶人精神服务社会”的演讲，在杭州“国际茶行业研讨会”发表的《中国茶馆行业现状和发展趋势》。

章其真　出生于 1963 年 7 月，大学本科学历，法学硕士，教授，中共党员。1980 年 9 月至 1984 年 7 月就读杭州大学历史系。2003 年 7 月至 2006 年 7 月在职就读于浙江大学马克思主义理论思想政治教育专业，获得法学硕士学位。先后在舟山市委党校、舟山市委统战部和浙江海洋大学工作。2002 年 12 月获得副教授任职资格，2011 年 12 月获得教授任职资格。自 1996 年 7 月到浙江水产学院至今，从事思想政治教育专业的教学与科研，主要研究领域：台湾问题和两岸关系。先后主讲毛泽东思想概论、中华人民共和国史、中国近现代史纲要和台湾问题研究等课程。2021 年 9 月，任浙江省高等学校思想政治理论课教学指导委员会委员。先后主持浙江省哲学和社会科学规划课题 4 项，主持浙江省高校课堂教学改革项目 1 项，主持厅局级项目 4 项。科研成果荣获浙江省台湾事务办公室年度调研课题一等奖和三等奖各一项、中国现代史史料学会优秀论文一等奖，发表、出版论文、著作 10 余篇（部）。

严望平　出生于 1963 年，大学本科学历，工学硕士，高级工程师。1978 年大湖初中毕业，同年考入宁海中学，1980 年高中毕业，次年以优异的成绩考入清华大学，就读于计算机科学与工程系，成绩突出，1986 年获工学学士学位，1989 年研究生毕业获硕士学位。在北京工作过一段时间，后赴美国深造，现为美国得克萨斯州某集团公司高级工程师。曾赴英、法、德、日、比利时、澳大利亚等多国考察，曾发表论文多篇，事业上有建树。

陈建飞　出生于 1965 年，大学本科学历，副教授，中共党员。现任宁波教育学院人文与幼教学院院长。1982 年长街中学（原宁海第三中学）高中毕业后，当年考入浙江师范大学中文系，连续四学年被评为三好学生，以全优成绩毕业。1986 年分配到宁波教育学院任教。曾任宁波教育学院教务处副处长、处长等职。《〈狂人日记〉与文化批判》《〈人肉延案上的贡品〉——〈祝福〉悲剧的文化涵义》《论穆时英小说的现代性》《自我的追寻人性的改观——施蛰存心理分析小说探微》《现代派影响与〈九叶集〉的独创性》等论文在全国重要期刊上发表。曾获“浙江省优秀教师”“宁波市优秀共产党员”光荣称号。

鲍珍方　出生于 1965 年 8 月，大学本科学历，中共党员，大湖村人。1987 年 8 月毕业于浙江大学（原杭州大学）法律系，获法学学士学位。1987 年 8 月至 1995 年 8 月在宁海县律师事务所工作，系所骨干律师。1992 年获三级律师称号。1995 年 8 月至 2000 年 10 月在浙江中汇律师事务所工作，其间担任事务所副主任，主持所里日常工作。2000 年 10 月合伙创办浙江跃龙律师事务所，从事律师事务工作至今。从业以来，遵循以事实为依据，以法律为准绳的原则，积极为经济建设、民主法治建设、当事人合法权益服务。注重办案质量，讲究社会效益，擅长做常年法律顾问工作，擅长办理合同、知识产权、金融、房地产等方面的案件。在职业生涯中积累了较丰富的金融案件经验，被聘为浙江大梁山集团公司等15家的法律顾问，赢得聘家、当事人的信任，在宁海律师界享有一定信誉。

蔡书东 出生于1969年10月，大学本科学历，高级工程师，中共党员。1987年9月长街高中毕业，考入上海交通大学机械制造工艺及设备专业学校。1991年7月毕业分配到镇海石油化工总厂机修厂金工车间当车工，1992年6月担任镇海石油化工总厂技校教师。1995年12月任镇海炼化股份公司综合管理处计划二科基建计划，后任计划科副科长。2007年10月任镇海炼化乙烯工程项目经理部设计管理部副主任。2011年6月任镇海炼化公司工程处合同预算科科长。2013年3月任工程处计划科科长。2022年11月任宁波海利经济开发有限公司总经理、法人代表。

胡宇红 出生于1970年3月，女，大学本科学历，经济师，中共党员。1992年8月起分别担任农行宁海深甽分理处主办出纳；农行宁海县支行营业部出纳、联行；农行宁波市分行办公室党委秘书、三农金融部业务管理经理、纪委监察巡视综合部经理、纪委监督检查科科长、资深专员、纪委办公室督导员等。其间曾借调农总行人事部2年；被农总行抽调参与巡视农行湖北省分行2个月。曾被评为农行宁海县支行先进工作者；被评为宁波市优秀共青团员；1998—2000年，连续3年被评为农行宁波市分行先进个人、县委信息督查工作先进个人；2008年6月，被评为农行宁波市分行优秀党务工作者；2009年7月，荣获农总行“2008年度全行综合改革先进个人贡献奖”；2012—2013年，连续2年被评为农行宁波市分行服务小微企业先进个人。

胡君方 出生于1970年9月，工学硕士，高级工程师，中共党员。1983年9月就读于长街中学，1986年7月以全县中考第一名成绩考入宁海中学。1989年9月考入上海海运学院轮机系轮机管理专业学习，大学期间担任系学生会学习部长职务，多次获系、院奖学金。1993年7月毕业分配到交通部上海海上救助打捞局，先后在货轮船队、拖轮船队担任三管轮、二管轮等职务。1998 年 5 月入党。2000 年 5 月，参与执行拖带苏联“基辅号”航空母舰回国，历时 102 天航行，跨越四大洋，航程近 1.7 万海里，创下了中国单航次拖航历史中航程和航期之最。2001 年 9 月，考入浙江大学软件学院计算机科学与技术专业深造。2003 年 7 月毕业，就职于浙大网新科技股份有限公司，担任软件研发，其间获高级工程师、软件设计师等职称。2018 年 11 月起就任杭州龙境科技有限公司河马云事业部总监一职。

吴雪海　出生于 1972 年 2 月，博士，中共党员，复旦大学教授，博士生导师，复旦大学附属华山医院神经外科主任医师，上海市神经外科急救中心副主任，上海医学会创伤分会第 5 届专委会颅脑创伤学组副组长，国际脑损伤协会意识障碍工作组（DOC-SIG）成员。1990 年 7 月长街中学高中毕业后考入浙江医科大学，毕业后曾就职于浙江大学附属第二医院 8 年。2002 年赴以色列访问培训。2007 年 1 月获复旦大学博士学位后留华山医院神经外科工作，擅长颅脑创伤、脑出血和神经重症救治。2011 年 10 月作为特邀讲者应邀参加在意大利罗马的第 14 届欧洲神经外科大会，并主持神经创伤专场平行会议。曾在哈佛大学麻省总院、匹兹堡大学附属医院、马里兰大学休克创伤中心、华盛顿大学医疗中心、梅奥诊所等著名神经外科交流学习。担任自然杂志子刊《脑信息学》杂志助理编辑；作为国家自然科学基金、上海市国际合作项目、上海市自然科学基金课题、科技部 863 项目子课题、临港实验课题子项目等课题负责人。发表国际期刊论文 50 余篇，包括国际神经科学顶级权威期刊《自然神经科学》《神经病学年鉴》《神经影像》《人脑图谱》《神经创伤》等，研究成果被中国神经科学学会评为 2020 年度“中国神经科学重大进展”六项进展之一。作为第一专利权人拥有国家实用新型专利近 10 项。

胡宁晖　祖籍大湖，1974 年 2 月出生在北京，1996 年毕业于华北电力大学电力系电气技术专业、清华大学热能系动力工程专业。1996—2003 年就职于北京大唐发电有限公司高井电厂，任设备部专职工程师。2017 年 8 月加入中国共产党，在职研究生学历，工程硕士学位。2003—2012 年先后就职于国家电力监管委员会市场监管部、国家电力监管委员会办公厅，任主任科员（乡科级）。2013年起就职于国家发展和改革委员会国家能源局电力业务资质管理中心，任调研员（县处级）。

冯宗逵 出生于1977年7月，1996年9月考入南京交通高等专科学校，1999年7月毕业后分配在杭州市交通工程集团有限公司工作。参加杭州绕城高速北线、杭宁高速公路一期二期、甬台温高速、杭千高速、台金高速等高速公路的施工建设管理，担任技术员、试验员、试验室主任、质检科长、技术负责人，项目副经理等职务。其间毕业于东北财经大学，大学本科学历，曾获高级工程师、公路一级建造师、试验检测工程师等职称。2007年7月在浙江诸永高速公路诸暨段指挥部，担任路面标段负责人，全面负责工程质量、进度、安全、交竣工等事项。2020年9月调高速公路浙江省杭州南养护管理处任处长助理。

符震球 出生于1977年12月，大学本科学历，副主任医师，中共党员。1995年毕业于宁海中学，2000年毕业于海南医学院临床医学系，同年供职于宁海县中医医院，2007年任内科病区副主任，2011年任心血管内科、呼吸内科主任。工作期间，先后赴上海瑞金医院、浙医一院、宁波一院进修心血管内科及呼吸内科。2011年5月获得“宁海县十大青年医务工作者”称号，2016年1月获得“宁海县名医”称号。在国家级及省级期刊发表学术论文5篇，均获得宁海县优秀科技评选奖项。2022年被宁海县人力资源和社会保障局、县卫生局授予宁海县中医医院骨干医师称号。

叶鲁彬 出生于1984年9月，中共党员，2006年毕业于浙江大学信息学院控制系自动化专业，并被保送攻读博士，2011年获浙江大学控制科学与工程博士学位。现为高级工程师，副研究员，杭州市高层次人才。任浙江大学信息学院工控所博士生党支部书记、班长，中控集团行业专家，阿里巴巴集团算法专家，杭州职业技术学院人工智能专业负责人。曾获浙江大学优秀研究生一等奖学金，优秀研究生干部、优秀毕业研究生荣誉称号。

鲍颖颖 出生于1987年1月，女，硕士，中共党员。于浙江省宁海中学

高中毕业，2006 年 9 月考入宁波诺丁汉大学，在宁波诺丁汉大学就读期间曾去英国诺丁汉大学一年作学术交流，2011 年 11 月研究生毕业后就职于华夏银行宁波分行，担任华夏银行宁波分行资产负债室经理。2021 年 5 月就职泰隆银行舟山分行运营管理部总经理。2022 年被公司聘为中层干部，擅长于财务分析和金融管理工作。

叶莹莹　出生于 1987 年 9 月，女，中共党员，博士。2006 年 9 月考入浙江师范大学化学与生命科学学院，分别担任技科教 2006 级党支部书记，学生会纪检部副部长，浙师大本草协会团支书，061 班副班长，实验项目负责人等。曾获优秀学生、三好学生、特等奖学金、院优秀学生干部；被授予院级优秀党员、浙师大优秀毕业生及浙师大十大考研人等多项奖。参加 2009 年北京大学分子医学研究所和上海生命科学学院夏令营并获合格证书，成功保送至厦门大学攻读硕士研究生并连获三年一等奖学金。2013 年获国家留学基金委资助公派留学瑞典隆德大学攻读博士，至 2020 年 4 月毕业于瑞典隆德大学医学院，获博士学位。现从事糖尿病发生机理研究，服务于瑞典隆德大学糖尿病中心。

四、工商企业界人物

胡敏杰　出生于 1957 年 9 月，硕士学位，中共党员。中共宁波市第十一届代表大会代表，宁海县第十二届人民代表大会代表，常务委员会委员。现任宁波太平洋恒业控股有限公司董事长、宁海县商业联合会会长、宁波市企业联合会副会长、浙江省商贸业联合会副会长、全联房地产商会商业地产研究会副会长。先后获得“全国商业诚实守信道德模范”“优秀诚信企业家”“优秀中国特色社会主义事业建造者”“中小城市商业运营专家”“浙江省优秀商业企业家”“宁波市优秀创业企业家”“宁波市优秀企业家”等荣誉。1985 年任职长街公社食品厂厂长，随后又创建了长街票夹厂，任厂长。1990 年在宁波创业，成立宁波太平洋商社，而后宁波关帝庙商场、白鹤商场相继开业，开创了宁波十点利商场时代；1996 年创办宁海第一家百货商场——宁海大厦；1999 年第一家酒店宁海太平洋大酒店开业，2000—2005 年相继开办 3 家酒店，成立酒店集团；2010 年百货连锁商场相继开办了 4 家，宁波太平洋百货集团成立；2014 年房地产板块的宁海西子国际投资项目落成，此前奉化太平洋项目、杭州太平洋银座、宁波总部大楼恒业大厦也相继落成。自 2015 年起，带领公司开始布局全国，逐渐把企业发展成集商业运营、酒店运营、房地产开发、投资管理的跨地区、多业态的集团化公司，事业版图从宁海走出浙江，走向了全国。在 17 个省（直辖市）设点，服务管理 50 多个商业地产项目，面积 400 多万平方米，员工近 2 万名。

他是中国商业地产发展的见证者和践行者，拥有丰富的商业从业经验，专注研究城市商业发展与创新，从商业规划到运营推广，为商业地产提供全产业链系统解决方案，成功打造了城市购物中心、特色街区、生活中心、文旅酒店、特色餐饮五大产业。凭借敏锐的市场洞察力，几乎踩中了中国商业发展的每一个节点，并成功带领企业实现了二次转型。第一次“从传统百货向购物中心转型”，解决了公司生命力问题。第二次“从重资产向轻资产管理转型”，解决了公司发展空间问题。

他有着强烈的社会责任感和企业治理哲学。肩负“促进中国商业地产健康发展”的使命，连续多年举办“全国中小城市商业创新发展论坛”，并在论坛上、各种媒体上呼吁“政府、开发商、运营商三位一体，共同促进商业地产的发展”；坚持做商业地产的“老中医”，对中小城市商业的发展有一套独到的见解。始终秉承“务实、创新、高效、利他”这八个字的核心文化价值观，引领企业持续健康向前走；坚持“员工与企业共成长，企业和员工彼此成就”的管理理念，打造了一支稳定且专业的管理团队，也影响了一代又一代的太平洋人。

胡亚虹 出生于 1958 年 10 月，高中文化。2000 年创办宁波华星文具有限公司（即宁波赞扬文具有限公司），2003 年企业改名为宁波赞扬文具有限公司，为公司法人代表、董事长。公司位于宁海县梅桥工业区兴科东路 5 号，是一家集“开发、生产、销售”于一体的文具用品专业公司。公司现厂区占地面积超 13300 平方米，总建筑面积 24337 平方米。公司总资产约 1.2 亿元，员工 200 余人。2021 年销售产值上亿元，创汇 1346 万美元。公司坚持“以市场为导向，以质量为根本，以管理求效益，以科技求发展”的原则，以“发展成为国际一流的文具 OEM 供应商，同时稳健发展自我品牌”为目标，公司有 17 个专利产品，主要产品有国际通用“抄写板”系列、“桌面办公用品”系列及各类塑料产品等 300 余种。先后评为“成长性企业”“高新技术企业”等，属宁海县“规模型”企业和外贸出口骨干企业之一。

胡敏栋　出生于 1960 年 10 月，宁波太平洋电子有限公司总经理，公司创办于 2000 年 9 月 18 日，注册资金 500 万元，位于浙江宁海城关跃龙一路 22 号，建筑面积 8500 平方米。主要从事手电筒、头灯、提灯、书灯等系列家用微电子等领域相关产品，2018 年开始获得“高新技术企业”称号，集研发、生产、销售于一体的宁海县上规模企业。年产值 5500 万元—8500 万元，科技人员与员工 120 人左右。本企业公司拥有先进的系列自动化生产流水线，具有雄厚的生产能力，可以满足国内外市场对本公司产品的需求。

赵俊　出生于 1962 年 5 月，大专文化。1981 年入职中石化企业担任联营公司经理。于 2004 年创办金泰石化能源有限公司任董事长兼总经理。在舟山投资建造石化产品储运项目，该项目有一万吨油品化工泊位，可停靠一万吨船作业。陆域面积建有近 5 万立方米库容量，年吞吐能力为 100 多万吨。企业宗旨：诚信、高效、安全、和谐。企业愿景：绿色能源为民生，低碳经济谋发展。企业使命：打造“三型”（本质安全型、环境友好型、资源节约型）现代企业，实现三方（人、自然、环境）和谐发展。经营理念：以服务和高效赢得市场，以诚信和品质树品牌。金泰石化能源有限公司年营业额近 50 亿元。2008 年为舟山市第一家民营企业省级安全标准化达标单位。在 2012 年度为浙江省唯一获得商务部颁发成品油批发经营资格证书，在 2015 年成为舟山普陀山机场唯一航空燃油保供单位。

汪兴琪　出生于 1963 年 2 月，中共党员，高中文化。1981 年 9 月至 1994 年 1 月任大湖油厂厂长。1994 年 2 月至 1996 年 11 月任宁海县机械仪器厂副厂长。1996 年 12 月至 2012 年 4 月任宁波市奇精机械有限公司常务副总经理。2012 年 5 月至 2013 年 10 月任奇精机械有限公司党支部书记、常务副

总经理。2013 年 11 月起任奇精机械股份有限公司党支部书记、董事、副总经理。2005 年 6 月至 2020 年 12 月兼任大湖村经济合作社社长。1996 年，他发起对奇精公司的技术创新、管理创新，不断完善产品结构，提升产品性能，成为国内最具规模的精加工生产企业之一。自担任奇精公司党支部书记以来，发挥“领头雁”的作用，通过不懈努力，公司于 2017 年 2 月 6 日在上海证交所 A 股主板上市，成为宁海县首家主板上市企业。登陆资本市场后，带领企业秉承为地区经济发展贡献力量，为客户创造价值，为股东创造效益的宗旨。未来公司将充分利用资本市场效应，推动企业持续发展，秉承“创造奇迹、制造精品”的经营理念，推进智能制造和“机器换人”，不断做强做精主业，致力于成为中国精加工领域的标杆企业。他致富不忘本，先富带后富。企业先后结对长街镇 6 个行政村进行新农村建设；每年重点帮扶大湖村的旧村改造工程。2018 年 9 月会同湖中党分支共出资 26 万元修建四房井；2017 年捐助 20 万元建造大湖村文化礼堂；公司通过县慈善总会冠名设立慈善基金每年 30 万元；公司响应政府号召，积极参与“千企联千村、党建助治水”活动，共计捐款 223 万元，担当起社会责任，以实际行动推进“五水共治”。2011 年被评为宁海县“十一五”节能降耗工作先进个人。2021 年 12 月当选宁海县第十九届人大代表、长街镇人大代表。

李良兵　出生于 1969 年 11 月，大专学历，中共党员。任宁海县经信局农产品营销协会党支部书记，宁海县农民专业合作社联合会副会长，宁海金蔬农产品配售有限公司总经理，宁海县金福源果蔬专业合作社理事长。1977—1986 年就读于大湖小学、初中。1986—1988 年就读于宁海县高级职业技术中心学校果蔬专业，在校期间曾任学校团总支宣传委员、班级团支部书记；毕业后分配到宁波市农科所蔬菜研究室（现宁波市农科院蔬菜研究所）工作，其间就读于浙江省经济管理干部学院经济管理系专业。1990 年创办宁海县蔬菜种苗场，土地征用后才终止种苗场。1994 年就业于外资企业宁波建洋塑胶制品有限公司；1998 年创办宁海县蔬菜园艺场；1999 年被评为 1998 年度城关镇优秀科技示范户；1999 年被宁波市政府评为 98 年度市级

"菜篮子"工作先进个人；2000 年被宁海县城关镇评为推动"农业增效、农民增收"工作先进个人；2001 年被评为宁海县高山蔬菜产业发展优秀产销大户；被评为 2002—2004 年度浙江省省级农村科技示范户；2002 年被评为 2001 年度宁海县优秀农业科技示范户；2003 年被评为 2002 年度宁海县农业科技示范户；2004 年被评为 2003 年度市级优秀农业科技信息员；2003 年度县级优秀农业科技信息员；宁波市农科院蔬菜科技示范户；2005 年获得宁波市第三届"十大杰出农村青年"荣誉称号；2004—2006 年度浙江省省级农村科技示范户；2004 年度宁海县优秀农产品购销大户；2006 年获得 2005 年度浙江省农村"青年星火带头人"荣誉称号；2005 年度宁波市商贸系统先进个人；2005 年度宁海县优秀农产品购销大户；2007 年被评为 2006 年度宁波市商贸系统先进个人；2008 年被评为 2007 年度宁波市商贸系统先进个人；2010 年被评为 2009 年度宁波市商贸系统先进个人。2005 年创办宁海县金福源果蔬专业合作社，2008 年被评为 2007 年度宁海县示范性农民专业合作社；2009 年被评为宁波市示范性农民专业合作社；2011 年被评为浙江省示范性农民专业合作社；2015 年被评为国家级示范性农民专业合作社，2013 年创办宁海金蔬农产品配售有限公司；2016—2022 年度被评为宁海县农业龙头企业；2019 年被评为浙江省"守合同重信用"企业（公示 2 年）；2020 年被评为诚信企业；2022 年被评为浙江省"守合同重信用"企业（公示 2 年）。

胡双超　出生于 1974 年 5 月，初中文化，1994 年 9 月去福建厦门创办企业，取名为"香山雕刻"，经 4 年的拼搏，赚得第一桶金。1998 年将公司改名为超云模具有限公司，拥有员工 7—8 人。2000 年，迁址上海市松江区车墩镇，将公司改名为上海超云模具有限公司。企业注册资金 1000 万元，法人代表为长街镇大湖村胡双超。公司占地面积 10 亩，建筑面积 8000 平方米，是一家专业生产和经营模具、注塑、冲压等的民营企业。员工从 20 余人增至 200 人，年销售额 2 亿元，创利税 200 万元。2018 年，又将公司更名为上海创制汽车零部件有限公司。公司在硬件上提升档次、软件上争创世界顶尖技术，并接纳多位科技顶尖人才，为争创世界顶尖企业奠定基础。2018 年 2 月，公司法人代表胡双超，乐善好施，为继承胡氏善业，给大湖老人协会捐资 200 万元。

胡崇校　出生于 1975 年 9 月，初中文化。1997 年去义乌小商品市场从

事文化用品批发销售经营，立足义乌国际商贸城，面向国内外销售宁海文具产品，从年销量300万元扩大到年销量3000万元，为宁海文具打开国内外市场。并创办义乌智翔文具有限公司、义乌市智添文具有限公司。自创飞亿得文具品牌，畅销国内外市场。事业有成后，不忘家乡，关爱老人，热衷公益事业。多次资助村老年活动，支持本地公益慈善事业，回报家乡父老。现已成为宁海县胡氏文化发展有限公司董事会成员，为把大湖打造成传统文化教育中心和文化旅游发展中心，为实现乡村振兴宏伟大业贡献力量。

汪伟东　出生于1976年11月，大学学历。任宁波市奇精机械有限公司总经理，宁海县政协九届常委，宁海县青年联合委员会委员，宁海县青年企业家俱乐部副主席。1998年毕业于厦门大学，放弃出国深造机会，进入奇精机械公司成为新品机床操作工。掌握产品整套生产工艺，被公司任命为技术部部长助理。2000年8月，随公司的制造部搬到宁海城关经济开发区。被任命为奇精公司副总经理兼制造部经理，分管宁海分厂。培训管理人员和员工，使制度日趋健全。公司获得“自营进出口权”与汽车零部件的准入证“QS90003认证”，并与世界500强的相关企业达成合作。2010年在做大做强家电零部件、电动工具组件和汽车部件三大主导产业的基础上，将发展契机指向高端小家电行业。并在宁波开设公司，销售品牌产品。运用科技成果，改变家族式管理模式，建立现代企业管理机制。2013年5月被公司董事会任命为宁波奇精机械有限公司总经理。公司现有员工2750余人，其中有长街籍员工近2000人。企业开展助学帮困活动，先后结对福建安徽等地院校的学生30人次；向教育机构和学校捐赠20万元；在大湖小学设立“奇精书架”，向品学兼优的学生发放奖学金；资助旧村改造，先后结对长街镇内6个贫困村启动通电通水工程。被评为宁海县第五届“十大杰出青年”。

胡芳园　出生于1984年10月，女，大学本科学历，政治经济学与EMBA硕士。现任恒太商业管理集团有限公司董事长兼总裁。2002年9月考入南京大学新闻传播学院广告学系，至2006年6月本科毕业；2006年9月，赴伦敦政治经济学院大众传播学系深造，至2007年6月获硕士学位；2016

年9月至2017年6月，攻读于长江商学院EMBA，获硕士学位；2007年7月至2008年10月，任宁波太平洋百货部门经理。2008年10月至2011年5月，任宁波太平洋百货旗下门店总经理。2011年5月至2013年5月，任宁波太平洋恒业控股有限公司人资总监。2013年5月至2016年5月，任宁波太平洋百货集团有限公司董事长兼总裁。2016年5月起任恒太商业管理集团有限公司董事长兼总裁。公司完成了从传统百货到购物中心/街区运营，从直营管理到轻资产管理的转型。从浙江走向全国，已在江苏、安徽、湖南、湖北、山东、江西、河北等17个省（直辖市），服务管理了50余个项目。作为行业领先的轻资产运营公司，恒太商业获得了行业的认可和各项荣誉百余项，位列优秀商业运营机构TOP10、中国商业地产运营十强企业、中国商业地产百强。

曾担任宁波市鄞州区第十二届工商联商会副会长；宁波市鄞州区第十七届政协常委；宁波市第十六届政协委员；浙江省第十二届工商联执行委员；全联房地产商会商业地产研究会副会长等。2019—2020年度担任广东省商业地产投资协会副会长。2016年荣获“全国商业诚实守信道德模范”荣誉称号，是唯一一位获此殊荣的“80后”女性企业家；2017年荣获“第十六届宁波市优秀企业家”殊荣；2020年荣获“年度商业地产时尚创新力人物”；2021年荣获“商业地产影响力人物”。

第三节　人物名录

一、古代人物

胡定远　清雍正四年（1726）岁贡。

胡文傎　清雍正八年（1730）岁贡。

胡科翰　清道光十年（1830）岁贡，平阳训导。

胡式化　廪贡生。

胡长恕　武举人。

胡积勋　廪贡生。

二、民国时期

胡家耀 字焕庭 生于1900年，卒于1966年。民国时期担任区救济院施医所所长，县参议会议员，湖山乡农会主任，曾推行“2·5”改组，为佃户主持公道。

胡锦城 （1911年11月至1960年），谱名积标，1937—1946年任湖山乡乡长。

胡杏芬 （1921—1951），谱名余欢，曾任湖青乡、湖山乡乡长。

胡一飞 （1921年11月至1995年9月）谱名善搏，字允鹏。1946年参加中华全国文艺家协会，曾任文艺出版社社长兼主编。曾在中国人民解放军文工团工作。宁海跃龙诗社社员，著有《绿绮轩诗稿》。

胡余康 （1924年10月至2002年8月）字志豪，小名阿康。曾任民国政府南京警察厅书记。20世纪90年代，主修宋始迁大湖胡氏宗谱（洋湖、塘里、大湖）——《胡氏族志》，1993年告竣。

抗日阵亡将士

胡伟元 民国三十年七月阵亡于岳井王家。所在部队为县自卫队，级别：队士，时年23岁。摘自《宁海县志》。

胡成书 1942年6月14日阵亡于象山。摘自《宁海县志》。

三、中华人民共和国时期

中国人民志愿军

胡庆杰、胡家喜、胡德金、胡远富、王士春、林必达、叶六官、胡善治、胡庆建、胡婉和（女）等10位，于1950年踊跃报名参加中国人民志愿军、奔赴抗美援朝战场。

革命烈士

杨土根 1932年出生，1951年3月参加革命，担任部队解放军某部队警通连电话兵。1953 年牺牲于浙江温州市。被追认为烈士。摘自《宁海县志》。

胡缓和 1956 年 10 月出生，1976 年 3 月应征入伍，为解放军某部队战士，1977 年 7 月牺牲于安徽省滁县。被追认为烈士。摘自《宁海县志》。

党政人物

胡道清 （1946 年 8 月—）中共党员。中国人民解放军连级干部转业，曾任宁海司法局干部。

胡承斌 （1957 年 6 月—）中共党员。曾任中国人民银行广东中山分行副行长、珠海分行纪委书记、省分行督导。

张爱娇 （1968 年 5 月—）中共党员，宁海县直属机关党工委书记。

汪美珍 （1955 年—）高中文化，中共党员。宁海县机关事务局副局长。

胡晓锋 （1966 年 7 月—）宁波警校毕业，任宁海公安局科长。

胡坚 （1975 年 6 月—）大专文化，中共党员，宁海县公安局党委委员，刑侦大队大队长。

冯静贝 （1978 年 8 月—）大学文化，中共党员，宁波市公安局交警局江北大队直属中队中队长。

葛远乐 （1978 年—）中共党员，宁波高专毕业，宁波市建工检测有限公司党支部书记。

胡晓军 （1980 年 9 月—）中共党员，海南医科大学毕业，宁海县人才资源开发科科长。

科教文卫人物

胡凌秋 （1932 年—）女，毕业于上海师范学院，曾为重庆北碚师范学院教授。

胡锦标 （1959 年 8 月—）毕业于宁波师院数学专业，中学高级教师，曾任宁海三中副教导。

陈汶东 （1961 年 12 月—），毕业于台州师专新闻专业，中学高级教师。

王小芬 （1965 年 3 月—）女，毕业于浙江师范大学政教专业，中学高级政治教师。

蔡书华 （1966 年 4 月—）毕业于宁波师范学院政史专业，中学高级政治教师。

叶勤 （1973 年 12 月—）毕业于杭州大学汉语言文学教育专业，中学高级语文教师。

胡燕敏 （1978 年 11 月—）女，毕业于中国人民大学，注册会计师，公司董事。

胡秀娜 （1980 年 10 月—）女，毕业于北京邮电大学，硕士研究生，工学硕士。

胡恒杰 （1981 年 9 月—）中共党员，毕业于浙江大学机械工程与设计专业，2010 年获浙江大学计算机机械软件博士学位，上海东华大学副教授。

第四节 荣誉录

荣获国家（部）级、省（厅）级、市（处）级、县（局）级与镇乡级先进集体一览表

表 19-1

序号	集体名称	获奖名称	获奖时间	授予单位
1	大湖胡氏族众	“捐资兴学”三等奖 向宁海中学建校捐资 4500 元大洋	1931 年	国民政府教育部
2	宁东小学	宁海县示范中心小学	1947 年	国民宁海县政府
3	大湖大队	先进集体	1973 年	宁海县人民政府
4	大湖大队妇代会	浙江省三八红旗集体	1978 年	浙江省妇女联合会
5	大湖大队妇代会	宁海县三八红旗集体	1978 年	中共宁海县委 宁海县革委会
6	前新屋道地	县五好道地	1983 年	宁海县妇联
7	大湖小学	宁海县文明学校	1992 年	宁海县教委
8	大湖老年人协会	浙江省先进老年活动中心	2001 年 3 月	浙江省老龄委
9	大湖老年人协会	宁海县关心下一代先进单位	2004 年	宁海县老人协会

续表19-1

序号	集体名称	获奖名称	获奖时间	授予单位
10	大湖小学	“文明美德伴我成长”主题教育先进单位，“三好四美”先进单位	2004年	宁波市教委
11	大湖村	小康村	2006年	中共宁海县委、县政府
12	长街镇第二小学	发展性考核优秀单位，教师各项业务评比获奖108人次	2017学年	宁海县教育局

荣获国家（部）级、省（厅）级、市（处）级、县（局）级、镇乡级个人荣誉名录一览表

表19-2

序号	姓名	荣誉名称	颁奖单位	获奖时间
1	胡修谱	电力工业可靠性学科带头人和主要奠基人 在国内外发表多篇论文受嘉奖	电力部水电部	20世纪70—90年代
2	胡余兴	教育部直属全国高校书法比赛第一名	教育部	20世纪80年代
3	胡美莲	从事财会工作三十年为社会做出贡献 1991—1992年全国先进会计工作者	中央财政部 中国人民保险公司	1990年3月 1992年11月
4	鲍林岳	主持研发成功有知识产权的数字电影流动放映系统获科技创新突出贡献奖	国家广播电影电视	2005年
5	吴华松	获国家专利4项、国家科技进步金质奖2项、冶金部优秀工程设计一二等奖多项	科技部 冶金工业部	20世纪80—90年代
6	胡庆华	1979年参加国家与军委核试验受嘉奖 保健先进个人、全军卫生系统通令表彰，荣立三等功一次 发表10多篇论文、译文	中央军委 中央军委保健委员会 第四军医大学学报	1979年 2009年
7	胡燕蓉	全国优秀计划生育工作者	国家计生委	2000年9月
8	胡君方	参与拖带“基辅号”航空母舰回国，创中国单航次航程和航期之最，受嘉奖	国家交通部上海海上救助打捞局	2000年

续表19-2

序号	姓名	荣誉名称	颁奖单位	获奖时间
9	赵文遐	CD7666CP 获科技进步二等奖、音响集成电路系列获国家科技进步二等奖、硅线性大功率集成电路获国家科技二等奖	电子科技部 科技部	1985 年 1987 年 1993 年
10	胡宇红	综合改革先进个人贡献奖	农业银行总行	2008 年
11	王敏英	获国防科委优秀论文三等奖	国防科委	1995 年
12	祝明娟	科技进步三等奖、水电科技进步二等奖	电力工业部水利部	1994 年
13	陈建飞	《〈狂人日记〉与文化批判》《论穆时英小说的现代性》等多篇论文获奖	全国重要期刊发表	1993—2010 年
		省（厅）级		
1	祝掌珠	省建设农村社会主义积极分子	浙江省人民委员会	1956 年
2	王继和	省先进工作者	浙江省人民委员会	1959 年
3	叶义凤	省妇女建设农村社会主义积极分子	浙江省妇女联合会	1969 年
4	王敏英	省大学生“三热爱”演讲比赛一等奖、1983—1984 年度省三好学生	省教育委员会 省教育委员会	1983 年度 1984 年度
5	胡美莲	1991 年度省级先进工作者	浙江省保险分公司	1992 年 1 月
6	胡增根	浙江省第四届绿叶奖	浙江省教育基金会	2000 年
7	叶小华	浙江省中医院优秀院长 省水政监察工作先进个人	浙江省卫生厅 浙江省水利厅	1996 年 2006 年
8	柴以训	农村青年学科学用科学先进个人 农村科普先进个人 省品种区先进个人	共青团浙江省委 浙江省科协 省农业厅	1983 年 1984 年 2002 年
9	章其真	研究课题一等奖、三等奖各一次 中国现代史史料学会优秀论文一等奖	省台湾事务办公室中国现代史学会	2007—2011 年
10	陈建飞	连续四学年被评为三好学生 浙江省优秀教师	浙江师范大学 省教育委员会	1982—1986 年

续表19-2

序号	姓名	荣誉名称	颁奖单位	获奖时间
11	吴雪海	大学期间获多项奖学金、攻读硕博期间省优秀毕业生、获复旦大学三等奖学金 优秀党员、撰写医学论文多篇、获脑外科多项国家实用型专利	浙江医科大学 复旦大学华山医院	1988—1991 年 1992—2020 年
12	叶莹莹	优秀毕业生、优秀共产党员	浙师大、厦门大学	2006—2012 年
13	王东凯	课程“生活中的工具”获省优	浙江省教育厅	2017 年
市（处）级				
1	王敏英	1985 年宁波市总工会演讲比赛一等奖	宁波市总工会	1985 年
2	陈岳峰	扫盲工作先进个人	宁波市人民政府	1990 年
3	胡余村	宁波市人口普查先进工作者	宁波市人民政府	1991 年
4	胡家国	优秀武装干部 荣立三等功一次	宁波军分区	1992 年
5	胡敏杰	宁波市优秀创业企业家、宁波市优秀中国特色社会主义事业建设者	宁波市人民政府	20 世纪 90 年代
6	陈建飞	宁波市优秀党员	中共宁波市委	20 世纪 90 年代
7	王冬燕	市级卫生保健先进个人	宁波市政府	1997 年
8	胡宇红	宁波市优秀团员 宁波分行先进个人 宁波市分行优秀党务工作者 市分行服务小微企业先进个人	共青团宁波市委 农行宁波市分行 宁波市分行党委 农行宁波市分行	1992—1996 年 1998—2000 年 2008 年 2012—2013 年
9	胡余方	荣立三等功 3 次、雷达兵先进个人	海军雷达部队	1982—2003 年
10	叶林飞	2001—2003 学年度宁波市优秀教师	宁波市教育局 宁波市人事局	2004 年 9 月
11	胡燕蓉	市计划生育先进工作者	宁波市人民政府	2003—2004 年
12	汪永琪	荣获宁波市劳动模范称号	宁波市人民政府	2007—2009 年
13	胡敏杰	第六届宁波市优秀创业企业家	宁波市工商局	2007 年
14	孙培丰	论文《高中生写作能力的培养》获二等奖	宁波市教委	2008 年 6 月
15	胡家康	2008 年度全市交通修志先进工作者	宁波市交通局	2009 年 5 月

续表19-2

序号	姓名	荣誉名称	颁奖单位	获奖时间
16	符学钱	荣立三等功2次	宁波边防支队	2005—2019年
17	王东凯	综合实践成果“我们长街的蛏子”获宁波市一等奖	宁波市教委	—
县（局）级				
1	赵国秀	宁海县劳动模范（第一届）	宁海县人民政府	20世纪50年代
2	王胜才	县文教局先进工作者	宁海县文教局	1959年
3	陈培川	1978年县先进教育工作者	宁海县文教局	1979年3月
4	顾小陆	县农业科技优秀专业户 县农技推广工作者、县农村科技示范户	宁海县人民政府 宁海县农林局	1988年
5	柴以训	优秀共产党员	中共宁海县委	1983年
6	鲍华女家	五好家庭	宁海县妇联	1983年
7	胡传苗	县先进工作者 县先进工作者 县先进组织人事工作者	宁海县人民政府 宁海县劳动局 宁海县委组织部	1985年 1985年 1985、1986年度
8	冯棠芬家	五好家庭	宁海县人民政府	1986年
9	胡家康	1978年县先进教育工作者 1986年度两个文明建设先进工作者 1986年度县先进教育工作者 1988学年度县先进教师（教育工作者）	宁海县文教局 中共宁海县委县政府 宁海县教育局 宁海县人民政府	1979年3月 1987年2月 1987年1月 1989年8月
10	汪永琪	宁海县拥军优属先进个人	宁海县民政局	—
11	叶小华	1984—1986年连续三年被评为县优秀党员	中共宁海县委	1984—1986年
12	胡文选	1992—1993年连续两年被评为优秀驾驶员	宁海县交通局	1992—1993年
13	胡宇红	农行宁海支行先进工作者	农行宁海县支行	1992—1996年
14	孙培丰	连续3年被评为县先进工作者	宁海县人民政府	2006—2008年
15	汪伟东	宁海县第五届“十佳杰出青年”	宁海县人民政府	—

续表19-2

序号	姓名	荣誉名称	颁奖单位	获奖时间
16	符震球	宁海县十大青年医务工作者 获“宁海县名医”称号 获“宁海县自然科学优秀论文三等奖” 获“宁海县中医医院骨干医师”称号	团县委卫生局青联会 县卫生与计划生育局 宁海县科学技术协会 县人力社保局卫生局	2012 年 2016 年 1 月 2015 年 9 月 2020 年
17	顾安理	宁海县社会治安综合治理先进个人 宁海县“优秀网络员”荣誉称号	宁海县人民政府 宁海县人民政府	2011 年 2018—2019 年
		区镇乡级		
1	王胜才	长街区先进个人	中共长街区委	1957 年、1980 年
2	葛林官	全区中共党员的学习标兵	中共长街区委	1973 年
3	顾小陆	镇农业科技先进工作者	长街镇人民政府	1988 年
4	陈培川	区级先进教育工作者 长街区中学教育系统先进工作者	长街区中心校 长街区中学系统	1973 年 3 月 1985 年、 1986 年
5	胡宇峰	长街区中学教育系统先进工作者	长街区中学系统	2004 年、 2009 年、2018 年

大湖村企业荣誉一览表

表 19-3

序号	企业名称	所获荣誉	授予单位与时间
1	大湖糖酒榨菜厂	1973 年荣获大湖村“先进集体” 奖励大湖村 24 型拖拉机一台 奖励大湖村 18 寸电视机一台	宁海县人民政府 宁海县农业局 宁海县糖烟酒公司
2	宁波太平洋恒业控股有限公司	省优秀民营企业	—
3	宁波太平洋百货集团有限公司 （属宁波太平洋恒业控股有限公司的子公司）	宁海县纳税大户（连续 5 年） 全国诚信单位 浙江省消费者信得过单位 百城无假货示范单位 宁波市百货零售“十强企业” 宁波市“文明商场” 宁波市“财贸系统先进企业”	宁海县财税局 宁海县工商局

续表19-3

序号	企业名称	所获荣誉	授予单位与时间
4	宁海县太平洋餐饮娱乐有限 公司（属宁波太平洋百货集团有限公司分公司）	国家五钻级餐饮企业 省食品卫生信誉等级A级的单位 宁波市餐饮十强企业 宁海县纳税大户（连续七年） 企业实力型工程 科技苗子型企业	2006年 2005年 2005年 县工商局2003年 县工商局2006年 县工商局2006年
5	—	获“浙江省餐饮名店”称号 获“宁海县商贸服务十佳企业”	县工商局2008年 县工商局2008年
6	宁波市奇精机械有限公司	1998年开始连年被评为宁海县实力型企业、省AA级“重合同、守信用”单位、宁波市市级治安安全单位、宁海县纳税大户。 宁海县文明单位	宁海县工商局 宁海县财税局 宁海县人民政府
7	长街镇浩然果蔬合作社	首届由良蜜橘评比一等奖	2018年宁海农林局

丛　　录

导语：以上19个章节，介绍了大湖村千年的历史文化。本章丛录添加：一、宗谱序言选，二、碑记选，三、民间歌谣选，四、民间故事选，五、大湖村轶事五则，六、大湖的“宁海之最”，七、杂记等7个标题的内容，补充阐述与大湖相关的历史文化。

一、宗谱序言选

旧　　叙

谱者，谱其所自出也。因生赐姓，胙土命氏，始于中古，后世姓氏淆乱不分，苟欲由吾所自出，推而上之，以至受姓得氏之祖，盖亦诬矣。诗曰：本支百世。自宗法不立，嫡庶无别，各祖所亲分成谱系。苟欲厘而正之甄而次之，不过数世已泥而难通，况谱十世以至二十三世，散漫仿佛，乌能用其力哉。

支流派衍，盛衰绝续，星散鹊处，吉凶死生不相关，是则今之所谓谱者也。余尝阅宗谱而未免憾于斯，虽然故宗旧族又不可以无谱，无谱则亲疏隆杀之恩微矣。凡作谱者，率皆由近以及远，缘亲而附疏，内关亲属之情，外联同姓之别耳。必欲溯流穷源，以致吾姓之因，揣本究支，以明吾宗之统。徒足夸夸耀蕃盛，吾未见得姓氏宗支之实也。

胡氏之源，出于帝舜满，封于陈，为胡公而子孙因以为氏。五代时讳璟者，自并州来仕吴越王偏将，与张筠、赵承泰因取福州有功，升行军大司马兼尚书事。生三子，长曰公霸，为吴越使，南唐为吉州刺史，更居金溪，生胜又徙庐陵。次曰公璇，子元真，居剡花畛。三曰公琛，独居梅溪，七世至简公邦文生泳，缘祖居地窄人稠，徙居胡卜。次子长孙栋为义乌学谕，生四子，三子居端，赘居于宁邑长亭，自族属繁衍，世称望族。其绍系别派纲之纪之，盖加详密。宗有传，墓有志，名公高士有记咏题跋，贤子令孙或各有叙述，班班可考。外摭其历代同姓之芳名，编数先后曾不敢牵和附会以缀绪承，尤足表其不自欺也欤。且其世代一皆显宦孝友操履端方洁粹，诚古人中不易得者也。

易曰："积善之家，必有余庆。"信夫！宜其诗礼绳绳，家多贤哲，而谱有所赖也。吁！不有作者，何以开其先；不有述者，曷以绍其后。集略同美又宁无望于将来者，因识此以勖其后云。

宋绍熙三年辛亥既望之吉　　　　晦庵朱熹撰

旧　叙

士君子出则治天下，处则治一家。治家惟何？礼曰："上治祖祢，下治子孙，旁治分宗合族。"此非但理一家也，天下离合聚散之故，每起于一家，极于四海。苟人人各理其家，天下盘石泰山矣。

吾族在浙藩为巨族，祖宗来功高德厚，故名贤辈出，冠绅云拥，华胄蝉联，文蔚而豹变，武振而鹰扬。余不肖，亦藉其余泽，得昂发功名。绍阐先业，岁会月会，家礼乐，人诗书，绮欤盛已。俄而，丁乱外溃，内讧兵蹂，火烬幽明，人鬼之间涣散不治者有之，盖时为之也。

余家长兄木斋子茂，文章敦风节，有古贤哲风。为家史猥，恐以世系莫考，偕诸文学子建、子豪、子远、汝英辈，以重修族谱百余。余遒然曰："能言其祖，剡子见称；不识其先，籍谈贻笑。当此泯棼，勉兹鸿举，洵哉，仁人孝子之用心也！"迨帙成，余展卷披读之，祖德宗功，了然若指掌，此治祖祢之说也；云礽位次，灿然若列眉，此治子孙之说也；大宗小宗之派别，若丝联绳贯，此治合族之说也。虽琅函玉局，第有华文无实事，则瑶编一帙，便可以正人伦、厚风俗乎！是当因文而懋实。曷为乎？实之懋也。为师周人上祀之意。修祖庙时享祀以萃先灵，则祖祢治矣。为则柳公绰家法之严，饬规矩肃纪纲以闲家庭，则子孙治矣；为则范希文恤族之义，养老字孤，赈贫独优，誉髦学，养隆举，则宗族治矣。使宇内强宗巨姓咸遵此以理其家，则维治维城维翰维藩，天下不安于磐石泰山哉！

余不肖，慕效古人，领袖后起，敢与有德成人、有造小子共图厥美，倘烨烨素封，济济多士，克广德心，执事有恪，俾尔炽而昌，俾乐寿而臧。令闻令望，四方为纲，则今日之家乘鼎新，永绥福禄，将有奋起而骏发其祥，绍唐宋名臣以光大吾门者。余哦咏嵩高以俟。

顺治八年　胡献来撰

大湖胡氏重修宗谱序

原夫缑城之东隅有胡氏之旧聚，先御轮而胥宇，乃乐土以相攸，再世而衍椒，三世而绵瓞。以显公、才公、珍公为别祖，遂洋湖、塘里、墈头之分居。鞠人谋人，可渔可佃。

三山悬绝，疑海上之蓬瀛；沃野新开，作人间之刘阮。种桃夹岸，各长子孙；深柳读书，蒸成邹鲁。于是人文蔚起，买价经巢。十载青灯，一举而登乡榜；三春红杏，再举而宴琼林。誉满名经，荣施闾里。簪花一朵，破族姓之天荒；释褐三年，得大科之人杰。选行人司而皇华日丽，授兵备道而棨戟云腾。陇西城高，无虞缺角；终南径绝，遂赋归来。庄烈帝因而加封，张侍郎为之作传，则觉非公之崛起，为胡氏一族之光荣也。

乃者顺治改元之初正，戊子首春之户，长鬣呼艅艎而至，大枪遂登岸而来，闾井被焚，街衢板荡，无复干净地之可处，统罹打草谷之巨灾。尽室仳离，瞻乌栖以谁屋；无人典守，取鸡次以渡江。遭此巨创，难于恢复。河山不改，风景已非。结屋重来，失新丰之鸡犬；流亡再聚，剩杜曲之桑麻。料田亩于太原，空嗟杜伯；收图书于柱下，谁听萧何。入庙者，无每事之可问；继代者，将数典而已亡。至是而欲诵我先芬，重修祖牒，难可知矣！畴能继之，幸而旧谱仅传，犹存塘里，见远条之可考，溯长发于厥初。玄鸟生商，无容侈言祥瑞；角麟启族，因以示我子孙。整此旧章，归于完美，则大甫、大勋、大昞、应科、应奎诸公大有功于宗牒也。嗣是厥后，生齿日蕃，收族事重。宗寅先生以乾隆乙酉拔贡，秉铎武康，桃李满其门墙，楷模见之冠履，人伦东国郭泰，非仅经师开讲，不其郑门题为通德。他如蜚声黉序，树品成均，尽有其人，良堪增订。而宗韶公以渊博之才，肩纂修之任，广为䌫缕，多费钩稽，鸟纪云官，郯子能言。我祖豢龙，唐杜范宣，侈述本宗。九派黄流，必溯源于星宿；万重苍岭，宜讨脉于来龙。郭崇韬谬拜汾阳，后人传为口实；狄武襄不祖梁国，当日重其名言。胡氏本胡公封陈，一云出胡子国。胡阳胡龁之在战国，传录载其芳名；胡常建之在汉初，兰台崇其位号。独合传胡害，似宜与招涉掉尾并称，表自可稽名而非姓。见于王深宁急就者，合传与梁余皆复姓；见于齐侍郎考证者，去合存传下加名；萧何之后非何，廉范之后非范，此数典尤宜稽核，而续封不在茂陵也。

自乾隆乙酉、乙未两度以来，迄于道光、同治、光绪，谱凡几修矣。订正益详，条分甚析。五百年本支若揭，二十四世昭穆无差。图与传分者，沿旧章而成册；传与图并者，准简式以成编。通鉴上缵春秋，资治汇为纲目。龙门远遵世本，纪事仍见初终，如读毛传郑笺，经训更无别本；比之粟米布缕，岁征无取分忙。世系既已另标，世略无庸合辑。其宗人序传登于世藻者，分内外编，且历代科名著于世禄者，无论上下考益之以禩志，终之以订讹。谱例既明，宗功并叙，况乎衣租食税，祖产丰饶。家多常稔之田，人有先畴之服。不必官山府海而澜头一仓，资其挹注，不必拔茶种桑而塘下千亩，岁获盈余。东杨西杨，有名号之异；南阮北阮，无丰啬之分。此尤见祖宗垂裕之多，而为胡氏久长之利也。

盖尝观于形胜之险夷与渊岳汀渟峙，旁海而层岩耸起，环山而薮泽纵横。屏嶂前施，近排丹屿；郁盘后结，挺拔香花。路辟东京，满山非虚无缥缈；佛来西竺，青珠乃突兀遥临。近三门以同湾，顿成海市；望四明而隔溆，并作关塘。以故保年干之安居，盈开百室；得山川之钟毓，代产多贤。

今者首事经理校阅，书记稽查庶务，如郁卿、旭明、剑锷、昌甫、伯川、焕庭、藻文、躬甫等，皆温君子，落落高才，相与各励精勤，共成斯谱。用高曾之矩矱，辨昭穆于辈行，穆然百世之思炳矣。一家之作，而诰以学殖荒落，动墨颓唐，独与同事童君企予商榷其间，为之审定。赋成六合，得毋笑我大愚；张此四维，罔非偕之正则。所望亲亲道洽，对宗牒而追孝前人；蔼蔼皇多，视同仁而无忘疏属。祖宗积德，百年乃发于我。范文正所以兴思，子姓递分万口始于一身；苏眉山因而作引，追叙凡十二族修辑尽三十年。为言理学渊源，胡五峰虽非华胄；若问史家密迩，胡三省要系同圻。则论其地，固可称东海之武陵；而阅其书，且何难作大湖之庭诰也哉。是为序。

民国二十二年癸酉　　　　天台褚传诰谨撰

重修胡氏族志序

族之修志犹国之修史，国修史记本朝宣教，施政治乱安邦之绩，族修志叙本宗祖德世勋子孙繁衍之绪其义一也。胡氏元宗进思公从仕吴越王钱氏功勋，盖世昭著史册数传至。居端公从会稽郡篚溪东迁赘居于宁邑长亭盐政司，而后定居大湖始发胡氏巨族，始祖纯孝至仁俭朴笃行枝繁昌茂，此皆始祖积功累德善行之应历传至今已有八百余年。胡氏志起修于明万历三年迄今九届修辑，兹因朝市更易制度有异续修族志事于焉而息。公元一九九〇年岁次庚午清明佳节胡氏裔孙在香花山麓聚拜始祖墓前，缅怀祖德畅叙宗谊，内有竹口裔孙学得、学顺、学达等人首倡续修族志事，并慨允垫付着先经费，一句孝心语掀起众孝心同声赞好，旋即推选各房代表筹备进行胡氏志，古定一式三份洋湖、塘里、大湖各存一份，倚有祀产也。后值十年“文化大革命”惊心动魄，族志收藏亦曲指谓罪，是以洋湖与大湖两份皆遭毁失，唯独塘里一份历尽风险保管完好，保管者胡四兴夫妇其功大矣可钦可敬。此届修志一切从简，所事人员都从族内推选同仁等，自惟才疏学浅不堪称职，惟以互策互励谨慎所事。在采访中按志查考翔实辑记并阐明续修志之义，是为溯本源绍宗世继往开来，凡所到之处备受优礼相加，敬宗之意溢于言表，修辑族志咸表乐从由此以证，族志之修，有稗世教在修辑过程中力求循乎法、合乎情、精细修辑，今托祖宗灵庇事达于成，续祖先之余绪叙世德之绵长资以开启后秀，历传万代美乎哉，是为序

时在公元一九九三年癸酉春吉旦　　　　裔孙余康谨撰

首修洋湖老大房/大湖老三房胡氏宗谱序

国有信史乃知兴替，族有宗谱人知世脉是明伦常。大湖胡氏系浙东胡氏万一公派下，追溯渊源，则自万一公派下三世孙公琛公迁居新昌胡卜五世孙煜公，悉宁海东部长亭盛产海盐，遂遣长子时清公驻扎长亭场塴头（大湖）经营盐业，翻山越岭肩挑背驮陆运海盐至新昌销售倍感艰辛，后由船只海运经黄墩码头中转量大却便捷，又令长子世悦公迁居黄墩设站，直至宋淳熙十年居端公（十六岁）赘居长亭入籍与长亭场盐司谢公方燧之女完婚，盐政司前置田五十余亩则衣食无忧，居端公气质端雅积书盈架诵读诗书经史深谙易经八卦素喜龙脉之道，不幸谢氏病故，公号泣顿绝待苏卜葬已毕，为摆脱精神羁绊或上山度步龙脉或下海捉蟹拾贝。见南面大洋之中有一偌大滩涂墩地，海草过膝潮汐不浸，潮涨时犹如一顶大斗笠悬浮在汪洋中，潮落时滩上众支流汇于东侧深潭中。滩涂距东南石佛山，西北青珠狮子山均五里之遥，呈四峰拱照之势。早有盐民在此制盐，登滩涂巡视，见几处贝壳裸露地表，

挖小潭有清水从贝壳积层中渗出，啖之甘甜可口。测拭壳层宽厚，纵向延伸远方。沧海之中有淡水，究其源必来自远处山峦，经贝壳积层引水，贝壳积层乃海底之沙龙也。遂与李兄居乐公踏勘考证，认定此处可居、可樵、可盐、可农、可牧、可渔，若在此肇基创业前途无量，定能大展宏图。公心潮澎湃，遂从长亭场迁徙到墈头。续娶冯氏太妣，一一九三年（居端公二十六岁）长子显公出世，一一九六年次子才公出世，一二〇五年珍公出世，经数十载建堂营室、铲芜去漭、垦涂筑墩、围海造田。育五子而传三房，令长子显公次子才公去洋湖塘里拓展，四子珍公扶佐守业大湖。战天斗地变沧海为桑田，垒筑盐墩百座、良田千顷、山林万亩，遍布长亭及周边。大智大慧，艰苦创业，换来财丁兴旺五谷丰登。千百年来崇尚先祖大学士尚书诸公之风范，诵经读史博闻强记诗书耕读蔚然成风。献来公荣登黄榜、身列朝班、官高而清正、位尊而谦诚。近世现代学界政坛胡氏学子企身而入灿然而立，就读北大清华、留学东瀛欧美、入榜博士晋升教授其声播邑乡。学则专攻、达则济世、宅则联居、业则联土。大湖胡氏播迁省内外及海内外百余村，至今丁口近万大湖胡氏已成邑东之望族。回眸历史自万一公派下时清公涉足先登大湖经营盐业到居端肇基创业至今有千余年历史，大湖为千年古村落名副其实。

修谱编志弘扬传统美德，传承民族文化是晚辈义不容辞的责任。洋湖、塘里、大湖老三大房同宗共祖历来同缉一谱，老二房塘里已于二〇一八年首修《塘里胡氏宗谱》，故老大房洋湖与老三房大湖商议根据族中先贤允飞公收集的史料及本届修谱首事等七人专程去缙云查考《缙云县志》、去胡村察看栋公墓地，比对与栋公相关史料认证栋公墓址，校正一九九三年老三房共修《胡氏族志》，企盼日后宋始迁大湖祖居端胡公膝下三老大房合修一辑《大湖胡氏宗谱》。修辑宗谱是族中大事，吾自知才疏学浅，出于族众信任被编委会荐为主修，有幸得到协修陈培川先生鼎力相助及族众的配合支持，经两年的共同努力现已告竣，在喜庆之际综述梗概于卷首，藉作后贤参考耳，是为序。

公元二〇一九年岁次己亥黄钟月吉旦　　大湖胡氏二十二世孙家康谨撰

为“大湖胡氏”“宋始迁大湖祖”正名

宋始迁大湖祖居端公墓，原址在胡氏宗祠东长脚树下。位于东面中泥石佛山、西面青珠山、南面南田石佛山、北面的狮子山，四个山峰的中心，东西南北连线的交点上。故有“四峰拱照”秀地之称。立有“清道光十一年辛卯十二月　迁长亭祖居端府君　谢冯氏孺人　之墓　派下裔孙仝立”字样的墓碑。因年久墓基沉陷，清同治七年老三房合议，重立墓碑。上镌：“清同治七年菊月　榖旦　宋始迁大湖祖　居端胡公　冯氏安人　墓　派下裔孙仝立”。1966 年平整土地时，祖墓被铲平。1990 年胡氏后人在油厂（原胡氏宗祠）发现残碑。2008 年清明，经洋湖、塘里、大湖老三大房合议，胡氏后裔取故墓址净土一抔，又从长街罘罳山谢氏太妣墓地取净土一抔，重刻墓碑，连同找到残碣移葬于香花山南麓山下陈，小地名叫出洞龙。

大湖胡氏始祖墓碑

“文化大革命”期间，明清历代修纂的《胡氏宗谱》均当作“四旧”被焚毁。幸亏塘里宗亲保存下一套民国 22 年（1933）癸酉谱师褚传诰主修的《大湖胡氏宗谱》，谱序的题目是：“大湖胡氏重修宗谱序”。明嘉靖三年（1524）谱师马纺在谱序中写着：“宋淳熙间有讳居端者来赘长亭盐司遂因而居焉旋迁大湖子孙繁衍”；清乾隆五十三年（1788），谱师宗韶在序中写道：“四子元选居湖田帷三子居端赘长亭为大湖始祖”；清代道光七年（1827）谱师恩贡生继龄在谱序上写着：“十一世学博栋公三子居端入赘长亭场谢公署遂家长亭为大湖胡氏一世祖。”历届谱序表明，居端公先入赘长亭旋迁大湖子孙繁衍，居端公当属“宋始迁大湖祖”。

剖析：1183 年居端公 17 岁时，自奉化箍溪入赘长亭场谢公方燧为婿。按旧的氏族伦理，若与谢氏太妣生有儿女，子女必姓“谢”，不能姓“胡”。入赘时，谢公已置田四五十亩，谢氏太妣病故后，居端公仍寄居长亭场（现长街香花山脚自枫湾垄、大成殿、王家祠堂、白水井、石桥头屿西后山庙一带，以及下山南、上墩清塘庵这一范围内)，倘若居端公续娶妻妾并有儿女，仍属长亭谢氏范畴。

可从1193年居端公（26岁时）长子显公的出世，推测出居端公自谢氏太妣病故3—5年后，才从长亭场移居大湖，续娶冯氏太妣后出生的，验证了谱中“旋迁大湖子孙繁衍”的表述。然而又在1196年（居端公29岁时）次子才公出世、1205年（居端公38岁时）四子珍公出世。又待长子显公、次子才公长大成人（起码20岁左右）才可分居洋湖、塘里肇基创业。也就是说，居端公与长子显公、次子才公他们在大湖至少共同生活了20年。

发人深省的是：清道光十一年辛卯十二月立的“迁长亭祖居端府君谢冯氏孺人墓”的墓碑，为什么碑上只镌刻着“长亭祖居端府君”的名，没有姓？而时隔37年的第二块墓碑：“清同治七年菊月榖旦　宋始迁大湖祖居端胡公　冯氏安人墓　派下裔孙仝立”，“什么祖什么姓”却写得清清楚楚。将“长亭祖”改为“大湖祖”就是为了去掉入赘长亭谢氏名声不端的阴影。向世人表明居端公是名正言顺的“大湖胡氏始祖”。更换墓碑事关“伦理、道德、人格、尊严”，是一件十分庄严的大事，必定是洋湖、塘里、大湖三大房宗亲达成的共识。

再者“长亭”是广义的地域名，不是具体的一个村名。宋代的长亭除现在的长街外，还包括三门的尖坑塘及越溪梅七。明代《崇祯县志》（1632）载：全县分51个都，三洋、相岙、大胡属20都（当时大胡西南面一片汪洋，可能山头、青珠还没有形成村落)；而长亭、西岙、松岙属21都（当时的长亭局限在九江、乌沙岭、长街一带)。清代时的长亭除现在的长街外，还包括胡陈的三洋蒲墓等村，显然已将明代时的20都与21都合并，总称长亭；自民国至今，由于历史时段的不同，长亭这一区域的范围大小也不同。现在没有一个地方采用“长亭”作地域名与村名，如此下去，“长亭”将作为“古地域名”载入史册。假如有省内外胡姓来查考“长亭胡氏的历史”，找不到“长亭”怎么办？应理所当然地到大湖。

经查考“长亭”与“塴头”出现的年代接近，而从“塴头”（北宋960年）到“大浮”到“大胡”（明代后期1600年)，又从“大胡”后改称“大湖”。大湖村名见证了近千年的历史变迁。从当初的几十人居住的“塴头”发展到现在有4000—5000人居住的宁海东乡第一村。

考证：朱熹是宋代大经学家，又是万一公派下裔孙的学生。所以胡姓族谱请朱熹修纂作序完全有可能。查看首篇长亭大湖胡氏宗谱序，原序于“宋绍熙三年辛亥既望之吉”，由“晦庵朱熹撰”。大家知道，宋绍熙三年就是公元1192年，而居端公生于1167年，1192年时居端公才25岁，难道在居端公25岁时，就叫朱熹修谱作序吗？从时间上来看，绝对不可能。

剖析：原谱序分上下两部分，上半部分是抄录“晦庵朱熹宋绍熙三年辛亥”为万一公派下某分支编修谱序的统一表述，下半部分是长亭大湖胡氏自己的表述，“首修大湖宗谱序”就是由上下两部分拼凑而成的，所以为什么首修宗谱序是朱熹撰写的，就只能如此解析了。

可见，当初人们称“长亭胡氏”“长亭祖”没有错，但不够确切。而如今应该称“大湖胡氏”“宋始迁大湖祖”就更实在精准！望族人宗亲日后均应准确称谓，告知！

胡家康

2020年12月

二、碑记选

（一）重建文昌祠魁阁碑

胡日灌

文昌祠之设古未有也，有之始于元之袁清容。数百年来遂盛行于天下，以其司命之日而掌科名耳。顾祠之前必有阁，阁祀魁，何居乎？司马《天官书》云：斗魁戴匡六星曰文昌星。经云：文昌六星在北斗魁前。然则祀文昌之兼祀魁宜也。余村向无文昌祠并无魁阁，堂叔明经西林先生先立祠于村之东南隅，后乃为阁，其建造之费半以己所得脩脯之资，并募捐为之。如孤燕缀巢，日积月累，不知几历星霜矣。其意非必为祈科名计也，盖以古者有国学乡学之分，乡学在远郊之内，即所谓庠是也。今则皆在邑中，士之散处，乡间者不能悉萃于邑，而乡又无义学之设，往往就民居为村塾，多所未便，故建阁于村中奉神，实为造士计也。余设塾于阁历有年所，丁巳岁春一旦，不戒于火，前之题棁榱桷辉煌完善者，悉就灰烬。余不获已，谋诸堂叔母谢龚两孺人，慨然曰：此造士所也，宜急。各出金二百，余即时涓吉兴事，不数月告竣，为室凡三楹，分三层，上奉魁像，中为学者下帷所，其轩窗门壁罔不完好，下虚其左右二间以通出入，后为台，前为大门，较旧制更恢扩焉。余备仰久之，招诸生谓曰：昔之创始也，非西林先生不为功；今之重建也，非两孺人不为力。尔曹不可勉以副其所望欤。抑吾考魁之为星，孝悌善恶赏罚禄寿皆其所主，士苟无实行即猎取科名，神弗福也，况必即其科名而褫之。然则斯阁之建虽不仅为科名计，而未始不可即科名以励士行也。不揣简陋，书其缘起以为学者劝。

（二）新路廊茶亭碑记

一望无际轮蹄络绎之涂，农商杂沓之所，往来如织，时不绝焉，此东南孔道也。不修廊舍遮庇风雨，不有茶汤歇解烦渴，行者忧之。里人胡长据母叶氏闻而慨然，因出己资建廊三楹，复于廊之前后置田若干亩，俾居家者种植，岁以其入为烹茶薪水之费。由是劳者得以少憩，渴者得以稍解，行人转忧为喜焉。廊既落成，爰将田亩坐址勒石以示永远。

光绪七年岁在重光大腊月上浣　　里人胡长据立

（三）岳井义渡碑记

代理宁海县知县　陈德彝

盖惟有慈祥恺德之心，而后能行利济万物之事。其所以传诵不朽，是仁闻必由仁心而来也。

丁酉夏，予奉檄权篆兹土，习闻已故邑诸生胡福基，乃大湖富室，生平慷慨好义，弗吝诸金。若家庙，若神祠，若驿馆，邮亭，每割股以赡，履亩不啻以千计。而其尤费巨资者，莫若岳井义渡。此亦耳得其名，惜未躬接其人也。

越明年春，其乡之硕耆者，联名具牒，备详其实，欲为福基留牍公案，以防日后湮没。予曰：备案无济也，欲垂久远，莫若勒石。于是得悉此渡乃宁象水道要津，海岸辽阔，时有风涛之险。先是扁舟一叶，买渡者率多望洋而叹。福基为之砌筑道头，创造篷船两艘，对岸各建驿馆三楹，为行旅者憩息所，并煎茶以施渴饮。共田三百余石，择董经理计其所入，以给工食岁修。

吁，胡生可谓一乡之善士矣。所赡巨产，本为日后永置，其当日所费工程，约需三千余贯，倾囊慨助，不劳集腋而成，博施济众之道，庶乎近焉。今而后问津者，扬帆往来络绎不绝，则无过涉灭顶之凶，莫不感胡生之德于勿替。尤幸邑志尚可详以登载，以为好善者劝，并为之记，以镌碑石。光绪二十四年　月　吉旦。

录自光绪《宁海县志》

（四）修建永和桥碑记

长亭石桥者，长街与塘里、大湖上下两段之界道。其水西汇胡陈，东通车岙两港，航行甚便，而人过其上，无衣带之隔。观其形势，天然续脉，《乾隆盐法志》绘而载之。其地名长亭而桥属之大湖者，何也？桥传于大湖上祖居端公，在宋理宗年间，胡氏子孙认为我家旧物而不让之。长亭桥不知圮于何时，或云自乾隆末叶，迄于今且百余年矣。行人至此，并岸渡以船。名其地曰“石桥渡”。渡之堵塞为路，亦曰“石桥头”，名存而实去。而石桥之形迹与其利便犹时时悬人心目者，何也？港塞不通，宁象两邑内外二场，盐运必远，从外海转输，既虑风涛险恶，不时又遇贼艇为梗，不能如内港之布帆安稳且较便易，去堵塞复为桥，有不可一日缓。而积久不克修建者，何也？道光十二年，塘里世献公有志继述而苦于经费不敷，功败垂成。同治十一年，族绅子久、寅斋又出资重建，而族众意见各执，且因此积不相能，又不获籍手而罢。今从志未易融洽，经费亦若难酬，而突兀在前，竟成此巨功者，何也？从二房佩珍出而合集洋湖闸、塘里、大湖三族公议，愿以祖产澜头山石矿租金为抵，推贤者懿卿为总理。懿卿慨然允诺。且解囊垫巨金，命其季子宗藩督工。不一周期而成，而先人之古迹以复，民国十四年十二月也。夫有其举之，莫或废之，此创者之苦心，而继者尤不容忽视。今此七百年石桥颓废已久，而一旦不惮征缮能竭力以复还原状，此其一难也。石桥既复，而行人无呼渡之苦，内港通而转运易，舟楫且可畅行，利益及于人人，此其二难也。洋湖闸、塘里、大湖三族皆居端公后裔，修居端公石桥，用以合三族之好，定其名曰“永和”，俾之顾名思义，而长有光于胡氏，此其三难也。有此三难不可以无书，因旭明君来乞言，遂从而为之记。

民国二十一年壬申夏五月。　　天台褚传诰撰　选自《胡氏宗谱》

（五）重建大湖沙头庙碑记

大湖沙头庙始建于明纪中叶，位于香山之麓，东海之滨，钟山川之灵秀，踞沙垅之首要，因以名焉。庙有大殿三间，结构神奇，气势雄伟，相传鲁班门功。正殿塑白鹤大帝，东殿供东海龙王，西殿奉送子娘娘。三神二傍陪像数十尊，神态逼真，栩栩如生，神威显赫，香火旺盛。左右厢房楼高宽敞，工字画廊，直架演台，三敞大门，南墙高耸，古色古香，称为浙东一古庙。公元一九四九年五月初四日，古庙不幸毁于兵燹，痛惜何似。然古迹神灵，永萦人心，皆有重建古庙之心愿。善哉！今有里人于一九八七年春，发起向信义者筹募，共募得人民币贰万余元；是年秋，重建大殿三间，演台一座及西厢平屋数间。抚今忆昔，依稀古迹，愿后之人而仿设，千秋万代与香火并存，唯助者众多，恕难一一铭刻，今将慨助人民币伍拾元以上者，同刊于石，以表功德。是而为记。

公元一九八九年春　　　　大湖胡余康识

（六）重建玉莲寺碑记

善信虔诚不等闲，竞教僻壤寺巍然。皇皇殿宇陈原野，栩栩金身现玉莲。

青磬红鱼惊世俗，缁衣黄卷觉尘寰。祈求我佛慈悲念，普渡苍生彼岸攀。

离大湖村不远原有兰若一所，曰上洋庵。始建于明代孝宗十四年，可谓历史悠久。然毁于一九五六年台灾，仅存破屋数间。经众善士倡议发起重建，乃四出筹集，八方解囊，左右逢源，水到渠成，足证赤子礼佛之虔诚也。爰鸠工奠基，设栋架梁则梵宫焕然矣。以其位于玉莲塘，遂款其额曰“玉莲寺”，暮鼓晨钟，惊世醒俗，莲座慈航，发人深省。由是善善恶恶之心猛然而生，堪维世道而敦民风，斯举也，善莫大焉。兹限于碑幅，未能把善信之资助一一尽列，憾甚，只将满五十元以上者，勒石树碑，以彰功德于千古云尔。

公元一九九五年　　　　七十八叟徐谷神敬撰

（七）大湖古迹沙头庙二次营建碑志

改革风催百废兴，沙头古迹复经营。人们奋鼓冲天劲，加瓦添砖再次成。改革风起，河清海晏，百废俱兴，宁东名胜，沙头古迹，于一九八七年，始为重建，并勒石记实，将古庙沿革及遭劫等情，叙述详尽，至二〇〇〇年，当地群众，有感气势尚欠雄伟，局面不够规格，拟遵旧制，再行修整，爰增高正殿，构盖工字，拓展戏台，重饰山门，且东厢平房五间，亦为新建，所有地面，水泥铺设。工竣，虽难臻畴昔风貌，然庶几近似矣。足证群情，热衷公益事业，竭诚维护古迹，良堪钦佩。特二次树碑，将资助伍拾元以上者镌列之，用昭千古云尔。

公元二〇〇一年二月三日　　　　八十一叟徐谷神敬撰

（八）重建沙头庙戏台碑序

沙头社庙古闻名，兵燹当年一扫平。香火千秋欣复起，神祇三殿喜重兴。

舞台扩大从新建，庙貌巍峨仿旧形。合境善男兼信女，捐资乐助勒碑铭。

沙头庙者，宁邑东乡第一庙也。保障一方，烝尝百世。讵料不测风云，兵燹横灾，付之一炬。悲夫，千鸡仙造殃及池鱼，三殿神宫唯余焦土，幸众志成城复兴庙貌，香火宏兴，神威远震。虽工字重建，舞台颓倾，于是乡绅父老协商设计重建新台。自公元二〇〇九年春择吉开工，巧匠名师，各负职责，家喻户晓，踊跃捐资，各尽所能，共同努力。直至八月竣工，中秋圣诞良辰开台庆寿。月皎灯明，门迎珠履三千客；民安国泰，台纳千城百万师。金马玉堂，鳌头红榜，登科第龙楼凤阁。马放青山乐太平，韶光荏苒，倏尔三年矣。但榜上捐助者犹未勒石铭碑，谨将善男信女资助者名单金额公布于后，流芳百世云尔。

公元二〇一一年岁次辛卯年春月吉旦　　　　象邑盛组联敬撰

（九）重建大湖胡氏宗祠碑记

宋淳熙年间，始祖居端公察地理步龙脉建基墈头（大湖），续娶冯氏太妣，育三子，长显公次才公拓展洋湖、塘里，三子珍公随父守业大湖。公等建堂营室，刨土煎盐，铲芜去莽，垦涂辟田。胡氏拥盐墩百座，良田千顷山林万亩，皆滥觞于公等初创之基业，劳绩泽被后世，其德行教化后裔。八百年来，崇尚先祖大学士尚书诸公之风范，诵经读史博闻强记诗书耕读，蔚然成风。献来公荣登黄榜身列朝班，官高而清正，位尊而谦诚。近世现代学界政坛胡氏学子跻身而入，灿然而立，就读北大清华，留学东瀛欧美，入榜博士，晋升教授，其声播邑乡。学则专攻、达则济世、宅则联居、业则联士，大湖胡氏已繁衍成邑东之望族。河清海晏，民康物阜之盛世，后裔益重尊祖崇宗，续宗谱、葺祖墓、建宗祠盛事频频。一九九〇年清明，迁居端公冯氏太妣墓至香花山麓山下陈厝寝，一九九三年春续修大湖胡氏宗谱，筹建宗祠。初宗祠三楹位于大湖外屋墙头之东，明末清初选址沙头井东，居端公冯氏太妣墓之西，改建坐北朝南，祠门面西，前厅五楹，置一穹顶戏台，中飨堂三楹，两厢各四楹，雕梁画栋，百鹿呈祥，人尊称“百鹿祠”。风雨四百年，几经修缮，不免颓圮。二十一世纪开元，三大房首事召老三大房议定，在福址之地百鹿祠原址增其旧制，费金百万重建新祠，首事殚精竭虑筹谋划策，族裔慷慨解囊鼎力相助。二〇〇六年二月新祠告竣，列宗序位遵旧制昭穆分明，祠门面南飞檐崇角金碧辉煌，祥云袅袅瑞气丞丞。丙戌年寅月吉旦，召胡氏派支积善传家余庆远哲人奕十世同堂，数千丁欢庆新祠开祠落成，恭迎列祖列宗灵位入祠，长供祭祀安先灵序昭穆，励后人合族之愿达矣。首事诸公嘱作序，予才疏学浅辞之未果，乃勉为数行以表孝心。是为叙。

时在二〇〇六年二月廿六日立　　　　大湖胡氏二十二世孙家康敬撰

（十）重建大湖胡氏宗祠记

祠堂以血统为基，所为供祖祭先之庙堂，也是胡姓图腾之圣殿。古人云“无祠堂则无以安亡者”，此乃宗族文化传承之载体也。纵览谱牒，胡门望族，礼义廉耻，祖德流芳，百代敬仰，德行文章，代不乏人，先祖竞秀，誉载史册。

大湖胡氏宗祠，自明代始建，宗祠三楹，位于大湖外屋墙头之东。明末清初选址沙头井东、居端公冯氏太妣墓之西改建，坐北朝南，祠门面西，前厅五楹，置一穹顶戏台，中飨堂三楹，两厢各四楹，雕梁画栋，百鹿呈祥，乡人尊称“百鹿祠”。宗祠建造雄伟，门口有旗杆两对。

宗祠自前人创造以来，吾族亦赖乎先人之福庇而瓜瓞绵延，叶茂枝繁。明清和近代大湖村良田千顷，稻谷万斛，宗族繁茂，人丁兴旺，富甲一方，更是人文荟萃。不仅涌现出明代进士胡献来，也出现了一大批文士和善士，在清代和近代宁海历史上留下了浓墨重彩的一笔，成为县城出东方的第一村。大湖胡氏宗祠历经清代、民国直至中华人民共和国，风雨四百年，其间祖辈竭力经营，累次增筑，几经修缮，追宗延绵，祭祀不断。

二十世纪中叶，十年“文化大革命”时期，宗祠充公，祀礼不复，子孙视之无不潸然泪下，胡氏宗祠被改为大湖油厂（榨菜厂酒厂），最后为大湖机械仪器厂租用。祖坛上列宗列祖灵位亦被清理一空。当此之时，胡氏子孙无不痛心叹息、暗自悲泣。

二十世纪六十年代至九十年代末，三四十年时间，祠堂没有了祭祀不存在了，连祖宗牌位也没有地方安置，后来暂时放置在湖中旧“洋房”楼上，洋房年久失修破朽不堪，一片颓废，祖宗牌位放置地方暗无天日，不见阳光，风雨飘摇，牌位蒙尘，族内后裔无不目睹而心伤，潸然泪下。夫宗庙毁则礼乐崩，礼乐崩则仁义废，仁义废则伦常道德不复存在矣。

“求木之茂者，必固其根本，欲流之长者，必浚其泉源，若想后代昌盛必先妥然安排好先灵居所”。直至二十一世纪开元，族内有识之士，各房长辈首事炳林公、传康公、允飞公、传利公、履乾公、家根公、文豪公等诸位长辈，多方奔走积极呼吁，率先发起重建大湖胡氏宗祠的倡议，大湖三个大房首事召集老三大房（洋湖、塘里、大湖）以及房内各派长辈、房长诸公合议，筹谋划策定在福址之地“百鹿祠”原址，增其旧制重建新祠。

在首事家振公的带领下，族内各房长辈以及各地胡氏宗亲集中精力，精心筹划，殚精竭虑，呕心沥血，不辞辛苦，尽心尽责，齐心合力，为重建胡氏宗祠添砖加瓦出一份力量。

在重建胡氏宗祠的过程中，族裔竹口学得宗亲积极响应，鼎力相助，并带头慷慨解囊。同时得到族内后裔家其宗亲（时任大湖村村长）的大力支持，由家其出面召集胡氏族裔经商办厂的企业家老板商议重建胡氏宗祠。家其、敏杰、敏东、亚虹……诸位企业老板慷慨解囊，并全力支持。大湖胡氏族内后裔及各地宗亲得知在原福址重建宗祠的消息后，欣然遥应，联络族贤筹募资金，争先恐后、纷纷解囊。重建宗祠工程于二〇〇五年动工，通过精心施工，栉风沐雨，费金百万，于二〇〇六年二月初步建成（在建祠过程中老二房塘里宗亲决定退出、在塘里另建分支祠堂）。

二〇〇六年二月新祠第一期告竣。列宗序位遵旧制，昭穆分明，祠门面南，飞檐崇角，金碧辉煌，祥云袅袅，瑞气丞丞。丙戌年寅月吉旦召胡氏派支积、善、传、家、余、庆、远、哲、人、奕十世同堂，数千丁欢庆新祠落成，恭迎列祖列宗灵位入祠，长供祭祀安先灵、序昭穆、励后人、合族之愿达矣。历经数年辛耕不止，直至二〇〇九年胡氏宗祠全面竣工，其心至诚、其旨宏远实乃胡氏宗族史上之一大幸事也。

新建胡氏宗祠，仍为三进祠宇之古体，飞檐翘角、雕梁画栋，其古朴典雅之稳重，且不失宏伟之壮观，新祠落成，安神位、奉香火，举族盛事，敬祖宗，叙宗情，盛况空前。仰列祖之功德，弘耕读之家声，如今而功告成。谓上慰先祖在天之灵，下表后世惟孝之意。

追本溯源，千秋功德，此乃百年盛举。在重修胡氏宗谱之际，因感念族内先辈创建之艰辛，长年累月呕心沥血，殚精竭虑，一心为族内公益奔波操劳，鞠躬尽瘁，无私奉献之精神，予虽才疏学浅，词不达意，勉为数行以略记之。

时在二〇一九年己亥冬月　　　　　　大湖胡氏二十三世孙余楠敬撰

（十一）茶亭重修碑记

村东田野上一茶亭不知何时何人修建，据现在二碑模糊文字辨之，其一乃光绪五年立，文字漶漫；其二乃光绪七年立，拓有文本，为里人胡长据母叶氏善举，出资建廊三楹，复于廊之前后置田若干亩，俾居家者种植，岁以其入为烹茶薪水之费。由是劳动者得以少憩，行者得以遮风避雨，复有茶汤解渴。茶亭历近百三十年，泽被之人无数，风雨积年，墙垣颓圮在即。村中耆宿心忧如焚，奔走呼吁，多贤共襄义举，出资修葺，玉成其事，今乃修旧如旧，矗立而立也。茶亭之重修，非为添一茶饮之所，乃为吾乡仁善之风得以传，游子乡愁得以系，耆宿心愿得以偿也。是为记。

公元二〇二〇年桂月　　　　　　宁波阳明人文教育学院院长陈建飞撰

（十二）西洋井碑记

西洋井，又名三房井，据推明末清初有此井原形为泥潭，井水供周边人饮用。清咸丰七年，村富户出资将原井扩大，蓄水二千立方米，用石板块砌塴石板做护栏，并立过井碑。一九九一年村出资重新修缮，用砖块砌护栏。二〇二〇年九月，村又出资进行大修缮，四周用石柱栏杆，重修古井以防备之。今立此碑，亦作古迹保留。

二〇二〇年十月二十日立

三、民间歌谣选

对　山　歌

搞呣开花节节高？搞呣开花像弯刀？搞呣开花头向下？搞呣开花一撮毛？

芝麻开花节节高，扁豆开花像弯刀，紫茄开花头向下，苞芦开花一撮毛。

搞呣开花像黄金？搞呣开花满天星？搞呣开花九莲灯？搞呣开花黑良心？

菜籽开花像黄金，草子开花满天星，蒁豆开花九莲灯，倭豆开花黑良心。

搞呣结籽结得高？搞呣结籽结半腰？搞呣结籽成双对？搞呣结籽水中泡？

米芦结籽结得高，苞芦结籽结半腰，豆荚结籽成双对，老菱结籽水中泡。

搞呣鱼头上七股星？搞呣鱼背脊画麒麟？搞呣鱼嘴上两根须？搞呣鱼有头无眼睛？

乌鳢鲛头上七股星，鲈鱼背脊画麒麟，鲤鱼嘴上两根须，状鱼有头无眼睛。

搞呣有嘴不讲话？搞呣无嘴闹喳喳？搞呣有脚勿会走路？搞呣无脚走天下？

菩萨有嘴不讲话，铜锣无嘴闹喳喳，板凳有脚勿会走路，大船无脚走天下。

搞呣水面打天斗？搞呣水面起高楼？搞呣水面撑凉伞？搞呣水面结白头？

水鸭水面打天斗，大船水面起高楼，荷叶水面撑凉伞，鸳鸯水面结白头。

搞呣掇来成四方？搞呣掇来排两行？搞呣掇来盘龙坐？搞呣掇来解带脱衣裳？

豆腐掇来成四方，酒盅掇来排两行，汤包掇来盘龙坐，粽子掇来解带脱衣裳。

搞啲隆隆响上天？搞啲隆隆水上面？搞啲隆隆大门里？搞啲隆隆小姐脚头前？

动雷隆隆响上天，水车隆隆水上面，风车隆隆大门里，纺车隆隆小姐脚头前。

长 工 歌

正月节至正月中，肩背包裹来上工。喝你一杯二杯上工酒，好比深山画眉落鸟笼。

二月节至二月中，新打柴刀快如风。上横砍落下横转，刀口落缺骂长工。

三月节至三月中，手牵耕牛雨蒙蒙。上丘下丘都耕遍，田角未掏骂长工。

四月节至四月中，手捏秧苗散松松。左手分秧右手种，田眼未塞骂长工。

五月节至五月中，桃梅梨果满街红。有钱老兄当街吃，我馋唾滴滴落喉咙。

六月节至六月中，脚踏水车快如风。上丘下丘都车遍，高头未没骂长工。

七月节至七月中，新钉田耙快如风。上横耘落下横转，田角未耘骂长工。

八月节至八月中，新利沙剪快如风。上横割落下横转，箩口未满骂长工。

九月节至九月中，种丘花麦白蓬蓬。头遍二遍白粉自家吃，三遍四遍待长工。

十月节至十月中，糯米做酒缸缸红。陈年好酒自家吃，白花酸酒待长工。

十一月节至十一月中，晒燥稻秆要成蓬。上丘下丘都担完，糊头未担骂长工。

十二月节至十二月中，煎糖划糕闹哄哄。当家人问我下年帮不帮，算盘一拨一场空。

劝 赌 歌

正月劝赌是新年，老娘劝儿早上前。铜钿银子要爱惜，爹娘掌家实可怜。

二月劝赌兰花新，妻子劝夫泪盈盈。铜钿赢来难高兴，输了铜钱害子孙。

三月劝赌是清明，小妹独自上祖坟。谁人劝我哥哥转，爹娘家私分一份。

四月劝赌蔷薇齐，丈姆到来劝女婿。劝长劝短都勿依，害我女儿苦一世。

五月劝赌菖蒲香，娘舅也来劝外甥。比上比下都勿听，以后终要讨饭样。

六月劝赌热膨膨，田荒草没无人张。黄昏赌起五更转，借来铜钿输精光。

七月劝赌稻头齐，戴顶草帽钓田鸡。田鸡剥皮眼勿闭，赌场勿去心勿死。

八月劝赌桂花清，铜钱输光咋做人。卖儿卖囡作赌本，埋怨祖宗勿显灵。

九月劝赌菊花香，债书写下八九张。赌一场来输一场，注下老婆再赌场。

十月劝赌小阳春，田园房屋都卖尽。赌博人来呒筋络，十赌九死住凉亭。

十一月劝赌雪花飞，呒不棉袄呒不被。前背竹筒后背袋，背了长袋去讨米。

十二月劝赌劝完成，都是骨牌害人精。浪子回头金不换，劝君戒赌下决心。

冬九九歌

一九二九，泻水不走；三九廿七，檐前挂笔；

四九三十六，冬眠如鹭宿；五九四十五，穷汉街头舞；

六九五十四，笆头出嫩刺；七九六十三，被絮棒头担；
八九七十二，黄狗拣凉地；九九八十一，水车犁耙一齐出。

夏九九歌

一九二九，蒲扇不离手；三九廿七，冰水如蜜汁；
四九三十六，争相露天宿；五九四十五，头戴楸叶舞；
六九五十四，乘凉入佛寺；七九六十三，床头寻被单；
八九七十二，要想盖夹被；九九八十一，家家打炭炙。

月　节　谣

清明吃青草，四月八吃柴脑；端午吃笋壳包，六月六吃麦糕；
八月初三树头敲，八月十六蒸洋糕；九月重阳糯米馍糍糕；
正月十四裹团；冬至做圆，三十日夜大团圆。

传　家　宝

茶花开来早逢春，媳妇贤良敬大人。保佑公婆年千岁，门前大树好遮阴。

孝敬公婆为第一，自己也要做婆身。你若不把公婆敬，生男育女也虚文。

时常奉承敬公婆，何用南海拜观音。一心只管行后道，皇天不负有心人。

杏花开来是春分，孝顺男女敬双亲。孝顺还生孝顺子，忤逆还生忤逆儿。

不信但看檐头水，点点滴滴不差分。爹娘养儿千般苦，不敬爹娘理不应。

在生买点爹娘吃，灵前供奉是虚文。爹娘就是灵山佛，何用灵山见世尊。

桃花开来是清明，夫妻恩爱两相亲。丈夫不可嫌妻丑，妻子不可嫌夫贫。

妻子丑陋前生定，丈夫家贫命注成。好命不到穷家去，命薄难进富家门。

姻缘本是前世定，五百年前结成姻。千里迢迢能相会，无缘当面不成婚。

蔷薇花开立夏根，兄弟和睦过光阴。兄若从容照顾弟，弟亦从容敬其兄。

兄弟相争看娘面，千朵桃花一树红。家中自有亲兄弟，何须外面结拜人。

三兄四弟同条心，门前泥土变黄金。三兄四弟各条心，家中黄金化灰烬。

石榴花开是端阳，姑嫂做事要商量。嫂嫂有事姑娘做，姑娘有事嫂当场。

姑娘仁义敬重嫂，做嫂贤良敬姑娘。尊敬须看公婆面，姑娘不可太用强。

在家不用爹娘势，姑嫂相逢喜欢长。姑娘本是堂前客，嫂嫂原来要贤良。

荷花开来荷花芯，邻舍和睦过光阴。若有小人来相争，各叫儿女转家门。

不可眼前将儿打，纵容儿女骂四邻。大人相争难得好，小人仍旧一同行。

日日门前要相见，邻舍和睦胜如亲。远亲不如近邻好，急难之中叫四邻。

凤仙花开是秋初，劝君做事要当心。三更鸡叫清早起，三日起早抵一工。

起早落夜用心做，免得忙时去求人。求人只可一两次，三次求人不相应。

别人求我三春雨，我求别人六月霜。三春之雨时常有，六月浓霜何处求。

桂花开来是秋景，有钱不可笑穷人。穷人哪有穷到底，富家哪有富到头。

世上多少贫了富，也有多少富了贫。十年财主轮流做，富贵贫穷世上轮。

斗大红烛难照后，看他结果有收成。过头茶饭能好吃，说话之中留一分。

菊花开来是重阳，人到中年要子孙。有钱无子非为贵，有子无钱不为贫。

穷人是有翻身日，有钱无子也虚文。三十无子平平过，四十无子冷清清。

五十无子无人敬，六十无子断六亲。老来无子真是苦，更比黄连苦十分。

芙蓉花开是冬头，劝君行善莫行凶。十分英雄都用尽，后代子孙难做人。

虎头牢狱强人坐，哪有善人在狱中。家中之苦不为苦，牢狱之苦真是苦。

只有高山望牢狱，不可牢狱望高山。只见恶人牢中坐，善人从不到牢门。

荔枝花开是中冬，恶人休把善人欺。人恶人怕天不怕，人善人欺天不欺。

善恶到头总有报，只争来早与来迟。仙桥男女善人行，地狱之中恶人停。

阳间善恶由你做，阎王面前看分明。劝君及早回头转，人不回头就到头。

腊梅花开冷清清，劝君拜佛早修行。修行拜佛无老少，无常不管大小人。

虽有钱财难买命，阎王面前不容情。阎王出了勾魂票，不要钱财只要人。

阎王主定三更死，断不留情到五更。天大家财拿不去，一双空手见阎王。

孟姜女歌（故事歌）

正月里来是新春，家家户户点红灯，别家丈夫团圆日，孟家丈夫造长城。

二月里来暖洋洋，燕子双双到南洋，天上百鸟成双对，孟姜独自守空房。

三月里来是清明，桃红柳绿百草青，家家坟头飘白纸，孟姜坟头冷清清。

四月里来养蚕忙，姑嫂双双去采桑，桑篮挂在桑树上，揩把眼泪采把桑。

五月里来五端阳，雄黄烧酒扑鼻香，许仙还有断桥会，孟姜不能凑成双。

六月里来热难当，蚊子飞来咬胸膛，宁可咬奴千口血，莫咬我夫万喜良。

七月里来七秋凉，家家窗前裁衣裳，红绸绿缎都裁遍，孟姜房中是空箱。

八月里来雁门开，只望鸿雁带书来，闲人只说闲人话，奴做寒衣送边关。

九月里来九重阳，重阳美酒扑鼻香，满满斟来奴不吃，要与奴夫吃成双。

十月里来稻上场，官府落来要皇粮，家家都有皇粮缴，孟姜家里是空仓。

十一月里来雪花飞，孟姜千里送寒衣，前面乌鸦来引路，不见我夫哭凄凄。

十二月里过年忙，杀猪杀羊摆中堂，家家过年拜祖堂，孟姜寻夫在路上。

十二月花文唱完成，关官听了也伤心，快快放她过关去，万里寻夫哭长城。

哭一声天，长城塌掉剩一边，哭一声地，长城塌掉八百里。

花　名　歌

正月梅花苞里青，刘备东吴去招亲，周郎枉用千般计，赔了夫人又折兵。

二月里来杏花香，张生斟酒跪红娘，央求姐姐传书信，快请小姐会西厢。

三日里来桃花开，梁山伯相送祝英台，同窗共读三年整，相托师母做大媒。

四月里来蔷薇开，文必正烧香进庵堂，园中拾得双珠凤，私定终身小姐房。

五月里来石榴红，孟光贤德配梁鸿，夫妻相敬人间少，举案齐眉礼节恭。

六月里来赏荷花，昭君马上弹琵琶，心中恼恨毛延寿，出了雁门别了家。

七月里来凤仙红，百万军中赵子龙，七进七出无人阻，单枪匹马好威风。

八月里来桂花香，王三姐寒窑受凄凉，夫在西凉封王转，苦尽甜来做娘娘。

九月里来菊花红，阴阳八卦徐茂功，白袍小将薛仁贵，保驾跨海去征东。

十月芙蓉赛牡丹，岳飞大战牛头山，高宠单枪挑滑车，吓得金兵心胆寒。

十一月水仙香盈盈，小方卿落难唱道情，表姊赠他珍珠塔，两下私定结婚姻。

十二月腊梅冷清清，目连地狱救娘亲，自己见娘娘见佛，一心担娘上天庭。

鱼　名　歌

正月花鱼尾如箭，比干丞相挖心肝，纠王一心宠妲己，万里江山抛一边。

二月鲨鱼背脊乌，岳飞大战洞庭湖，亲身冒险探豺狼，神机破敌收杨虎。

三月鲤鱼尾巴红，桃园结义三弟兄，关公大刀显威风，古城兄弟喜相逢。

四月黄鱼晒白鲞，包文正叩头认娘娘，两眼花瞎不像样，范仲华封了安乐王。

五月鳓鱼白如银，刘邦手捧鸳鸯瓶，七仙公主来救命，一马之上骑双人。

六月鲐　扑扑跳，曹孟德潼关遇马超，关公守住华容道，张飞喝断霸陵桥。

七月米鱼腊腊盐，白娘娘报恩配许仙，法海和尚施奸计，活拆夫妻十八年。

八月鲈鱼肚皮胖，西天取经唐三藏，一路八十一个难，多亏徒弟美猴王。

九月鲊鱼眼睛青，刘彦昌赶考求功名，华山娘娘爱凡人，劈山救母宝莲灯。

十月带鱼白如霜，金兀术追到钱塘江，一匹泥马渡康王，浙江女子尽封皇。

十一月塘鳗两头颠，卢俊义不肯上梁山，前番不听宋江话，差点命送恶妇前。

十二月鲫鱼唱完成，吴三桂开关借清兵。李闯王北京坐勿稳，顺治皇帝坐龙廷。

十　字　调

一字写来像金枪，肩背琵琶赵五娘，有情有义寻夫君，蔡伯喈是薄情郎。

二字写来一样粗，孟姜哀女寻亲夫，十三省天下都寻遍，只见长城不见夫。

三字写来下划长，挑水推磨李三娘，日里挑水三百担，夜里推磨转五更。

四字写来像窗门，逼写退书朱买臣，朱买臣娶了不贤妻，马头泼水收不成。

五字写来一个图，江南才子唐伯虎，三笑姻缘成夫妇，秋香做了九美图。

六字写来五角匀，清官要数包大人，一十三岁审双灯，日审阳间夜审阴。

七字写来像秤钩，千金小姐抛彩球，彩球抛在平贵手，十八年寒窑也出头。

八字写来像眉毛，关爷马上青龙刀，单刀赴会英雄气，过关斩将本领高。

九字写来弯一弯，昭君娘娘献出关，出关只为汉天子，肩背琵琶马上弹。

十字写来像蜻蜓，盘夫索夫严兰贞，暴露真情难活命，多承兰贞情义深。

四、民间故事选

胡献来轶事

胡进士的故事是明代后长街人民茶余酒后的重要闲聊内容之一。正因为这个缘故，使得不见于经史的胡献来的故事，在长街等地代代相传，家喻户晓。

胡献来少年时，读书非常勤奋。有一次，他父亲叫他把舀盐卤勺送到盐滩去。他挟着卤勺拿起书本欣然上路去了。不知不觉地卤勺拖到地上了，他还是一边机械地走路，一边入神地看书。到了盐滩，放下卤勺一看，顿时愣住了，不知怎么搞的，卤勺被磨得只有半边了。

一天，家里捣年糕，胡献来钻进房间里攻读。家里人送进几块麻糍和一碗番薯糖淋。他也正有些馋饿，就随手拿起麻糍蘸着糖淋吃起来，但眼睛从未离开过书本。一会，家里人来收拾碗筷，发现糖淋原封未动，再瞧瞧胡献来，已是满嘴的黑牙、黑唇、黑口舌了。原来桌上的一砚墨水竟被蘸得精光。

胡献来中进士时，正值某皇亲去世了。造皇坟要新中进士拿金锄开山破土。胡献来也参加了。他扯起袍角往腰间一绕，袖子一挽，双手抡起金锄，摆开架势，胡献来出身农家，其他进士有谁能比得上呢？皇帝见了也赞不绝口：“胡进士真乃文武全才！”胡献来正掘得起劲，忽听皇帝圣口褒奖，连忙放下金锄，伏地高呼：“万岁谢恩！”从此，胡进士“文武全才”的美名在朝中传开了，不过胡献来的“武”不是跃马舞刀的“武”而是轮锄挑担的“武”。

胡献来为官清廉，刚正不阿。在江西任职期间，曾一道本奏削去一大批地方污吏，因而有“胡献来一笔划去半江西”的说法。他也曾上陈策略以革除弊病，以致触犯了奸臣权宦，他们恨不得一下整掉胡献来，只是无隙可乘。

一次，胡献来去上朝，正在行朝礼时，猛地头顶被什么东西咬了一口，钻心地痛，头立刻胀起来。在朝廷上不好乱动，他只好强忍疼痛——可是什么东西在头顶又咬了一口，接着又是一口……顿时，胡献来被咬得头肿眼花，脸色铁青。幸被皇帝看见了，以为他生病，准他早退，胡献来急忙下殿，差点晕倒。回衙脱帽一看，原来帽里钻进一条大蜈蚣，不知哪里爬来，也不知是何时钻入乌纱帽的。胡献来肚里明白，这是权奸的暗算。以后他无限感慨地嗟叹：“下代子孙千万莫当官！”

胡献来要告假省亲了，皇帝准了本，他问胡献来“卿家住哪里？”胡献来回道：“臣家住浙江大湖。”“离京多远？”“可远哩”，胡献来说：“过浙江、宁海、三洋、九江，才到臣家大湖。”皇帝听了暗自想：呵，要过这么多的海、洋、江、湖，多远啊！胡献来见皇上沉吟，想要告退，就说：“臣家离京遥远，此次回家，望万岁照管照管。”皇帝心不在焉，信口应道：“卿家如此遥远，寡人怎能管得你着！”胡献来一听皇帝说管自己不着，随声高呼“谢恩”。皇帝见此情景，顿觉失言，可是“君无戏言”，他灵机一动来个顺水推舟，就封胡献来为“散放进士”，赐令箭一支，散放出京暗察民情。

某年休假时，乡邻们要到黄岩去割早稻。胡献来也想到黄岩走一遭，就打扮成割稻客的模样，跟大伙来到黄岩县，住在城郊一户小康人家。这户人家的当家人年已半百，只有两个女儿。胡献来割了半天早稻，手指就被割破了，他只好在主人家休息，每天吃了饭不是同当家人闲聊就是躲到楼上看书，倒也清闲自在。这样的生活一转眼十来天过去了，当家人的小女儿还做了他的继拜囡呢。

一天，胡献来忽然发现当家人愁眉不展，唉声叹气，不知为什么？经胡献来再三探问，才了解到：本县的县官是个专行敲刮的贪官，自到任三年来，年年都要搞些花样刮。今天，又弄出了什么名堂，要当家人纳贡白银五百，限期马上就到，那“父母官”要亲自上门取银……胡献来了解到情况后，非常气愤，就想要好好地整治一下这个贪官，为民出气。

期限到了，胡献来一面叫当家人派人将道院的阴沟堵塞，提水灌道院，一面吩咐在中堂摆两桌酒席。那当家人不知这位“割稻客”的葫芦里卖什么药，只是将信将疑地依计而行。道院里的水已盛到齐沿阶了，酒宴也办好了，胡献来又从怀里摸出一面小旗（令箭）叫人悬挂在大门口上。然后，他与当家人坐上席，其他割稻客坐下席，大家畅饮起来。

酒未过半，忽听外面鸣锣喝道，当家人顿时张皇起来，他知道“父母官”上门来了。一会儿，一顶小轿停在门外，那知县从轿里钻出来，正一正衣冠，踱着方步朝大门口走来，猛见门口上高挂一面小旗，就眯起眼睛端详起来。一阵端详，再朝大门里面一瞥，又沉思了片刻，倏地双脚跪倒尘埃，口中连连叫呼：“大人饶恕，大人饶恕！”那当家人早无心饮酒，门外的一举一动尽皆看在眼里，再回头瞧瞧与自己并坐同饮的“东路割稻客”却是一面不停地细嚼慢呷，一面连连劝敬：“吃呀，我们饮酒！”当家人今天简直成了丈二和尚摸不着头脑了。“兄弟……你……”当家人瞠目结舌。“吃呀，我们饮酒！”“割稻客”泰然自若。这时，当家人似乎明白了什么，对“割稻客”说：“父母官跪久了……请、请答应他起来！”“好吧”胡献来才放下杯筷，加重口气：“叫他跪进来”，那知县一听，连忙从满是水的道院中跪行到中堂沿阶上，口中喃喃：“大人饶恕，大人发放……”胡献来逼视知县：“你知罪吗？”“卑职有眼无珠……”“胡说！”胡献来大喝一声，接着历数了知县敲诈勒索，搜刮民脂民膏的罪行，那知县叩头如捣蒜。胡献来进一步逼问：“你愿官办，还是私办？”“望大人宏宥、私办、私办”，“那好”胡献来摆出上司的架势，训斥道：“知县是百姓父母官，要兴利除弊为百姓办实事。”“是！是！”“今后不许向百姓敲诈勒索”，“是！是！”“往年从本家刮去的钱粮如数送还！”“是！是！是！……”那知县一味吃“柿”了。受训后，提着湿了大半件的官袍，慌忙躲进轿子，灰溜溜地回衙去了。

胡献来曾在某地教过书，那东家待先生很是热情，每餐菜肴满桌，并且总有一碗泥螺。胡献来也识量，每餐吃饭只吃点泥螺等小菜，鱼肉之类很少去吃。一次他听到东家和客人在私下谈论：“这位先生书教得如何?”东家说：“书教得确实好，就是下饭配不起……”胡献来听了很是诧异，他留心一打听，原来这泥螺是长街来的，价钱很贵，不是论斤两照称的，而是用线串起来，多少钱一尺照量的。东家以为这样高级的长街泥螺，长街人一定爱吃，因而不管价钱怎样昂贵，还是天天去买、餐餐供应。而胡献来认为泥螺是最次下的菜肴，为东家节省，因而餐餐吃泥螺。胡献来知道详情后，就向东家告假几天，回到大湖。他邀来乡邻捉了一潮泥螺，用船运到教书的地方，分送给东家及东家的乡邻，东家及乡邻如获珍宝，也纷纷用稻谷酬谢，一小船的泥螺竟换了一满船的稻谷。胡献来又把稻谷运回家，叫来那些原先帮助捉泥螺的乡邻帮忙挑谷。这些乡邻们有的凭自己的力气挑，有偷懒的只挑浅浅的半担，一船的稻谷刚好一次挑完。胡献来叫大家挑到船坞上等齐，然后对大家说：“这谷就作为捉泥螺的劳动酬谢，大家各自挑回家里去吧!”这么一说，那些偷懒的人后悔莫及了。

从此“长街泥螺”远近扬名。

沉东京

据传：古时候，满山岛一带是一个热闹的地方——叫“东京”。东京人都是坏坯子，老是干些伤天害理的事。一日，太白金星向玉皇大帝奏了一本，要水淹东京。玉帝正要降旨，南海观世音出班奏道：“善有善报，恶有恶报，介大的东京，不会无一个好人，还是让我去暗察一下吧。”玉帝准奏。于是，观世音菩萨化作一个商人，载一船芝麻油到东京卖油，试人心。拢埠后，观音在船上放一只钱柜，凡上船买油的人，自付钱自舀油，既不点钱也不称油……这个消息一传十，十传百，一下子传遍了东京。人们纷纷前来买油，有的丢进一点钱，舀去几大桶油；有的根本没丢进钱，也舀去几瓶油；有的刚舀去又回来舀……观音高坐在船台上，看在眼里，记在心里。这样卖到第二天，总不见一个老实的买油人，观音不由得叹起气来。这时，只见一个仆人挈着一大瓶油走上船来，将油倒回舱里后，就急忙下船。观音感到奇怪，连忙赶下船来，叫住那人问：“客人为啥把油倒回我舱里?”那仆人回答说：“上午东翁叫我来舀油，我见你既不点钱，又不称油，就生了私心，多舀了一瓶。谁知东翁知道后训了我一顿，定要我将油送还……”观音暗自高兴，接着就打听那东翁的姓名和住址。

观音刚要转身回到船上去，又见一个樵夫打扮的中年人，手提一只大油瓶从船上下来，大油瓶里只盛着一点儿油。观音拦住他问：“客人，你怎么只舀这点儿油?”那人回答说：“我家里穷，无钱买油，我老娘听说客人的油香，很想尝尝新，只好把今天的柴钿换点油回去。”观音说：“人家都将油瓶舀得满满的，你也舀满去吧。”那人说：“不，我只有这点油的钱……。”他坚决不肯多舀，提着那点油走了。观音再一打听，得知那个樵夫名叫陈博，家里只有一个老娘，靠打柴卖柴度日。

第三天，观音又暗查了一天，再也没见到一个忠实的人了，就拔锚离埠。她升到半空，心想：东京人确实刁恶自私，让它沉没掉算了，可那东翁陈谋和樵夫陈博，应去指点一下，好避此灾难，于是又化成个和尚，到那东翁家去化缘。

陈谋家产很多，生性乐善好施。这日见有和尚来化缘，就热情地布施了一桌素斋，“和尚”临走时对陈谋说：“贵地将有一场大难，请君准备大船一只，看到你家大门口石狮子鼻头出血时，立刻上船可避此难，切记！切记!”陈谋将信将疑，他一面准备大船，一面派仆人注意门口的石狮子，又把这个凶信告诉大家，可是谁也不相信。

一天，一个杀猪人从大门口经过，见那仆人老是在狮子旁走来走去，就好奇地问：“老弟你老是在这里转来转去干什么呢?”仆人见问，就把和尚说的话告诉了杀猪人，杀猪人听了哈哈大笑：“石狮子会出鼻血，除非变天了，”但他肚里暗暗定了个鬼主意。这天杀猪回家，他带来一勺猪血抹到石狮子鼻头上。一会儿，仆人踱过来看见了，拔脚就往里跑，边跑边喊“东翁啊，快下船，石狮子真的出鼻血了……”陈谋听说，吓了一跳，叫全家人赶快向大船跑去。刚一上船就见一排排海浪，像小山一样地向东京压过来，不一会就把整个东京淹没了。这时陈博正在山上砍柴，一看到这个情景，连忙丢下柴刀冲担，向家里跑去，等他跑到家，海水已漫到门口，他不管三七廿一，背起老娘冲出门来，也不辨东南西北，只往无水处跑去，那潮水跟着陈博脚后跟漫过来，陈博跑得快，潮水漫得也快，陈博跑得慢，潮水漫得也慢，陈博跑得上气不接下气，一直跑到舟山，潮水还是紧跟在后面漫过来，他腰酸脚软，头晕眼黑，再也没有气力跑了，只好放下老娘，哭着说：“娘，我实在没有力气了……”说也奇怪，他娘儿俩一停下，潮水也停下不涨了。

沉东京，就从满山一直沉到陈博母子停下的地方为止，那个地方以后就叫“定海”。

水族的故事

传说：上八洞大仙横渡东海时，与东海龙王进行了一场鏖战，铁拐李用拐杖挑来泰山，把东海龙宫压成齑粉；把薄鲜、斜苗、白鳊、鲳鱼之类压得扁扁的；把海蜇压得血肉模糊；逃不及的海鳗压扁变带鱼，水伞蛸压扁而变成鳎鱼……继而放火烧海，直烧得虾儿成干，大鱼成鲞，小鱼成鳑，使水族遭了空前的浩劫。

黄唇幸免此劫，只身逃到北洋，虽逃得性命，可是家产压光，子孙烧尽，孑然一身，好不凄楚，只得做点小本生意以维持生活。它从北洋贩得龙须，一年一度到南洋销售，它把最好的两根须插在自己的鼻子上，招摇撞骗，把须推销给太公鱼、泥鳅等，从中牟取暴利，又逐渐富庶起来。

随着家景的好转，子孙也慢慢繁衍起来了。大儿子叫黄儿（黄鱼）、次子黄家（黄花鱼）、三子黄三、四子黄妹童、小女叫黄妹珠……形成了强大的黄族。在众子女中，要数妹童长得最漂亮，身材小巧玲珑，又爱打扮，穿黄着绿的，很得人惜。它与小妹珠很要好，常常一起觅食，一起畅游，年长日久，一些流言蜚语就出来了，说妹童与妹珠有什么暧昧关系，特别是龙头潺，它本来就是嘴阔口快的，听到这一消息，就当作特大新闻到处张扬。事情又传到妹童的耳朵里，气得妹童啼笑皆非，最后恼羞成怒，发恨地骂道："这个短命的阔嘴巴，不抽你的刺，扯你的鳍，怎消我恨！"

妹童暗地里约来堂兄弟黄觉良和好友针包，乘龙头潺不备之际突然袭击，把龙头潺揍得浑身酥软，还把他全身的刺和鳍拔得一根不剩，仅存一口气残喘，妹童把缴获的刺全部均分给黄觉良和针包，黄觉良和针包把分来的刺统统插到自己身上，从此它俩身上的刺特别多，而龙头潺却浑身没有一根刺。

一次，妹童独自到外面游戏，来到一座礁石旁，只见龙头潺正与人家交头接耳地谈论着什么，妹童以为又在诽议自己了，不禁怒从心头起，恶向胆边生，想把龙头潺一头撞死，它竭尽全力猛撞过去，不料龙头潺早已察觉，将身一斜，使妹童撞了个空。可是，因用力过猛，妹童怎么也刹不住，只听得"嘭"的一声，撞在礁岩上，脑袋里深深地嵌进了两粒石子，疼痛得连连打挺。这可乐坏了龙头潺，不觉摇尾晃脑放声大笑，这一笑不打紧，却笑落了下巴颏，从此，龙头潺再也合不拢口了。

屡遭欺侮、又恨、又怕、又悔。恨的是黄家欺人太甚，碰见就揍，遇到即撞，简直是势不两立，没有和谈的余地；怕的是自己与黄家同住一域，朝夕相逢，一不警惕，就难免有生命之忧；悔的是自己不该轻信流言，盲加散布，无辜毁人名誉，与人结怨。龙头潺万般无奈，情不自禁地哼起了渔剧高腔："我悔不该——不该……"正值此时，他的近房外公网鲛得信前来相探，这网鲛长得乌黑而高大，生性高傲而鲁莽，因善制网而得其名。一阵寒暄后，龙头潺就诉起自己又恨又怕又悔的苦情来，万望网鲛能给自己宽慰，不料网鲛不听犹罢，一听诉苦，不禁燃起一把无名之火，狠摆了一下尾巴，瓮声瓮气地嚷道："贤外孙宽心，待老朽造起网来生擒活捉把黄家一网打尽，为你出气!"说罢，也不待龙头潺表态，竟一晃脑袋，扬长而去。

二月的一天，艳阳普照碧海，暖风吹拂微波，好一派明媚风光。黄家大摆筵席，为黄唇庆寿，众亲友纷纷来贺，宴会上跳鱼跳舞，鲳鱼唱歌，吹吹打打，热闹非凡，白鳊虽不会唱歌，但因貌与鲳鱼相似也混在鲳鱼队中"滥竽充数"。

大家正沉浸在无比欢乐之中，忽来谍报，说网鲛日夜在赶制渔网，欲将黄族一网打尽。这一消息是多么煞风景，直使满堂鱼友哇哇直叫，跳鱼停跳，鲳鱼停唱，大家无心饮酒，乱作一团。毕竟黄唇阅世较深，他沉默静思了片刻，一摇大尾，示意大家静下，然后一字一板地说："网鲛与吾同住一域，共为鱼类，前世无冤，今世无仇，何欲下此毒手？谍报恐难全信，劳哪位再去侦察一番。"话音刚落，只见薄鲜自告奋勇道："小鱼愿意前往效劳。"黄唇一看，见薄鲜身躯小巧，行动敏捷，就满意地吩咐道："你此去应多加小心，如果网鲛果有此意，你应婉言相劝，陈说利害，大家应该和睦相处，繁衍子孙。"薄鲜领令，轻装出阵。

薄鲜游近网鲛住地，忽见面前有一排迷迷糊糊的东西挡住去路，远望似一堵高墙，近观有许多方眼，能看见里面模糊的情景，就是看不真切。薄鲜一时性急起来，想钻过去看个究竟，它先把头从一只方眼中伸进去，再一摇尾巴，想一下子窜到里面。可是，只窜进小半身子，就再也伸不进去了，它想缩回来，再到另外方眼去试试，谁料怎么缩也缩不回来，弄得进不能进，退不能退，原来网鲛已造好了网张在这里，薄鲜不知底细就钻进了网眼，这就是有名的"薄鲜外张进"。

且说薄鲜张在网眼进退不得，就竭力跳起来，这一颠不打紧，却震动全网，震惊了正在网端巡视的网鲛，网鲛害人心虚，一见网动，就臆断为黄家来攻，就急急牵纲，慌慌张网，这一牵一张威力不小，霎时只见黑茫茫一片，如乌云遮天蔽日，似巨蟒翻江倒海，凡是逃不及的黄家子孙、黄家亲友、黄家邻居，统统被张住了。

大家在网里晕头转向，昏昏沉沉。这时，众鱼中只见有条鱼身子直挺挺硬邦邦，气得两目圆睁，呼呼直喘粗气。大家仔细一瞧，此鱼正是致使大家遭此网难的以制网出名的网鲛。见他这副洋相，大家对之又恨又怜，可叹网鲛自制渔网自受难，悔恨交加竟活活地气死了。后来据说网鲛张到网里就死，抓上的网鲛都是死的，少数活着的也是奄奄一息的。

这次网难，是继前朝火灾后的第二次浩劫。火灾受于外敌，确实万般无奈；网难出自内扰实在太不应该。浩劫摧残了鱼类，也觉醒了鱼类。从此，水族和平共处一域，各自繁衍，互竞高产。

四月八牛生日

传说：盘古氏劈开混沌世界后，上浮者为天，下沉者为地，天地相距不远。地上的人们勤劳耕作，播种五谷蔬菜桑麻，过着不愁吃、不愁穿的日子。不知谁种了一种叫“天萝”（丝瓜）的蔬菜，它的藤一直长到天上去了。人们闲时便顺着天萝藤爬到天上去玩，沾满泥土的双脚污染了洁净的天庭，玉皇知道了，觉得地上的人太空闲了，应让他们忙碌一点，于是一面命托塔天王斩断天萝藤，把天升到九霄云外，一面命天牛星去取一种叫“百籽草”的青草籽，每三步一把撒到地上，让人们闲时好拔拔草。天牛星没听清楚玉皇大帝的吩咐，取来百草籽，每一步三把撒了过去。这些百草籽一被撒到地上，便生根发芽，在地里长，在水里长，在山上长，到处蔓延，大地一下子成了草世界。人们不停地用手拔，用工具削，可是百草拔了又生削了又长，庄稼被淹没了，也无法播种了，人们搞得筋疲力竭，还要受饥挨饿，普天下怨气冲天。

太白金星了解民情，向玉皇大帝奏了一本。玉帝大怒，痛斥天牛星是个大草包，造成无可挽回的大错，该罚下天去帮助人们治理百草，自己要吃一半耕一半，天牛不敢抗旨，背起天犁准备下凡。玉皇大帝又考虑到天牛力大无比眼大瞧不起人，难以使唤，就命天牛同鹅交换了眼睛再下去。

四月八日，淳朴敦厚的天牛来到人间，眼看着人们如此受苦，怀着内疚的心情，一面狼吞虎咽地吃着百草，一面拖着沉重的天犁翻耕泥土压住百草，人们又可以播种庄稼了。

天牛帮助人们辛勤劳动，人们为了感谢天牛，就把天牛下凡的四月八日定为牛生日。这一天，人们给耕牛喂老酒、乌饭馍糍、鸡蛋等，还要休耕一天，这个习俗至今未变。

再说牛和鹅交换了眼睛来到人间，牛以鹅眼看人又高又大不敢欺侮人，乖乖听从人的使唤；鹅以牛眼看人，又矮又小不把人放在眼里，见人就啄，尤其是小孩，往往被鹅啄得大哭。

五、大湖村轶事五则

（一）丹麦飞机与大湖五丰米厂

宁海县的第一家粮食加工企业——大湖五丰米厂，它创办于民国 19 年（1930）。今天的人们对机器司空见惯，但是我们把时间倒退到 20 世纪 20—30 年代，在我们宁海的土地上，有一家轧米厂，那还是一件了不起的事。那么大湖五丰米厂是怎样创办起来的呢？

民国 15 年（1926）四月的一天发生了一件轰动宁海东乡乃至全县的大事件：“一架小型飞机掉落在长亭镇青珠村永宁塘。”而后，村民发现了躲在庄稼地里的 2 个金发碧眼的外国人，试着发问，但言语不通，有心的村民找来曾留学日本明治大学大湖“五份头”子弟胡旭明。通过胡旭明与外国人的交谈，才知道他俩是丹麦二王子与其同僚，他俩驾驶飞机游览中国东南沿海，不知是迷航还是疏忽耗尽了燃油，空中俯视底下有一片宽阔平坦的塘地，就在此迫降。胡旭明一面派人管好飞机，一面将他俩带到大湖五份头宅院住下。随后，胡旭明派儿子胡维甫带人去石浦采购汽油，又雇人将家里与邻里 200 多扇门板拆下，运到永宁塘铺设成飞机跑道，待准备得当后，让飞机顺利起飞，平安飞抵上海（注：此后永宁塘就被村民们改称为“飞机塘”）。

丹麦二王子与其同僚曾在五份头生活了一段时间，见到粮多仓满的胡家，稻谷竟用牛拉碾子盘碾压脱壳，费时、费力、质量差、效率低，出生在工业发达国家的丹麦二王子认为太原始落后了。为了感谢五份头胡家对他的盛情款待与热情帮助，这位重情义的丹麦二王子，原先想从欧洲买一台轧米机赠送给五份头，考虑到欧洲离中国太远，而日本离中国很近，又知道胡旭明曾留学日本懂日文，便于发动机的修理与零部件的更换。在时隔四年的1930年，丹麦二王子就买了台日本产轧米机，并亲自将轧米机送到大湖，于是在1930年大湖五份头创办了“大湖五丰米厂”（五丰含“五谷丰登”之意）。日后五丰米厂就为大湖及邻村部分民众加工稻谷——轧米。1950年县人民政府对工商业进行了社会主义改造，大湖五丰米厂自然也在改造之列。1951年2月，以公私合营的名义，县人民政府接收了大湖五丰米厂，改名宁海建民稻谷加工厂（俗称宁海第一米厂），成为宁海县第一家国营工业企业。

附：印象中的日本产柴油机与轧米机头及稻谷加工过程

日本产的轧米机是由一台大飞轮单缸四冲程卧式十二匹马力柴油机和一台轧米机头组成的。加工稻谷前要启动柴油机，再通过长皮带，带动米机头，将倒入碾轧斗中的稻谷碾轧成糠与米。该旧式轧米机比牛碾米先进得多，但与现在的轧米机相比，不知落后了多少代。

大湖五丰米厂创立之初，特地从象山石浦聘来一位老轨（开机器的师傅），名叫方阿七，村内聘了个掌控米机头的师傅胡善春。旧式轧米机轧米的全过程大致是这样的：开动柴油机前，先加足柴油、上好皮带（将皮带连接在柴油机与米机头2个皮带盘上），三四个人各就各位，然后由老轨从气缸头上拧下引火塞、装上纸煝头沾上油并点燃——待燃得通红——再将引火塞拧回气缸头——老轨左手当即用扳杆顶起气门凡尔（让气缸与外界相通），右手握住飞轮摇手，用力摇动飞轮，几个助手拖拉皮带，大家齐心合力顺势使飞轮越转越快，当飞轮达到一定转速时，老轨左手放下气门扳杆，在大飞轮惯性的作用下，经进气、压缩、做功（柴油喷入压缩空气的气缸遇火引爆推动活塞）、排气，四冲程不断循环，柴油机就发动起来了，待发动机进入正常运转，掌控米机头的师傅就可将稻谷放进碾轧筒内碾轧成米。很神奇的是：当老轨阿七与米机头胡春摇动飞轮启动时，四冲程总是有节奏地发出“阿七、春”“阿七、春”“阿七、春”的声音，待启动后，进入正常运转时，则有节奏地发出“豁达”“豁达”“豁达”的声音。声响竟与师傅们的名字联系在一起，被村民传为美谈，上了年纪的大湖人，至今记忆犹新。

（二）永和桥（石桥头桥）的由来

古时，长亭大湖平原四面环海，宋理宗年间修长亭桥通长街，木质桥几度被暴浪冲垮。清代初期，从大湖去长街，须经塘里后门的晚济渡，从晚济渡南岸下渡船到北岸香花山脚的后山庙——胡公祠（胡公祠内供奉着胡氏远祖唐兵部尚书胡进思及赵氏、杜氏两位夫人的塑像），沿庙旁绕小道过捣臼坑岭至石桥头村。后塘里村围筑起后门塘，后门塘东北的港面比晚济渡的渡口更狭、离石桥头村去长街更近，于是就将渡口移到现石桥头桥址。乾隆末年后百余年间以渡船摆渡通行，称“石桥渡”。因所处地段有潮汐盘旋，石桥渡经常出事。清光绪年间，大湖人在被暴浪冲毁的桥址重建新桥。可动工不久恰逢塘里村中失火，村人说是“龙脉受损”所致，故全村竭力反对建桥。于是用乱石堵筑成一条堤岸供行走，此岸路称“石桥头”。岸路将车岙港与胡陈港两水道拦腰截断，导致宁海、象山两县与长街间的海运需绕远道，物资交往极为不便。道光十二年（1832）塘里人胡世献等曾提议建桥，困于经费，不成。同治十一年（1872），族绅胡子久、胡寅斋等出资重建，而族众意见各执，则因此积不相能，又不获，藉手而罢。民国 14 年（1925），胡氏洋湖、塘里、大湖三大房合议，推举大湖族长胡懿卿为总理，经筹划仿日本建造一座钢筋混凝土拱桥。由于当时建造“大跨度单拱”钢筋混凝土桥缺乏技术设备与材料，胡懿卿垫付巨资，将工程承包给英国人，并从英国运来设备，又从日本运来快速水泥，以兰头山条石水泥灌浆为基，现浇弧拱桥体与护栏。历时 6 个月，一座长 15 延米、净跨 7 米、拱高 1.2 米、桥面宽 4 米、护栏高 1.2 米的钢筋混凝土拱桥顺利建成。建桥耗资 1 万元银元，大部分从胡氏大众家兰头山宕产中提取。该桥是县内第一座钢筋混凝土桥梁，俗称“水门汀”拱桥，为合三族之永久和好，取名“永和桥”。于 1926 年农历 6 月 25 日举行通桥仪式，为了表达对当首者胡懿卿的敬意，开桥仪式时，胡氏族人与观众数百人在礼炮锣鼓与欢呼声中目睹“胡懿卿的母亲第一个缓步通过永和桥”。

1962年，将弧拱处填平，供手拉车通行。1968年9月，修建长街至青珠农场公路时，将拱桥改建成4.5米宽钢筋混凝土板梁平桥。2002年，改建成长14.2延米、宽7米的钢筋混凝土板梁桥。

胡家康

2018年10月

（三）大湖胡居端捐资宁海中学始末

《宁海教育志》记载：1930年，胡居端捐助县立初中建校银元2500元。第二年又资助购置仪器、图书银元2000元。

居端公（1167—1243）为宁海大湖胡氏之始迁祖，怎么会捐资给宁海中学办学呢？带着这一疑问，我们翻阅了胡氏宗谱，还拜访了胡氏后裔——92岁的胡静斋先生（宁中校友，原长街中学退休教师），终于揭开了这个谜底。大湖胡氏分居在大湖、塘里、洋湖等三地，以大湖人数最多。民国时，大湖人占据了长街平原的大部分土地。胡氏宗族拥有数千亩众家田、众家山，几个盐场和整个澜头山石宕，仅澜头山石宕码头的港税一项每年可获得几万块大洋，收入相当可观，胡氏宗族成为宁海东路之首富。

1926年夏，宁海旅沪杭甬青年范金镳、蒋如琮、章广田等回乡创办了宁海中学，结束了宁海无中学的历史。大湖胡氏历来重视教育，鼓励读书，闻此欢欣鼓舞，族里马上物色有条件的青少年去宁海中学读书。后来宁海中学要在大北门兴建校舍（原宁海中学校址，现跃龙中学校址），派人到大湖来募捐。柔石于1928年出走上海途中曾写信给父母说："前儿赴东乡时，本欲约沛婴兄同至大湖说校舍修成事，奈沛婴坚拒，不愿再见懿卿先生，盖彼料懿卿先生必不肯上此当耶！"（《柔石选集》人民文学出版社1986年第2版）。可能当初大湖并未表明捐款意向，1930年，宁海中学新校舍建成，迁入使用，大湖胡氏族长胡懿卿（秀才）与各房长老商定，从"大众家"中先拿出2500元银元捐给宁海中学。与此同时，族里还决定设立助学金：凡是胡氏后裔（包括桥头胡、竹口、城关白石头胡姓）进宁海中学读书的，每学期都发给6块大洋；学业优异者另加奖励。胡静斋先生回忆说，他与胡翰国、胡显鎏等3人在宁海中学读书时（1932—1935），每人就领到过36块大洋的助学金。大湖胡氏为鼓励在宁海中学学习的胡氏青少年，长老们几次到宁海中学访问，发现教师兢兢业业教书，但生活十分艰苦，学校的教学设施也很简陋，深受感触。1931 年，族里又决定为宁海中学购置图书、仪器捐银元 2000 元。当年大湖胡氏获得国民政府教育部“捐资兴学”三等奖。

由于这 2 笔捐款都是大湖胡氏族众的钱财，在捐款人具名时，经办人胡懿卿族长出于对大湖胡氏始祖的崇敬，就写上了老祖宗的大名：胡居端。

原载《宁海中学》校报　2006 年 10 月宁海中学 80 周年校庆纪念册

谢时强　胡家康

（四）解放前夕大湖遭匪劫难

解放前夕（1948—1949 年），人民解放军渡江南下，国民党蒋介石部队败退台湾，江南大地战火四起，而失防长江败退下来的国民党残余势力，为扩充其队伍，所到之处依仗地方反动势力，拉壮丁、派担夫、征收军粮，修筑工事、负隅顽抗。大湖村处在遭受国民党地方反动势力与土匪的劫难中。其间，任小青匪部十分猖獗，在收缴了以兵痞贺序常为队长的地主联防队的枪械后，其匪部 700 余人强行占据大湖五份头宅院，驻扎一个多月，大肆挥霍五份头钱财，大办酒席为其父做寿等；1949 年 5 月中旬，国民党青年军（长江部队）及苏景清残部（江苏省保安队）至舟山路经胡陈时，闻讯任小青部占据大湖五份头，获得巨额财富，遂率残部经长街联合地主武装王炽部队，以剿匪为名，一起围剿盘踞在大湖五份头的任小青匪部，接连攻打三昼夜，周边围墙弹痕累累，未能攻克五份头；长江部队与苏景清部队强占大湖，掳劣抢劫，调戏强奸妇女，无恶不作。5 月 31 日（农历五月四日）恼羞成怒的苏景清部队竟烧毁了沙头庙，接连纵火又烧毁了村民陈国校、胡允方的房屋，后又烧毁了半边街周德法三省堂店铺与民宅 100 余间。是年 6 月，任小青匪部被胡常英“宁象台边区剿匪司令部”收编，任命任小青为第二支队支队长，一并逃离大湖。同年 8 月，长江部队与苏景清匪部下海逃窜至舟山。而后又有大队长王恩波率领的南路匪部第五大队 300 余名海盗来大湖劫掠，匪中队长林焕浩抢来石桥头糖坊老之女，并在五份头宅院大办结婚酒席。匪徒们相继效仿林焕浩，计划强抢湖西打铜匠之女与湖东哑老仙之妹成亲办婚宴。一时搞得村民人心惶惶，面对匪徒的胡作非为，不少年轻妇女只得去邻村避难。当时，又获悉南路匪部正在调派 7 艘大船停泊三门湾，准备强抢大湖大批财物，强迫村民运往伍山下长山、潘田头等码头，下船出逃。有幸的是人民解放军于 1949 年 10 月 28 日下午进驻大湖，大湖获得解放。众匪徒闻风南逃，当路经伍山冷饭猫石宕时潜入宕内，英勇的人民解放军随后乘胜追击，与潜入石宕内的匪徒发生了一场剿匪战，人民解放军歼灭了林焕浩部下与盘踞在道士岩匪大队长陈英俊部下的9名匪徒。1949年11月，解放军战士王泉圣被匪徒暗枪击中，壮烈牺牲。

（五）土地改革与合作化运动记事

1951年1月，宁海人民政府成立土地改革工作队。是年2月，确定长街区的土改工作以大湖村为基点，县土地改革工作队进驻大湖，宣布土改开始。为了确保土地改革工作顺利进行，大湖3个行政村分别组织起基干民兵队，湖东村基干民兵15名，队长饶真干；湖中村基干民兵12名，队长张士富；湖西村基干民兵10名，队长胡荣辉。县武装部发给大湖基干民兵队小口径步枪3支。武器不足，竟自佩冷兵器大刀、长矛、梭镖等。组织民兵在三岔路口、交通要道，日夜站岗放哨、检查过路人路条。其间，谨防敌对势力破坏干扰，消除不稳定因素，将村内个别地主内迁到宁海北路（深甽、桥头胡）定居，将宁海北路的贫雇农俞正高、张阿宏等3户人家迁到大湖村落户。是年2—4月，长街区开展镇压反革命分子运动，区内召开公判大会14次，到会群众5万余人，惩办了一批恶霸地主、匪首特务、反动党团骨干分子（其中大湖村5人）。土地改革中，斗地主，没收地主土地、耕牛、房屋，将财产分给贫雇农。按当时大湖人口，每人分得土地二亩七分半，特别贫困的还可分得房屋、家具、农具和耕牛等，土地改革运动就这样轰轰烈烈地开展起来。1951年9月底土地改革基本结束。按农时正值秋收冬种时期，政府要求村民们组织起来发展生产。是年10月，大湖湖西村李中明、湖中村杨达法等分别组织起互助组。自1951年底至1953年9月，先后有湖东村的尤宏富、胡家木、蔡海官、郑友位、黄招富、胡余标等，湖中村的严雅先、杨先宝、胡家福、胡根新（大根）、胡小根、胡炳林、胡家新、胡家根、胡家明、胡林余、胡家印等，湖西村的胡荣辉、李中明、杨加兴、祝小满、冯永将、侯祖水、徐阿根、孙必法等。三户、五户的互助组相继组织起来，村里没有加入互助组的“单干户”不多。1953年10月，全县开展农业合作化运动，大湖湖东、湖中、湖西各村分别将几个互助组合并成一个个初级社。湖中村严雅先建立起公胜社及第二社，湖西村胡荣辉建立起第三社，湖东村胡家木建立起第四、第五、第六、第七社与郑有位的第八社等。据上了年纪的村民回忆，时任大湖乡乡长的陈善连，深入每个初级社，几乎天天傍晚走家串户，出现在初级社社长与社员家，关心农事、了解民生。

国家开始实行粮食统购统销，农户有卖余粮的任务，大湖村农民积极响应。1954 年 3 月 3 日，经中共宁海县委批准，大湖乡湖中公胜初级农业生产合作社率先升为高级农业生产合作社。1955 年 10 月，贯彻毛主席《关于农业合作化问题》的报告，全县掀起农业合作化新高潮，走集体合作化道路，鼓励单干户加入农业合作社，将原初级社合并转为高级农业生产合作社，湖东第四社第八社合并为湖东高级农业生产合作社，湖西在第三社基础上扩大为湖西高级农业生产合作社。取消按土地分红，实施社员按劳取酬制度（对每个劳动力评底分，最高 10 分，按男女情况，分别定为 9 分、8 分、7 分、6 分、5 分及更低，按出勤天数记工分，年终按总工分数分红）。发展集体经济走集体化道路，这是历代农业思想观念的根本转变。尝到合作化甜头的贫雇农，出勤出力，爱社如家，生产积极性普遍高涨。

六、大湖的“宁海之最”

大湖村有着近千年的历史文化，历代大湖人凭借智慧胆略与勤劳拼搏的创业精神，向大自然索取财富，反馈、造福社会，打造出无数个“宁海之最”。

（一）北宋先民在洋中“塰头”（大湖）制盐，至今有着千年的历史。南宋时期从周边围筑起四工塘开始，历代大湖人先后围起白银塘、四工塘、东关塘、西洋塘、太平塘、洋肚塘等长街区内与象山境内 20 多个海塘，仅长街区内面积 2 万余亩，为宁海围塘面积之最。由于田地多，生产的粮食为“宁海之最”。1944 年 12 月 17 日《宁海民报》称：东乡为“宁海粮仓”。有谚语：“黄坛的屋，大湖的谷”。

（二）胡氏家族发家后，致富不忘乡邻，十分乐善好施，代代有善士，在教育、交通方面捐助尤多。光绪《宁海县志 · 宾兴》篇中记载：为资助学子赴考，清咸丰年间（1851—1861），大湖乡绅胡典章捐出铜岭脚等处田二十石（当地计量，二石为一亩）。道光年间（1821—1850），大湖乡绅胡燧妻谢氏不仅捐坐落在西洋等处的田十九石三斗，还将坐落在县前东大街内的六间楼屋予以捐献。《津渡》篇中记载：胡燧妻谢氏与胡化兴妻冯氏、胡化发妻祝氏共同捐建沥头渡（即胡陈港大桥前置渡）；胡光妻龚氏捐资建毛屿渡（西浦义渡，又称新渡），还有胡福基捐资建岳井王家渡、车岙港渡、西浦义渡等；《节妇》篇中亦有记载，大湖贡生胡正羲妻叶氏，性好施，助宾兴，置义渡；大湖生员胡汉秋妻叶氏，创茶亭，修庙宇，善迹颇多；胡氏先辈还率先在东乡办学。清嘉庆初年（1796），乡绅胡知化与弟胡式化发起募集资金，胡文侦助以地基，在村东建成文昌阁小学堂，供子弟读书；丁巳年（1857）春文昌阁遭火被毁，里人募集资金重修时，有谢氏、龚氏两孺人曰："此造士之所也，宜急。"遂各出金二百余重修。大湖胡氏族人乐善好施，向社会捐资为宁海之最。

（三）明末清初，进士胡献来用自己的俸禄开发了兰头山大石宕。为宁海之最。

（四）大湖村内顺安庙（又名沙头庙）。始建于明代中叶，当首的建庙木匠师傅身怀绝招，许诺每天要吃一只鸡，平日工场大门紧闭，不准外人察看，但干了 2 年多仍未建成，当吃了 1000 只鸡时，一夜之间，一座木结构、全屋不见一个榫眼的"无榫屋"突然建好，奇异是庙内一顶梁柱是刨花木屑箍扎而成的，轻叩能发出咚咚的悦耳声。创造了宁海"无榫屋"与刨花木屑箍扎而成的顶梁柱的历史，故被誉为宁海东乡第一庙。1949 年 5 月沙头庙被苏景清残部烧毁。1987 年，村民自发集资重建沙头庙，工艺远不及当年。现大殿悬挂一副"千鸡传仙造名扬宁邑出东第一庙，沙头胜地灵瑞茁大湖全里千余家"的对联。为宁海之最。

（五）1946 年，大湖五份头胡旭明当选为宁东水利协会主任。与时任宁海县县长李洁商议，五份头出资与县政府共同治理车岙港。至 1947 年 9 月 30 日，开挖了 1028 米引河排洪渠道，建成斗牛山 3 孔 9 米长泄水闸门一座；已完成堵港筑坝土石方 5500 立方米。由于港深、水急、流量大，叠压在柴排上的土石方塘坝被急流冲垮，第一次堵港截流失败。堵港截流虽然失败，但为 1952 年截流堵港成功奠定扎实基础。

（六）古老的前、后五份头、前新屋、新屋、官房、倒挂狮子、亨二房等这些三合院、四合院，有厢房套房的楼房，建造工艺精巧，是宁海二层楼房建筑之最。

（七）大湖村内原有 9 座石牌坊，其中 3 座尤为突出：由大石柱、石梁、圣旨牌、匾额、石狮子、飞檐、串驳榫合而成，精雕细刻，建造工艺十分精湛，称得上宁海"石牌坊之最"。

（八）1912 年开办在大湖的国民小学，名为宁东小学。学生来源于宁海东乡茶院、沥洋、古渡、胡陈与大湖周边，校长胡建南，是宁海县境内"规模最大”东乡试办的第一所小学。

（九）由大湖胡氏族众集资，横跨长亭港的永和桥（又称石桥头桥）于1926年8月建成。该桥为宁海县内第一座钢筋混凝土拱桥。现改建成公路桥。

（十）1930—1931年大湖胡氏族众为宁海中学建校舍、添置图书仪器捐资4500元大洋，为社会各界向宁海中学捐资之最。

（十一）1930年大湖开办起五丰米厂（原宁海县内都是捣臼捣米或碾子碾米）。五丰米厂是宁海县第一家机械轧米厂。

（十二）1945年5月大湖设立长街下属第一个邮政代办所，邮递员胡家前。随后长街区内大湖村第一个接通有线电话，电话机安装在大湖小学内，单线直通宁海县城。

（十三）1951年5月，创办长街区大湖乡第一个供销合作社，设立在大湖村，主任赵有木。

（十四）1954年8月，创办长街区大湖乡第一个信用合作社，设立在大湖村，主任张成化。

（十五）1978年恢复高考制度至2020年考入高等学校250余人，为宁海自然村考入高等学校人数之最。

（十六）2020年，村庄面积5.5平方公里，村内常住141个姓氏、1511户、4221人（不含居民户）。大湖村是宁海出东路村庄面积最大、人口最多的自然村，也是宁海胡姓最大村。

侯国湘　王胜才

2020年10月

七、杂　记

东出宁城第一村——大湖村

东出宁城第一村，指的是位于长街平原中部的大湖村。在南宋建村的大湖胡姓先辈，勤劳能干，围海造田，使大片滩涂成为良田。明清和近代，大湖村成为良田千顷、稻谷万斛的富裕村，“东乡大湖谷”的名声跨县越州，响彻浙东。大湖村富甲一方，宗族繁荣，人文荟萃，不仅有明代进士胡献来，也涌现出一大批文人和善士，在清代和近代宁海历史上留下了浓墨重彩的一笔，成为县城出东门第一大村。大湖位于长街镇中部平原区，胡氏先祖发迹之地，原为海洋中隆起的墩坎，系海中的贝壳类动物被海潮冲向浅滩，逐步堆积而成，其中有几处高出海面3—4尺，宽达数亩，其地掘之，即能得泉，泉甘淡清口，有三处被称为“三透沙”，谓为沙龙，村民在此凿井，叫沙头井。当人口不多时，井水足够供用，人口繁衍后，若逢久旱缺水，则在周围临时挖潭，就有清水汇流其中，故有“沙井灵泉”之美称。“三透沙”位于四峰之交叉点，即东面的象山中泥石佛山对西面的青珠山，南面的象山南田石佛山对北面的九江狮子山，故有“四峰拱照”秀地之称，大湖八景之“四峰耸翠”即指以上四座山峰。

王建慈

2019年8月12日

东乡大湖谷

民国初期，县政府召集各地乡绅开会，一市乡绅与大湖乡绅同住在一起。一市乡绅有良田几百亩，十分自豪，在大湖乡绅面前得意扬扬地显示自己的家业，说得眉飞色舞。大湖乡绅只是淡淡一笑，一言未发。一市乡绅以为大湖乡绅不信，一定要大湖乡绅到一市去参观，当面显摆。禁不住一市乡绅的热情拉扯，大湖乡绅只好随他到一市，参观了他家的田地房屋。在看粮仓时，大湖乡绅不经意说了一句，“这在我家是填谷种的。”一句话惊着了一市乡绅，你们家有这么多粮食？牛皮也不是这么吹的；一市乡绅怎么也不信，一定要到大湖乡绅家里看个究竟。无可奈何，大湖乡绅只好带他至大湖。一市乡绅到了大湖看到大湖乡绅家宅院广阔，深沟高墙，就震住了。到了家里，看到他家收获的稻谷堆积在二楼两边的厢房里，满间都是稻谷，真是堆积如山，而自己引以为傲的粮仓，在这里真的是用来填谷种的，叹服不已。从此，东乡大湖谷的名声越发响亮了。

这个庄园就是大湖五份头豪宅，五份头到底藏了多少粮食呢？1948年底，任小青匪部700余人占据了大湖“五份头庄园”，吃住了一个月，撤退时700余人每人还分得稻谷一石三斗，足见五份头藏粮之丰了。

王建慈

2019年8月12日

永远的怀念

2007年荷花盛开的季节里，汪大聪伯伯走完了世间87个春秋，化一缕青烟随风而去，留下亲友们无尽的哀思。特别是我们当年18个下放到大湖村的宁海知青，更觉失父之痛。

40多年前，我们18个刚出校门的热血青年，响应国家上山下乡的号召，来到了长街大湖插队落户。有幸遇见了他——大湖湖中大队党支部书记汪大聪，一位淳朴慈祥的中年庄稼汉。从此我们就在他的关怀和大湖乡亲的呵护中度过了那段难忘的岁月。手无缚鸡之力的学生面对繁重的农业劳动，远离父母和熟悉的城市，当狂热过后面对现实时，其艰难可想而知，是他从生活上给予了我们无微不至的关怀，把我们安排到当时大湖村最好的住房并聘请炊事员叶爱新开办了食堂。这在当时与其他村知识青年的安置有着天壤之别。在那个与天斗与地斗的日子里，号称宁海粮仓的东路大湖人也得勒紧裤带过日子。由于他当时刚做完胃切除手术，身体不好，家里生活也很困难，可逢年过节我们这批青年还是成了他家的座上宾，乡亲们对我们这批知青也从不吝啬，比对他们自己的子女还亲。我们吃了东家喝西家，还有许多送来的食物够我们这批人吃上好几天。现在想起那时的元宵汤圆、清明青团、端午横包粽、四月八乌饭麻糍……还口留余香。那时我们年轻不懂事只知狼吞虎咽，要知道这些美食都是乡亲们从自己有限的定量里一口一口省下来给我们的呀！患难见真情。记不清有多少个夜晚，当疲惫不堪的我们无精打采地聚在一起时，总能看到我们的汪大伯乐呵呵地摇着蒲扇拖双蒲鞋进来看望我们，手里拎着大西瓜或其他自产的水果，我们一边吃着甜甜的水果，一边听他讲大湖的轶闻趣事，说着大湖的过去、今天与美好的未来。他还开导我们：你们现在还年轻，吃点苦怕什么，那是今后工作的本钱，你们还会经历许多。事实证明了这一点。为了让我们尽快掌握各种劳动技能，他言传身教。印象最深的是插秧，这可是个技术含量较高的农活，农家老手插秧不但动作干净利索，还横成行竖成线，我不但插得慢，秧苗还像舞龙似的，当时心里又急又怕，突然听到他在我背后喊：屁股抬高，左手腕不能靠膝盖，两脚向后退稳，六株插平。秧苗果然直了不少，事后他还对我们说，种田插秧与做任何工作一样，要认真，要追求完美，这也是他一生做人的准则。

处在“文化大革命”时期，他成了被打倒的走资派，可他仍然以老党员、老干部的身份关心着我们这群知青。要我们相信党和政府的领导，会过去的，一切都会好起来。拨乱反正，他毅然接受乡亲们的重托，发展乡镇企业。他有多年农村工作的经验，可办工厂却是个新课题，资金、项目、技术、原料、销路……他呕心沥血马不停蹄。当年长街到城区的汽车每天有3趟，他为了赶时间经常起早贪黑往返于大湖与城区之间，为了节约村里开支，他还经常徒步行走，在他的努力下大湖村终于有了自己的工业企业：农机厂、榨油厂、榨菜厂、糖厂等，办得红红火火有声有色。乡亲们在他的带领下走上了致富的道路。当时县里推广新政策、新品种，一般都会在长街地区找试点，而长街首选的是大湖村。只要大湖能推广，县里就成功一半。他的能力由此得到了体现。

汪大伯，您的一生平凡而伟大。从一个普通的农民成为有名的企业家，从大湖村民的父母官，成为东乡企业的带头人。“人生自古谁无死、留取丹心照汗青”，您做到了。您永远是我们晚辈的榜样、楷模。我们永远怀念您，也永远感恩我们和您曾经一起生活过的大湖村。

柴谷宝

2008年11月11日

长街交通今昔谈

（一）长街交通简况

长街地处三门湾畔，是三面环海的半岛。只有北面与胡陈乡及象山县丁岙、苏岙、马岙接壤有陆路相通，其余出入均需乘船摆渡。古时长街半岛生产的农副产品大宗靠海上水运出口，小宗农副产品全凭肩挑步行至北部胡陈、力洋、茶院、桥头胡等地出售，交通极为不便。

宋代至中华人民共和国成立之初，长街步行至县城，要经过沥头渡、毛屿渡等渡口，过石墙头、雪坡、白峤岭等山岭，跋山涉水，行程近百里，耗时近一天。由于交通极不方便，不少老人一辈子都没有去过县城。

1958年省道盛宁线（宁象公路）建成通车。盛宁线途经胡陈，开始筹建胡陈至长街的公路，即从盛宁线K107+050处折南，越猫儿岭、山洋岭，经海岙塘、九江至长街。按山岭六级标准测设，弯道37处，平曲线最小半径15米，最大纵坡8%。由于当时机械化程度极低，施工难度相当大，国家补助资金1.7万元（宁象公路工程结余款），并提供钢钎雷管炸药，土地劳力由群众负担。当时群众的积极性极高，他们自带饭米、铺盖行李吃住在工地上，按划分路段施工，全凭体力肩挑背扛，挥锤钢钎凿炮眼，劈山放岩，驳坎填沟，历时一年的艰苦奋战，一条全长 12.6 公里，路基宽 7.5 米，路面宽 3.5 米（含涵洞 79 道，桥梁 1 座长 32.3 延米）的砂石公路，于 1959 年 12 月竣工验收，1960 年 7 月正式通车。自此，境内龙浦、青珠、山头、伍山、岳井等地民众可步行 5~10 公里到长街车站上车去县城。

以往，长街境内大都是烂泥路，有几条主干道为断续的小石板路，20 世纪 60 年代初部分主干道被改建为手拉车路。1968 年 9 月，按平原六级标准测设，国家补助 1.7 万元，土地劳力由沿途群众负担，实用劳力 7.1 万工，将长街至青珠农场段改建成长 10 公里的砂石公路，于 1970 年夏正式通车；1970 年春，又动工修建长街至岳井公路。起于长街车站，经洋湖闸，跨车岙港，越山前岭至岳井，全长 6.9 公里。其间因资金材料不足而停工，1972 年重新测设施工，1974 年 5 月竣工，是年 10 月验收通车，总投资 7.3 万元，其中国家补助 4.5 万元。

胡陈港筑坝截流后，1982 年 6 月开始筹建明港至青珠农场公路，全长 3.85 公里。按"民办公助"的原则，国家补助 5.5 万元，有关部门出资：下洋涂工程指挥部 3 万元、青珠农场 1.5 万元、棉花厂包干 6.4 万元、青珠乡包干 2.6 万元、前横乡包干 6.4 万元，劳力由群众义务负担，至 1985 年 12 月竣工。该公路自力洋，经古渡、明港、农场、青珠、山头、大湖、长街、胡陈，经盛宁线回到力洋，沿力洋、明港、长街、胡陈各镇乡环绕一周，使农场到宁海的路程缩短 13 公里。

1998 年 10 月动工修建宁波市沿海南线一级公路宁海段，长街境内西起胡陈港大桥，东至伍山松岙码头，途经沥头、施家、娘娘宫、石桥头、渡头、松岙等 10 个自然村。2003 年 11 月建成通车。把长街至宁海的路程缩短为 31 公里。

至此，长街外接县省道、内连各自然村及工农业园区，路面拓宽上等级，道路货客运便捷高效，长街人上城只需半个小时，境内各村 10—20 分钟内可抵达。中华人民共和国成立以来的交通建设，长街人摆脱了"出行难"的困境，改革开放的 20 年见证了长街跨入交通现代化的历程。

陈培川

2013 年 12 月

（二）长街人上城记

编罢《宁海县交通志（2010）》，深为宁海县交通事业的迅速发展而惊叹，作为长街大湖人，我对长街的交通变迁感受尤为深刻。

长街远离城关，虽有山岭河海阻隔，但直线距离不到30公里。步行走捷径上城，经沥头渡、毛屿渡，需一整天；若仅过沥头渡，需大半天。而长街东首隔洋塘人上城，还要增加岳井洋、山前渡，故连过三四个渡，费时需一天半。

后虽通了公路，也是绕道而行。先折北绕道胡陈、沥洋、苔芳至城关；后折南绕道胡陈港大坝、沥洋至城关。车程近60公里，耗时近2小时，还受颠簸劳顿之苦。长街人一直视上城路为畏途。

如今宁波市沿海南线宁海段宁松线开通，长街人上城走捷径，车程31公里，耗时仅半个小时，快捷、安全、轻松，畏途变通途。抚今忆昔，感慨良多，特以自己的几次经历作为历史的见证。

1958年秋，我有幸出席宁海县少年先锋队除四害讲卫生爱国卫生运动表彰会。由于长街至胡陈公路刚开始修建，长亭港至白峤港机动客货运输船已于1954年10月1日开航。故我第一次上城走的是水路。那天午后，我步行10多里来到长亭港埠头。潮水涨得高高的，一张长跳板斜搁在浮动着的船舷上，胆子大的迈10多步就上了船，几位妇女走在抖动摇晃的跳板上不时发出尖叫声，我也胆战心惊地跟着上了船。锚起，船老大驾舵自北向南，迎对面风破浪向前。行驶中，柴油机的噪声特别大，排出团团黑色烟雾，舱内显得很沉闷，加上船体震动、颤抖，一下子把大家搞得晕头转向。当驶出胡陈港口进入大洋折西时，突然海风大了起来，巨浪把船头拍打得砰砰响，顿时船体剧烈颠簸摇晃，不少人由此晕船、呕吐。待过了力洋港进入白峤港时，潮落，风浪缓和，航船才平稳下来。不久，航船停泊，待潮水涨到一定高度时，才驶抵水车港头埠。月光下，经水车村，穿过大溪滩小竹林区，沿溪边卵石路，进小南门，到达县府招待所（孔庙）时，已是晚上10点。水陆路全程约70公里，历时近10个小时，当初认为乘汽帆船是一种享受，实际上感到身心疲惫不称心。令人欣慰的是“大开眼界”，第一次见到了电灯、见长长的发光体（日光灯）有人告诉我这叫“电杖”，又第一次去小北门见到了“汽车”。

1960年1月7日公路通车，开创了长街人可乘汽车上城的历史。我第二次上城是在去宁海中学读书的1963年9月。当初，汽车以木炭为燃料，俗称白炭车。日发班车早晚各一班，成人票价 1.22 元，长街至宁海全程 54.2 公里，单程需 2 小时左右。上城前几天，我托人好不容易买到一张车票。那天上午，自长街站出发，当汽车行驶到乌沙岭稍陡路段时，车胎就开始打滑，发动机咕噜咕噜，好一阵子汽车才爬上去，坐在前排的我感到煤焦臭冲心、头晕，坐在我身旁的那位则“呕”出声来，经几个大转弯，山洋岭没有过半，车内好几人与我一样，已呕吐了好几回，在殃及旁人的同时，我只得闭着眼睛瘫痪在自己的座位上，左右摇晃得厉害时，心里明白车子已绕过几个大转弯，当车子再度咕噜咕噜拉不动、倒退、停住，驾驶员叫大家下车将汽车推上岭时，才知道老爷车在爬猫儿岭陡峭段时，动力不足抛锚了。岭顶重新上车，启动开行，过胡陈、沥洋，爬过庙岭，到苔芳、路湾时才稍缓解定神。听人说，白峤岭比山洋岭更陡更盘旋。当过雪坡进入白峤村时我心情就开始紧张，果然，到白峤岭经几个转弯，车内“呕呕”声四起，不少人又开始呕吐，接着不断盘旋不断呕吐，多次呕吐，将胃里的全吐完了，后呕出的是清水与青黄胆液。老爷车也咕噜咕噜吃力地爬行着，当爬到最陡峭时再次熄火、停车，大家再次从车上下来，待驾驶员摇动鼓风机给白炭炉不断鼓风，车子才重新启动开行，一波三折总算抵达终点站小北门。下车时，头昏眼花天旋地转，辨不清东西南北。一次上城如同生了一场大病。

除了乘汽帆船、汽车上城外，第三种形式就是步行。说实在，有现成的公路不乘车，选择步行回家，实属出于无奈。一则，乘车的痛苦已经充分领教，虽说仅花 2 小时，但晕车产生的后遗症，几天都恢复不过来。有人甚至看到这张车票，就开始头晕、恶心。二则，对穷学生来说 3 元钱人民助学金已够一个月的生活费，相比之下这 1.22 元车费已不是小数目。住在岳井对岙洞的金敬和同学，为了省下长街至胡陈这段 0.22 元车旅费，在姐姐的帮助下，两人轮换肩担六七十斤行李（被褥、米、咸下饭），经大水库长堤，绕乌沙岭饭蒸山，翻越山洋岭、猫儿岭，历时近 3 个小时，肩头磨破，脚底起泡，下午 1 时总算赶到胡陈，乘上长街经胡陈至宁海城关的末班车。因当时上班族工资不足 30 元，父辈在生产队劳动仅五六角一天，而且要待年终分红，赚点钱的确不容易。所以，去宁海读高中的张晓邦、黄金法、鲍林岳、吴华松、金敬和、叶余青、黄道基等长街初中前七届毕业同学，普遍选择结伴步行。对于步行来说除了劳累以外，最担心的是过渡。俗话说“迟一步，差一渡”，一渡之差，摇橹摆渡来回需等候一两个小时。记忆中特别深刻的一次是 1964 年的一个星期六，上午课后，我与同学王其林、吴华松三人，临时商定回新城与大湖。由于事先没有回家的打算，中餐吃得不多，总认为没有行李，空着双手走走快一点，夏日天长，加上毛屿港已堵，只要沥头渡能过去就能到家。因此，匆促上路，抄小道，没多少时间就爬上了白峤岭，但都感到有点饿。正值杨梅上市，于是拿出 6 分钱在白峤村头买了 2 斤，解渴充饥，谁知吃了杨梅，一下子胃“烧”起来，三人越来越感到饥饿，当走过雪坡近亭头时，排出的小便都是红的，担心吃了“落地杨梅”中毒，闯祸了，拉出的是“血”。饥饿加害怕，为了赶渡继续前行。当走到石墙头路廊时已经相当疲惫，稍息，这时，突然响起两声闷雷，抬头见西南天边乌云崛起，分明是下雷雨的前兆，三人赶紧上路，指望能在下雨前走过毛屿塘岸。谁知走上塘岸没几分钟，天一下子暗了下来，紧接着电闪雷鸣，几声霹雳好像打在眼前，一阵狂风后，大雨倾盆，淋得我们睁不开眼睛，全身湿透，干燥的塘岸路顷刻淌水变得湿滑泥泞。我们立刻脱下千纽草鞋（家里人专为我们步行用碎布条代替稻草编织的“草鞋”），使出长街人走烂泥路的绝招，即勾起脚指头在泥泞溜滑的泥路上高频率竞走，雨拼命地下着，也顾不得脚绊毛栗刺，摔倒爬起，连滚带爬，折腾了好久，才看见海岸边侧翻待修理的渔船，三人才钻到船底下躲雨。一身泥水又湿又冷，王其林调侃说，我们这副样子就是“落汤鸡”，连脚边这两只红钳蟹也在笑我们。吴华松接着说，这才叫“饥寒交迫”，你看那条弹涂鱼眨着眼望着我们这三个“憨头”。大约又过去了半个小时，雨才慢慢地停了下来，随之钻出了夕阳，为了赶渡，我们只得勉强上路。遇见卖桃的，又买了几分钱的桃，分吃了二个。到冷梵岭脚时，实在走不动了，吃下的桃子再次“烧”起来，更加难受。但心里明白过岭后前边就是沥头渡，过渡就可到家。于是互相鼓励，挣扎着前行。到渡口时，渡船早已过去，煞渡，过不去了，尽管朝对岸拼足全力喊叫“老大过渡、老大过渡”，没回音，望洋兴叹。当晚，投宿在洞门王其林娘舅家，娘舅看着我们这副狼狈相，心疼，马上给我们换衣、烤火取暖，烧艾茶给我们祛寒湿……第二天上午我们才蹒跚到家。

又有一次是沿砂石公路步行回长街，那是 1964 年的国庆节。生产队托人在城关买了一辆手拉车，叫我与吴华松假日拉回家。原以为一人坐一人拉可轮换休息很自在，谁知叫我们 30 日晚上 8 时去拉的是一辆轴承里只剩几颗弹子车胎又瘪的破车，一上路就咯咯响，连平路上拉它都感到很沉重，不敢坐上，生怕加重损坏，两人一拉一推，遇陡峭砂石路段甚至打滑向后退，歇了好几次，才上了白峤岭。路过白峤村边时，先有一只狗嚎叫，紧接着全村的狗气势汹汹围了过来，张牙舞爪，我们艰难突围。临近苔芳时已夜深，十分疲乏的我们最需要的是找一个地方睡一觉，月光下见路旁有一石碾子场，一躺下就睡着了。瞬间，脸上、手上、脚上全被蚊子叮上，没多久被蚊子咬醒，痛痒难忍，无法再睡，只得上路。在暗淡的月光下，幸亏两人同行壮胆，路过阴森森的坟穴裸露厝放棺材路段，摆脱黎明前黄鼠狼等野兽多次占道从脚边穿过、猫头鹰等怪叫带来的恐惧，到庙岭时才天亮。一路上，不时地啃几口麦糕（1 两粮票 3 分钱一个，国营大同食堂买的），喝着路边河沟中的生水，累了歇一歇，当啃完麦糕，因路上没有一家饭店，只得忍饥挨饿支撑着。到胡陈时，才发现一家手拉车修理铺，补胎充气后，拉车上路才轻松得多，于是在极度的疲惫中翻过乌沙岭、盘缠的山洋岭，绕过饭蒸山脚、汉岙塘、九江，走完最后 20—30 华里，下午 6 时许才到家。现在看来一件十分简单的事，在那时，只得以步履丈量着近 120 多华里的砂石路，费时 22 小时，各自的胶鞋都磨穿了底，付出了极大的艰辛。

1960 年 7 月，长街至胡陈公路通车，长街人可乘汽车上城。1978 年长街至青珠农场公路通车。1986 年力胡线（力洋经古渡、明港、农场、长街至胡陈）通车。1999 年 7 月，车岙港大桥工程竣工。2003 年架起毛屿港、胡陈港大桥，是年 6 月，宁松线四车道一级公路开通，一下子把宁海与长街的公路里程缩短到 31 公里。从白炭车到科技含量高的现代汽车。从砂石路面到沥青、水泥混凝土路面，道路不断降坡、拓宽、裁弯取直。原长街境内多数都是烂泥路，如今村村通公路，而且路面硬化上等级。路况与车况发生了质的变化，乘车的安全性与舒适度得到显著提高。现在，长街站至城区日均始发班车 58 辆 246 班次，路上有多个港湾式停靠站，上下车十分方便。除县乡道班车外，私家车已走进千家万户。如今，长街境内的人可在自己的村头、家门口乘车，心想事成，想要去哪就去哪，出行上城安全便捷，畏途变通途已成现实。

现代交通造福长街，长街人的“上城难”渐渐被淡忘，年轻一代更无从知晓。为了留住那段难忘的记忆，谨撰此文以记之。

胡家康

2013 年 12 月

大湖胡氏圆谱记

癸卯清明，我以黄墩胡氏宗亲及庆典主持人身份，赴宁邑东乡参加大湖胡氏圆谱庆典。都说清明时节雨纷纷，可清明节这天，云散日朗，和风轻拂，天公是格外作美。

卯时许，车至村口大道，便见车来人往，人流熙攘，到处张灯结彩，锣鼓喧天，胡氏族人身穿节日盛装，人们沉浸在喜庆氛围之中。

大湖村，是宁邑东乡第一村，人口众多，虽有姓氏百余，可胡姓却占全村十成之五还逾，且历史悠久，胡氏始祖居端公于南宋淳熙年间卜居于此，然建基立业，扩枝散叶，族兴丁旺，历经千年不衰。

大湖文化底蕴深厚，不仅有围海筑田史、耕海渔业史、盐业晒制史、街市商贸史，而且人文荟萃，英才辈出。古有明代进士胡献来，今有国家级电力科技英才胡修谱、军旅界骄子胡庆华，可谓地灵人杰。

秀美香花山，三门湾畔多壮丽。大湖得山海之利，自古民风淳朴。族群之间和睦共处，以礼相待，在这锦绣山海间，耕读传家，诗书继世，使这里耕有田，学有仕，樵有山，渔有海，商有市，子孙昌隆，六畜兴旺，成为浙东渔米之乡。

乱世藏金，盛世修谱。大湖胡氏遵循孝道，重视血脉贯通和族亲之间的和谐，注重乡土文化挖掘与文字载体的传承。在村领导和乡贤的助推下，大湖胡氏重修宗谱理事会举全族之力，访宗亲，聚凝力，筹资金，组成撰谱精英团队，历时 3 年整，于 2019 年尾，终将第 11 届大湖胡氏宗谱编制完成，并择于 2023 年（癸卯）清明之日，举行盛大圆谱庆典。

宗谱是家族珍贵的文史资料，它事关文化传承，是一个宗族团结和力量的象征，故圆谱庆典最重仪式感。遵循地方习俗，大湖胡氏圆谱庆典分设绕村巡谱、宗祠祭祖和圆谱颁谱三大仪式……

天未放亮，胡氏宗祠内外早已灯火通明，人头攒动，人们各尽其责地忙碌着，热闹着。辰时许，身穿各色服饰的胡氏宗亲们按照预定方案，很有组织性地依次排列在宗祠内外，整装待发。

“吉时已到，大湖胡氏圆谱庆典——绕村巡谱仪式开启，起——轿！”随着司仪的一声号令，鼓乐喧天，鞭炮齐鸣，巡游队伍在人群的簇拥下，浩浩荡荡地向村庄深处进发……

队列最前是铜锣，示意鸣锣开道。紧随的，是位身材高大的旌旗手，手揭一面“胡”字图腾旗。那飘扬的旌旗，象征着胡氏的荣耀，凝聚着全族人的精气神，在数十面彩旗的衬托和呵护下，显得格外庄严夺目，很具族威。旌旗之后，依次排列的是：三牲供品抬杠、《宗谱》彩轿、《房谱》彩轿、族长轿、族旺轿、民俗乐队、舞龙队、舞狮队、洋鼓乐队，就这样，前后呼应，一眼望不到头，犹如长长的游龙，穿梭在大街小巷之中。

民间抬谱巡村游，又称“抬谱轿”，通常是族内接管族谱的家庭，在大年初一抬着谱轿游遍全村每家每户。而圆谱之“抬谱轿”规模则更大，要劳动全族人力，巡遍全村角落，以此祈祷丁旺族兴，财源亨通，六畜兴旺，社稷安定。

约一小时，抬谱巡村队伍回转祠内，便紧锣密鼓地进行祭祖仪式。祭祖讲究肃穆、虔诚，看重的是庄重的仪式。程序间，既要歌颂祖德功绩，感念祖德流芳，又要祈祷列祖列宗一如既往地庇护后代子孙繁荣昌盛。

巳时许，宗祠正堂的胡氏先祖神坛前，香烟缭绕，全猪全羊等各色荤素果品琳琅满目，自东向西在桌上和案前一字排开。祈福，敬献供品，诵读祭文，族长率众礼拜等仪程在有条不紊地进行着。不到一炷香功夫，祭祖礼成。

接下来，便是庆典的重头戏——圆谱颁谱仪式。

十时许，设在古戏台上的主席团成员已就位，有村官，有乡贤，有远道而来的嘉宾，族长和族旺分坐东西两旁。台下座无虚席，是黑压压的一片。大湖村书记胡家其尽地主之谊致欢迎辞；桥头胡宗亲、黄墩社区党委书记胡新标代表各地宗亲致贺词；榧坑村书记胡文伟代表宁海县胡氏文化研究会为庆典活动呈上祝贺锦旗；修谱主编胡家康作了圆谱主旨报告；连浦宗亲胡小伟致闭幕词。庆典上，还表彰了20多位助力捐资的胡氏宗亲；颁发了大湖胡氏族谱、房头谱。

圆谱庆典中，最引人注目的是族长与族旺。

族长善诚公，寿高八十有六。他性格温和，面容清瘦，家庭幸福。这些天由于庆典筹备，身体疲惫不爽，晚辈们都劝他好好休息，可他坚定说：“圆谱乃宗族大事，我身为一族之长，哪有退却之理！”硬是挺着病体，在专人陪侍之下，坚持到最后。

族旺，却是经过精挑细选而定。族旺，顾名思义为族丁兴旺之意，极具象征意义。所挑选者，必须是祖孙三世同堂以上的家庭，且父母双全无离异，身体健康，灵秀聪慧，辈分最小者。而大湖胡氏族旺胡一周，他来自杭城，父母早年进城经商，人字辈，不但长得眉清目秀，活泼玲珑，人见人爱；而且学习优异，才艺出众，众望所归，是大湖胡氏未来之希望。

族长族旺在圆谱庆典中喜相逢，寓意深刻，昭示着胡氏宗族生生不息，瓜瓞连绵，传世久远；体现了胡氏族人尊老爱幼的优良族风；是对未来美好生活的无限憧憬。

庆典之后，还举行了盛大的庆祝午宴，席设 260 桌，以犒劳四方宾朋和广大宗亲；邀请戏班助阵，热闹了 5 个夜晚，用美妙的戏剧曲调，来渲染祥和热烈之氛围，来共同祝愿大湖胡氏前程似锦，繁荣昌盛。

花木芳香，草长莺舞。清明，是中华民族祭祖的重大节日，而修谱圆谱，又是后人向先祖表达崇敬和思念的一种最尊贵和最为独特的方式。在回程的路上，我思绪万千，深为大湖胡氏骄傲，他们用智慧，用凝聚之力，将清明与圆谱巧妙地结合在一起，向广大宗亲，向四邻八乡，向胡氏先祖提交了一份最为满意的答卷。

桥头胡　胡永伟

2023 年 9 月 28 日

编 后 记

大湖，古时称“塰头”。早在北宋仁宗年间就有先民在此制盐。南宋淳熙十年（1183）浙东胡氏第十二世孙居端公从奉化箨溪入赘长亭场谢公方燧为婿。后谢氏太妣病故。绍熙元年（1190）前后居端公从长亭场移居塰头，续娶冯氏太妣，肇基创业。当初村内有冯、竺（祝）、李、蔡诸姓，后有叶、郑、顾、赖等姓氏相继迁入。以经营盐业起家，围海造田，随着盐碱地的淡化，开始种植农作物，经数代族人拼搏，变荒滩涂地为粮仓果园，农林牧副渔全面发展，明清两代空间拓展尤为突出，大湖成为宁海东乡首富村。中华人民共和国成立后，在中国共产党的英明领导下，社会主义建设欣欣向荣，人民的生活水平不断提高，2006 年大湖村被中共宁海县委、宁海县人民政府授予小康村称号。据统计，2020 年底，大湖村内居住着 141 个姓氏、1511 户（不含居民户）、4221 人。其村庄面积 5.5 平方公里，拥有耕地 4981 亩、山林 1005 亩、滩涂 615 亩。自北宋至今已有千年，大湖当属千年古村落。如今编纂《大湖村志》，将数代大湖人艰苦创业精神和对社会发展做贡献的业绩载入史册。

编纂《大湖村志》得到了县党史办、县志办的全力支持。为了编写好《大湖村志》，2018 年 8 月县党史办副主任胡志汉、县志主编袁哲飞与县党史室编研科科长刘学海等特地带领大湖村村长胡家其及相关人员到绍兴枫桥大山西村等地学习取经。并帮助我们成立了村志编委会同时组建编纂小组，参考《大山西村村志》与《长街镇志》拟定纲目。我们物色的编写人员大都是上了年纪的大湖人，聘请老党员干部、老村民为顾问。分工合作，概述与文化教育类章节由退休教师陈培川负责编写。农业这一章由当过农民的来编写，民间习俗、村民生活等章节由常住大湖、懂得村里风土人情的来撰写。好在侯国湘曾应征入伍当过兵，担任过民办教师，参加过生产队劳动与队办企业，大湖的方方面面他知道得最多，凭借他很强的党性与事业心挑起了编纂《大湖村志》的大梁。按纲目组织采访调查、查阅相关志书资料、拍摄照片。起草成的文稿交黄宣利先生打印成电子稿，复印分发给相关编撰人员审阅修正，有的篇目竟修改了七八遍。大湖村隶属长街镇，所以多篇人物传略与简介采用《长街镇志》中的文稿并略加调整。在大家的共同努力下，于2022年底形成了46余万字的村志稿。

2023年初，将志稿递交方志出版社进行审核。9月8日，召集县方志办、村志编委与出版部门等相关人员在大湖村委会办公室召开《大湖村志》研讨会。事后，我们把4册样书分发给相关编撰人员再作修改，至10月将统编调整后的样书递交出版社。

此类既平凡又实在的工作我们整整干了4年。回顾编纂全过程，感谢县方志办各位同志的热情帮助，在查档校核考证相关文稿时，得到谢时强、王建慈、王增邦、郑世华、洪鹰先生的协助。感谢汪永琪等，以及村委会、村民们的热情支持。胡庆华、胡君方两位借助网络参与相关文稿的编审。当年知青柴谷宝为让大湖老人找回记忆中的“石牌坊群”“半边街河”“凉房”“倒挂狮子”等景观，不辞辛劳，绘制出多幅画图。尤其是90岁高龄的老干部王胜才，自始至终关注着村志的编写。也感谢编写组全体同仁的积极配合、通力协作。

在此，谨向所有关心帮助《大湖村志》编纂、出版的单位与同志们表示衷心感谢！

胡家康

2023年10月1日